总 主 编　李红权　朱宪
本卷主编　李红权　朱宪

近代蒙古文献大系

政治卷

◇ 第 八 册 ◇

中华书局

目　录

为内蒙自治运动事质中枢要人

平平　撰

自内蒙锡林果勒盟正盟长索特纳本拉布、副盟长德穆楚格栋鲁普，召集锡盟、乌兰察布盟及〔及〕伊克昭盟三盟王公，定期在达尔罕王镇喇嘛庙开会，要求高度自治之消息传出之后，颇引起中央之注意。蒙藏委员会联日召集关系部会，及熟悉内蒙情形之蒙古旅京人士，交换意见，及商付〔讨〕妥善办法。参谋、军政、内政三部，现已拟定《内蒙自治大纲》，对自治限度、区域、经费等项，均有所规定。并设自治等〔筹〕备委员会，呈请行政院审核，再呈中央通过，征得王公同意后，即依据大纲起草内蒙自治法。除此原则上之决定外，并推派白云梯、黄绍雄两大员前赴察、绥，宣布中央德旨及指导蒙民自治运动。查锡林果勒盟，地处察哈尔北部，占察省面积三分之二，乌兰察布盟及依〔伊〕克昭盟居绥远之北部及西部。果尔索、德二氏之要求，成为事实，则察、绥将失其省之存在矣。事实之严重及政府应付之方针，非可以等闲视之。兹略〈陈〉管见二端，敢为中枢要人质。

一、日本对于满蒙，处心积虑，经营已久。自其一手造成之"满洲国"成立后，又派遣大车〔军〕进攻热河，复尽力鼓动蒙匪起而暴乱，且时有"蒙古国"之酝酿，今之日本内地，亦有煽动内蒙自治机关之设立，其居心更可昭然若揭矣。且也，日本占据热河之后，将德王等七人架往长春，威迫利诱，无所不至，内蒙王公能否为其所诱姑且不论，而日人之居〔苦〕心积虑，诚足使吾人畏惧者也！今中央政府对此极严重之事变，似不视有若何之重要性。据石青阳氏谈："内蒙宣布自治事，并无其他作用，党政之权，则仍秉承中央意旨处理。"又白云梯氏谈："内蒙实行自治，旨在自卫……各盟统共兵力不满三万，不致别有作用。"吾人对此中央负责人员之谈话，诚不敢致〔置〕信！试以今日之形势论，内蒙实行自治，其旨是不是在"自卫"？"蒙古国"酝酿之声盛〔甚〕嚣尘上，此种运动是不是"并无其他作用"？国民党所谓之地方自治，是不是即此次自治运动之典型？兵力不满三万之蒙车〔军〕，是不是即可证明其必无外援？似此自欺欺人之乐观声调，谁敢致〔置〕信？此敢为中央要人质者一。

　　二、自溥仪就任伪国执政之后，宗社余孽，密往长春者，不知多少，蒙古王公与其关系之亲密，亦为举世所共知。且内蒙人民，知识浅陋，国家观念薄弱，处于重重封建王公压迫之下，断无求治于王公之理。明乎此，则可窥见此次之自治运动与"满蒙国"之酝酿有极密切之关系。今日对此托借自治别图附逆之王公领袖，若不早行解决，将来事变之严重，必有甚于此千百倍者也。报载：锡盟副盟长德王，年幼位高，信任前牛羊群协领〈补〉英达赖，由补英代德王联络各王公宣告自治……若不预事限制，恐将来锡盟之兵力，将有加诸察属十二旗之事出现（十月十日《世界日报》），足可见今后危机之深刻矣。而中央政府之应付方针，放弃其大多数民众工作于不顾，而与少数之特殊阶级王公之流相笼络，似此舍本求末，诚不知诸公之含意何在？吾人敢大胆言曰：今日内蒙自治运动，绝非一般内蒙民众之要求，而乃一二王公野心之暴露。时至今日，绝不在联络其特殊阶级，而在得一般民众之信任，盖一二野心家不足虑，所可虑者唯大多教〔数〕民众之携贰耳！今日报载："多伦亦曾有所谓自治会议，其中背景，完全为某国采〔操〕纵。"更足证明时期之紧迫矣！中央政府尚只知江南繁华数省之争夺，致〔置〕西北边陲于不顾，含糊了事，将来不但察、绥沦亡，即中原亦无以自保，中枢诸公其知乎？其不知乎？

十月三日

《燕大周刊》
北平燕京大学
1933 年 5 卷 1 期
（朱岩　整理）

多伦收复后之察哈尔问题

朔一 撰

　　民国二十二年七月十二日，是中国于九一八国难发生以后的一个可纪念的日子！两年以来，东北抗日各军的奋斗，是全国人民所热诚希望其有成功的，但内无援兵外遇强敌，结果是以爱国健儿的热血和国人的热泪，造成了国难痛史的资料。十九路军要驱上海日本侵略军队入黄浦，气固甚壮，但最后事实，适得其反，在休战协定下，蔡廷楷〔锴〕等只好率部到福建去，让出血战争持的上海闸北一带，日本陆战队乃得统制该地。此种可悲苦之一切，谁为为之？执令致之？我们这里不欲讨究。不过，用这些来反映冯玉祥的收复多伦，益觉其事之足以兴奋人心了。记者自写了《故都行成记》以后，到此才得到舒气张眉的机会——虽然对内的关系更使人要痛哭流涕，但总觉得销除一点胸口闷气。现在先抄一点曾见于报纸的材料如下："我军血战多伦各情形，计荷垂察。连日我吉鸿昌、邓文、李忠义三总指挥，均临城下督战，拼死猛攻。蒸（十日）晚，我吉总指挥等更亲率敢死之士，肉袒匍匐前进，爬城三次。敌以机枪扫射及猛掷手溜弹，致未得手。计是役共伤亡团长以下官兵共五百四十余名。真早八时至九时，又由东飞来敌机七架，掷弹四十余枚，但多未命中。真成我吉、邓、李三总指挥，严令各都〔部〕奋死猛扑，迄至今晨九时四十分，我军全部由南、西、北三面攻入多伦城。复经巷战，肉搏三小时之久，日伪残敌始由城东门仓皇窜出，我军正向东追击中。多伦至此，已为我抗日同盟军完全克复。特闻。俘获详情，另电奉告，玉祥文（十二日）未。"这是冯玉祥收复多伦的捷电！这一类的捷音，虽然难保没有人掩耳，不过爱国心未尽销磨的人民，却是闻而心喜的。所以冯电一发表，祝贺勉励的电报，便纷纷见于报纸。其中最足以表显国人意志的，要算上海各团体联合会的电报，原文是："张家口冯焕章先生暨前敌各将士勋鉴：奉文来〔未〕电，欣悉公等运筹决胜，克复多伦，凯音传来，凡我民众，莫不距跃三百。溯自东省沦陷，瞬将两年，敌人侵略之梦，愈扩愈大，□□抵抗之声，则愈唱愈低。近且甘受屈辱，对日妥协，有志之士，其不含羞饮恨以终者几希矣！今幸公等于炎天溽暑之中，竟将多伦天险，完全收复，□□之所不敢为者，而公等为之；□□之所不能克者，而公等克之。茝筹硕画，岂惟大快人心，直使今后之欲为石敬瑭、秦桧者，将有所畏惧，而不敢径行其私。正义不灭，胜利终有所归。万望公等再接再厉，进窥热河，再进而攻复东三省。炎黄子孙，实式凭之。谨电祝贺，伫候捷音。"人民团体的态度，从这电文大致可见。与党国有关系的人怎样呢？可用下列在沪中委李烈钧的致中央及国府电，看出一斑。原电："冯委员玉祥，义举张垣，志在复失地，雪国耻也。烈钧诚愚，曾与王、朱、傅、邓诸委员，密电陈词，请授大权，俾当大任。俚言浅见，仅〔谨〕邀传观。今玉祥传檄收复察东，并以血战攻克多伦见告矣，捷报到京，欣慰可想。昔张学良不战而弃数省，苟为有罪也，则玉祥一举而复百万方里已失之领土，应为有功。国家纪纲，有罪者诛，有功者赏。民主政制，才智之士悉宜举之。此求有利于国，非君主时代，仅为个人比也。玉祥瑰杰英迈，海内赞美。今国事若此，正求田单、檀道济恐不可得之时。烈钧愚虑，以为政府亟应明令授权，示以方针，共扶危局，表中枢治国之诚，慰国人求贤之望，团结同志，安内攘外，无逾于此。苟不然者，则天下后世，其谓之何哉？烈钧备员中央，恐政府误陷于不道，贻笑于友邦也，故再进逆耳之言，冀邀虚怀之听。至于龙逄、比干之祸，则非所敢避也。"

多伦收复后的察哈尔问题，可从下列各方面观察：

甲、日本方面　日方于多伦为冯军收复后，一面向北年〔平〕当局及冯玉祥代表送致威吓之通牒，一面由热河派遣茂木骑兵旅开往热察边境，日来从北平传出的消息，多带着严重的日军反攻之空气。在事实上，则仅见日飞机〈在〉多伦、沽源侦察，及散布传单，劝同盟军自动退却而已。

乙、冯玉祥方面　在多伦未收复以前，本有一种传说，说冯玉祥待收复多伦，即将借收复失地目的已达之好题目，结束同盟军。乃以后事实所示，冯仍欲继续抗日，则是使渴望冯氏"觉悟（?）"的人，感到有"即采有效号〔处〕置"的必要的。将被处置的冯氏，虽宣言枪口决不对内，却使孙良诚警备张南，且有调回多伦前线军队巩固张垣的传说。孙殿英开去后，平绥路曾一度被毁，但不久被修复了。

丙、政府方面　行政院长汪精卫十九日发表谈话，叫人明了失地不能收回的原因，说明"多伦与滦东虽是同样收回，其结果则大不相同"（注意：汪氏之所谓大不相同，与一般人民心中之大不相同，大大的不相同）。而虑察哈尔问题"足以召外兵失国土"！汪氏用意，固在旁敲侧击，直接言明冯玉祥用刘桂堂等抗日为不当，间接即说明收复多伦为多事。这使我们回忆去年汪氏攻击张学良不抵抗的一次政潮，不得不佩服汪氏悟道之速，而不知道自身在什么世界了！

丁、庞炳勋军入察　自孙殿英陆续开去后，北平所派用以"对察局作有效处置"的庞炳勋军即跟踪入察。京、平对冯态度转厉后，上海更有一种严重的消息，说："京方对于察局之态度，认为和平办法，业已宣告失效，似已改取以武装求和平一途，并悉中央军有十一师之众，奉命向察方积极推进。十八日午刻，其先头部队，已到达相距张垣仅一百十一里之下花园一带，并有继续前进模样。"

　　戊、北方军队不愿内战　在风云紧急中，有熟悉北方军队情形的人说："华北各军之下级干部，自在长城沿线与日伪军奋勇抗战后，深受外侮之刺激，抱定今后凡属中国之军人，应一致对外作战，不宜内哄之精神，果如斯，则察局虽趋恶化，而下级干部，均能抱定此种精神，非无和平之望也。"李烈钧也说："处现状下，以渠个人之推测，决不致发生不幸事件。"

　　己、各方请勿对冯用兵　庞军入察消息传出后，反对对冯用兵的空气，和贺冯收复多伦的空气，一样浓厚。陈铭枢、李济深的私电，西南政委会的公电，因为有政治关系的作用，不必详述。废战同盟的养电，则系代表一般人民愿望的，不妨录在下面："外侮未已，匪乱日炽，而对察又闻有用兵之说，曷胜骇惧。敝会之愚，以为冯氏果志切抗日，则保障察境，应予容纳。设或别有主张，亦当以政治手腕解决，避免武力。总之，国家元气，不可再自斫伤，应留实力，以御外侮。公意所在，祈赐察纳。"

　　庚、庐山会议与察局　察哈尔问题，根本上是个无法解决的问题。要冯玉祥和平结束抗日军事，既做不到，用武力处置，又好像有些难能。到最近，忽有入察军队奉令停进，听候庐山会议决定办法的新闻见于报纸。庐山会议，是蒋军委长所召集，借以讨论目前之各种重大事件的，汪行政院长以次，都赶往参与。目前会议未完结，我们无从知其将如何解决察局，只有仰望好音罢了！

七、二四

《新社会》（半月刊）
上海新社会半月刊社
1933 年 5 卷 3 期
（訾茹　整理）

中央应速定对蒙政策

玱　撰

　　蒙古地处边陲，以语言文字之不同，宗教风俗之相异，与本部各省，几同隔绝。满清对于蒙政之方针，只有羁縻，并不干涉；惟利用宗教，优礼王公，以坚其内向之心耳。自入民国以来，政治纷扰，政府不遑远谋，对于蒙政，既无定策，对于蒙情，更形隔膜。积极方面，既不能启发其富源，推进其文化，使蒙民与内地民族同化；消极方面，复不能羁縻其王公，位置其青年，使彼等不致怨望而携贰；加以一般野心之王公及年轻之智识分子，外受日本帝国主义之诱惑，内受伪组织之影响，遂益强其"离心力"。

　　因此，本年八九月间，锡林格勒盟副盟长德木楚克栋鲁亲王，乃标榜内蒙自治，召集一部分王公、青年，在距归化三百里之百灵庙，开会数次，通过所谓《自治政府组织大纲》，观其内容，无非借自治之名，以行独立之实而已。中央闻讯，以事体重大，乃派内政部长黄绍雄、蒙藏委员会副委员长赵丕廉两氏，赴百灵庙与各王公商洽一切。各王公首先提出《自治政府组织大纲》，黄、赵等以其要求过奢，似有脱离中央之倾向，乃竭诚谕以中央指导蒙古自治之意旨，与夫汉蒙间利害相关之密切，中经几许波折，最后才决定解决蒙事原则六项如下：

　　（一）名称　定为蒙古第一自治区政府，蒙古第二自治区政府，以下类推。

（二）区域　锡林格勒盟暨察哈尔部，编为蒙古第一自治区；乌、伊两盟暨土默特、阿拉善、额济纳各盟旗，编为蒙古第二自治区；其他盟、部、旗，皆照比例编区。

（三）隶属　蒙古各自治区政府，直隶于行政院。遇有关涉省之事件，与省政府会商办理。

（四）权限　蒙古各自治区政府，管理各本区内各盟、部、旗一切政务。

（五）经费　蒙古各自治区政府经费，由中央按月拨给。

（六）联络　蒙古各自治区间，设一联席会议，由各自治区内之各旗各推代表一人组织之，商决各自治区间共同事宜。

以上六项原则，现已由黄部长转呈中央作最后决定；而轩然大波之内蒙自治问题，遂由此告一结束矣。

惟吾人尚有不能已于言者：窃以蒙古土地辽阔，人烟稀少，各王公自称内蒙有民众三十万，实际尚不及十万，广大膏沃，悉成荒凉，仅有少数蒙人，在彼为其游牧之生活。百灵庙附近更有大铁矿，据矿业专家调查，该矿宝藏四万万吨，铁质约占百分之六十，可称世界最大矿产区，至今仍弃置于地，无人开发，徒为外人所垂涎耳。自东北三省沦陷后，内蒙各盟旗，日形吃紧，热河已失，多伦被占，日人觊觎内蒙之心，更形露骨。盖日本帝国主义侵略东北，向来满蒙并列，民四条约，虽将东部内蒙列于南满洲之次，实则彼于东蒙之探究、经营，已历多年矣。试观日本帝国主义于占领东北后，即成立兴安总署，以齐默特色木丕勒为总长，其次长则以日人菊竹宝藏者任之，总务署处长、科长等缺，全由日籍人员充任；又设兴安南、北、东三分省，省长用蒙人，而其下则皆用日员；近更以日本军官在呼伦贝尔教练蒙兵，并派蒙古青年赴日留学，其用心概可想见。不宁惟是，日本帝国主义，既占领全部热河，犹不满足，必进据察哈尔之多伦，不许我军往驻，其志实欲虎踞"小库伦"，以为扩大经营内蒙之中心点。故此次内蒙所谓自治，姑不问主倡者真意何在，要之与日本帝国主义之阴谋，不能无关。目今内蒙自治问题，虽告解决，但在此形势危急当中，吾人以为中央应速决定对蒙之政策，训抚蒙民，并为其开辟新生路，否则内蒙必将为东北之续也。

《第一军月刊》
广州国民革命军陆军第一军政治训练处
1933 年 5 卷 5、6 期合刊
（朱宪　整理）

英人目光中的蒙古问题

W. W. Davies 撰 蒋星德 译

在最近五十年来，英国人很少真真了解亚洲政治情形的，虽然这问题对于他们这样重要，并且是国际情势演变中的重要部分，前珂崇爵士（Lord Curzon）对于亚洲政治情形算得注意的，但是除掉在他的书籍和演辞之外，我们在近代英国政治家中简直找不出一点亚洲政策的路线，看不到一点满意的设施，看着亚洲人在很狡猾地满口用着民主政治的流行术语罢了。在英国，我们可以找到几百本记载"和平会议"、"赔款"和"政府命令"的书，余外都是些各有成见的叙述纷乱中底欧洲的书，要看到一些关于中部亚细亚问题的真确材料是多么难！英吉利人民没有机会知道那些。但是中部亚细亚和英国人是很有关系的，我们不去注意它，那么我们所有梦想和计划结果都将慢慢归于失败了。

蒙古人不是一个国家或民族，只能说他们足以代表一种文化。蒙古人是一种游牧人民，和南面的亚洲民族较安静的社会密接着，蒙古人曾征服他们，并且和他们的文明同化。十三世纪成吉斯汗的强大帝国，他的疆域从黄海一直达到德国的边境，从北极直到热带，他们的城市比那时的伦敦、巴黎、罗马还要宏大，蛛网似的大路足以和罗马帝国最好的道路相比。成吉斯汗的帝国有完整的邮政制度，优良的行政，公平的法律，以及高级的文明。现在一般历史家都晓得了，蒙古人征服欧亚两洲的丰功伟业，并不仅因为他们的勇敢和残忍，并且觉得刚刚相反，蒙古人的领袖很有相当的军事智识，并且完全了解那时各国的内外政治，所以能计划着消灭各国。

后来中国的国势像太阳一样升起来，直到十七世纪蒙古人帮助满洲人在北京建位为止，这个时期内蒙古人是在黑暗中，他们回复到从前的，几乎是原始的游牧生活，在历史上简直是被抹去了。结果呢，满洲人入主中国以前蒙古人的情形，欧洲人完全不知，以为他们不过是一个衰落的民族，居住在亚洲内部一大块不明了的僻地，在政治上分隶于列强，和附近的国家比起来他们简直是野蛮民族。在欧洲人心目中，蒙古的政治仅仅是分别归于俄国和中国的一部分罢了。正像大战前五十年中回教徒的政治，大家把他们看作英、法、意、俄、德、奥的范围内一样，并且近来蒙古人已临绝境，很快地要陷入国际共管中，在回忆当年的盛况中生活着，一天天地黑暗起来，这也是毫无疑问的事实。不过这种情况并不久。我们只要看爱尔兰、波兰、黑沙尼亚、捷克斯那找〔伐〕克以及许多其他新兴国家，这种不可克制的民族意识用不着细说了。所以今日的蒙古已从睡梦中觉醒，人们听了这消息决不要惊异，也不必怀疑他们是否还能像他们过去那样，对于未来的世界保持光荣。

一个民族的复兴，自然全在于那个民气〔族〕自身的努力，尤其是当你把全世界看察一下时感觉到，今日波兰人和英波煤油公司的平等会商，和一九〇七年衰弱的波兰无助地被英俄两国战〈争〉践踏着的时候相比，今昔是何等不同？蒙古的情形也是如此。事实上，我们只要看这一大片土地，它在资财上和军事上的地位，以及各族在蒙利益的重要，我们可以毫无疑问的看出来，在世界上除掉印度从国际的观点可以说没有一个国家比她更占重要。在叙述国际综杂情形之前，先把目前蒙古的地位说一说。

当然，蒙古仅仅是一个地理上的名词，一个区域的名字，面积比欧西并不小多少，差不多完全是游牧地和沙漠，它的位置在东部中亚，俄国、中国和满洲之间。从政治上说，可以把蒙古人居住的区域分为三大部：外蒙古、内蒙古和现在"满洲国"的一部分。所以现在的情势是：一部分蒙古人是心向着莫斯科，并且受他们的领导；另一部分仍旧归戴中国；还有一部分则在亲日态度中仍踌躇着。目前全世界中，蒙古人约有四百万。

外蒙古的情形是很有趣味的。在过去十多年中，他们的情形在隐蔽中，我们所能晓得的，只有和事实些微相似的在欧洲所能听到的传闻。但是最近这蔽幕慢慢拉开了，因此我们很能晓得一些外蒙古的真实情形。

外蒙古的境界东西长千哩，夹在中国和俄国的领土之中。居民约百万人，度一种半游牧的生活，几乎完全靠畜牧生存——牛类、骆驼、马、绵羊和山羊。那里有相当的皮货贸易，像鼹〔银〕鼠、松鼠、狐狸、野猫、鼬鼠和海狸等的皮。外蒙古的农业还在原始时代，便是这一点原始的农业，也还是为中国人和俄国人所独占。我们相信外蒙古省〔有〕相当的未经触动的矿藏，但是直到最近蒙古人已稍稍注意到他们的矿藏和工业了。

直到一九一一年为止，外蒙古还是忠诚地服从中国。当满洲人克服中国时，蒙古的首领曾给他们以无限的助力；而这一次的成功，是满蒙人认为共同的胜利。但蒙古人所归戴的是满洲皇帝，所以当中国把满清推倒，成立共和国后，蒙古人觉得已经不要归戴中国了。那时外蒙古的情形，大约和印度自治邦相像，印度自治邦表示他们服从英国国皇，不过除掉他们自愿的同意之外，对于印度独立共和国的议会不负任何责任。跟着在一九一二年，外蒙古便宣告独立。还给予俄国一个好机会，在帝俄存在的最后几年，俄国在外蒙曾经扩张很大的势力。

　　一九一九年中国因俄国内部发生混乱，同时由于鲍尔希维克首领的冒失宣言所诱致，说他们自愿放弃帝俄时代在东方所占领的权利，因此中国便派兵到外蒙，很容易的便把外蒙克复了。但是因为统治者的残暴，一部分的及鲍尔希维克的俄人遂领导全体农民，起而叛变，逼迫中国人离境。不允外蒙的自治政府成立，拥库伦活佛为首领；但是所有实权首在俄国叛兵手中，他们的领袖是斯妥堡（Ungern-Sternburg），他自号为"疯男爵（The Mad Baron）"，这个俄国人手造的新政府比以前中国人还要残暴，所以当一九二四年赤俄军队开入外蒙的时候，颇为大部分在困苦中的人民所欢迎，认他们为救护者。

　　从此有六年或六年多，外蒙古向外面的世界封闭着，在欧洲时时听到，说专制的鲍尔希维克严厉地压迫不愿顺从的蒙古人民。不过最近偶然有一个旅行家，懂得蒙古人的语言等等，从外蒙通过边境出来，他所叙述的和一般旅行家所说的大不相同。据最可靠的目睹，外蒙古的社会革命是极自然的并且是自动的，他们的革命由自己组织的人民革命党领导，并且看上去可以相信。外蒙古最近几年中，并未遭外国军队的蹂躏；事实上大约从一九二五年起，在外蒙没有一个俄国兵。他们的国家在无疑地少数人独裁之下，不过这是少数的蒙古人统治多数的蒙古人。英国一些报纸，它们正在载着俄国事〔军〕队、坦克车、大炮集合在外蒙古的消息，这许多话许是真的，也许是假的。倘若果真是事实，颇具国际的意义；俄国人在蒙古并不采用武力的共产主义，正和日本在满洲的满蒙政策刚刚相反。

　　少数的蒙古本地的共产党人，他们正在当权，想创造一个大而自由的蒙古国家，他们采取的方法是现代化、进步以及物质上的革新。他们的领袖以为，所有昔日的蒙古习俗，以及和中国混合着的文明，都是使蒙古人衰落而成为一种与世界隔离底民族的原因。他们欣羡着人家有强健的组织，能在一个预定的目标之下很快地向前进行，这些都能从围绕着他们的苏维埃共和国看到。他们相信这是一个很好的模范，他们应该跟着苏俄走。

外蒙古直到现在并没有加入苏维埃联合共和国，这是值得注意的事，她在苏联以外，自由地发展着，保待〔持〕着他们自己政治上的独立。俄国仅仅是一道河流，现代化的潮流经过这河流以达蒙古，正像美国之于中国，英、法、德之于日本，同为输入现代化的河流一样。不过这仅仅指政治上说，至于地理上当然并不这样简单。

现在有一大部分的蒙古人，在反对十年来蒙古的一切遭遇，他们尽力呼号着，只有恢复蒙古的固有习俗才足以救蒙古。并且所有的蒙古人都说蒙古是超等的，他们没有一个愿意蒙古再有政治上的隶属。

内蒙古和中国近得多，所以中国的权力，以及中国的优良而难克复〔服〕的文化势力，在内蒙古有很好的成就。中国百年来的问题正和古代罗马一样，一个和平安静的社会周围是未开化的民族，在中国的东面，未开化的是满洲和蒙古，中国人觉得武力征服是太霸道了，于是采用更有效的工具，那便是"殖民"和"同化"。铁路是达到这种和平同化的主要工具，在五十年来，每年中国移殖到蒙古区域的人民平均约有一百万人。目前内蒙古在名义上仍旧服从中国，但是我们必须知道，中国这个大国在混乱的状态中，实在对于内蒙古并没有实权。

自从外蒙古受了鲍尔希维克的影响后，一些不能立足的东西——旧习俗、蒙古王公、宗教势力、蒙古旧文明都被摧毁了，于是内蒙古便成为这班东西的避难所和城堡。他们隐在城堡里面，堂皇地，实际却有些战战兢兢地，一方面反对中国文明的同化，他方面反对苏俄共产势力的侵入，不过在他们的边境之内，一个孤弱的正在生长着的势力正向守旧派开始攻击，这便是蒙古青年党（Young Mongol Party），是一种反中国、反宗教、反贵族政治的组织，以教育和进步为目的。不过这一点很重要，他们正和外蒙古一样，不问进步派或保守派都有强烈的民族意识，充满着发扬他们过去光荣的热望。

在全世界四百万蒙古人中，外蒙古和内蒙古，大约占有二百万，其余都在中国的"东北"各省。在满洲有蒙古人一百五十万，在热河有五十万。在满洲的蒙古人，日人曾经承认他们的权利，并且允许他们分治的要求，为他们创造一个新甘省（Hsingan），以蒙古首领统治之。这一省的蒙古人正和前述的两种蒙古人一同前进着，他们虽然在政治上分为三类，在民族的感情上他们自然地是同一的，并且他们现在正向其他一处蒙古人招着手，招呼他们到一块去。热河的蒙古人民族意识也很强，他们很少和中国人通亲，任何蒙古人同化于中国的生活方法，他们一定蔑视他。今日这些边境蒙古人对于日本、中国、俄国的情形，正和乌克兰之于波兰和俄国，珂次民族（Kurds）（注一）之于意大利，伊兰圭（Irag）和波斯一样。

（注一）译者按：Kurds 民族为居于西部亚细亚山地的一种民族。

这些事实对于远东情势的意义，是很显明的。

在蒙古复兴运动的戏剧中，日本和俄国将扮演出什么来？日俄两国是两个主角，他们最后怎样决定了，虽然对于中国的荣誉有妨，中国终究是能接受的。在任何时候，日人可以把自治为饵，招致蒙人，允许他们创造一个在日本保护下的蒙古国，这事日本实优为之。日本只要把"满洲国"的行政首领改成帝制，事情便有可能了，因为清帝溥仪是很被一般守旧蒙人所欢迎的。再加日本可以允许不用日本金钱建筑铁路以达蒙境，这样一种政策必定很为日本政府所高兴，不过一种几乎无法解决的困难将随以俱来。第一，满洲的中国人占极大多数，至少成三十与一之比，日本人对于蒙古的联络政策太公开了，殊非日人之利。第二，这两种蒙古人中社会观念的冲突，是不是仅仅因为日本人把他们的土地合并着，制造成一个日本保护的国家便可融洽？第三，这样一个日人创造并且受日本保护的国家，我们怎知道俄国对于蒙古国的态度？在本刊（《Fortnightly Review》）八月号，著者最近所写的一篇文章中，曾经说到满洲并非一个近海的腹地，是从中部亚细亚到太平洋的天然一个世界的大道。满洲是一块有用的地方，但具有真真作〔价〕值的还是蒙古。克耳（Karl Radak）在一九三二年七月号的《Foreign Affairs》上，曾经写个〔过〕一篇警告性的文字，"在叙述苏维埃的和平热望之后，他继续说，但是苏联晓得如何保护他们的利益，一般人以为她将如何牺牲自己，因为她惧怕战争的缘故，这正和人家相信她将成为外人谋利的工具，一样地陷于错误"。这几句话的内容无疑地表示着，鲍尔希维克内在的外交政策究竟如何，是〔可〕以影响到蒙古问题的将来。

　　俄国和日本对于中亚和东亚的最高野心究竟怎样，我们仅能臆想而已。在日本方面，想把俄国的权力从沿海州、满洲以及所有的蒙古土地之内完全铲除掉，这大概是他们心里所愿望的。日本占领满洲后，当然使他们更有所借口，说一般蒙人在没有保护而希望在他们武力保护之中，他们出来保护被压迫的蒙古人使获得自由，是日本人的责任，也是日人的权利。事实上他们常常坦白地说，日本在满洲的"特殊利益"现在已经发展到蒙古了。在著名的一九一五年"二十一条"中，我们可以看到里面的第二组把东部内蒙古视为一个经济区域，日本在这个区域内有建造铁路、公共借款以及政治势力的独占权利。在一九一九到一九二〇年间，日本更进而要求把满洲和内蒙古视为日本的势力范围，日本要求把这些地方不包括于新银行团范围之内，为的是日本在满洲和内蒙有"极大的特殊利益"。日本许多负责任的政治家常常说，日本的门罗主义包括全亚洲在内，即使是最和平的人也决然地主张满洲全部在她的范围之内。著名的日本政治家石井子爵，曾经对美国这样声明过："在我们看来，日本在中国全国的权利，尤其是接壤的区域（譬如蒙古），比任何列强在中国的权利为甚，这情形正像你们美国在西半球，尤其是在墨西哥和中美各国的情形一样。"

日俄两国决计用种种方法以谋在蒙古获得优势，这事情已属毫无疑问。为的是日本采取鲁莽的举动，以扩张他们在满洲的安全；和苏俄李维诺夫刚刚同俄国在欧洲的可能敌人订了许多不侵犯公约的缘故。苏俄外交的成功，她的事实上的成就远非一般外交的所谓荣誉所可比拟的。

还有一点，也许格外是猜测之辞，但是对于全世界很有严重的影响，那便是日本是不想把东方成为禁地，成为一种"有色民族"的世界。像这样一种不幸的人类的重行组织，在目前绝对是有可能的。我们可以制胜这种计划的方法，一面在于俄国的态度，但大部分还是在于印度的地位，印度能够包含在多色的英国人民范围内多久，那么她可以做白色人、黄色人和黑色人的桥梁多久。并且把印度拉拢在英国范围内的办法，可以有力使任何"有色人世界"的计划打破，使它成为一种可笑的计划。

在这里谈着世界政治，附带地觉得英国对于印度的怀柔政策非常重要。

上面所说的种种可能的蒙古问题是值得注意的，虽然我们最初看上去也许并不明显。俄国军队不问是从西比利亚向南开，或是从苏维埃共和国的沙木干（Samarkand）向西开，料想与蒙古和西藏是有关系的。大家还记得一九〇四年英军进兵拉萨，是一种反俄的表示。后来隔开三年英俄两国把各种问题都和解了，结果大家把驻军从西藏撤回。但是俄国绝未停止向蒙古发展势力，二世纪前征服了贝加尔湖畔的布莱族（Buriats）（注二），现在正沿着这条线前进。

（注二）一种蒙古族的农民。大半信奉喇吗教，散居在贝加尔湖一带，在 Iskutsk 政府统治之下。——译者注。

政府有兴有倒，社会组织有时可以根本变换，惟有地理的事实永久没有变更。土耳其的复兴，以及日本创造了"满洲国"，使俄国格外感觉到在黄海或地中海需要一个口岸比从前更甚些。今日蒙古的情形，也许是表示着俄国在波斯湾和印度之外，同时进行的另一方向吧。

译自《Fortnightly Review》十月号

《国际译报》（月刊）

上海国际译报社

1933 年 5 卷 7 期

（李红权　整理）

自治声中察、绥盟旗之鸟瞰

伯力　撰（寄自北平）

原来内蒙盟旗

因汉蒙人民居地不同，而县旗制度就有判异。现在的内蒙，包括热河省辖的十五县，十部十六旗。察哈尔省辖的十六个县，五部十八旗，外带一个牧场。绥远省辖的十四个县，一个自〔设〕治局，六部十三旗。合起三省，加上奉天西北部哲里木盟四部十旗之地，就是以前内蒙六盟二十四部四十九旗、察哈尔、土默特二部和旧直隶、山西北隅之地了。如今，奉天西北部和热河全沦异域，内蒙仅剩的察、绥两省，自治的呼声，就是从察境西北方面喊出来的，内蒙自治会议举行的地方，介于察、绥边境（属于绥远四五子〔子王〕部落旗）的滂江。

介绍察、绥旗制

察、绥两省的行政区，因为"汉"、"蒙"相并，一时旧习，不容易改，于是就分成县治与旗制。在内地的为县治，治汉人；在蒙地的仍用蒙人的旗制。蒙古仍是王公制度，而且多是世袭。察哈尔除汉人居住的口北十县和张北六县外，现在的全省北部，五六十万方里占全省三分之二土地，全是蒙民锡林部〔郭〕勒盟十旗的领域；绥远除沿平绥铁道线的十四个县治外，以北地方，和河套以内，也尽属于蒙民盟旗。

军政组织一般

察境蒙旗的行政组织，每旗设〔二十〕一个总管，由省政府委任。总管辖正副参领各一人，佐领二十名，护军校二十名，骁骑〈校〉二十名。骁骑〔两〕校之下，设马甲三十五名。护军三十五名。各旗以佐领为单位，每旗十三佐到二十佐不等。佐又分三种，首为正佐领，次为佐领，再次为半佐领。施行政会〔令〕，由佐领呈报正佐领，转呈总管，再转呈省政府核办。阶级层次，非常严格。由披甲升护军或领催或先锋算第一级，再升护军校或骁骑校，算第二级，再升领佐，算第三级，由佐领升参领、总管，算最高阶级。佐领也有世袭的，封建之制，牢不可破。绥远盟旗行政制度，最高是札萨克，以下设东西协理台吉二员，协理之下，设管旗正章京一员，副章京二员，正为公布札部，副为伯尔闹海及们肯济尔格拉，以上五人，算是军官。此外有八参领，四十佐领，四十骁骑校，分管蒙民。又分全旗为十三排，每排设达庆一人，分管汉民。

大漠中世界

内蒙地处大漠，交通不便，文化低落，自在意中。蒙人读汉文的不多，读藏文的亦少。语言用喀尔喀语，为联络语体，一意义合数音而成。交通除漭江沿着两条汽车道，北达库伦，南可以到察省张垣和绥省平地泉，稍为便利以外，其余尽是黄沙莽莽，广漠无垠，既少河流，又无铁道，仅恃牧马奔驶，以利交通而已。
积习则鼻烟壶仍旧用。有人生病，就请阴阳家书符念咒。婚仪极
简单，亲迎都用马匹，尚存有掠夺婚制的遗风。死人棺材为立式，
死尸坐而不卧。贫民多用火葬。男女都用白手巾缠头，女子梳头
成练锤，长七八寸，上佩珊瑚、宝石、珍珠之类。男女社交公开，
稠人广众之间，青年们可哼着蒙古小曲跳舞为戏，实封建中的摩
登化也。

将来的大危机

　　总合以上各节，我们知道内蒙——否，察、绥蒙旗——的实况
是：（一）土地广大；（二）文化未开；（三）交通不便。土地广
大，则启外人的觊觎。文化未开，就易被人愚弄。交通不便，便
一切与中央隔阂。百灵庙的会议，听说德王有某国作背景，如果
属实，则察、绥将不为外蒙和东北四省之续，才算是中国人的大
幸事！

《社会新闻》（三日刊）
上海新光书局
1933 年 5 卷 10 期
（李红权　整理）

百灵庙的内蒙自治会议

重草　撰

近来内蒙自治运动，和以前日本军队炮轰华北一样，惊觉了全国人民对于这个严重问题的认识。我想自治运动的结果，或许比华北停战协定还要悲惨。日本帝国主义征服了我们的东四省与河北的一大部分，但是她没有能够成功地克服那些被占领的区域内的人民的心思。在这一方面，我认为它永没有成功的希望。东北人民，受过了日本帝国主义两年以上的血腥统治，然而据最近日方的公布了的统计，满洲反日的义勇军还有九万多的战士。哎！想到这点，我不觉得一面鼓舞，却又一面悲伤。在思想落后的地方，居然有十万群众坚决地对日浴血抗战，不屈不挠地继续民族革命战争，这是足以使我们欢欣鼓舞的。同时三万万七千万同胞与他们的代表（其实是冒充的代表），不能肩负起收复广大的失地的责任，而把这个责任完全推委到那十万孤立的肩头上，同时还要断绝对他们的任何援助，这是何等伤心的事！

我们在东北义勇军的运动中，看清了谁是拥护中华民族的利益的，谁是志愿担负保卫民族的任务的。口喊抗日而实则降日的黑幕，都和盘揭穿了。我们迫不得已，不独要承认华北的中立区，还要允应越闹越凶的内蒙自治的要求。中立区与内蒙自治，是从一贯的路线生产出来的，有了中立区，必然会有内蒙自治运动的涌出。内蒙自治，在现时日本改用阴谋霸占华北的阶段中，是早由日本军部计画好了的。我们在关内的大好山河，尚且可以"认痛"割爱，那末对于流在关外的荒漠，何必吝惜啦！中立区只由半瓶香槟酒就大告成功，内蒙自治想必不要什么香槟酒就可以成功，最多也不过和日本武官恳谈几次，就能谅解成功了，最后或许还要感谢日本武官对我们的谅解。我们失败的容易，助或〔成〕日本成功的容易，难怪有人说日帝国主义今年的运气红到极点了。

回归本题，内蒙自治问题，不仅是理论问题，而且是非常迫切的实际问题。在现今的局势下，我们决不能获得有利于我们的解决。蒙人要求自治，这是非常光明正大的，但自治的要求，可先可后。恰在日军在华北巩固它的地位以后，才由以德王为中心的少数可〔王〕公提出来，这不能不使我们对于内蒙自治的要求感觉到它的动机不纯洁。中国现在受日帝国主义的压迫到了极点，而蒙人也是同样受压迫。在这个压迫下，汉蒙两民族只应该同赴反帝的共同战线，打倒万恶的日帝国主义与其工具。这就是说，反抗日本的压迫，是我们和蒙人当前最紧急的任务。离开了这个任务来先谈自治问题，那就避免不了为日本张目的嫌疑。据蒙古王公的宣言，自治是为着抵御外侮，这是只能骗鬼的笑话。蕞尔的蒙古自治领域，决不足以挡日军的铁蹄，而况高唱自治的，只是代表蒙古的封建阶级的少数主〔王〕公。中国封建主义与金融资本的代表，都向日军行鞠躬礼，我们反相信蒙古封建主义的代表，能有决心抵抗帝国主义么？

蒙古的自治党，也曾半公开地宣言反日。他们的宣言有没有价值，是可以拿我们的经验做判断的标准的。从前李际春领导的日本便衣队，曾经举起反日的旗帜，后来模仿李军的匪首如丁强、李甲三等，没有一个不宣言反日的，然而实际上他们都是帮助日本侵略中国的急先锋。又方振武、吉鸿昌等都通电坚决抗日，实际上则害怕反日，终则进行对日妥协而受骗，完全归于失败，方振武且被某军拿住"明正典刑"，作为对反日者的一种示威的表示。我们如果看穿这些把戏，如果不忘记这些把戏，当然不能相信蒙古王公的反日宣言有任何价值，而况他们的宣言并没有明白地表示反日。

不宣布反日而单要求自治，这无异替日人分裂我们的土地，无异把我们的土地奉送给日人，和西藏达赖喇嘛献媚于英人而背叛中国的行动，如出一辙。中国对内蒙的统治，因军阀政治的压迫与剥削，固然没有给予人以满意的结果，但日人的统治则使他们更要失望。这两年以来，日人努力进行满洲的雅片化，引起了国际联盟的严重质问。这种要钱又要命的殖民政策，一定是要搬到内蒙古来的。蒙人果有觉悟，应该马上从行动上做反日的工作，以谋最后的真正自决。

我不是民族主义者，我不是不赞同蒙人的自决，但对于目前的蒙古自治运动，我非常怀疑。

第一，自治运动是蒙古王公倡导的。他们对于蒙古的平民，未必有若何好感；他们的统治未必不是建立在压迫蒙人的基础上，恰和中国的军阀统治一样，或许比它更坏一点也未可知，他们未必不是以个人的自利与野心做出发点。换句话说，自治运动的领导权，如果握在王公贵族的手里，这决不会给予蒙古民众以若何实际的利益，这只是破坏蒙古真正自决的叛卖行动。

第二，日本的满蒙政策，已经完成了百分九十以上，现在只剩下来察哈尔的一部分与绥远了。她对于这块地方，为着节省军费起见，或许不采取武装占领的方式。蒙古自治，当然是代替武装占领的最适当的一个方法。这样，自治运动便和日本完成满蒙政策的企图分不开了。我们当然不能说每个希望自治的蒙古人，都会甘愿帮助日本的满蒙政策的完成。但在客观方面，谁也不敢担保自治运动不被日人利用来完成其领土的野心。假使日本不急急并吞蒙古，我们对于自治的要求，尽可以给予同情的考虑，但在日人积极侵略的时候，我们认为先要谈判反帝的共同战线，然后才从容不迫地讨论自治乃至独立的问题。

　　不过在目前的形势下，无论如何谈不到蒙古自治问题的圆满解决。不许蒙古自治么？这不独违反蒙人的志愿与期望，反来增加他们对中国的恶感。据报章的宣传，蒙古自治政府已经成立，并且派兵把守蒙边。允许蒙古自治么？这立刻会要把蒙古变成日本的一个大殖民地。我看当局会采取第二个途径，因为它是适合对日的外交政策的。但中国的民众坚决反对在自治的假面具下，来扩大日本帝国主义在中国的势力。

《新社会》（半月刊）

上海新社会半月刊社

1933 年 5 卷 10 期

（李倩　整理）

内蒙自治与百灵庙会议

云菲　撰（寄自北平）

　　由德王召集在百灵庙举行的内蒙自治会议，从十月十五日起，到二十四日止，一共开了四次会。现在，在欢迎黄部长（绍雄）的筹备之下，仍在热烈地进行他们所谓高度自治工作。百灵庙的会议，关于他们的自治进行，极关重要，开会情形，似有介绍之必要。所以，记者就将百灵庙会议情形，为本刊读者介绍。

◇红顶黄褂乃欲自治◇

　　在理，蒙古应有蒙古的遗风，蒙古人的骑士装束该不受清朝的顶子花领、马蹄袖才对，然而就有出乎人的意外。内蒙自治会议开会的第一天，出席的蒙古王公和盟旗代表及中央军政学校的蒙籍青年一共一百二十七人。青年，当然就很摩登，要摩登便一定洋装革履。洋服在内地不见得希奇，希奇在［在］与红顶子、黄马褂相焕映着，才和李鸿章出洋时和外国人开会一样的好看！当天是由云端望楚克亲王坐首座，头戴紫顶珠冠，身穿黄缎马褂。左右坐同样紫顶黄褂的各五人。以次就排列着正红顶珠、黄绫马褂的一百余。以次就是一些短装窄袖的洋服了。如果瞥眼一看，你不怀疑到上了舞台，才算怪事。

◇三天大会选委员长◇

内蒙自治，还没得到中央具体的允许以前，而且黄部长还不曾到场，但，百灵庙的会议中连自治政府的委员长都已经选出来了。会议的日程，第一次通过《自治政府组织法》，第二次通过自治政府第一年预算和筹款办法，及办公地点与政府警卫各案，第三次会议，便举出自治政府的委员长。起先，各盟旗王公一古脑将委员长头衔推到德王身上，德王倒也谦让，便以"年高德劭"四字，顺势向乌兰察布盟正盟长云王一推，结果一唱名，果然云王当选为正委员长，索、阿两盟长当选为副委员长，德王当选为政务厅长，东大公王当选为法制委员会委员长，乌兰察布盟副盟长当选为参谋厅长。

◇外交军政权归中央◇

在第一次会议中通过的《自治政府组织法》，大致是自治政府的外交及国际军事，仍归中央主持，以表明拥护中央的诚意。内蒙自治政府，总揽内蒙各盟旗的治权，所有自治领域，以原有之内蒙各盟旗之领域为统辖范围。最高机关，是自治政府委员会。下设政务厅、参谋厅及法制委员会，政务厅管政治，包括总务、秘书、教育、警备、实业、交通、交际、建设八大处。参谋厅管军政，下设参事会，备军事上的咨询。自治政府第一年预算，定为三十二万元。职员不支薪，惟领生活费。自治政府的警卫，决由各盟、旗、部选送骑兵一千名。

◇省府权限势必冲突◇

内蒙自治会议的决议，既决定自治政府领域，以原有内蒙领域为范围，则包括察、绥全境可知，如此则察、绥两省政府之存在与否，已成绝大问题。此地消息，有将尚未设县治之盟旗交由自治政府管辖，其已经设县治地方，将仍归省政府统治，但以后自治政府与省政府间地位如何？如何划分治权？问题亦极重要。此事将来必有一番精细的商确，始可决定。盖事体甚大，不能草率也。自治政府所在地，已决议在归化北约五百里之乌、锡及四子部落的中心区，该地富有水草，风景极佳云。

◇经济关系不容忽视◇

以上一节，除事实上（行政的系统上）自治政府与省政府并存问题会发生冲突外，其他方面，也有若干困难，即使以后办法，为盟旗归自治政府统领，县治归省府管辖，但省府原来地区，已去大半，省库收入，即大受影响，即以百灵庙和东大公旗两地而言，百灵庙是通外蒙大道，每天来往骆驼，数千计，每年税收八百万元；东大公旗税收，一年也达四五百万。两地都是绥远的重要富源，一旦失去，绥远省府财政如何支持，这不但成为疑问，而且问题之大，是不容忽视的。

◇班禅回藏黄赵〈入〉蒙◇

内蒙会议结果，对中央极表拥护之忱，第四次会议，即专门讨论迎黄（绍雄）问题，结果决定云、素〔索〕、德各王及重要代表百余人，均在百灵庙恭候；另派包悦卿为总代表，率代表三名赴平欢迎。德王并亲自电平，欢迎黄、赵（丕廉）。电中有"天气严寒，遍地雪深尺许，务盼早日启程"之语。至留内蒙之班禅，工作已竣，现正准备回藏，已向乌、锡两盟征发大批骆驼，为回藏运兵输械之用。将来内蒙自治指导事宜，班禅去后，当由黄、赵全权负责处理。至黄、赵入蒙，亦在最短期间也。此次内蒙之自治，如能指导得宜，或可导入正轨，绥靖边陲。

《社会新闻》（三日刊）

上海新光书局

1933 年 5 卷 13 期

（李红权　整理）

百灵庙会议之经过及对于内蒙之印象

谭惕吾女士　讲　　丘运喜　记录

各位同学，鄙人承贵校之约，前来报告此次百灵庙会议之经过及本人对于内蒙之感想，实在引为荣幸。兹先述百灵庙之会议。百灵庙在绥远省城西北三百六十里，庙内有屋二百间，喇嘛千数，开会地点，即在于兹。所谓内蒙，系指漠南蒙古而言，其范围包括辽、吉、黑、察、绥五省之旗盟。九一八以后，辽、吉、黑蒙旗盟随东北四省一同沦陷。现在所剩者，仅察、绥二省以内之范围而已。在察省者有锡林果勒盟（内分十旗）、十二旗群。在绥省者有乌兰察布盟（内分七旗）、伊克昭盟（内分六旗），此外又有土默特旗。溯自外蒙独立以后，政权操诸俄人手中，内蒙又叠受日本威胁，所剩各旗盟感觉恐惧危险，因欲脱离中国而自立，乃以"御侮图存"为口号。然国家存亡，全靠实力，非空洞名词所能济事，此固蒙人未注意者也。且国家之要素有三：人民、土地、主权，不可缺一。今内蒙领域，虽掩察、绥，然人口不过三十五万人。自满清以来即属中国统治，并无独立主权可言。而其文化程度尤属低下，据调查报告，察省盟旗受小学教育者七百人，受中等教育者四十人，在大学者仅六人。绥省旗盟，受小学教育者七百人，受中等教育者二十四人。夫如是，又何能成立政府，然而蒙人由此要求者，盖内中有人主使，有人挑拨也。此野心家欲趁我国无能为力之时，将内蒙一并吞灭。查此事件之发生，系在旧年春季，日本利用满蒙历史上之关系，派遣满人多名与蒙古王公接洽，日本允以西蒙独立之后，东蒙概归德王管辖（东蒙即热河境内蒙古也）。德王本有野心，闻此甜言，心为之动，惟锡林果勒盟正盟长索王不赞成此举，以是德王计划失败，盖德王乃该盟副长也。延至本年六月，日本鉴于索王不可利诱，乃派遣飞机飞至索王居住地示威，蒙人遂更惊惧。德王乃于该时，召集一会议，到会者仅德王、云王及中央派去宣慰之代表（蒙人）三人开会，因筹备组织自治政府。七月复又开会一次，到会者四人，遂决定发出愿电，提出高度自治之要求，略谓：内蒙处境艰危，不谋自立，必难图存。而同时日本亦开多伦会议，遣使西蒙游说，德王借此机会，乃更高唱独立。中央因觉蒙古问题重要，乃商派大员前往宣抚，于是选定内政部长黄绍雄，偕同随员出发百灵庙。此即所谓百灵庙会议之由来与内幕，时正十月九日也。

开会之期凡十七日，共集会五次。到会诸王公，皆多缄默无言，盖不明了自立之意义。会中侃侃而谈者，仅德王一人及少数之青年耳。会议期间，云王拟定一西蒙自治大纲，凡三十余条，会中作一形式上之通过。其中有一条，颇堪注意，即"国际军事、外交之外，一切蒙古地方事件概由蒙人自行处理"。于军事、外交之上冠以"国际"二字，意谓仅有中国宗主权也。而其组织内容，规模宏大，俨似行政院一般；内设政务厅，以德王、云王为正副厅长。蒙古王公即携此大纲晋谒黄部长，提出自治，且声言废除察、绥二省府，由蒙人统治。夫察、绥两省人口四百万，而蒙人不及十分之一，归划蒙人统治，事实上乃不可能。中央当然不能允准此项要求，于是黄部长对诸王公详细剖解，指导伊等自治路线，并允在察、绥二省设二特别区，每三年开联席会议一次，经费由中央拨发。此外对于提高文化，改进生活，莫不周详指示，蒙人乃大为感动，痛悟前非，全盘接受黄部长之谕训。惟德王尚坚持组织自治政府，但以孤掌难鸣，只得服从，百灵庙会议遂告为完结。

现在略述本人对于内蒙之印象。鄙人自此由北平出发，旅行三十四日，在百灵庙凡十日，所得印象最深者，即为蒙人诚恳之态度，待人接物，无不和蔼，陌生旅客，亦如故人。所惜者即保守其谫陋生活，不愿进取耳。至于其日常居起，并无固定房屋，以柳条搭成帐篷，状如大伞，中可容四五人。地上铺以毛毡，并无几桌。置火炉，烧牛马粪取暖。屋内男左女右，分别住宿，中供佛像。所衣衣冠，贵族多绸缎，女子则又佩带金玉。饮食大都马、羊、牛肉，间以杂粮，又有红茶。职业不外种田、经商，而在未开化之处，则仅牧畜而已。因职业简单，故其时间多半消磨念经拜佛中。婚姻极自由，男女缔姻虽亦由媒妁介绍、父母赞许，而婚礼极简单，新郎乘马迎新妇以归，拜灶神，拜父母后，婚礼遂成。离婚亦极易，夫妇情意不合，由夫将女送归母家，即为离异，但蒙古人离婚者不多见也。至于葬礼，则以将死未死之人置之〈车〉或驼马背上，鞭之使其狂奔，任人体坠落荒野，供鸟兽之啄食。相传鸟兽啄食最快者，其人生前无罪，否则孽深罪重，家属引以为羞耻。此种风俗，大抵与游牧生活有关。兹更言蒙人之娱乐，有摔跤、有赛马，音乐乐器为喇叭，胡笳悲壮，听之恻然。至于在蒙人生活中，最强有力量者，厥惟喇嘛教，上有班禅，下有活佛，虽王公亦畏敬之，以故蒙人多愿出家，而不欲为平民者，此盖满清立国之初，深忌蒙人强悍，特提倡喇嘛教，以拘縻之。此蒙人之所以一蹶不振，人口减少，文化低落之原因。由此观之，吾人欲注意边防问题，对于蒙古旗盟，应时加研究，且须在实际上有以援助协作，庶不为帝国主义者所侵占也。

《燕京大学校刊》（周刊）

北平燕京大学

1933 年 6 卷 17 期

（朱宪　整理）

蒙古要讯种种

作者不详

【内外蒙企图全蒙自治】哈尔滨方面近盛传外蒙"赤化"之哈尔加蒙人及驻外蒙之布里亚族军队，现攻击内蒙之呼伦贝尔，其目的乃欲宣布全蒙自治政府。按布里亚为亚比利亚东部之勇敢种族，向服役于苏俄常备军中。又哈电盛传杜星亚德族及蒙古民族，乘中东路西线不通之机会，有在海拉尔方面组织共和制独立政府之说。两讯均值严重注意。

【内蒙急起自卫抗日】内蒙各旗盟，以日军阴谋侵略边境，为保存国防及自卫起见，多自动组织骑兵，以资防范。据闻锡林果勒盟副长德〈穆〉楚克栋鲁布近已召集附近各盟旗骑兵，开始训练。至其他各盟旗，亦相继组织，电请中央予以援助。又蒋军事委员长对蒙事极为关心，近特召在平盟旗长赴汉报告蒙情。

【内外蒙自订通商办法】内蒙张家口商会与外蒙商会，为顾全双方商民利益，近自动商订内外蒙通商办法。并约定凡内外蒙商民及原料悉由德意洋行经理，但限制该洋行完全为通商机关，不得有施行任何政治之宣传。该洋行现已开始营业。至张家口一带出入口货征税问题，张家口商会已呈准察省府，拟订征税暂时施行规则，并呈报蒙藏会审核。蒙藏会即将此项规则，函实、财、外各部备案。

【蒙汉订立规约】乌审蒙兵，前在陕西榆林边骚扰居民，经驻榆师长井岳秀派员赴庙嘴子会晤蒙方委员图孟巴彦尔等交涉，由蒙方承认追还损失之款了事。并经双方同意，订立今后行政、司法、经商各事项规约，期造成永久和平而安边界。约文内容要点：

汉蒙双方查照现时地界，保护人民，安居乐业，勿相侵犯，凡界牌内每年应纳之场粮地钱，仍令蒙方责令收头，查照原约，请照旧率收交，不得任意增加，及过扰等事，其他各种差捐，人民各有负担，不能越界摊派，致涉扰累。汉民在蒙地择房牧放骆驼、牛、羊以及在汉择房之大群牛、羊、马、骆驼，牧放在蒙地者，蒙方应负保护责任，得援照旧例，责令收头，征收水草钱。但在汉界沿边之农民，零星豢养牲畜，虽在蒙地牧放，一概不收水草钱。汉民在蒙地营业者，应按旧规，每年由蒙方抽收抓羊税。所有骆驼之过税，应援照旧例，每往返甘省或过一次，每驼一只，抽收洋三角，此外不得另立类似之名目，留难、征收及拉差等事。汉蒙通商，历年已久，双方应负保护之责。民刑诉讼案件，各有上管机关。凡汉民争执，应由县府审判。设有狡黠者，挟嫌陷害，投向蒙方，颠倒是非，图泄私愤，无论任何案件，蒙方概勿越权受理。边界如有匪警，应各自缉捕肃清。倘越界追捕，应先通知防军，得允诺后，方能持械经过。遇有紧急之时，不及预先通文者，亦应随时专差告知，以便尽力援助，以免误会。又自规约订妥，用汉文字书正签字后，双方敦睦邻谊，永远遵守，不得任意破坏。

【内外蒙通商办法】察省政府近为谋繁荣地方商业，构通外蒙贸易，活动金融而裕税收起见，特订专章，设所检验，暂准洋商德华洋行试办，凡中外商人请领执照，均可运销货物。

【外蒙发行邮票】近据库伦电称，蒙古政府已将俄人代制外蒙共和国邮票两种图样认可，上绘蒙古生活之乡景，不日发行。

【中央边政】行政院近通令各机关酌量参用蒙人，以利边政。

又该院前核准拨发二万救济外蒙难民，蒙委会特函催财部拨付。

《时事月报》

南京时事月报社

1933 年 7 卷 5、6 期

（李红菊　整理）

蒙古活佛、王公先后抵京

作者不详

蒙旗宣化使章嘉活佛，于二十一年五月二十四日已由国府任命，《宣化使〈公〉署组织条例》则最近始由行政院通过。章嘉于十二月五日在平就职，九日由平抵京，携有要案多件，向中央建议，并列席三中全会。至蒙古王公贺喜业勤〔勒〕图墨尔根、多尔吉、沁布多尔济、郭王等四王公，及内蒙卓素图〔旗〕盟代表白瑞、锡盟代表白音得勒革尔、察哈尔代表布和巴图尔及包悦卿等九人及随员等，则先于十二月三日由平抵京。据王公代表谈来京任务：（一）接收内蒙各盟旗驻京办事处；（二）向中央陈述蒙古近况，并建议政府处理蒙古今后要务。盖内蒙分东西两蒙，东蒙有卓盟、昭盟、哲盟，西蒙分哲里木盟、锡林果勒盟等①。西盟〔蒙〕经德王主持各旗，异常安谧。惟东蒙之哲盟属辽宁境，被暴日侵犯，极形危急。卓盟、昭盟，又系热河省境，情形亦颇紧张。暴日勾结土匪，破坏地方建设，并秘密招练骑兵，阴谋叠出，陷蒙民于水深火热之中。惟盟旗上自王公，下至蒙民，不受伪组织诱惑，组织蒙古义军，抵御外侮。现东西两蒙，共有七十余盟旗，每旗有精兵一千以上，兵力颇称雄厚。王公此来，系向中央建议治蒙要点与抗日大计云云。又蒙古旅京民众，为联络抗日计，由

---

① 原文如此。——整理者注

中委白云梯、克兴额等发起，组织蒙古民众抗日会，蒙吉〔古〕各盟旗王公等纷纷加入，正组抗日义军，拟加入东北作战。

【内蒙近状】近据章嘉活佛驻京办事处长及其顾问等所述，弥足珍贵，兹为分志于下：

行政分歧——内蒙地带，业经中央设置热河、察哈尔、绥远、宁夏四省。惟省府名义，虽辖各盟旗王公，然其政治力量，仅及汉人，征收赋税，亦仅止于汉人。凡蒙人聚集之地，租税、行政，均受理于盟长、王爷。其行政区域，仍以旗盟为准。蒙人村落之中，凡类似于区、乡、邻、团长之自治职掌，均无不备。区、乡以上为旗，旗主曰王爷，有左廷右廷，立于左右丞相。十旗为盟，盟长主之。盟长之权，拟于省府。盟之大，有逾半省者。盟及省，各自为政，惟遇有特别事件，则互相交换意见。

土匪纷纭——盟旗均有军备，其数为数千、数百者不等。盟则或统数万，弹械供给，除由剿匪截获者外，亦由中央拨给。近年来，内地军事，迭起风云，一般下野军人各部属，每沦于匪，聚啸成群，截劫生财，更向日俄商人，偷购弹械，肆行扰乱，以供强邻之利用，各盟军队，视匪众多寡，或穷加追剿，或避不应战，每每席不暇暖。

思想背驰——内蒙自外蒙实权丧失之后，人民思想，即起显著之分化。各旗盟王公，安于守旧，而一般留日、留俄归来之青年学生，则醉心革旧，而尤以留俄学生，深染"赤化"，辄思妄动，总冀打倒旧势力，起而代之。惟各盟长、王爷，深体中央德意，爱护国家之心殊切，沉着应付，屹不为动，故新派青年，卒不得逞。然隐忧四伏，前途诚难逆料也。又最近外蒙人民，迭于赤色恐怖之下，逃归内蒙，每次均在一千或数百以上，实为内蒙"反赤"最好之殷鉴。然逃来归附者，又多为老年男妇，及外蒙各地王公，青年人则甚少也。

文化落后——蒙人尚保存其古代游牧之生活，只知以牲口、皮毛、毡子，与人交易，而不知精益求精，以从事各种毛织工业。虽有其别殊之文字，然除宗教经典、符箓而外，关于科学之叙述极鲜。村落中亦无学校之设备，惟就年长□□之人，推为教师，使各家子弟，从之问字而已。热、察、绥、夏各有粗具雏形之学校一所，合授汉文、蒙文，即为各盟旗子弟唯一升学之地。其学程低于初中而高于高小，就当地视之，亦中等学校也。一般人心〔民〕之心理，均安于游牧生活，绝不冀有何进步，且惮于改造。

民生富裕——蒙人财富，悉源于畜牧。大富之家，牛马之多以千万计，至少亦十数头。家无财产者，则为数极少，然此少数无产之流，亦每受雇于人，按日得资，绝不至赤贫如洗。故蒙人无乞丐。其所以然者，地广人稀也。深入蒙古者，无〈论〉任何人，若能操蒙语，则凡有人烟之处，均可任意就食就宿，蒙人无不欢迎。饭店旅馆，索取食宿代价之事，不见于内蒙。商业亦颇发达，日俄商人，常涉足其间，尚有以物易物之风。亦有使用银两者，然皆为碎银、元宝之类，银元、钞票概不通用。

经济前途——谈开发西北者每以开垦为口号，而开垦一举，实于〔与〕游牧民族之利益相冲突。盖土地多辟一尺，则牧地缩小一尺；且办垦务者，必移内地人民承耕垦地，自蒙人视之，无异逐之他去，而占有其旧有之土地，最足以离间民族感情，而兆分裂之虞，故欲开发内蒙，莫如就蒙人牧畜事业，加以改进，使其生产增加，受到切身之利益，则内蒙之边陲巩固，可勿思矣。

【限制各盟旗增税】蒙藏会近以蒙古地瘠民贫，生产落后，年来天灾民贫，亟待休养，恢复元气，特咨令各盟旗不得任意增加捐税，即建设需款，亦应在法令范围内办理，以苏民困。

《时事月报》
南京时事月报社
1933 年 8 卷 1 期
（李红权　整理）

速保内蒙

蒋默掀　撰

今日国事之最矛盾、滑稽、惨痛者，为声声口口长期抵抗，而敌来不守，坐视暴日操刀，将中国块块施割！失东三省之刺戟不为不大，然所以为热河谋者，不能抗一百二十八日兵，今热河又失守矣，所以为察哈尔、绥远谋者，其又将如何？吾人在悲痛之余，试一按地图，内蒙共有六盟、二独立旗、二特别部，六盟共五十三旗，合独立旗、特别部在内共五十七旗，人口总数约五百余万。九一八事变后，辽、吉、黑三省之哲盟及呼伦贝尔特别部、伊克明安独立旗，入于日人势力之下，热河失陷，卓、昭两盟又为敌蹄践踏，现仅存察哈尔、绥远两省境内之锡、乌、伊三盟及察哈尔特别部暨土默特独立旗而已。即在此未失之部分，暴日已派出大批化装专员收买蒙匪，待机而动，察哈尔、绥远之失，恐不过时间问题，暴日之侵略中国已成彼国策，袭占察哈尔、绥远不过其计划之一步耳。

面此严重危机，蒙藏会拟定救蒙办法如下：一、派人积极赴蒙从事宣传、联络、抚慰并办理战区蒙民收容安置事宜；二、电班禅、章嘉在东西蒙抚慰宣传；三、促成旅平、京蒙人从事抗日救蒙工作；四、组织蒙民救国义勇军。如斯救蒙办法，恐未必有真实效验，因暴日谋蒙，已非一日，诸如勾串王公，迎合蒙众，久做实地工夫，一本雍正、乾隆两代统治蒙古成法。今我国反在此严重时机，讲求表面，徒事宣传，欲察哈尔、绥远不为热河之续，戞戞难矣。

《时事月报》
南京时事月报社
1933 年 8 卷 5 期
（朱宪　整理）

去岁五月间在北平政务委员会备案成立，一年为期。

《时事月报》

南京时事月报社

1933 年 8 卷 6 期

（丁冉　整理）

请国人注意蒙古问题

作者不详

蒙古问题之重要，不亚于东三省，而其危机或且过之。今幸因中俄之复交，章嘉之就职，日本图热之急进，愿乘此时会，剖述蒙古问题之概梗，借助国人了解蒙古问题之真相。

蒙古为中国北部之屏蔽，面积共计三百三十三万七千二百八十三平方粁；以瀚海大沙漠为界，分为内外蒙古——瀚海之北为外蒙古，瀚海之南为内蒙古。内蒙古今已编为热河、察哈尔、绥远等行省，已跻于本部各省之林，外蒙古则仍分为喀尔喀、科布多、唐努乌梁海三区，依旧保持对我独立之状态。自日本图热之后，蒙古问题日益严重，边境亡国之惨状，盖已自东北、外蒙逐渐延至内蒙矣。

外蒙本为我国藩属，后以清廷驻蒙大员不谙蒙情，贪墨昏庸，俄人复从而挑拨离间之，于是蒙人渐思携贰。宣统三年革命军兴，蒙人乃因俄人之怂恿而乘机独立，并订《俄蒙条约》，断送国权于俄人。民国建立，时局粗定，我国迭与俄国严重交涉，乃于民国二年四年，先后签订《中俄声明文件》及《中俄蒙协约》；俄与外蒙承认中国在外蒙之宗主权，中国承认外蒙之自治权。嗣以欧战发生，俄乱日炽，蒙人不堪其扰，乃于民国八年，呈准中央，撤消自治。此外蒙第一次独立之概梗也。民国九年，白党谢米诺夫受日本之接济，侵入外蒙，宣布独立；翌年，外蒙国民党勾结苏俄，驱逐谢米诺夫，夺回政权，树立蒙古共和国。民国十二年，俄蒙订立密约，除以政治、经济各种大权割让苏俄外，并经订明，苏俄驻兵外蒙，协助外蒙保全领土，"以御中国"。后在民国十三年《中俄协定》上虽经规定："苏俄承认外蒙为中华民国之一部分，及尊重该领土内中国之主权"；然苏俄驻军仍未尽撤，外蒙独立仍未取消，而"赤化"势力且有超越外蒙从事内侵之趋势。此"蒙古问题"之一面也。

其在内蒙，部分躁进之青年，常有离我外附之思想。苏俄□□外蒙，时思东侵，形势已甚严重；乃自九一八事变发生以来，原在辽西之哲里木盟等十旗，及在黑西之呼伦贝尔等八旗，均已沦为夷狄，非我所有，而自热河发生动摇，内蒙一带，更趋严重。热河为内蒙对东北之屏障，且为北平、天津之门户，中国保有热河，则进可为收复失地之凭借，退可为保障华北之屏蔽；日本占有热河，即可威胁平、津，窥伺中原，以亡我中国。此日本满本蒙政策之所以主张自哲里木盟进而扩大至于热河全境也。前闻日本文部省最近审定一日本现代地图，图中以五个逐渐扩大之圆圈，表示日本向外发展之形势，其第一圈之直径为一千六百零九公里，以后各圈逐加一千六百零九公里；日本势力达至第三圈，则中国北部、满洲全部，皆受日本之控制，然则今兹日本对于热河之威胁，其用意固不在小矣。此"蒙古问题"之又一面也。

如上所述，全蒙二十盟二百四十一旗，其在外蒙之六盟一百十一旗既已离我而附俄，其在辽西、黑西之十八旗又为日本所控制，所余者仅当原数之一半；而第三国际指挥下之外蒙"赤化"势力，既不能忘情于内蒙而时思东侵，日本近复增兵热边，亟思染指。形势之严重至此，国人岂尚可因循苟且，致使蒙古问题日感棘手而终至无法解决乎！兹者章嘉活佛已就"蒙旗宣化使"之职，其力及于内蒙，故"热河如何保障"？此一问题，当能辅助政府，切实解答！至外蒙俄兵之撤退，外蒙独立之取消，亦望政府迅与苏俄继续交涉！乘中俄复交之机会，向天讨价。"蒙古问题"与东北问题同其重要，吾愿国人不再如往日之健忘而忘之，不再如往日之偷安而忽之也。

《蒙藏旬报》
中央宣传委员会蒙藏旬报社
1933 年 9 卷 1、2 期合刊
（丁冉　整理）

内蒙三盟要求自治纪实

蒋默欣　撰

内蒙地处边陲，其要求自治，适在国难期中，故极为各方所注意。月来报章杂志，均以首要地位，放大纪载。自十一月十日黄绍雄、赵丕廉抵百灵庙，问题渐入实际，及黄等十九日返绥，则问题主要所在，已商得解决矣。兹特详加记叙，聊当史料。

一　内蒙之土地、政事及人民

欲知内蒙三盟要求高度自治成立自治政府之真象，必先悉构成此自治政府之土地、政事及人民。清初内蒙为辽河、松花江以西，额鲁特部以东，大漠以南，长城以北地（按即今日宁夏、绥远、察哈尔等省以及山西、陕西北部）。入民国，范围缩小，略当于宁夏、绥远、察哈尔等省以北地。内分哲理木盟、卓索图盟、昭乌达盟、伊克昭盟、锡林果勒盟、乌兰察布盟等六盟，呼伦贝尔、察哈尔二部，伊克明安、阿拉善霍硬〔硕〕特及额济纳旧土耳扈特三独立旗。上述各盟旗，已有一部分编入省区，改设县治矣。

内蒙政治，与内地组织不同，用图示如左：

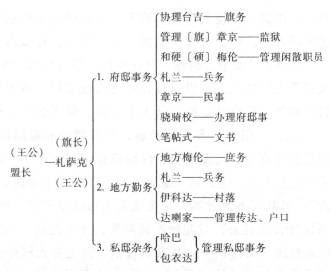

　　按盟旗制为废清羁縻蒙人所设，仿于废清之八旗制。旗等于县，盟形同省，尚有"部"、"群"，则等于特别区。旗有旗长，盟有盟长、副盟长，"部"、"群"则设总管一人。废清时代，上述诸人由理藩院委派，大都为成吉思汗后裔，或成吉思汗大臣后裔，即今日所谓王公贵族。彼等兼有行政、司法、立法诸权，废清只于蒙地设一都统或大臣、将军略示监视而已。

　　至内蒙人口，因无确切统计，故言者不一，据黄绍雄抵百灵庙后对中外记者称，蒙古人口在察、绥两省区域内者，不过三十万，比之两省总共人口四百余万，仅十三分之一，黄言大体可信。

二　要求自治三大原因

　　内蒙三盟在此内忧外患期中，突为自治要求，且为高度自治要求，事非偶然，要必有所为而发。高度自治一名词，见李顿报告书，自治而曰高度，其非普通自治可知。内蒙要求高度自治，政治上原因，中央政府应负大部责任。原中央政府对内蒙始终无政策，于王公贵族，中央无以使其自效，德王即为在中央不得意之一人；于新进蒙籍青年，则令其投闲置散。中央所为，有如内外蒙旅平同乡会、蒙古救济委员会所称，只在拉拢少数之特殊阶级，对于章嘉、班禅等崇以虚荣，享以禄位，使之安抚蒙民，而不知贵族王公、智识青年，对宗教信仰，已大不如前。蒙藏会年支经费一百三十四万元，不但对蒙事无何补救，且对蒙情亦极隔阂。汉蒙情感，因过去汉官吏、傀儡王公、汉商欺诈蒙民，本不甚融洽，蒙古留平学生上书黄、赵，谓"蒙人与汉人争讼，不论曲直，蒙人必然败诉"，虽其言不无过实，亦足窥蒙人对汉意见之一斑。在内蒙行政系统外设省置县，对此种民族隔阂，并无改进。国民革命，盛倡民族自决，蒙人积愤，乃乘机宣泄。德王对人辄以成吉思汗自期，蒙籍青年竟欲效法爱尔兰，对中央利用宗教，深致不满，其含有一种深厚的民族情感，民族意识，为不可掩事实，云王对蒙籍青年组党，允助费，其欲为政治上革命，已具最大决心矣。

抑内蒙要求自治，经济原因实更重于政治。王公贵族在废清时年俸甚多，改元后，初尚照付俸银，后竟中断，生活顿失所依。尤使蒙人难堪者，为对其所辖旗盟各地，实行划归省界，设立县治；及对蒙地移殖汉民，与屯垦军队，此点德王曾慨乎言之，云王在百灵庙会议时且声言拟效法新疆哈密王，为民族自救而死。黄绍雄在张垣对蒙古总管及同乡谈话，卓特巴札普向黄表示，蒙民为游牧民族，需要广大牧场，始能维持生活，今所有牧场十之九已开垦，余少数牧场不能维持蒙民生计，故要求自治。原蒙古自元明以来，均享有土地权，清虽设旗制，而地权仍在蒙人。蒙人逐水草而居，即今三盟仍过其游牧生活，垦地多，牧场自减，绥省自十七建省后，屯垦政策进行颇积极，以游牧为生之蒙民生活基础因以动摇。故蒙人在此次自治运动中，有以蒙地还蒙人之口号。绥远各法团，对此事略有解释，谓绥远垦地，自废清光绪二十八年即已开始丈放，其时贻谷奉委为蒙旗垦务大臣，初蒙人不明垦利，屡次抗垦，经若干时始肯报垦。民国来垦务，不过对已垦余地，复经勘丈，催逼农民，升科缴价而已。即有丈放新荒，亦多为夹荒，所谓夹荒，即四面熟地中所夹荒地。至绥省府放垦，共办法系由各王公自行报垦，订定条约，按土地肥瘠，规定岁租，每顷地由农民与蒙旗年纳五角至二元之租洋，此外复以官收荒价总额之三成五，拨归蒙旗。照绥省法团所云，放垦实出王公自愿，而王公对此则又鸣不平，内蒙土地问题，实需要彻底解决。

　　政治、经济而外，内蒙三盟要求自治之又一理由，为受外界刺戟。德王曾对人谈称，外蒙现已为苏俄吞并，东蒙又划入伪国，内蒙三盟鉴于形势之危迫，故出而求自存自治云。日本对内蒙野心，在民四条约中已暴露无遗。矢野仁一且著书谓内蒙非我领土。田中奏章于内外蒙曾云："以得寸进尺方法而进入内外蒙，可以与蒙古王公为对手，缔结利权，便可有裕绰机会，而可增我国力于内外蒙古也。"刻日本对东蒙三盟已许其自治，待遇王公，备极优隆。德王有感于此，溥仪登场，首往接洽，大连、长春之屡次会议，均派员列席，李顿报告书言之甚详。去岁曾以英、日劝其独立之语，上闻政府，故自治运动初起时，外界对德王揣测纷纭，今则德王所信，已与世人共见矣。

三　百灵庙会议

　　蒙古民族在周为猃狁、犬戎、东胡，秦汉为匈奴、鲜卑，唐称蒙兀、蒙瓦。自元太祖起于漠北，入主中原，为蒙民族极盛时代。元亡，蒙古民族在废清统治下二百余年，极相安。入民国，因祸乱频仍，中央政府对蒙事无暇顾及。十七年察哈尔蒙旗代表杭锦寿、尼玛鄂特索尔纪伦曾向南京国民政府作自治请愿，提出建议书十条，其中最要者为：一、察哈尔各旗群翼与各县脱离统治。二、察哈尔、内蒙须联合各旗群翼自设政治委员分会，即名曰察哈尔内蒙自治委员分会，直接中央，不受其他高级委员会支配。三、察哈尔内蒙自治委员会，设于各旗群翼适中地点，以现任总管为委员，推举资望较深者为主席。上述自治委员会与今日自治运动之自治政府，实具体而微。德王等此次要求自治，一方根据《建国大纲》第四条规定："国内各弱小民族，政府当扶植之，使之能自治自决。"同时第三次全国代表大会又复郑重决议："我人今后必力矫满清、军阀两时代愚弄蒙古、西藏之恶政，诚心扶植各民族经济、政治、教育之发展，务期同进于文明进步之域。"德王等有此强固根据，乃有百灵庙自治会议之举行矣。

德王在未召集百灵庙会议之先，曾筹备多时，并曾作种种准备，如在宗教上利用班禅以为号召，原蒙古自西藏高僧叭思巴传入喇嘛教，至今仍奉西藏为大本山，故对班禅极膜拜。于军事上德王曾在滂江设干部学校，以曾在黄埔军校六期毕业生云维贤、日本士官毕业生韩凤麟为队长，德王自为校长；并设一修械厂。经济来源，则仰之于锡盟乌珠穆沁地方大青盐。蒙籍新进青年，几均为德王所笼络。正盟长索诺木拉布坦，因年老病废，一切由德王主持。乌兰察布盟长云端旺楚克又适年老无子，由其侄沙拉布多尔济策划，沙亦青年，与德王极相得。德王以雄于资财实力乃得为盟主。自治会议举行于百灵庙之永荣会仓大厅，该庙属乌盟，为西二盟最大之喇嘛庙，北赴库伦西往新疆，均须经该庙。在自治会议未举行前，曾发出锡盟正副盟长等数十人连署愿电，兹录其原文如左：

年来吾国兵荒饥馑，纷扰鼎沸，边疆蹙削，外患日深，吾蒙古地近日俄，创痛尤烈。广漠之地，弱小民族，抵拒无力，固守无力，俎上之肉，宰割由人。十年以来，外蒙剥夺于苏俄，哲盟、呼伦贝尔沦亡于日本，近且昭、卓等盟，亦相继覆没。西蒙牵动，华北振撼，千钧一发，举国忧心。吾蒙积弱民族，坐受宰割，亦固其所，中央虽负有扶植救济之责，顾内乱频仍，事势分异，当局尚不能自救，吾蒙抑何忍以协助责望中央；况兵燹之余，不时劳遣专使，远方存问，足征休戚相关，患难与共，吾蒙深为拜嘉。边疆不靖，委蛇偷安，未为不可，迨来强邻俱侵，刻不容缓，燕雀庐幕，覆亡之祸已迫，因循偷安，已为事势所不许。煎急难耐，应付无方，倘不黾勉自决，一旦劲敌压境，所至为墟，风波所及，积弱之蒙疆，势必蚕食殆尽，深贻中央之忧。藩篱破决，将以亡吾蒙古者，累及同胞，一肢摧折，全体牵动，关切至大，为罪滋深。《传》曰鹿死不择荫，凡我同胞，设身处地，试为蒙民三思，舍自决自治，复有何法？伏念我孙总理艰难定国，以人民自治为基础，以扶植弱小为职志，煌煌遗训，万世法守。中央军事鞅掌，既不遑忧远，吾蒙敢不投袂而起，遵奉总理懿训，自治自决，以自策励。盟长、札萨克等，谨查廿年国民会议议决案，已有特许外蒙自治之先例，乃于今年七月二十六日，在乌盟百灵庙召集内蒙全体长官会议，佥曰采用高度自治，建设内蒙自治政府，急谋团结促进，以补中央所不及，凡事自决自治，庶几眉急可挽，国疆可守，民意淳淳〔谆谆〕，亦咸以是为请，于是毅然进行，气象为之一振。所有顺应民意，应付环境，施行自治情形，除由盟长、札萨克、王公等会衔联印，正式呈报中央鉴核外，爰将吾蒙推行自治真相，谨先电达。其自治真意，实因事急境迫，日暮途穷，志切自救救国，不得不急图自决，以补救危亡。至于军事、外交，关切国家体制，吾蒙能鲜力簿〔薄〕，平时尤仰仗中央多助，况当存亡关头，一切对外措施，更惟中央是赖。并望当局诸公，一本总理民胞物与之旨，天下为公之意，谅其苦衷，悯其衰弱，辅道箴勉，弥缝其阙，而教以所不及，策励其自决自治之精神，促成其发奋图强之苦心，革其固陋，兴其治化，上有以翔〔翊〕赞中央殷殷图治之心，下有以慰吾蒙喁喁望治之意，俾五族之民众，互助共存，打成一体，庶几危亡可挽，边疆可固，蒙民幸甚，国家幸甚。

愿电发表后，随即召集会议，计第一次会于十月九日举行，云王主席，由德王说明自治需要，及起草政府组织大纲。十月十五日开二次会，通过草就之政府组织大纲。十九日开三次会，二十二日开四次会，二十四日开末次会。参加人名，据德王处发表者如下：

乌盟盟长亲王云端旺楚克，喀尔喀旗札萨克郡王根敦札布，贝子协理台吉沙拉布多尔济，协理台吉色林敦鲁布，前管旗章京那孙鄂齐尔，管旗章京朝克德勒格尔，委管旗章京林沁多尔齐，梅伦章京宝达希利，委梅伦拉希色楞，宁如克多布珠尔，阿迪雅。

乌盟副盟长贝子巴布多尔济，中央旗札萨克贝子林沁僧格，协理台吉那孙瓦齐尔，协理台吉包彦巴达尔呼，管旗章京拉希，根敦朝克，前旗代表梅伦章京骚德那木，陶呼齐，后旗代表梅伦章京朝伊如克，杜特格尔勒。

四子部旗札萨克多罗达尔罕卓里克图霍硕亲王潘迪公札布，协理台吉札玛巴拉，梅伦章京拉希多尔济，茂明安旗札萨克贝齐米特林沁高尔罗，协理台吉龚孙荣札布，管旗章京阿迪雅，沙克达尔，乌珠穆沁右旗代表台吉都布敦呢玛，米达嘎。

锡安〔林〕果勒盟副盟长苏尼特右旗札萨克和硕杜棱亲王德穆楚克特鲁普，梅伦章京齐米德，札兰章京阿拉垣〔坦〕格尔勒，忽克拔都尔，赛吉尔呼，乌勒吉博彦，赛伊巴嘎图尔，朝克巴达尔呼，朝克巴图尔，布林巴雅尔，翁呼尔多尔济，札拉嘎木济，巴拉沁多尔济，帕凌粟，苏尼特右旗代表达尔罕郡王郭尔卓尔札布，梅伦章京沁板，敦尔札布。

阿巴噶右旗札萨克多卓里克图郡王雄褚敦都布，管旗章京旺济勒，贺齐业勒图，色登札布，巴嘎图尔，阿巴噶左旗代表协理台吉贡桑，敏珠尔，乌珠穆沁左旗代表札兰章京伊庆阿，阿巴噶那尔左旗札萨克贝勒巴勒恭苏荣，协理台吉巴济尔高尔达，记名协理台吉马尔棍济木毕，梅伦章京巴拉精尼玛，司仪长史讷钦，拉达孙润，阿巴噶右旗代表协理巴〔台〕吉尔高尔达，拉达玛孙润，浩齐特左旗代表协理台吉黎克登，连苏尔。

察哈尔部十二旗代表商都牧群总管特穆尔博鲁特，布呼巴图尔，十二旗续派代表哈斯瓦齐尔，锡安〔林〕果勒盟驻张办事处处长补英达赖，察哈尔部正黄旗代表棍布札布，西土默特旗代表苏鲁岱，巴雅尔，萨木腾，内蒙各盟旗驻平代表会代表萨彦巴雅尔，蒙古救债〔济〕委员会代表赵那萨图，吉尔格郎，内外蒙古旅平同乡会代表贺什格图，马星南，蒙古留平学生会代表墨勒度巴图尔，拉希，蒙古旅平同乡会代表赛巴图尔，巴图。

上述到会人名，恐不尽实在。因王公与青年素不相容，民十七年封建王公与反封建青年冲突达于顶点，以青年为主力之自治运动，除德王、云王外，其余王公殊惶惑却顾，旧派王公曾表示宁让步与中央与省府，不愿青年掌握政权，因恐青年夺其政柄也。

百灵庙会议之重要结果，为通过《内蒙自治政府大纲》，全文录左：

第一章　自治政府

第一条，内蒙自治政府总揽内蒙各盟、部、旗之治权。第二条，内蒙自治政府以原有之内蒙各盟、部、旗之领域为统辖范围。第三条，内蒙自治政府除国际军事及外交事项，由中央处理外，内蒙一切行政，俱依本自治政府法律、命令行之。第四条，内蒙自治政府以政务厅、制法委员会、参议厅组织之，但遇实事之需要，自治政府及各厅得设各种机关。第五条，自治政府设委员长一人，副委员长一人，委员九人至十五人。第六条，自治政府正副委员长暨委员由各盟、部、旗长官共选之，各县长及各会委员长由政府委员兼任之，各厅副厅长及各会副委员长，由正厅长及正委员长提请自治政府任命之。第七条，自治政府委员长因事不能执行职务时，由副委员长或政务厅长代理之。第八条，自治政府以政府委员会处理一切政务，政府委员会由政府委员组织之，委员长为政府委员会之主席。第九条，公布法律、发布命令经政府会议议决，由自治政府正副委员会〔长〕及该关系之主管机关长官署各〔名〕行之。第十条，各厅会间不能解决之事项，由政府会议议决之。第十一条，各厅会于不抵触自治政府法令范围内得发布厅令及会令。第十二条，自治政府内置左列两处：（一）秘书处；（二）总务处。第十三条，秘书处掌理左列事项：（一）关于文书、收发、编制及保管事项；（二）关于文书分配事项；（三）关于文件之撰拟、翻译事项；（四）关于典守信印事项；（五）关于编制政府公报及议事日程、会议记录事项；（六）关于登记政府内职员任免事项；（七）关于发布命令事项。第十四条，总务处掌理左列事项：（一）关于编制、统计及报告事项；（二）关于会计、庶务事项；（三）关于不属秘书处事项。

第二章　政务厅

第十五条，政务厅为自治政府最高行政机关。第十六条，政务厅设厅长一人，副厅长二人，厅长因事故不能执行职务时，由副厅长代理之。第十七条，政务总设左列各处，分掌行政之职权：（一）内务处；（二）警备处；（三）财政处；（四）教育处；（五）□法处；（六）建设处；（七）实业处；（八）交际处。第十八条，政务厅正副厅长及各处正副厅〔处〕长，特种机关主管长官，组织会议，处理一切行政事宜，开会时厅长为主席。第十九条，政务厅经政府会议，及制法委员会之议决，得增置或裁并各处，及其他机关。第二十条，政务厅各处，及特种机关间不能解决事项，由厅务会议决之。第二十一条，政务厅各处设处长一人，副处长一人，均由政务厅长提请自治政府任命之。第二十二条，政务厅各处长，于必要时得列席政府会议，及制法委员会。第二十三条，政务厅关于主管事项得提出议案于制法委员会。第二十四条，政务厅及各处组织法，由自治政府另以法律规定之。

第三章　制法委员会

第二十五条，制法委员会为自治政府最高立法机关。第二十六条，制法委员会设委员长一人，副委员长二人，委员十七人至二十九人，委员长因事故不能执行职务时，由副委员长代理之。第二十七条，制法委员会委员，由委员长提请自治政府任命之。第二十八条，制法委员会会议由委员长为主席。第二十九条，制法委员会之议决案，由政府会议议决后公布之。第三十条，制法委员会组织法，由自法〔治〕政府另以法律规定之。

第四章　参议厅

第三十一条，参议厅为自治政府最高咨询建议机关。第三十二条，参议厅设厅长一人，副厅长二人，参议二十一人至四十一人，厅长因事故不能执行职务时，由副厅长代理之。第三十三条，参议厅各参事组织参事会，其职权如左：（一）关于

谨按总理《建国大纲》第四条规定，国内各弱小民族，政府当扶植之，使之能自决自治，并经总理郑重声明，承识〔认〕中国以内各民族之自决权，对于反对帝国主义及军阀之革命获得胜利以后，组织自由统一之中华民国；而第三次全国代表大会，复有"吾人今后必力矫满清、军阀两时代愚弄蒙古、西藏之恶政，诚心扶植各民族经济、政治、教育之发展，务期同进于文明进步之域"之决议。本党主张扶植国内各民族之自决自治，久已昭示中外，中央为免除边民误会，增进边民利益起见，无论中央与地方一切蒙藏行政制度，自应本此自决自治之精神，以收扶植发展之实效。兹以蒙古而论，过去中央组织与蒙古地方组织之联系，失之松懈，而蒙古人民习俗各异，在省区域内，因无专管机关，对于各行政极易发生误会，遂予觊觎者以挑拨离间之机会，一方对于负有一族重望之王公首领以及曾受政治训练之蒙古青年人士，复未能代谋政治出路，每使其失望而去。此次内蒙自治之发动，原因虽甚复杂，而其重要症结，要在乎制度与政治不能尽满足蒙藏民众之要求也。根据以上理由，爰拟定改革蒙古地方行政系统具体方案，其要点略加说明如下：第一，改革蒙古地方制度，对于已设省治县治地方，以不破坏其原有行政区域及其行政系统为原则。边区设省，系沿袭特别区而来，原有行政区域，早经明白划定，某省某县之名词，公私文书，沿用已非一日，中国二十八行省，尤为中外人士习闻，尚〔倘〕一旦冒然加以割裂，关系良非浅鲜。故本案主张对察、绥等省行政区域，不因蒙人主张自治而有所变更，至于地方行政组织，则不妨略加补充，以适合实际之需要。第二，蒙古人民聚居地方，虽已设有省治，惟以风俗、习惯、语言、宗教各异之故，过去之地方政府，对于蒙古人民内情之研究，改革之方案，每易忽略，因而发生种种隔阂，此固无可讳言。今为补偏救弊起见，拟于省行政区域及省行政系统之下，增设一地方政务委员会，受边务部之指挥监督，专管蒙古地方行政，以辅助省政府之不及，而收分治之效。如此办理，既使蒙古行政宜有专属，复可使中央与边疆之关系更臻密切。第三，中央政府为增进边民实际利益起见，所有物质上、精神上之各种建设事业，均须积极筹划，次第进行，惟此等地方，公私经济本形竭蹶，于必要时，自应由边务部斟酌各该地方需要情形，拟定建设计划及其预算，呈请中央筹拨巨款补助，以期绥辑边民，巩固边防。第四，各种民族杂处地方，公私纠纷之事，层见叠出，省政府主持全省政务，原设有蒙古委员名额，遇有各厅县及地方政治委员会与人民间之纠纷，自可由省政府委员会负责解决，至必要时，再请命中央办理，以资便利云。

内蒙现实政治固急待改进，而经济的改进为尤急。现蒙人大部仍靠原始畜牧方法以为生存，虽曾放垦，而其利不甚昭著。农牧究孰有利于蒙古，实值研究。畜牧经济不但不能与资本主义经济抗，且亦不能与农业经济抗。蒙古自输入喇嘛教，因教义禁娶妻，致人口减少，不事生产者日多，生计问题，实为蒙人所迫需解决，自治尚在其次，蒙人多数要求在生计不在自治；即使自治政府成立，自治经费且无法筹措。蒙民当自治运动初起时，恐于缴纳盟旗王公采地供应外，又须负担自治政府各机关经费，故多不愿参加。内蒙经济既如斯困难，而捐税重重，于是更使蒙民不堪命。至文化教育之待改进，宗教价值之须重新估定，亦殊为今后不可忽视之问题；他如培养自卫能力以抗强暴，德王曾言之再三，然所当注意者，为御侮非自治组织问题，实力量问题也。

现中央政府已允准内蒙设两区自治政府，区政府仿省府例，行委员及主席制，委员人数由四至六人，直辖国府行政院，概就各盟旗长、王公任命，下设厅数，较省略少；两区政府经费，由中央按月拨助。已设县治地方，其税收等画分，由两区政府与察、绥两省府会商均分。德王、云王对上项办法闻极满意，内蒙自治问题自是告一段落。

《时事月报》

南京时事月报社

1933 年 9 卷 6 期

（李红权　整理）

速筹保全内蒙

作者不详

　　自热河陷落后，吾人迭次著论，申述察哈尔防务之重要，而于日本人煽动内蒙，阴谋割裂之种种情形，又再三纪叙，唤起国人之注意。近闻南京蒙藏委员会已在讨论此项问题，惟该会办事，大抵承袭北方蒙藏院之旧习，殊鲜成论，甚且有并非蒙人而包办蒙古事务者，历年攻讦之声，时有所闻，蒙人方面，对之不甚信仰，乃为显著之事实。如果依赖该会解决当前迫切待治之蒙古问题，殊少希望，此实国人所应明了者也。查前清统制蒙疆，煞费心思，雍正、乾隆两代，尤多创举，其大要为提倡宗教，以羁縻蒙民，优待王公，以绥抚反侧；如在蒙古各地，敕封活佛，广建寺院，又令王公年班朝贡，隆其礼遇，以通内外之情，是其例也。清末以来，蒙情渐疏，自入民国，尤少注意；于是俄国运动外蒙独立，日本则觊觎内蒙权利，地方麻木，中央茫昧，蒙藏院终年欠薪，成为冷曹闲署，蒙事之坏，由来久矣。今外蒙问题，尚无办法，内蒙情势，日紧一日。日本既得吉、黑，已进行经营呼伦，嗣得黑河，更努力构煽内蒙，惟其所用方法，仍是利用宗教，勾串王公，如拟以五十万金，建喇嘛庙于呼伦贝尔，以图号召蒙众，复以飞机送巴林王等至长春，使溥仪加以优礼，此皆前清之成法，用之今日，固不必尽有效也。吾国如欲保全内蒙，宜与蒙古实行接近，开导王公，促进民治，以政府之力，唤起民众，助其组织，导使自治，指令自卫；一面严禁从来敲诈蒙民，作伪欺人之内地奸商，恢复蒙民对内地商民之信仰，使知中国之可亲，政府之可恃。忆民国十七年八月呼伦贝尔蒙旗青年曾有独立之举，主之者为郭道甫氏，是年十月记者曾与晤谈于沈阳旅次，时已通电取消自治。郭之言曰："现在世界进化方亟，蒙古脱离中国，仍不免受他国之宰割，故其意只欲在蒙古未完全同化于汉人之前，划一相当时期，使其自治而已。"又曰："大凡大小民族，同在一国，小民族无不愿与大民族同化，且毋宁为自然之势，不可逆抗；然而同化云者，须文化相去不远，而其同化率由自然，否则直大民族消灭小民族耳，何同化之有？吾人所为努力于内蒙古自治运动者，意实在此。欲于中国真正平等的五族共和政治成立之先，划出数十年蒙古自治之余地，冀得平流并进之机会，初非欲脱离中国范围也。"又曰："吾人决不反对王公，亦不遽主废除王公制度，且切望与彼等合作；更望彼等自动的承认民治主义，予人民以参政之权，将教育、实业次第规画，为促进文化发达经济之计"云云。郭氏当时更为记者沥陈苏俄待遇弱小民族政策之成功，谓愈宽大，愈接近，今日思之，实可为应付日本图侵蒙古问题之重要参考。盖日本虽声言"蒙古人之蒙古"，号为放任其自治，实则日人雅量，决不如是，恐不久当使蒙人感受压迫剥削之苦痛，中国今日如欲保全内蒙，既不必如俄国对外蒙之废王公，绌宗教，亦不必如日本之用旧法，施诈术，但当开诚布公，对蒙古各界，动以利害，结以情感，介居于王公与民众之间，为之规划自治，指挥国防，使甘与我立于共同战线，抵御日本之侵略。其法：（一）宜改进中央之蒙藏机关，使有蒙古真正代表参预其间，疏通内外情怀。（二）宜由中央派德望兼备、熟习蒙情之人员，分赴各盟旗，宣达政府意旨，揭破日本奸谋。（三）宜物色蒙古有志青年，介绍于各盟旗，使与王公以下各官吏合作，办理自治、自卫事宜，以制日本于机先，免致满洲伪国，为虎作伥。此等事如果急起直追，犹有可为；盖日本对于察、绥各盟旗，正在用政治手段，勾结利诱，势不能全施武力；故中国如能收拾蒙古之人心，其效力远在派兵设防之上，此诚今日察防要务也，愿当局急起图之！

（录四月八日天津《大公报》）

《国闻周报》

上海国闻周报社

1933 年 10 卷 15 期

（朱宪　整理）

今后之察哈尔问题

作者不详

　　吉鸿昌部，果已于十二日收复多伦，日本电讯已证实之。忆冯玉祥氏举兵之始，曾屡次声明，志在收复察省失地。其后刘桂堂反正，惟多伦在伪军手，今收复之，是察局告一段落矣。昨日消息，冯命邓哲熙在平速切实进行和平解决之办法，其结果如何，尚不可知。惟由大局着想，此当然为和平解决之良机，亟有待各方之推进。

　　日来之症结，在政府主张冯取销民众抗日同盟军名义，而冯未肯。此种分歧，今后应不成问题。盖冯若欲继续用兵，定须与热河日军冲突，冯无其力，亦似本无此计画。倘果如月来所传，将以收复多伦告一段落，则同盟军总司令之名义，便无继续再用之必要。故以常识论，冯若志在收束，则今日已届收束之时矣。日本半官消息，其关东军表示对冯举动，将严重监视，并谓已向平、张双方提出抗议。按日方口实，谓此举违反停战协定之精神，此乃日方曲解，不能承认。盖纵令退几步，即依日方解释而论，彼所占之地，不逾热河，而多伦地属察省，不关热河。是则中国军队之收复多伦，与《塘沽协定》不相牵涉。况多伦所驻者，为性质不明之伪军，刘桂堂复早已反正，是则收复多伦，乃察省驻军之寻常职务，何得谓其违反停战协定之精神？关于此点，当局据理驳覆可也。

惟由内政上论，察局势不能长听其混沌。当局者应更努力为和平之斡旋，而冯氏亦宜促成之。诚以冯既声明无对内目的，则在察省军事告一段落之后，理应结束军事，一切交察省政府主持。倘复逸此良机，横生枝节，则最后必成为一种内战。冯部兵少，虽难久持，而精神上国民将受重大之激刺，与政府亦不利也。

九一八以来，凡已失之地，未复寸土，故此日之收复多伦，在国难史上，要不失为符合国民愿望之一幕，冯氏就此收束，必可得举国之同情。最近数旬，宋哲元氏，因应付困难，不愿回任，冯虽屡促宋归，但同盟军总司令存在一日，宋氏势不欲归。省府乃国府委任，冯则自己举兵，双方立场迥异，宋焉肯遽入漩涡？此数旬来症结之点也。吾人既屡次立论，盼军委会对察事，务从长计议，和平处理，同时则不得不望冯玉祥氏趁此收蓬，别图事业。吾人平居痛感，中国人才，最上一致合作，其次为光明磊落之斗争，最下则钩心斗角，黑幕重重，长使政治陷于阴霾之中，混沌拖延，永无解决。夫就现时需要论之，各方合作，尚矣，否则宜在不惹起兵争之范围以内，公开坦白的为合法之政争。以察省事论之，察局与两粤息息相关，不容为讳，但对外与对内，应勿相混，名与实应使相符。目前对外军事，既不能继续，则其名义亦不必沿用，至于政治问题，别图清算，庶几使国民认识其有诚意也。

（录七月十五日天津《大公报》）

《国闻周报》
上海国闻周报社
1933 年 10 卷 29 期
（朱岩 整理）

察哈尔善后问题

录八月十六日天津《大公报》

作者不详

自冯玉祥氏于本月六日通电，交还察哈尔军政权于本任主席宋哲元，随即撤销抗日同盟军总部，并于前日离张南下，两月纷扰，告一结束，然此不过冯氏个人出处关系而已，察哈尔之善后问题，固仍然存在。且也，从前察事难于收拾，犹可诿为有冯作梗，今冯既去，则一切责任，自应由北平政军当局与中央政府完全肩负，此尤不可以不察也。

方今办理察哈尔善后，有两点应首先明了。第一，今之察哈尔即曩之热河，日本得寸进丈，在所必图，故国人对此国防第一线之察省，绝对不容忽视，谓宜一面运用外交，使其地目前得免于日伪军之压迫，以舒喘息，同时当于政治、军事，努力改进，培植民力，收揽人心，以免为热河之续。第二，察省多兵多匪，由来已久，自热河失守，关外义军，纷退察省，纵无冯玉祥崛起建号，此类杂军已苦穷于收束。殊如刘桂堂之属，日本固无需永久利用，伪组织亦不肯长此豢养，则结果只有驱逐入察，听其为害中国，此曹之不易整理运用，冯氏盖深知之，所为毅然远行者，未始不由于此。今冯去而同样难题落到华北当轴与中央政府身上，故仍宜以严厉有效之方法，迅予解决，否则察哈尔亦终为热河之续。以上两点，更具体言之，即政府方面，应与日本交涉，还我多伦，保我察省领域之完整，以维停战协定之精神，此其一。华北当局应向中央沥陈察省地方凋敝情形，要求拨款济赈，并于相当时期内，按月规定数额，协助察省军费、政费，以轻民众负担，恢复社会生气，亦用以增进行政效率，此其二。今后察省守土自卫，所需要者，为精练之有用部队，无需乎扰民之残兵冗卒，故杂军概须从新编练，国防必须特加布置，此其三。上述三端，皆非中央政府完全负责主持，断难顺利进行，此吾人所愿代察省官民致其呼吁者也。

抑自东北三省沦胥以后，热河危机，众目共睹，乃以汤玉麟把持热政，张学良负责华北，中央要人虽明知国防可危，迄以投鼠〔鼠〕忌器、讳疾避医之故，因循放任，听其溃烂，甚至代理行政院长事后通电，宣称热河不守，早在意料之中，一若以外国人论中国事者，其颟顸不负责任，识者痛之。今察哈尔对外关系，视热河不相上下，而地方之贫，民生之苦，又复类似，所不同者，典守之吏，防护之兵，比较汤玉麟辈直有天渊之别，如果以政府主持，全国后援，及今规画布置，至少可使察边成金汤之固，此实今日所应积极筹维者，愿当轴幸勿专以位置冯玉祥、抚慰方振武为念，宜速以全力为察省善后谋也。

最后吾人更愿政府注意：华北军兴以来，事关国家全局之安危，而其责任则实由冀、察两省负之。今河北穷困之余，所得于中央者，不过百万元之赈款，而军费膨胀之后，中央协款，至本月殆已更无续拨之望，若再益以察省善后之需，仍令华北就地自筹，是不啻弃地弃民也！以政府之明，度不至此；矧冯氏此次举兵抗日，义正辞严，而不能得公众之后援者，为其有破坏统一之嫌耳。今若冯氏解兵，而政府办理察省善后，乃无以副国人之望，甚且更种未来内外之祸因，则是政府自杀也！吾人心所谓危，故敢于冯氏离察之后，政府力能自由处理之时，特别举出察省善后问题之要点，勖政府之善处！

录八月十六日天津《大公报》

《国闻周报》
上海国闻周报社
1933 年 10 卷 33 期
（朱宪　整理）

可注意之内蒙自治问题

作者不详

　　自从内蒙古锡林果勒、乌兰察布、伊克昭三盟定期在达尔罕王镇〔旗〕喇嘛庙举行自治会的消息传出以后，颇引起中央政府之注意，并有派黄绍雄、白云梯二氏北行指导的消息。我们对于内蒙真正自治及中央派员指导之举，在原则上衷心赞成，而同时尚有多少怀疑。第一，现在内蒙所谓自治，是否即为中央一般法令中所规定之自治？是否含有种族、土地或何种特别组织之意义？政府对于政治上一切新发生的情事，往往轻下判断，负责人员发表谈话，乐观悲观，也都随着个人的主观，不一定切合情势。白云梯所谓"内蒙实行自治，旨在自卫，党政诸端仍由中央处理，各盟统共兵力不满三万，不致别有作用"，是否即为内蒙自治运动之真相？这些都不能不加注意。第二，如果说现在内蒙之所谓自治，与中央的意旨及现行法令中所规定的不同，那末是自动的呢，还是被外力指示而被动的？内蒙封建势力直到现在还没有消灭，真正的蒙古人民仍在重重压迫之下，现在所谓自治，仅是少数王公的运动呢，还是王公和民众一致的要求？如果是少数王公的运动，那末能否控制民众？如果名为自治，而实际近于脱离中央，那末是否于民众有利？这些也不能不加注意。第三，蒙古之有自治运动，由来已久了。譬如外蒙独立，虽则脱不了俄人的关系，然而外蒙民众对于自治有相当的意识，是不容否认的。现在内蒙的民众意识怎样？现在所谓自治，如果出于民众意识，自然应该赞成他，尊重他。可是日本对于满蒙，处心积虑，经营已久。日本制造所谓"满洲国"，对"满洲"的把戏已经揭穿了。据许多可信的报告，日本还想建设一个所谓"蒙古国"。日人从前在热河大坂地方密设机关，从事勾煽，是一种事实。占据热河以后，把德王等七个人用飞机载往长春，加以鼓动和诱惑，又是一种事实。固然，我们不敢相信内蒙王公人人都甘受煽动勾诱，但是我们关于日人多少年来为实现蒙古独立而努力经营的事实，却不能不有所畏惧。这次内蒙自治，究竟有没有国际背景，实不能令人无所怀疑，这更是不能不加注意的。

在满清时代，政府对于蒙古是有一定政策的。自从清末以来，蒙古一切政教，政府便无暇顾及，蒙古对中央，也渐渐地疏远了。迨至国民革命军完成北伐，更因迭次内战，对于蒙事，根本未及注意。中央虽则设有蒙藏委员会，而大多数委员都以作官当差自居，于蒙古情形，没有真知灼见的研究，蒙古的事情，□无由宣达□中央，所以中央和蒙古虽保持相当的关系，实际上是很隔阂的。直到九一八事变发生以后，中央对于蒙古才略知注意，如刘□□□□□□□□□□，如蒙藏会之颁发文告，都可以说是注意蒙古问题的事实。不过一时的努力，总比不上人家积年的经营，空头支票也不能解除蒙古民众的痛苦；所以我们希望政府这番对于内蒙问题，要十二分慎重的处理，万不可轻视，更不可自欺。

录九月二十九日天津《大公报》

《国闻周报》

上海国闻周报社

1933 年 10 卷 40 期

（朱宪　整理）

政府应速定对蒙政策

作者不详

自内蒙自治之说盛行，政府渐知蒙情关系重要，业经决定派黄绍雄、赵丕廉两氏，赴蒙视察，昨晚五院长公宴两氏，有所商谈。查自东北三省陷落，内蒙各盟旗，日形吃紧，热河既失，多伦被占，蒙古形势，更见岌岌。吾人年来在纪事与评论中，迭请政府注意蒙事；乃以中枢阻远，边情隔膜，偌大问题，终缺研究。吾人尝阅二十二度中央预算案，内列蒙藏费类岁出经常门有一百三十四万元有零之数，究不知国家何所为而有此开支，盖蒙藏委员会中，非国民党之闲人，即蒙藏院之旧员，其能与各盟旗广通风气，洞彻内情者，殊无多人。试观内蒙要求自治消息传出以后，中央各当局发表谈话之空疏肤浅，不切实际，适以表示政府对蒙古情形之颟顸隔阂，转令反侧生心，愈启外人轻视。抑据张家口来讯，德王在滂江或百灵庙召开会议，讨论自治问题，业已一再宣传，而中央则迄昨日犹在宴会黄、赵，商洽视察办法。蒙情酝酿之急迫如彼，政府应付之迂缓如此，诚令人不胜烦燥。昨据北平复生社报告内蒙宣布自治之里面，颇多可信之事实。吾人今日切望政府亟须认清数点：一、蒙古各盟旗之于前清，并非受武力征服，多由以姻娅种族交谊关系来归，故清室对于蒙古，只有羁縻，不相干涉。其惟一抚绥之法，即在利用宗教，甚至内廷亦崇黄教，皇室且重喇嘛，广建寺"招"提倡膜拜，实借宗教而收政治之用，是以就政治观点言，蒙古向系自治，何待今日要求，试观盟旗组织，至今迄无变更，旗县之间，权限久经厘然，故夫德王等所谓自治运动，苟非独立建国，直不成何种严重意义。此为政府应当认清的第一点。二、前清治蒙，惟务优礼王公，坚其内向，提倡宗教，麻醉群氓，及至蒙疆开放，汉民深入，智愚攸分，动感欺侮，汉蒙交恶，已非一朝。民国改元以后，政府不遑远谋，对蒙更形疏远；国民革命成功，民族、民权，日见宣传，平等解放，时腾口说，于是王公恐封爵之不保，动感不安，蒙民受新潮之激荡，思想渐变，而实际上政府对待蒙古，乃迄无一定政策。大之如对于蒙古重要王公，不相联络，即德王等对于蒙古种种问题，亦曾请愿中央，乃以无人理会，因失望而怀怨恨，因鄙弃而起野心。其他蒙古一切困难问题，中央亦从无实力扶助；甚至东北蒙古王公如达喇罕亲王等，于东北事变后，间关逃平，竟始终不闻政府有救济奖励之法；小之如蒙藏委员会及附属机关年支国币一百三十一万四千余元，而蒙古职员乃时有受排挤情事，风声所播，愈令蒙人不平。加之蒙籍青年，或受党义之熏陶，或经军事之训练，既已启迪其思想，乃又投闲置散，无以慰安之，是造乱之道也。由此可见蒙情之携贰，实中央对蒙古无政策有以致之。此为政府应当认清的第二点。三、日本侵略东北，向来满蒙并列，民四条约，虽将东部内蒙古列于南满洲之次，实则彼于东蒙之探险研究，经营已历多年。前岁沈阳发难，席卷三省，于占领黑龙江后，即成立兴安总署，以齐默特色木丕勒为总长，其次长则以日人菊竹实藏者任之，总务署处长、科长等缺亦全用日籍人员，此外设兴安南、北、东三分省，省长用蒙人，而其下则皆用日员，由此可见其人才准备之多。近更以日本军官在呼伦贝尔教练蒙兵，并派蒙古青年赴日留学，其用心概可想见；且占领全部热河，犹不满足，必进据察哈尔之多伦，不许我军往驻，其志实欲虎踞

"小库伦"，为扩大经营内蒙之中心点。今日内蒙所谓自治，姑不问主倡者真意何在，要之与日本阴谋不能无关。此为政府应当认清之第三点。本此三点，吾人以为政府此际亟应决定以下之方针：

第一，内蒙本是自治，无所用其要求。为促进政治改良计，应即宣布准备成立内蒙地方政务委员会，由各盟旗王公及地方代表公推委员，呈由中央简派，直隶国民政府。除对外交涉及边防事务，应归中央政府或由中央授权蒙旗所在地之地方行政机关办理外，其普通行政事务，得由政委会以充分权力处理之。

第二，蒙古各旗向于每年一定期间，召集全旗职员，会议重要旗务，实具地方自治、国民参政之精神，现在应即宣布，一俟内蒙地方政委会成立，即令内蒙各盟旗，依照向来办法，改良组织，报告中央，准备成立盟旗会议，期以中央之力，推进蒙古之真正地方自治，使王公与民众，圆满合作。

第三，根本改组蒙藏委员会，或分设蒙务会于北平或张家口，遴选蒙古籍之青年忠实党员，参以各旗盟王公推荐之相当代表，到会办事，专任中央与蒙古间之联络，其蒙古王公愿到中央服务者，不妨宠以隆衔，请其驻京办公。

第四，政府对于蒙古地方任何为难情形，应充分予以协助，要其主旨在于解除蒙民苦痛，诚意扶植蒙古地方之改良进步。

第五，蒙古本为政教合一之地，蒙民对章嘉、班禅诸佛，信仰甚深，政府应当委托诸佛，广为宣慰，晓以利害，使知外人阴谋操纵之可畏，与中国之可亲。

第六，对蒙古文武青年，予以机会，使在中央、地方各级机关服务，免其失望。

以上六端，事非甚难。要之政府今日宜下决心：与其被动而放弃，何如自动而抚循；与其听外人之操纵利用，不如学苏俄之切实扶植弱小民族，此不特为内蒙开出路，抑亦为国家之真统一肇新机也。

（录十月九日天津《大公报》）

《国闻周报》
上海国闻周报社
1933 年 10 卷 41 期
（李红菊　整理）

内蒙自治与御侮图存

录十月二十三日天津《大公报》

作者不详

　　自内蒙要求高度自治之声，嚣然尘上，政府已知蒙古问题，不容长此放任。行政院汪院长既提议改革蒙政系统，设立蒙边专部，经中政会通过原则，政府并派内政部黄部长与蒙藏会赵副委员长入蒙视察，以期求得适当之解决。蒙古关系方面，除声明军事、外交，听之中央外，对于设立自治政府，总揽内蒙行政一节，业已公开要求，且于日本操纵、政治背景诸风说，辩之甚力。昨日黄部长已抵北平，而百灵庙会议之情形，亦成公开之秘密。窃意自治而曰高度，令人不能无疑，兹事体大，实应有详确之研讨，周妥之办法。敢再述其所见，以供当轴之参考。

　　夫蒙古各部，自元明以来，均享有土地权。清时始设盟旗制度，而一切地方行政事宜，悉归蒙人自决自治，惟各盟及等于盟之各部及各特别旗，均直隶于中央政府。各盟旗长官之任免，盟旗事务之考核，皆由中央主管蒙事机关，即理藩院直接办理，相沿数百年，蒙人习而安之，其法不过随缘羁縻而已。民国成立以还，大体因袭旧制，虽置特区、简任都统、开放蒙荒、改县设治，然一面汉蒙分治、旗县并存，而盟长、副盟长、札萨克以及协理、台吉诸职，亦仍由中央政府简放，其事概属于蒙藏院，犹前清之理藩院也。

　　国府建都金陵以后，废蒙藏院，成蒙藏委员会，主事者于蒙事多隔膜，而京蒙道远，调查难周，认识既不真确，应付自易乖误。同时则扶助民族自决，布之党义，打倒王公之论，时腾报纸。且尝开蒙古会议，曾发若干支票，乃决而不行，行而不力，于是旧人固惴惴于盟旗组织之不可终保，新人又致憾于自决自治之实现无期，久而久之，由怀疑而不安，因缺〔觖〕望而不平，纵无外患之刺激、各方之诱惑，在势与理，均不能久于无为。现在内蒙各盟旗，既称要求自治，决非独立，则政府自不惜在相当程度内，予以承认，且当进一步共筹御侮图存之至计。抑吾人以为自一种意义言，蒙古本是自治，而高度自治之说，则出自莱顿报告书，主张东三省应有高度之自治。易言之，名义上主权归之中国，实际上立法、行政，一概可以自由是也。以今日内蒙政治、经济、教育、武备之不修，外侮煮〔煎〕迫又如彼其急，徒求所谓高度自治，夫岂空言所能图存？

　　窃谓内蒙自保之惟一前提，必须汉蒙合作，内外交融，政府抱扶持蒙族之真诚，蒙人怀休戚与共之信念，猜疑悉祛，然后可以相与研讨御侮图存之具体方法。大抵盟旗制度，必予保障，蒙民地权，必加尊重，此两点最为蒙人关心，允宜明白宣布，申以誓约。其次则汉人开垦土地，只能作为蒙佃，严禁兼并，以保蒙产，更应广事牧畜，改良毛皮，既顺蒙民心理，又培国防资源，此其一。蒙民骁勇，蒙马强健，实乃先天的国防斗士，果能由政府派员提倡训练，不难全蒙皆兵。今中央在相当范围内，应一面许蒙古自治，一面即为之训练民兵，予以精神教育，使一般蒙人了然于国际环境之艰危，明了夫中蒙利害之一致，如是则中蒙一家，以事实为融和之表现，此其二。自来汉族对待蒙人，因其智识落后、人情朴质，在政界往往傀儡王公，欺骗利用，在商界则盘剥榨取，无所不至，恶感固结，根固因深，为小失大，曷胜痛恨。

今宜严禁此辈巧吏奸商之活动，改善蒙汉民族的情感，事似无关宏旨，实际异常重要，此其三。此外尤应注意者，蒙古王公与民众，利害不尽相通，盖王公之利，在于维持传统之爵位，永保优越之权威；民众方面则希望政治改革，经济进步，或较王公更为迫切，政府此际必须立在王公与蒙民中间，开诚调和，劝导王公，认清时代，抚绥蒙众，共趋正轨。其法自须以设置盟旗民意机关，为准许成立内蒙地方政务委员会之重要条件。

以上种种具体办法，谓宜由黄、赵两氏于巡视内蒙各地之时，向各盟旗官民有力者周咨博访，然后在相当地点，召集王公及各盟旗地方代表，公开会议，宣布中央之德意，剖析所谓高度自治之利害，然后共决进行之大计，尤须将政务委员会之职权范围、设置地点、组织方法、办事程序，概作详密之研究，呈之政府，为切实之规定，不容稍涉苟简，致贻后患。

最后吾人更以为蒙藏委员会必须改组，不成问题，惟增进行政效率之道，初不在乎扩大组织、改会为部，而在乎地点相宜，控制得便，似不如移设北平，一依行政院北平政务整理委员会之例，遴选党国声望素著之大员主持，佐以盟旗有力王公以及蒙古新进智识分子，受行政院之直辖，驻北平就近办事，以与内蒙地方政委会相联络，更可介在察、绥省政府与内蒙地方行政机关之间，促进其合作，防止其隔阂。此等机能，作用甚大，如果机关设在南京，敢言绝对无此能力，是又一值得研究之问题，窃望当局者勿再忽视也。

《国闻周报》

上海国闻周报社

1933 年 10 卷 43 期

（朱宪　整理）

宣慰内蒙宜注意之三事

作者不详

关于内蒙自治问题，本报迭次论列，献替所见，兹当黄部长即发内蒙宣慰之际，爰再条举下列三点，以供参考。

第一，内蒙自治问题，久有酝酿，并非始自今日。今日之事所以能唤起一般之强烈注意者，殆以复杂之外交背景而然。内蒙自治要求原具两种因素，一为内发的，二为外感的。今日情形多半属于内在的原因，而又适与外感相遇合耳。若谓今日之事纯起于外力引诱，而忽视其内在的原因，殊为危险之判断。据吾人所知，当民国十七年国民政府根基初固之时，察哈尔蒙旗代表杭锦寿、尼玛鄂特索尔纪伦等，即赴南京作自治之请愿，其请愿书列有十条建议，兹录其最要之三点如次：

（三）察哈尔各旗、群、翼与各县离脱统治及与都统同等之混合委员制。缘各县制之积弊太深，未易刷新，蒙汉之言语不通，蒙人之通晓满语者，亦不能使用汉语，为法理上之研究及辩论，委员中即有蒙员一席，亦不过供驱策被利用而已，欲推行三民主义于内蒙，毫无效果。

（四）察哈尔内蒙须联合各旗、群、翼自设政治委员分会，即名曰察哈尔内蒙自治委员分会，直接中央，不受其他高级委员会支配。按现在一旗之地，较大县稍强，计八旗、左右两翼、大马群、牛群、羊群，共十二大旗，小旗份不在此内，人口约二十五万，向隶统治下，生死休戚，绝不相关，而蒙藏院除迎送活佛为其职责外，绝不闻为吾蒙众存亡生活问题晋一言建一策，此众目所共睹者。盖多一层阶级制，即多一制造专制之器械，蒙人虽愚，誓不愿于此外层政治下求少数专制之自由。

（五）察哈尔内蒙自治委员会，设于各旗、群、翼适中地点，以现任总管为委员，推举资望较深者为主席，遇有缺席，即由各该旗另选补充，不再补放总管。

观上列各条，固与今日之所谓高度自治初无少异，最要者为与地方政府脱离关系，直接隶属于中央。果使如此，则有一极应注意之问题，即中央事实上能否洞彻蒙情、统驭得当？观此问题酝酿已久，而中央迄未注意，足证其对于蒙情之隔阂。南京虽有蒙藏委员会之设，其人选是否足以代表蒙人，实滋疑问。盖其人皆一时一地之选，适于彼者未必适于此，合于昔者未必合于今，且其人终不出白云梯、恩克巴图、吴鹤龄等人之外，而参以党国有历史关系之人士，用作二三等要人酬庸之位置，试问此曹与今日之蒙古王公与青年精神上有何联络？中央对蒙情之隔膜既已如是，幸赖察、绥等省府因接触近便之故，观察较明，情报较速，应付之际，尚能勉赴事机，若此次绥远傅主席对蒙事之贡献，可见一般。如使与地方完全脱离关系，直隶堂高帝远之中央，其自治委员会或政务委员会中无省府委员之参加，则政府于蒙事是否将益形隔绝，此宜注意者一。

第二，政治之外，宗教亦关重要。此次德王号召蒙人，颇利用班禅之宗教势力。章嘉奉命赴蒙宣化，旅平蒙古同乡会竟有电京反对之举，可见宗派关系之复杂，亦为值得考虑之一问题。满清驭蒙，半恃宗教，偏激者流，讥为愚民政策，然若谓蒙古问题可置宗教于不顾，在现状下实为不可能。故于如何运用宗教，推行政治，以并筹兼顾，此应注意者二。

第三，蒙古青年问题。报载北大教授陶希圣氏函黄绍雄、李松风二氏，主张巡视内蒙时，于听取王公贵族意见之外，并应采纳蒙古青年之意见。此点吾人前曾言之，确为应当注意之事。然于此有一问题焉，即蒙古青年究有若干受过现代教育，饶有新思想，而其势力又究至如何程度是也。如郭道甫，可谓蒙古之进步青年也，十七年其所领导之革新运动，即为王公所颠覆，此其显例。又如最近新疆事变，金树仁之倒，即由于哈密回王及所属回众之反侧。据金氏自言，哈密一般回民，因不胜回王之诛求，多请政府将回王土地收归国有，然后分发回民自种，迨省府实行将土地收回，回民头目又附和回王共同与省府为难。此金氏之言也。然另据谂知新事者言，金氏固已将回王土地没收，惟并未实行发给回民，而改令左右亲昵分领之，此为新乱爆发之真因。由此可见蒙、回情形，同一复杂，政府既须立于王公与民众之间，为之调和新旧，更须能切实抓住蒙民，使得沾受实惠，否则怀柔王公固不可恃，提挈青年，亦不可恃。应如何培植新基础与羁縻旧势力，此中分际，极费估量，此宜注意者三。

以上三端，皆吾人认为于安顿蒙疆之际所宜熟为思考者，爰胪举如右。至若关于外交、国防杜渐防微之道，本报所言已多，不复赘矣。

（录十月二十六日天津《大公报》）

《国闻周报》

上海国闻周报社

1933 年 10 卷 43 期

（丁冉　整理）

内蒙自治问题谈话笔录

记者　撰

内政部长黄绍雄巡视内蒙自治问题，十三日，约内蒙各王公至百灵庙行辕谈话。到德王、云王等人，黄部长亲予接见，明示中央德意，解释自治政府之绝难成立。谈话继续两日之久，经记者探悉谈话笔录，洵珍贵之史料也，爰存录之。

部长：前天各位送来之各种文件，我已经详细看过。各位的意见与中央意见相差太远了，转呈到中央也决不能允许。中央极愿意趁此机会，使蒙古人民得到实益，不过，我们应该注意事实，否则单是理论，不但无益，反足有害。各位送来的文件中之要点，以为有了自治政府，就可以御侮图存，但是，事实不是这样简单的。现在，国际间只承认中国中央政府，内蒙是中国的一部分，帝国主义侵略是以整个中国作目标。我们不在培养国力、团结国力上着想，而谓组织一个小规模而不健全的政府，就可以使帝国主义者不敢侵略，这岂不是笑话！就以侵略的国家如日本论，他与中国的交涉，也只承认中央政府。在过去那种交战状态之下，当然有许多事件，反乎国际常态，如利用浪人以引起各种纠纷等等。但两国恢复常态时，两国间的交涉还是照着国际间普通来往的手续来解决两国间的事件。故此，各位所顾虑的外人侵扰事件，是国家外交问题，不是地方政府可以解决的。如果蒙古即刻要把自治政府成立，在中央认为，对国家既没有益处，就是于蒙古人民，也不能即刻得到利益，反于国外国内发生许多不好的影响。各位想要解除蒙民痛苦，为国家谋福利，那末，中央、省府、盟族〔旗〕应该联合起来，从事实上讨论，决不可凭单方的意见，致使与地方发生冲突。因冲突会把双方力量相消，根本即不能为人民除痛苦，为国家图福利，反因此而有害国家，有害人民也。如果各位冒然照自己的理想做去，在中央既不允许，在省府又发生冲突，其结果之坏不堪设想，那末，根本想为国家人民谋利益之目的，完全相反了。所以，我们希望各位从中央拟定之方案中，去求一个中央、省县、盟旗均无困难之方法。至于中央的方案，原则早经拟定，只是拿来与省府方面及各盟旗共同商量，将内容充实，如细部有不妥地方，不妨提出来讨论，这是中央虚心诚恳的意思。听说各位对于第一、第三两案已无意见，惟对第二案行政组织还有若干意见，我们不妨在这个时间详细讨论。第二案的意见与各位的意见不相同之点，是各位想成立一个整个的自治政府，而本案规定的，是在每省成立一个地方行政委员会，整个组织中央绝不能容许。经我苦心考虑，得到一个比较有统一性质的办法，就是各地方行政委员会，可以每年或每二年举行一次联席会议，由该会议再召集全体蒙古代表会议，共商蒙古一切事务，及各地方行政委员会互相关联之事项。此会议决定各种事务，可交政务委员会分别办理，或呈请中央核办，如是，双方意见可以统一。至关于蒙古地方政务委员会之地位在盟旗之上，已往盟旗与省府来往既用咨文，则政委会之地位决不因而降低也。

　　中央极慎重的，派来我把你们所提出之问题，作具体的解决。同时，中央知道蒙古人民之困难，要改善蒙古人民之生活，非有中央极大之扶助不可，希望各位了解中央的深意，加以严密的考虑，不可大唱高调。如果各位不能〈接〉受中央意志，中央纵然可以马马虎虎暂不过问，但是各位组织了自治政府之后，将来财政之困难，与省府之冲突是势所不免的，试问何以善后，而且中央责任与权威所在，决不自由放任也。造房屋先要确立基础，否则沙上建屋不吹自倒，希望各位按步就班，力求实际做去。各位在政治上负担责任很有阅历，对于实际情形，一定非常清楚。或许有些青年很想把蒙古治理好，但因缺少经验，徒凭理想，不求实益，卒至百事无成，这点请各位严加注意！

我今天所说的话都是诚恳的，而且我个人可以负责的。我本人是中国最南部的人，现在到中国最北方的蒙古来，无非是本着爱国家与对蒙古人民之同情，来与各位谋解决之方法。我很相信各位王公的心理是一样的诚恳，并且一样的想得到圆满的结果。我希望各位详加考虑，赶快求一个解决的方法，如果拖延下去，一定发生不好的现象，这恐非各位的本意。我因为时日关系，预备十五日回绥远，请各位在二天内把这件事给我一个具体的答覆。

德王：部长所说意见，我们非常明白，容详细考虑后再答覆。至于要求自治，在理论说，总理《建国大纲》第四条有"扶助国内弱小民族，使其自决自治"之规定。现在中央应本此遗教，允许内蒙自治政府的设立。就事实论，近年外患频临，尤以西蒙更觉危险，时有日本飞机、汽车开往威吓，并派军人时来内蒙各地调查地势，各旗无从抵制。经共同商议自救之法，大众认为各旗单独对付不易见效，有联合三盟之必要。日本军人曾建议组织"蒙古国"统治蒙古地域，蒙人为便于对付日人及减少日人之借口，故要组织自治政府。至于蒙古人民之贫穷，我们相信总可以尽力救济。蒙古成立自治政府，仍接受中央命令，外面所传"分裂运动，有种种背景"，都是谣言。蒙古人二十余年皆绝对服从中央，现在仍本服从之义，要在中央指导之下，要求蒙古自治，假使中央允许蒙民自治，则全体蒙民非常感谢。

近年来，省县与盟旗中只有恶感，绝无好感。即以此次会议而论，我们地方官有负守土之责，为求生存而召集会议，曾呈请中央，而中央派部长到来巡视，但两省省政府到处派人破坏自治会议，只此一点，即可知省县与盟旗之关系，以过去之事实推论，将来只有坏的结果，没有良好的感情。此次举动，实出于不得已，外界加我们种种罪名，将来总可水落石出，如果我们真与日本有关系，我们也不必呈请，直接做了再说。民国成立二十余年，蒙人对于中央非常忠心，但是现在蒙民被迫无路可走，故有此次要求，尚望部长转呈中央，准予所请。

我们生长内蒙，对于内蒙情形知道比较详细。过去几年，蒙民受尽省府压迫至于极点，长此以往，蒙民即不能生存。假使中央能允许蒙民成立自治政府，我们可以保证无一人外向，且可以使伪国蒙古人民渐渐来归，因为我们是整个民族。内地报纸常有德王等几个人操纵之记载，其实此次会议西蒙各旗部〔都〕赞同，伊盟沙王亦派阿王代表，部长现在可以向各盟旗调查。

就国际关系，日本年来亟欲实行其"大陆政策"，而目前日俄国交恶化，颇有发生战争之可能，日俄一旦战事发生，中央与蒙古交通有断绝之虞，不能不先事预防。外面有德王勾结日本之传说，假使我有这个计划，我也许做了司令官了，但是日后他必定杀我的头，我很明白我自己地位，我决不受利用。日本利用宣统组织"满洲国"，蒙古人民智识浅薄，意志易被动摇，利用更易，故盼望细细体谅我人之苦心。此次要求组织自治政府，系全体蒙民共同之意见，为求自救民族而起，我人为安定人心起见，不能不加以领导。现在东北各盟旗被日本占据，无法收回，万一日本侵占西蒙，又将如何抵抗？故请部长加以深刻注意。处在现在情势，想要巩固国防，先要安定边境人民之心理，尤以在国难时期，非有非常办法不能妥当处置。至于自治政府成立后，如何办理一切政务，仍要中央指导。我们既负地方行政责任之人员，对于中央命令当绝对服从。

　　我们向中央要求自治政府，乃是表示听命中央，若完全以民族立场，则不必向中央请求而早自行组织政府了。现在我们顾全国家、民族双方关系，一方面使中央在外交上不发生困难，而同时蒙古人民在中央政府指导之下，蒙人自治。俄侵外蒙，失地半数，日侵东北，热河又失所余之半，所仅存者只整个蒙古土地四分之一，故目前蒙古民族之危机已达极点。蒙古民族处存亡危急之秋，而政府尚不能予以机会自谋解决，则他日后患又将无穷。民国成立二十余年，蒙古绝对服从，如不至此万分困难之时，决不会有此种要求，至于说到行政系统，又当别论。当民国十七年，中央建省之时，蒙古人民曾要求不必建省，中央绝不理会，毅然建立行省。建省以后，蒙古人民并不以中央不理而加以反对，继续服从中央，直至今日。现在我们希望中央听蒙古人民之意见，比阅省府之报告的成分多一点，同时更盼望中央以过去毅然决然建立行省之精神，来毅然决然允许蒙民组织自治政府。

　　部长：各位所说的话，许多是非常诚恳，我对于这些话非常注意，有几点要加以解释。《中国国民党党纲》规定，扶助弱小民族使成为国家健全的分子，是中央应尽之责任，过去因国家多事，不能达到这个目的，现在我们想趁着这个机会，大家共同努力做去。

　　外面有许多谣言，说利用背景等等。在中央与兄弟我个人都是不相信，并且在中央及兄弟个人，根本就不重视什么背景与利用。因为两国处在非常的状态之下，两方总有许多浪人活动，但一到两国恢复邦交后，双方即不难收拾解决也。我们知道各位心地都非常坦白，不要因外界谣言而心怀不安，事事都应该非常诚恳，讨论考虑的目的一定可以达到。中央处置任何问题，都是顾虑双方的事实困难，采取双方的意见，决不会单听一方的意见，遂断然处置。故此次兄弟奉中央命令，巡视内蒙各种问题，亦必本中央的意志办理，必作缜密的观测与妥当的解决，这点各位不必过虑。过去省县与盟旗间有许多误会，或许是不能避免的，譬如平常两家极亲热的邻居，有时也许会发生误会，但一经解释，即和好如初。我们现在希望中央与省，中央与盟旗，省县与盟旗三方面共同商量，谋一和平解决之方法。

德王：我们完全信仰中央，所以呈陈中央解决这种问题。部长此次北上，路经两省政府，未知省府有何种意见，希望部长告诉我们。

部长：我到张家口时，宋主席不在，只与省政府各委员晤谈，他们对中央方案皆赞同。到了绥远，比较有长时间讨论。省政府的意思，也是觉得这件事应该有彻底解决之必要，同时，省府也信赖中央，对于这个问题，没有什么意见表示，全由中央处置，所以我们如果能商得一个结果，在省府一定不至于发生什么困难。当中央派兄弟来时，我个人颇觉困难，一方面既不知道盟旗之意见，一方面又不知省府之意见，万一盟旗与省府双方意见有冲突时，处理或感不易。现在我们听到双方意见，都认为有整个解决之必要，而同时都信赖中央，故我们非常高兴。我们想，过去许多误会也许在这个时期可以完全解释，我们回去之后，在绥远要举行汉蒙人民联欢会，傅主席来电询问此间能有多少人员参加，这是诚恳之表示。由此我们想，事之前途非常光明，而且以后常有商量之机会，决不会再有以往之隔阂。过去的事情，已经过去了，我们不必再去讨论，只要以后的事情有办法，一切都可以解决。双方两个朋友发生误会，一经解释，大家恢复过去友谊。前天云王及扎萨克告诉我们许多困难事情，我们是很愿意听的，因为解决事情，先要知道这件事的原委。

德王：部长说朋友恢复感情的比喻很对。现在蒙古盟旗与省府的冲突，不是由于双方感情不好，也不是民族间发现恶劣的情感。盟旗与省府之冲突，完全由于制度之不良。现在蒙古是一地二主，所以即使双方有良好之感情，因为权利关系必会发生冲突，而这种冲突不是一句话就可以解决的，必须在事实上着想。

部长：现在我们谈到真正问题了，我来就是要解决这个问题。这个问题，经过已经很久，真好像一把乱麻，无从理清。至于解决的办法，不单各位在研究，中央与省府也时时不忘的在研究，这个问题固然纷乱，假使我们能开诚商量，总可得一良好解决的办法。例如租税问题、畜牧问题，都是要先明了实况，然后才有办法，但是这种实际问题，不是空名的自治政府可以解决的。

我们每次与各方谈话，都有详细纪录。我不单要自己知道，我愿大家知道，我不愿三方分别商量，我愿三方联合商议。我们来是要知道各种实际状况，故希望各位一句不瞒的尽量告诉，中央有绝对权力来处置国内一切事务。好比一个家庭有一个家长，家中有什么纠纷，可以完全由家长来作主。

德王：中国像一个大家庭，弟兄五人，过去家长理家不平，希望现在的家长从新平均分配。

部长：傅主席曾说过，这个问题始终是要解决的，过去的错误，我们应该设法救济。今天谈话已久，希望以后有长时间的谈话。

部长与云王、德王等之谈话，二十二年十一月十四日于白〔百〕灵庙行辕

云王：昨日我们所陈述的尚有未尽处，今当继续陈述。

德王：昨日部长所说种种困难的情形，确一点不错，不过当初自治会议决定，派我们主席团代表向部长说明，所以不得不据实陈述。当自治会议决定组织自治政府时，原拟以盟旗受辖之区域为区域，故自治政府成立，省政府就不能存在。自治政府如能受辖旧有之盟旗区域，则经济自不至发生若何困难，再有了整个组

织之后，边防也比较可以巩固些。废省而成立自治政府，在事的表面上看来，好像是非常重大，但实行亦很简单。因为蒙古自治政府之确立，只是某一部分土地、人民、组织之内部变更，故当初全体代表都认此举当可邀中央许可。自治政府成立后，所有全蒙古之政治、经济、建设、教育等，都可由这一个机关统筹办理，而中央扶助蒙古人民之德意，亦容易达到。现在外蒙受俄国之"赤化"，东蒙又受日本侵略，外、东两蒙人民都无路可走，常有向西蒙迁居情事，如西蒙能有自治政府之组织，虽不能将东蒙在短时间收回，我想至少可以维系一部分东蒙已失了的人心。故西蒙组织自治政府，不是徒务空名，乃欲以此确立蒙古民族之久常基础，我们意见是如此，很希望部长指导和维护。

部长：这样在理论上固然有一部分的理由。但是我们要顾全各种事实的问题。如察、绥两省汉蒙人民之多寡、蒙古民族现有力量之充分与否，及察、绥所处国防地位之严重，都应先事考虑。固然蒙古人民需要有平等的待遇，但取消省府而他族人民或得不着一种［不］平等的待遇，不免又引起别种恶感，自非国家及汉蒙人民的幸福。

德王：内蒙要求自治政府之最大目的，是在收复已失蒙地人民之心，而所属区域内之民众，当然一律平等待遇。且内蒙自治政府仍直辖中央，即令省府取消，以后各县政治仍由地方人士主治之。

部长：这件事是分裂整个国家和民族组织的，中央是绝对不容许的。各位以空的名词来求万一的希望，而使中国内部发生重大变动，并将引起其他不幸的结果，所失者大，所得者小，这有甚么值得？我想各位最好将昨天所谈之各种实际问题，从长讨论，以求适当的解决。

德王：昨日部长指示的办法，我们已经考虑过，觉得不大满意，仍希望有一个整个的政治组织。

部长：我想，我们替国家或地方做事应该一步一步做去，若第一步过程还没有做到，就想不顾事实，本着很大的希望去做，那是永远没有结果的。所以，我希望各位先把第一步能做的做完了，再进展到第二步，然后才有办法。

德王：现在是国家多难，蒙古地方危急的时候，不得不有这个要求，至于部长所说一步一步进行的办法是很对的。但是现在蒙古种种困难情形，在时间上是不容许一步一步进行的，所以我们第一步就请求组织自治政府。

部长：国家危急，这是大家都很忧心的。不过，国家大事，决非一句话可以决定。因为一国的强弱，全赖全国人民长期的努力。譬如日俄战争以前，俄国是一等强国，结果反而失败。德国在欧战后损失极大，不到二十年就渐渐恢复常态。由此看来，国家的强弱，很显然是随着时代的潮流和人民不断的努力，互相推进，慢慢转变，决不是三言两语就可以改善的。我们希望中国转弱为强，自非努力十年二十年不可，那末，要一个地方进步也得有八年十年之努力，方可见效。国家大事，决不像一个人头痛，只贴一付头痛膏，就可以治好的。

德王：刚才部长说的比喻固然不错，但有治头痛的药，总比不用药好一些，这是在现在国难时期一种特殊办法。

部长：我想各位对于这个问题，应该在中央所定原则之下来讨论，如果不能按照中央原则，想一味本着自己的主张做去，那末将来一定没有好结果。

德王：我们决不是不服从中央命令，也不敢反叛中央，因为我们有困难，有苦衷，不能不陈说。而我们所陈述的意见，是全体公意，绝非几个人的私见。我们是绝对信仰中央，服从中央，希望部长体谅蒙古人困难，而为蒙古人妥筹良策，以救蒙民。

部长：我从昨今两日的谈话，知道各位意志非常纯洁，我不是在各位面前是这样说，就是对班禅活佛及中外新闻记者也是这样说过，我很希望各位把握各种事实来解决问题，千万不要再鹜〔骛〕空名。几年来，因国难严重，国内青年不惜声竭力嘶〔嘶力竭〕呼着"打倒日本帝国主义"的口号，他们爱国的心是很诚挚而热烈的。不过，要打倒日本帝国主义，先有一个事实问题，就是要有打倒日本帝国主义的力量。两国斗争，完全是基于力与力的比重，如果力量不够，硬要去打倒人家，结果自然只有失败。即以中央处理蒙古事件而论，中央在事实可能范围之内，决不会不顾全各位意见的，各位既然愿意要我设法，我当然在中央所定原则之范围内竭力为各位想办法。普通一般青年因为缺乏经历，所以常是想什么就说什么，并想什么就做什么，亦不顾虑某种事件之前途的可能性。凡政治上的一举一动，应该审虑当前的事实与环境做去，将来才有好的结果。一个国家当然有一个最高权力的支配，在国家权力所许可之范围内，尽可以表示我们的意见，但离开范围太远，不但国家不允许，就是政府为维持国家尊严亦当设法阻止。我这几年来，对于国家各种事务，都抱着和平态度，使无论哪一种困难事件得着一个转机，然后慢慢儿来解决，现在处理蒙古事件，我还是抱着一种和平的态度。中央派我来巡视，亦就是想用和平的手段来解决蒙古问题，否则又何必派我来呢？因此，希望各位大众与我一样，抱着和平态度，使此项事件有转圜的机会，把过去的要求，分别其可能与否，再行详细计议。

德王：部长处理国家大事很和平，我们早有所闻，所以这一次听说中央派部长前来巡视内蒙，我们是非常欢迎。我们的希望本来很简单，我们以为部长一到就可以允许。现在听到部长说明中央与地方有种种困难，尚望部长有以指示。

部长：如果中央以这件事，可以一纸命令来解决，那末我们必不必来了。我这次来，目的是在巡视内蒙，现在既然有这样一个问题摆在前面，我不设法和平解决，我是对不起国家，对不起蒙古的同胞。各位远道来此，亦无非想求这件事有一个解决，如果这一回失了解决的机会，将来中央再派员来，决没有像现在谋解决的容易。现在我极诚恳的盼望，各位和我根据事实先加商量，一俟商量有结果，不轶出中央所定范围之外，那我可以负责办到。我从南京动身到现在已经一个月了，很想明天回绥远，所以希望各位把要紧的事件早日解决。本来我这一次来是巡视性质，对于这个问题万一得不着结果，亦没有什么关系，不过这件事不得解决，影响国家与民族前途颇大，我是感觉很不安的。至于中央所处的困难，各位也应该知道。中央决不能，亦不应该的就不顾一切的取消省府，同时亦不能不顾事实的，就准许你们自治政府的要求。

云王、德王：部长对于我们指示的意思，我们知道了。我们决不敢违背中央的意思，但我们所陈说的，是大家的意思，并非我们的私见。

部长：总而言之，我希望这件事赶快解决。因为我出来太久，京中尚有许多事体等我回去处理。

德王：部长万不能就回去，我们要请求部长在此多留几天，并希望部长在此事没有解决以前，暂不要回去，如果部长一定要走，那我们可以知道部长一定是动气而走的。

部长：关于昨日所提出的意见——内蒙联席会议，我将详拟一个具体办法，再和你们讨论。

德王：希望部长在拟具体办法时，将我们意见参加进去。

《国闻周报》

上海国闻周报社

1933 年 10 卷 48 期

（李红权　整理）

内蒙问题之检讨

汪松年　述

引言

蒙古之名词，由来有不可考。元太祖蹶起漠北，统一漠南，入主中国，铁骑所踏，及于欧洲半部，蒙古之名始大著，盖种族部落之总名也。元朝统一漠南北各部后，凡史籍所称之游牧行国地方，统被削平，分其子孙王于各地，迄于今日。蒙古之领域，东起吉林，西届新疆，北蔽俄国西比利亚全部，南接新、甘、宁、陕、晋、绥、察、冀、热、辽等省，约言之，有漠南内蒙古、漠北外蒙古、漠西厄鲁特蒙古、青海蒙古四大部。若唐努乌梁海，若科布多，亦均元代功臣之子孙，与蒙古本部同一源流。其种族文化、宗教信仰，大都相同。蒙族全领域之大，约达一千四百八十四万余方里，为吾国西北之有力外藩。民国初年，外蒙独立，九一八事变，内蒙之东三盟陷敌，最近西三盟又有高度自治之要求。藩篱将尽，唇亡齿寒，及时补苴，事尚可为。中央特派黄绍雄、赵丕廉二氏，偕徐庭瑶军长入蒙巡视一切。记者偕行，对西三盟状况，略有调查，特述所知，用供国人研究蒙事之参考。国事蜩螗，外侮交侵，汉蒙兄弟，理宜团结，远略之士，其共起图之。

蒙古民族在历史上之供献

蒙古民族之历史，发扬于元太祖成吉斯汗，约当西历一千二百年之顷，吞并大漠南北之异族后，驱逐与南宋对峙之金兵，统一中国全境。由太祖至世祖，四次出兵，远征欧亚，前后灭国四十，杀人五百万，建立雄跨欧亚之大国，构通东西两洋之文化，在世界文化史上，实有不可磨灭之功绩。当时欧西文化随远征军而输入中国，东方文明，亦借仕于元室之欧籍客卿，传播西土。试读当时之意大利人马可波罗之游记，可知元朝在政治文化上之影响。蒙古大军之四次远征，正当欧洲十字军时代，欧洲文明借十字军而复兴，亚洲文明虽借蒙古军介绍于欧洲，但当时之亚洲人对蒙古军输入之欧洲文明，则接受甚少，蒙古军所开通之欧亚交通路，且竟随蒙古政权而俱亡。追维成吉斯汗之流风遗烈，尤不可不一述蒙古军四次远征之经过，借觇蒙古民族在历史上之供献。

第一次之远征军，起于西历一二一八年，元太祖成吉斯汗，分遗〔遣〕其四子求〔术〕赤、察含〔合〕台、窝阔台、拖雷等西征，经阿力麻里（在伊犁曲〔霍〕城附近）渡西尔河，陷花刺子模国之国都撒麻而干。其王摩罕默德，遁往贺罗山，为蒙将速不台及哲别所追蹑，窜死于迦斯毗海一孤岛上，时为一二二一年。摩罕默德长子札兰丁，募兵于哥吉宁，图恢复，太祖怒，急来伐，乃渡印度河往德里，依其王阿尔塔摩西。其时元将速不台、哲别，至迦斯毗海西岸，怒钦察汗曾纳元敌人，乃越高加索山伐之。南斡〔幹〕罗斯（即俄罗斯）诸侯喀也夫的大公亦思来夫等援钦察汗部，邀击蒙古军于喀里加河畔，蒙古军大破之，乃掠其部落而凯旋，时为一二二四年顷。

第二次，太祖〔宗〕于一二三六年，以大军五十万，命求

〔术〕赤之子拔都为总都，其兄台鲁幹，帝子贵由、弥海都，拖雷之子蒙哥等为将，以速不台为先锋，西征欧洲本部。速不台渡亦的勒河（即今瓦尔加河），征卜里盖儿，蒙哥攻钦察汗，拔都则北向拔俄国之莫斯科，及数大城，更转锋南向烧喀也夫，蹂躏幹〔斡〕罗斯各地。拔都又率一军，蹂躏拉奇亚，击破马札儿（即今匈牙利地），军于沙约河上，陷毕司特，其国〔后〕乘冰渡图纳河，屠格南，别军更入奥大利，直逼意大利之威尼斯。〈弥〉海都一军，尽破欧北诸侯国，退至马札儿与拔都会师，欧洲全土，皆被蹂躏。年糜斯（即德意志）之民，相率逃避。会太宗讣音至，拔都乃于一二四二年，令诸将东还，自留于南幹〔斡〕罗斯之地。东起吉利吉斯，西抵卡尔拔特山，以及图纳河下游，太和岭（高加索山）之北，建都于亦的勒河畔之萨来地方，自立一国，亦称钦察汗，为元朝外藩，时为一二四三年。

　　第三次，宪宗命弟旭烈兀，于一二五〈二〉年出师西征，自天山北麓至阿猛河畔之柯提，伐木剌夷于迦斯毗海之南，平库喜斯坦。一二五六年伊斯兰教主鲁古乃丁降。一二五八年陷八吉打，擒杀哈利发莫斯塔仙，灭阿巴斯王朝，莫斯塔仙一族出奔糜尔斯（即今埃及）。继令郭侃等向印度前进，而自领兵征叙利亚。乘埃及与叙利亚交兵，袭败两军，遂尽有小亚细亚之地，奠都于塔卜里慈，建国于呵猛河以西，称伊儿汗。

　　第四次，世祖东收高丽后，又于一二八一年以征日本之军，转锋南向。时缅国（即今缅甸）并吞阿罗汗及白古，略暹国（即今暹罗），雄视南方，世祖遣纳速剌丁伐之无功，更遣沙奈塔儿进讨。一二八三年陷缅都，其王降，遂威服暹及金齿诸国。一二八四年命皇子脱欢伐占城，降交趾，于是马八儿（今之印度南海岸）、来来、高桑、印度、爪哇、苏门答剌相继入贡。

　　蒙古军之四次远征，使蒙古人之政治势力，笼罩欧亚，开有史以来未有之大帝国，并录用族之人才，助其作政治上、文化上之发展。以游记出名之意大利人马可波罗，即属其一，仕元官至扬州都督、枢密副使。同时仕于元朝者，并有多数异国人士。阿刺伯人蒲寿庚，官至闽广大都督、兵马招讨史〔使〕，子孙皆文武大官。辽东人耶律楚材，官中书令。不花刺人阿马儿，官至丞相。波斯人札八儿官至大将，阿合马特官中书平章政事，同时尚有数波斯人均为京朝大官。西藏人巴思图〔巴〕为帝师，创造蒙古文字。其余若阿拉伯、波斯、中亚诸地军人，意大利、法兰西之美术家、工艺家，挟其技艺，来仕元朝者，直难指数。故蒙古民族全盛时期之文化，足称融会中西，冠绝一时，在吾国历史上，开独特之一页。惟以武功而兴，不善政治，享国只八十余年。汉族英雄朱元璋，蹶起草莽，不数年间，竟使横跨欧亚之大帝国土崩瓦解。元朝幼帝窜回漠北，依然故吾，过其游牧生活，竟未能接受外来文化，略变其俗。零替于今，七百余年，种族日弱，文化日退，在清朝以前，又得保持其由元朝遗留之团结组织，自满族强大后，蒙族一蹶不振，以蒙族为中心之元朝之伟绩，徒供历史之凭吊矣。

蒙古民族退化之原因

　　蒙古民族生息于大漠南北，地属高原，山水雄壮，自然环境，造成其特殊性情。地广人稀，无生活上之竞争，智慧乃日益退化。竞争者乃促人类进步之枢机，蒙古地方因数百年来只有单一之民族活动，故无竞争可言。不与异族接触，自无交换文明、调剂文明之机会。游牧生活，简单容易，春夏逐水草而居，秋冬徙山阳面处，听牲畜之自然蕃殖，饮食恃乎酪肉，衣被乞诸皮毛，牲畜而外不知所谓财产，革肉而外不知所谓享用。子孙相续于永世不变之生活内，更无需乎运其智慧，劳其体力。智不用则滞，体不劳则惰，积久而成今日极度退化之现象。就知识言，不但不知文艺为何物，即简单之数目亦不知记忆。以劳动论，不但不知运用体力改善其生活，即百步之遥，亦非乘马不往。平日视汉人之车载马驼贸易于各地，扶犁挥耒蕃〔耕〕种于广田，至讥为笨人，指为甘愿与牛马共役。察、绥境内固不少蒙人土地，以农为业之蒙人，固百不一见也。此为蒙人在习惯生活上养成不能进化之惰怠原因。内外蒙古之戈壁沙漠，占蒙古全土三分之一，自西徂东，凡三千余里，宽或千二百至二千余里，号为瀚海。其性质固去海不远，除少数特殊生物外，不能生存于其中，形成内外蒙及各盟旗之天然界划，阻断人类联系之机会。沙漠以外又有多数山脉绵亘其间，昆仑山系亘于西北，阿尔泰山系亘于东北。若贺兰山、祁连山、阴山、狼居胥、色尔腾、杭爱、肯特等山，一脉之长均达数百或数千里，其峰峦则冲霄直上，人兽绝迹。其中以贺兰山为西套蒙古之天然境界，阴山为察、绥两省内属蒙古与内蒙盟旗之界划。杭爱山、肯特山、外兴安岭，为外蒙与俄国界划。山令人离，水使人聚，一山之隔，景物顿殊，山阴山阳之人，每老死不相往来。汉人文化之不能输入，蒙古知识不易外求，大山限之也。沟通文化，首重交通，蒙古交通每受天然限制，此又蒙古文化不易发展之一大原因也。蒙古受地理上、生活习惯上之两重束缚，对由元朝吸收而来之外族文化，不能保持，日渐放失无余，而外间新兴文化，又无接受机会，乃浸成今日毫无文化之状态。今后扶助蒙族之方，当首重开辟蒙地交通，交通便利则与内地接触之机会增多，以蒙族体格、汉族智慧，如能彼此融合互通婚媾，必然产生优秀子孙。据记者调查，绥远学校，凡汉化土默特蒙古子弟，其成绩每在当地学生之上。蒙族之复兴，有赖新人物之努力，不可再怀地域之见，切实与汉族合作，提携并进，以创造西北新天地也。

　　蒙古之文化，虽因种种关系，日渐退化，但仍能维持其固有特长，故元朝亡后历七百余年，而未被外族同化者，在有此特长也。该族之特长，为承袭元代之组织。元室用此组织，征服欧亚，蒙人承此组织，得免外族侵略。组织之功用，在于将全部人民，统列军籍，以元室胄裔为之长（即现在之王公、札萨克），所有部民，种族相同，世系相同，姓氏相同（元太祖裔姓博尔济吉特），合政治、军事、家族为一体，故团结之力量极强。蒙民夙昔好战嗜杀，故有史以来，大漠各部，不自相砍杀，即侵援〔掠〕中原。满清蹶起东北，与蒙族为邻，风俗习尚，大略相同，榻侧岂容卧虎，故于未入中原之先，即首谋削弱其比邻之蒙古。吉林之索伦首先屈伏，继则征伐游牧兴安岭、热河之科尔沁蒙古。其时插汉部最强，且为元室嫡系，林丹汗雄视内蒙，以察哈尔为中心，统一漠南诸部，与明朝互约抗清。清主远交近攻，暂止南侵之师，连合臣服之东蒙，出兴安岭，包抄林丹汗，林丹汗败走青海，死于中途。其子额哲，奉元室携走之秦玺，上之清太宗皇太极，内蒙四十九贝勒更合上尊号，改元大清。传国玺入清，始起统一中国之念。蒙族固有助于满清，但满清始终认蒙族为心腹之患，处心积虑，谋削弱之。采洪承畴之策略，以封建制度，分其团结，以婚姻关系，故示亲密，立"南不封王，北不断亲"之世守策略。在满清数次征伐蒙古之时，本有力量使蒙古地方变为郡县，舍此不为者，一系忌汉族向北方发展，一系封锁蒙族，使之与内地绝缘，阻其进化，一系利用封建制度，以王公为工具，易于统制蒙古之广大领土与人民。闻洪承畴于劝清帝利用封建时，引周朝之封建制度为证，谓周代以前之享国永久之故，即在于利用封建制度，众建诸侯而少其力，力小则易使，国小则亡邪心，清帝纳其议。蒙古终清之世不侵不叛，即得力于力小易使，国小亡邪心之故。封建制度在游牧社会之经济上，固极相宜，游牧社会经济交换范围狭小，主要之财富，不是货币而属牲畜，不问贵贱，各人之消费量不能超过其固有的范围，用不着过分的剥削，增加治下的担负。蒙古人民对封建制度毫无怨言者，在乎统治他的封建领主系与他处于同样的经济地位，对他们用不着分外剥削。如果用汉人的经济方式去统治蒙古，立即引起反感。满清深知此种利害，故能保持其统治权将近三百年。在制度上既利用以蒙治蒙之枷钮，同时在政策上又订种种法规，阻蒙人团结，阻蒙人进化。

理藩院之羁縻政策

内外蒙地方，在中国历史上均视为化外，汉、唐等若干朝代，虽于征服后辟为郡县，但亦只用若干军队屯戍其地，以督都府为统治机关，镇压反侧，并未用政治方法使之同化。在国势强盛、中原无事之时，虽得借财力、兵力，略收统制之效，但一值中原多故之秋，边患即随之而起，故每届改朝换帝之际，历代帝王于取得帝位之后，无不耀兵塞外，步武先朝，作努力开边之大征伐。满清以异族入主中原，因深悉蒙族对彼之威胁，较汉族尤甚，故开国之先，首服东部蒙古部落，无后顾之忧，始敢问师中原。统一中原后又以倾国之师，御驾亲征，率部败逐强西北之元室嫡系枭杰噶尔丹后，耀兵新疆，于是天山南北路及伊犁、乌梁海等回、蒙部落，始先后称臣，大清帝国之基础，亦得巩固。惩于汉族开边之失败也，乃利用封建制度，以蒙人治蒙，更以藏人为外蒙活佛，作收拾人心削弱蒙族之工具，提纲挈领之统制系统，实为当时最有效之统制工具。盖当海禁未开之前，为患中原者，只限于壤地相接之塞外民族，中原民族之肆力制边，亦只图免害，非有占其土地，侵其经济之心。能彼此相安，免其侵害，即达到目的，满清利用封建制度，达到免除边患之目的，即其政策之成功。又恐蒙族随时代进化，在若干年后，或不受政策之束缚，起而为患，乃严订种种法规，阻其进化。设置理藩院为推行其政策法规之枢纽，用将军、大臣，驻扎蒙疆，为推行政策之监视者。蒙族二百年来惊人的退化，谓为满清一手造成，亦未为不可。故谋改革蒙古之弊政，从而促其进步，不可不首先研究满清用以阻止蒙族进化之弊政，反其道而行之，自可收预期之效果。

一切弊政出发于理藩院，该院组织及职权内容，约略如下：行政首长为满洲籍之尚书一人，左侍郎一人，右侍郎一人，蒙古籍之额外侍郎一人。此地位低下之额外侍郎一人，订明以蒙古贝勒、贝子充之。以处理蒙务之最高机关，全操于满人之手，其不能为蒙族谋利益可知。该院职权据《大清会典》定明，掌外籓之政令，制其爵禄，定其朝会，正其刑罚，尚书、侍郎率其属以定议，大事上之，小事则行，以布国之威德，乃经其游牧之治。院内设旗籍清吏司、王会清吏司、典属清吏司、柔远清吏司、徕远清吏司、理刑清吏司等六司。旗籍司满籍郎中一人，蒙古二人，员外郎宗室一人，满籍一人，蒙古二人，主事满籍一人，掌考内札萨克之疆理（即内蒙所属土地），叙其封爵，与其谱系，凡官属、部众、会盟、军旅、邮传之事皆掌之，掌游牧之内属者。王会司满籍郎中一人，蒙古二人，满籍员外郎二人，蒙古三人，蒙古主事一人，掌颁禄于内札萨克，而治其朝贡、燕飨、赏予之事。典属司满籍郎中一人，蒙古一人，满籍员外郎二人，蒙古六人，满籍主事一人，蒙古一人，掌核外札萨克部旗之事（即外蒙古），治其邮驿，互市则颁其禁令，凡外喇嘛皆掌之，掌游牧之内属者。柔远司宗室郎中一人，满籍员外员〔郎〕一人，蒙古五人，蒙古主事一人，掌外札萨克喇嘛廪禄、朝贡之事。徕远司蒙古郎中一人，满籍员外郎二人，蒙古三人，蒙古主事二人，掌回部札萨克之政令，凡回番之年班皆掌之，掌外裔之朝贡。理刑司蒙古郎中二人，满籍员外郎二人，蒙古四人，蒙古主事一人，掌外藩各部刑罚之事。满清之对待藩属，只在羁縻，故理藩院之对于各藩之政治，亦只取监督地位，与近代侵略国家对待殖民地之政策不同。一为消极的，一则积极的，因系消极的，故蒙族不感觉在异族统治下之压迫。但凡事不进则退，蒙族今日之退化，亦出于消极政策所赐。满清既用以蒙治蒙之政策，加封各部落首长，使仍治其民，世代相袭，常为该部落封建领主，该部落之土地人民，在法定上亦永为所有。最近德王等以王公资格，要求自治，实与事理不合，盖蒙古王公迄在自治之中，不但民国未侵其自治之权，即满清时代，亦不甚过问其政务也。

蒙古王公既有君主之权力，满清恐尾大不掉也，乃多设盟旗，多封王公，以分其势力，严订旗界，以阻其团结。每族撑〔择〕王公中位尊势大之王公一人，封为札萨克，世袭罔替，为该旗之封建领主，其余王公虽有爵位而无治权，谓之闲散王公。但札萨克虽为世袭，遇有过犯，仍得削除爵位，免其札萨克之职，另以闲散王公之有功绩者补授。各旗界境，划订极严，交界之处，树以鄂博，叠石为之。故神其说，谓有神物呵护，每年举行鄂博大祭，列为最隆重之祭典，王公与人民，均举旗来祭。察其位置，是否被比邻之旗私移，如被私移，立以兵力争之。平时非奉旨征调，彼此均不得越过本旗界地，私越者有职王公贵族罚俸半年，无职王公贵族及平民，罚牲畜一九。如越界游牧，有职王公贵族罚俸一年，无职者罚牲畜。如系平民，即将该人及其牲畜罚交当时见知之人为奴，牲畜归见知之人所有。在蒙古游牧社会，此种处罚，可谓严矣。其表面虽为保护各族封土，实则阻其彼此团结，减少造乱机会也。蒙古始祖以军事兴起漠北，故其部众全列军籍，分期训练，按时值差于王府，无事时各自游牧，有事时全应征调，且为无俸给之义务军制。故王公以下之官吏，亦以武职为多。由什长而领催，而骁骑校、佐领、参领，均属军职。每佐领辖众百五十人，三丁共一甲。每旗以佐领多寡，办〔辨〕其人口，多者达八十余，少只二三人。满清对蒙古之军事组职〔织〕，亦不轻视，从监督其置备军器入手，凡购置甲胄、弓、撒袋、刀枪过二十副，鸟枪过十杆、硝磺过三十斤、箭过千枝谓之一副，均须报理藩院会同兵部，请旨核夺。准则给与信票，私买不报者及未经旨准者，王公罚俸一年，贵族罚俸六月，官吏罚牲一九，平民鞭八十，所购之军器均充公。内蒙古因接近内地，易于监督，东部蒙古受监督于黑龙江将军、呼伦贝尔副都统、热河都统，西蒙受监督于察哈尔、绥远两都统，故不由朝廷直接派人统其军队。外蒙距离较远，故规定凡外札萨克之兵，各以将军或大臣统之。喀尔喀四部之兵，统于乌里雅苏台之定边左副将军，杜尔伯特、新土〔土〕尔扈特等统于科布多参赞大臣。简其军实，司其征调，并以蒙〔满〕兵任将军、大臣驻地之屯戍，以防蒙古王公逞兵造乱。同时并极注意蒙古人口增减数目，定明三年一次审订户籍，由户部及理藩院请旨，将印就之空白丁册，驰驿递交各旗，限十个月内，填报到京。凡男子十六岁至六十岁者皆入册。如有隐瞒、遗漏，每十丁处罚管旗王公以下俸三月。如系遗漏，罚牲，视职位由一九至三九，以所罚赏出首之人，鞭领催、什长各八十。出首报告之人，如系王府属下，准其脱离王府，携其宗族、奴隶，听其所适。利用此种奖励方法，以免王公隐瞒人丁，私造势力。清廷借其丁册，以知各旗人口数目，用意实属周密。丁口增加，则计丁添设佐领。遇有征伐，征调蒙兵，三丁抽其二。合若干旗为盟，择札萨克之贤明者为盟长、副盟长。三年一会盟，由钦差大臣监临，简阅军实，考核丁籍，平理讼事，王公官吏不到者均处罚。军器残缺或无记号、马不烙印者均论罚。钦差据以入奏，各盟旗情形，乃尽入政府。政府洞悉蒙情，庶政虽委之王公，大纲仍操之政府，故能内外融洽，相安无事，此满清对蒙古政治、军事监督之大概也。

满清悚于历朝之边患，故对蒙古不但在政治土〔上〕密布枷钮，同时又从文化上谋阻其进化之方。以喇嘛教义化其凶残肆杀之天性，禁止蒙汉人民发生关系，以免其接受内地文化。虽贵为王公，非奉旨或值年班入京引觐，不得擅入内地。因公来内地，其居留期限，多者一月，少只十日，即须返旗。在赴内地之先，又须向将军、大臣处请领信票，限由张家口、独石口、杀虎口、古北口、喜峰口数道出入，抵口时由防兵稽查所带人员、马匹，与信票相合，始准放行，否则立置于法。其下嫁蒙古之公主格格等，虽为宗室贵女，亦不准擅自归宁，每距五年、十年始得入京省亲一次，留京期限，按地位高低，最多者只准住六个月，以免内情外泄。尤限制一般汉人与蒙人接触，凡汉人赴蒙贸易，须向管理蒙事之机关领票，只准于到达指定地点买卖其货物，不得在途间擅往他旗。留蒙地时间，亦不得超过一年，并不得携带家眷，或在蒙地起盖房屋，购买土地，只准支搭帐篷居住。故迄今蒙古地方犹禁止汉人起造房屋，购地开垦。蒙古王公对汉商复课以极重之税，搭一帐蓬，需纳地皮税，人口须纳人头税，字号有字号捐，甚至水草亦须要捐，故蒙汉贸易日见衰颓。满清利用喇嘛教羁縻蒙人，内蒙各旗有四十七个呼图克图活佛之多。以章嘉呼图克图为之长，驻锡于多伦之汇宗寺半年，驻山西五台山半年。指五台山为灵地，故蒙古王公、大喇嘛死后之骨灰，均起塔于五台山上，蒙人视朝五台为一生大愿，满清亦利用此点，收蒙人内向之心。但入口之限制亦极严，非请路引不准入口，并限制人数，亲王、郡王带人不得过八十名，贝勒、王公等不得过六十人，并不准带武器，不准私携汉人出口。凡蒙汉人民私越边境，统限于三日内缉获送院，否则罚札萨克俸三月。

　　满清对蒙古引用汉人或自行开垦土地，禁制尤严，规定各王公贵族招人开垦地亩，未受押金者，招一人至十人罚俸二年，失察之盟长、札萨克亦罚俸二年。由十人至四十人者，每加十人，加罚一年。过五十人革职留任，失察盟长、札萨克罚俸六年。五十人以上，罚牲三九，盟长等罚俸八年。无职之王公贵族，罚牲三九至七九，盟长等罚俸三年。五十人以上，永远革职，不准开复。蒙古一般人民招人开垦未受押金者，官员革职，罚牲五九，平民枷号九个月，鞭一百。有经受罚再犯者，枷两月，发南五省充军。曾受押金者，以刑律诈欺取财例处杖枷徒流等罪。汉人私往开垦者，其罪轻则杖枷流徒，重则发极边充军四千里。入民国后虽将此禁取消，但蒙人已一体认定汉人开垦不利蒙人，故此次百灵庙自治会议，仍提出反对开垦之要求。不知社会进化，由游牧进为定牧，进为农垦，乃一定程序，常此故步自封，终难望其进化也。满清之禁止开垦，其用意在阻蒙人进化，有识之蒙人终须脱此枷钮，与汉人合作。以蒙人土地，汉人智慧、劳力，始足使大漠不毛之广土，化为腴田，不但内地过剩人口得一出路，即蒙人亦受直接利益也。蒙人拥有之土地，以人口计之，较汉人多过数十倍。在清初划定旗界时，根据当时人口数目，计口受田，每十五丁给地广一里，宽二十里，如改为定牧，可以半数土地开垦，仍不妨碍其牧场用地。况蒙古人口较受田当时已减少十之五六，开垦得法，所有蒙人均有做大地主资格也。

　　满清在"严内外之防"之政策下，既限制蒙汉通商，复禁止蒙人开垦，使其永世挣扎于游牧生活之中。复阻蒙汉接近，以免蒙人取得内地文化，助其改造环境。故不但不准蒙人受汉人教育，并蒙人命名，亦不准取汉字音义。其规定内外札萨克、汗王、贝勒、各台、公等生子命名，均应取满洲、蒙古字义，不得辄用汉字文义，违者以违制论。尤不准延请内地书吏、文士，教读子弟，办理文墨。所用公文，均须用古文字，不得用汉字。有汉人代蒙人私写禀启者，亦处重罪。王、台延内地文士，则处以不应重私罪，被延之人交地方官递籍严行收管，讯有教唆串通情事，加等治罪。并禁止蒙古排演戏曲，王公蓄弄优伶，盖戏曲之作用半属娱乐，半属社会教育，所演故事，大都有激刺性质，满清制蒙采极度之愚民政策，故戏曲亦在禁之列也。统观理藩院全部治蒙则例，无一条提及蒙古教育。汉学既明文禁止，简陋之蒙古文字，亦不使蒙人有认识机会。北京虽设有官立蒙古学，系为造就翻译人才而设，只准满族投考，蒙汉人民，均不得入学也。其各项禁制中，惟取缔汉人充蒙人幕府，含有两种义意：一为阻止内地文化流入蒙古，一为免奸邪之辈，教唆蒙人作乱。明代之边患，无不有汉奸主谋，满清故引以为戒。即此次内蒙自治要求，亦出于少数汉奸之煽惑，其自治政府之组织大纲，即出诸曾充奉系军阀李景林秘书之王石青手。因蒙古生活艰苦，正人每畏而不往，奸人乃乘隙构煽，宜由政府组织正式机关，选派积学正士，传播内地文化。常此隔绝，固非蒙汉之福，永远放弃不管，亦非五族共和国家所直。惟有导以正轨，唤起其国家观念，改变其畏惧汉官、排斥汉人之成见，而后始能谋蒙古社会之改造，西北国防亦得充实矣。

蒙人迷信喇嘛之害

　　蒙古社会之退化，受迷信喇嘛教之害，此为一般人所公认。喇嘛教义主张灵魂不灭之说，劝教徒独善其身，虔修来世，凡积功累行者，死后灵魂即被佛接引，往升西天，即再世为人，亦极人间富贵。蒙古民族生息于大漠穷荒之地，无声色耳目之娱，饱食终日，无所用心，势必起而为乱。自喇嘛教流入，好战嗜杀之习性，始被教义逐渐改变，放牧之余，人手念珠一串，佛号既宣，万念俱灰，憧憬西方乐土，不顾当前困难。自喇嘛教传播蒙古六七百年，蒙人之大好光阴，均消磨于念珠旋转之下，其民族出路问题，亦若念珠之循环无已，永无到头解决之日。喇嘛教之流入蒙古，约在元朝盛时。元太祖统一中原后，喇嘛教僧侣图伯特人名巴思巴者，即为元朝国师。根据西藏文及梵文，创造蒙古文字，其字流传迄今，形体音韵，均去藏字不远。当时元室君臣亦极力提倡佛教，僧侣之贵，跻于王侯，寺院之多，遍于各地，且任意没收民地，充作寺产。据史册所载，迷信之风，较历朝均盛。元朝君臣出身于游牧社会，对土地不知重视，多将没收宋朝帝室、大官之田地捐入寺庙。举其大数言之，元世祖赐庆寿、海云二寺地五百顷，成宗赐大普庆寺地八百顷，泰〈定〉皇帝［定］赐大天源延圣寺地千顷，文宗赐大龙翔集庆寺地五百顷，益都之大承天护坚寺地十六万二千零九十顷，顺帝赐山东之护圣寺地十六万二千余顷。当时兵燹之后，地界不清，僧侣挟持皇帝诏书，任意指民地为寺产，全国属于寺庙之地，竟达十八万七千余顷之多。元朝江山之亡，半出于其贵族任意没收民地，作为牧场，半出于多数土地被贵族、大官及寺院强占，致有顺帝末年之民变。朱元璋号招饥民，驱逐蒙古，元朝帝座，竟被迷信断送，且遗害子孙迄于今日。惟当时之佛教，在蒙古地方，尚乏组织，元太祖十七世孙阿巴岱，始赴唐古特谒达赖喇嘛，请得藏经及达赖门徒俱来。达赖为扩充教力，乃利用阿巴岱，封彼为土谢图汗，位在各汗之上。蒙人因阿巴岱受活佛之封，亦竭诚拥护，故土谢图汗部落，独强于各汗，此为喇嘛教借蒙古王公传播蒙地之始。蒙古人民即渐浸沉于教义，抱独善其身积修来世之观念，蒙古之团结精神，益日见松懈。至明朝末年，内蒙王俺答，臣服中国，受顺义王封

号，筑城于大青山阳，朝廷赐名归化城。因宗教向操于外蒙，乃
亲身入藏，谒黄教正宗达赖三世锁南嘉穆错，迎入青海，建仰华
寺奉之，大会各部，受摩顶礼，青海、河套诸蒙古，罔不向服。
西北之红教子弟，亦改从黄教，东西数万里熬茶膜拜，视若天神，
俺答之地位亦因此日高，黄教之势力，乃得大展于蒙古各部。蒙
人不分贵贱均奉之，其势力且远出各王公之上。满清臣服蒙古后，
乃从其俗而利用之，谋从精神上收服蒙人。清初崇德二年，外蒙
喀尔喀三汗，请发帑使延达赖喇嘛入蒙，厄鲁特部落介于中途，
亦欲达赖住锡该部，达赖无所适从，未行。外蒙古因入藏之路隔
于厄鲁特，乃自奉黄教始祖之第三弟子哲布尊丹巴之后为大呼图
克图，位列班禅之次，世世以呼毕勒罕转生，如达赖、班禅，常
驻蒙古，为黄教之第三支派，即库伦活佛也。雍正元年，哲布尊
丹巴呼图克图，朝于京师而卒，年九十矣。雍正信喇嘛甚深，未
即位前，即利用喇嘛作夺嫡之丑剧，即位时又舍其邸为雍和宫喇
嘛庙，故哲布尊死时，亲往致奠，赐金册封号，遣使护丧归库伦。
哲布尊死后五年，外蒙来奏，称已转生于库伦，朝廷赐金十万为
之造寺。嗣后因转生时每被王公作弊，强指本人子弟为呼毕勒罕，
故遂用抽签办法，结果历代之活佛，多属藏人。此为外蒙喇嘛之
教宗。内蒙活佛则为章嘉呼图克图，先世亦为藏人，为达赖五世
大弟子，于康熙中朝于京师，朝廷利用之，使住多伦之汇宗寺，
并往来于北京、五台二地，为内蒙喇嘛之首长。其余各王府所在
之地，多有规模宏壮之巨寺，寺中亦由以呼毕勒罕转世之活佛，
有领导该旗喇嘛之权。在内蒙各旗，计有活佛二十二个，外蒙十
九个，西套蒙古二个，察、绥十五个，青海一个，共得五十九人
之多。佛以清净为本，何其不惮烦而一再转生耶？满清之利用喇
嘛教，在从蒙人之俗，喇嘛徒众既得政治力量之维护提倡，故其
势力日见扩大。哲布尊丹巴及章嘉二人，在内外蒙古地方，俨若

太上王。一般蒙人无论矣，即王公辈亦礼拜维谨，言出必遵。满清之统治权，赖喇嘛之维持者，亦不在少。一般平民乃视充当喇嘛为莫大荣幸，因既充喇嘛，其地位即行提高，免去一切徭役，平日受人供养，无生活顾虑，外出有蒙人欢迎，任在何人之蒙古包内，略诵佛号，即可满载而归。此种生活，要为任何人所乐为，故蒙古人内有半数属于喇嘛。喇嘛教规禁止娶妻，蒙古有半数人口不事生产，不留后代，宜其人口日减，生计日窘也。此种陋俗，已深入蒙人心理，欲图改革，一时不易收效。外蒙虽在赤党青年统治之下，对喇嘛亦无废止之良法，但从普及教育、破除迷信入手，规定凡充当喇嘛者，须有小学毕业资格，因既在小学毕业，则无一愿充喇嘛者矣。

内蒙蒙族〔旗〕演进概略

内蒙四十九旗中，有四十五旗为元太祖之后裔，故康熙帝云三代以后，惟元太祖后裔不绝云最。元太祖铁木真之始兴，削平异族，于宋开禧二年，大会酋长于斡〔斡〕难河（即现敖嫩河），建九斿白旗，即位称帝，部下上尊号为成吉斯汗。西由额尔济斯河流域，东至斡〔斡〕难河，北届贝加尔河，南迄西夏及金国之境，俱迁部民以实之。此蒙古民族扩张地盘之始。其三子窝阔台嗣位，于宋端平元年灭金，建都和林，中更定宗、宪宗，迄于世祖，至元元年，迁都大兴（即今北平），国号元，十年灭南宋。传至顺帝二十七年，明太祖朱元璋起兵尽逐蒙人于塞外，顺帝窜回上都而殂，子爱犹识理达腊立，依丞相王保保于和林（约在现库伦之西南），复称蒙古帝国，由顺帝五传始去帝号而称汗，去国号而称鞑靼。爱犹识理达腊立不久，传位于长子脱古思铁木儿，洪武二十一年明兵讨之，脱古思及其子天保奴，同为其臣也速迭儿所弑。

由是元室嫡系不振，部族各自为政。自脱〈古〉思五传至坤铁木儿，皆被臣下弑杀，疏族鬼力赤篡之，部下不服，为酋长阿鲁台所杀，迎元裔本雅失里立之。永乐间与明兵战，大败于斡〔斡〕难河。初，明帝封元室强臣猛可铁木儿后裔瓦剌马哈木为顺宁王，该部据内蒙之地，为额鲁特种族，但仍不时入寇，至是乘本雅失里之衰弑之，元裔政权中绝，阿鲁台无所依而降明。马哈木死，子脱欢嗣位，欲自立为可汗，乃袭杀阿鲁台，各部仍不附己，无奈乃迎元裔脱脱不花立之，以阿鲁台旧部属之。脱欢自立为丞相，总揽政权，并有各部，政出相府。脱欢死，子也先复为太师，势益桀骜，正统十四年大举寇明，溃明兵于土木堡（即平绥路一车站）。时太监王振擅权，将士解体，帝在军中，被蒙兵挟去，后用赂赎回。景泰二年，也先弑脱脱不花，自立为大可汗，瓦剌部攻之，元裔酋长立脱脱不花子麻儿可儿为小王子，由是元裔皆称小王子。正德十三年，小王子阿柱死，兄子卜赤嗣位，而阿柱有子三人，次曰俺答，游牧于大青山之阳，部众颇强，因未得汗位，乃降明，受封为顺义王，赐其所居城名归化城（即现在之绥远旧城，名归绥市）。自卜赤四传至林丹汗，士马强盛，统一漠南内蒙古之地，颇暴虐，诸部小者不堪其扰，或投外蒙依喀尔喀各汗，或去窜满洲投科尔沁部。林丹汗怒科尔沁收纳其亡人，乃纠诸部伐之，酋长奥巴不能支，率其兄弟归依满洲，热河诸部亦次第投清乞援，会河套鄂尔多斯部亦苦林丹汗之暴，遂合喀喇沁、阿巴噶诸部，败林丹汗兵于土默特，林丹汗势稍弱。时鄂尔多斯在内蒙各地中，因所占土地较腴于各部，故独强。自其始祖达延车臣汗于明天顺年间，分其子七人王于河套后，部族繁衍，带甲十万，终明之世，常为陕、甘之患。清太宗既臣科尔沁，为免西顾之忧，乃于天聪八年，征察哈尔，林丹汗拒战不敌，走死青海途中，元裔遂亡领袖人物。林丹汗子额哲，携传国玺降清，清以其为元室嫡裔，封其位在内蒙四十九贝勒之上，编其部众为旗，使徙于满洲之义州，以便监视。康熙年间，值吴三桂反，征该部兵不至，削其爵，出兵讨之，其王布尔尼中流矢死，遂废其牧地为官立牧厂，编其部众为八旗，移牧于宣化、大同边外，以察哈尔都统辖，分八旗为左右翼，各设一总管，称内属蒙古焉。以上为承袭元朝政权之元室嫡系在内蒙演变之概况。至内蒙其他各部旗王公之世系，亦均肇始于元太祖。铁木真崛起漠北，削平异族，以其子孙王之，世守其封土。现在内外蒙王公、札萨克之地位，均肇始于此，难〔虽〕非承袭元朝政权，但同属元室支派。太祖有弟三人，英勇超群，从征有功，内蒙王公，半属其后裔。仲弟名哈巴图哈萨尔，以善射闻，季弟布格博勒格图以勇显，今之锡盟阿巴噶、阿巴哈纳尔二部，属勒格图之后，哲、昭二盟之科尔沁、阿鲁科尔沁、札赉特、杜尔伯特、郭尔罗斯、乌盟之四子部落、茂明安、乌拉特等八部，同属哈萨尔之后。卓盟之翁牛特，则太祖弟谔楚之后，札鲁特、土默特右翼，则为太祖十八世孙之后。初元朝被明逐出塞外，兵势浸弱，乃徙漠北避之。迨明朝中叶，国势略衰，复出漠南，部族蕃滋过盛，乃分牧各地，自成部落，各立酋长。中以达延车臣汗部族最盛，占地最广。现在之伊克昭盟七旗，卓、昭两盟之敖汉、奈曼、巴林、札鲁特、克什克腾，锡盟之乌珠穆沁、浩济特、苏尼特，乌盟之喀尔喀皆其裔也。非元裔而居内蒙古者，惟喀喇沁及土默特左翼等四旗，为太祖功臣济尔玛之后。元祖子孙延续迄今七八百年，一脉相传，常为大漠南北之主人翁。惜其文化太低，事迹多不可考，否则在历史上或有若干供献也。总上，撮要述蒙古民族在内蒙演变之梗概，使读者诸君知其经过。满清对待蒙族之手段，于强大者则务图削弱，使失其领袖资格，于弱小者则只取羁縻，务分其团结，对整个蒙族则用种种方法，以阻其进化。盟旗制度，由蒙古原有之部落制度脱化而来，当时之汗，类似现在之盟长，酋长类似现在之札萨克，惟在当时并无确定之组织与严格之地界。满清削元室嫡系之爵位，去其可汗称号，编其部众，以察哈尔都统辖之。元室另一近支为归化城顺义王俺答后裔，满清亦黜其爵位，编其部众，属之绥远都统，如察哈尔八旗之例。至是元朝嫡裔不但尽失其一系相承之可汗地位，即求一世袭之札萨克亦不可得。现在之蒙古王公虽同属元裔，但世系不同，无领导资格，故终清之世，迄在臣服之列。满清于削夺元室嫡裔政权后，乃严订各旗疆界，禁其侵越，择地理相近之若干旗编为一盟，钦派盟长一人，监督所属各旗，奉行理藩院之政令。其地位虽高于札萨克，而并无命令各札萨克奉行其个人意旨之权。各札萨克与盟长会晤之机会，每三年始有一次，谓之会盟。会时又须有钦差大臣赍旨临监，绝不能议及不利政府之事也。故盟长虽具有清代以前各部汗王之地位，但并无汗王之统制权力，而其地位乃受委任而来，政府如对之不满，立可罢免。故终清之世，从无盟长利用地位肇乱之事。最近德王以副盟长资格招集自治会议，对该盟王公犹借游说之力劝使出席，可觇其权力之如何矣。

西部盟旗之封土及王公世系

　　整个的内蒙，乃合东四盟、西二盟及河套、察、绥等特别旗而成，凡三十六部，八十余旗之多。自日军入寇，东四盟及吉、黑、热之特别旗全随东北四省土地而沦陷，今置而不述，惟述现在要求自治之锡、乌、伊三盟及察、绥、宁三省境内之特别旗，以便读者知其疆域及其历史。

　　锡林郭勒盟锡　盟原属东四盟之一，因其疆域跨于热河、察哈尔两省北部，且与外蒙毗连，故未被日军占领。该盟副盟长德木楚克栋鲁普，为主张连合西二盟组织政府，要求将蒙人土地还之蒙人之领袖人物。中央派内政部长黄绍雄及蒙藏会副委员长赵丕廉二氏巡视结果，虽未采纳其合组政府之意，亦准其分别组织自治区政府，以锡盟各旗及察哈尔八旗为内蒙第二区自治政府，乌、伊二盟及河套二部、土默特一部为内蒙第一区自治政府。此两个自治区政府，土地及人民彼此相差甚多，第二区较第一区将多至一倍以上。第二区除锡盟外，察属八旗之蒙人，多半已与汉人同化，惟德王为首倡自治之人，对自治或有所供献，乌、伊两盟之王公，对自治自始即不感觉偌大兴趣，故此次内蒙自治究竟对落后之内蒙，有若干供献，要视德王在其压力所及之锡盟、在得到政府准许组织自治区政府后，能做出若干成绩，供其他盟旗之仿效，故记者首述该盟状况。为便于叙述计，并以该盟与西二盟合称西三盟。内蒙区自治政府之疆域，规定以现有盟旗及尚未设县之各特别旗之区域为限，其疆域所届，自可于各旗区域中求之。锡林郭勒盟之位置，介乎外蒙车臣汗部之南，辽、热、察三省之北，以兴安岭山脉为东北部天然界划，与黑龙江、辽宁两省分界，山之东面属辽宁之索伦县，及哲里木盟西北境，西与乌兰察布盟四子王旗接界，东南为热河、昭乌达盟界，南为察哈尔八旗界，北为外蒙车臣汗部界，盟所在阿巴嘎及阿巴哈纳尔两旗交界处之锡林郭勒，因有锡林郭勒河得名，共辖五部十旗。全盟地形为西南、东北之狭长形，地属高原，东北部有兴安岭山脉之苏克科鲁岭，故乌珠穆沁部几全属山地。其全盟高度，由东北迤逦而下，愈近西南则愈低，戈壁沙漠，自西北来，横于中部。盟内各河，除乌旗之红凌河外，均沿沙漠方向流往西北，或潴为池，或伏流沙中，无一通海之水。因地多沙质，水每入土，故池沼极多，且含咸性，其大者在阿巴哈纳尔旗境，名达尔诺尔，周三十余里。偏北各旗，气候极寒，即蒙古人亦觉不耐，故人口较少于他盟。

但山地宜于养马，故该盟产马之佳，独冠内蒙，满清上驷院良□，半出该盟所贡。野兽亦独多，平、津之直毛皮货，亦半出该盟所产，张家口输出之直毛，即来自该盟也。民国十七年，国府将三特别区改省，该盟划归察省管辖，但各旗之事及王公职权，仍旧维持，省府政令，迄未及于盟旗。现任盟长为乌珠穆沁右翼旗札萨克索诺木喇布坦，副盟长为苏尼特右翼旗札萨克德木楚克栋鲁普。盟由五部十旗组成，每部均分左右翼二旗。各部在盟内地理位置由东而西，为乌珠穆沁、浩济特、阿巴哈纳尔、阿巴噶、苏尼特。部名之由来，乃起于始得封土之始祖所命，凡同一部名，其王公均为同一祖系，但在政治上并无关系，只有盟长而无部长，同部之旗仍以各旗札萨克为一旗封主，故部之名称不过用以表示当初组织部落之宗族关系，并无政治作用也。凡有盟之旗，其部之性质均如此，惟河套各旗有部无盟，部落之酋长，爵位较大于各旗耳。锡盟各旗沿革如下：

乌珠穆沁部　乌珠穆沁部分左右翼二旗，位置在锡盟东北部，东西距三百六十里，南北距四百二十五里，东界索伦，西界浩济特，南界巴林，北界瀚海。地理之沿革，在辽为上京北道，金属北京路，元属上都路，明始入于蒙古。元太祖十六世孙达延车臣汗子图鲁博罗特，由杭爱山徙牧灌海南，分其子博第阿拉克于东部，至博之第三子翁衮都拉尔为酋长时，号所部为乌珠穆沁，分为左右翼二旗，降清后仍保其封地，其世系及旗界如下：

【右翼旗】札萨克和硕车臣亲王游牧地。翁衮督〔都〕拉尔少子多尔济，号车臣济农（清以前各部酋长多称济农，乃译音，其

始祖 → 元太祖

世孙十五 达延车臣汗—子图鲁博罗特—曾孙

祖 → 右旗色棱（多尔济侄）左旗多尔济

始封

封爵 → 和硕车臣亲王—多罗额尔德尼贝勒

当代 → 多尔济—索诺木拉布坦

意类似郡王）。初服属察哈尔，林丹汗暴虐，偕兄子色棱北徙，依喀尔喀。天聪九年，清军收察哈尔，偕外蒙车臣汗及内蒙浩济特、苏尼特通贡于清。崇德三年，率属自克鲁伦来归，封今爵，仍留车臣号，世袭罔替。编其众得二十一佐领之数（每一佐领率百五十人），札萨克王府在巴克苏尔哈台山，距古北口九百二十三里。牧地有音札哈河，流入于沙。有胡卢古尔河，潴于阿达克诺尔（蒙人名池沼为诺尔）。旗界东至达赖苏图诺尔乌兰哈达，百五十里接左旗界（由王府算起下仿此），南至博果图哈拉山，二十里接巴林旗界，西至额尔起纳克登，二百十里接浩济特左旗界，北至库尔楚克额勒苏，百九十里接外蒙车臣汗中右旗，东南至根吉招陀罗海，四十二里接阿鲁科尔沁界，西南至洋图哈拉和硕，四十五里接巴林及克什克腾界，旗西南三十五里有固尔班泊产盐，东北至温都陀罗海，百五十里接左旗界，西北至括布奇举克奇，二百九十里接浩济特界。

【左翼旗】札萨克多罗额尔德尼贝勒游牧地。多尔济之从子色棱，其父绰克，号巴图尔诺颜，翁衮都拉尔之长子也。色棱号额尔德尼台吉，崇德二年随多尔济降清，受封札萨克多罗贝勒，仍留额尔德尼号，世袭罔替。部众编九个佐领，札萨克驻鄂尔虎河之侧奎苏陀罗海，距古北口千一百六十里。牧地当索岳尔济大山之西，有鄂尔虎河，源出索岳尔济山，绕于旗界，汇和里图诺尔。东界霍尼雅尔图哈赖图，六十里接索伦界，旗东百五十里有哈尔站乌兰峰，极高峻，南至库列图，六十三里接札鲁特界，西至达赖苏图，一百十五里接右翼旗界，北至额里引什里，百五十里接车臣汗部左翼前旗，设有对外蒙之卡伦，稽查出入卡人等，东南至霍尔博吉尔，百五十里接巴林旗界，西南至乌兰哈达，七十三里接右翼旗界，东北至苏鲁博台勒，七十里接车臣汗左翼前旗界，西北至温都陀罗海，百六十三里接右翼旗界，该部二旗贡道同由独石口。

　　浩济特部　浩济特部分左右翼二旗，距独石口六百八十五里，部境东西距百七十里，南北三百七十五里，东接乌珠穆沁部，西接阿巴噶部，南界昭盟克什克腾旗，北亦接乌珠穆沁，处锡盟之中部，地理沿革辽为上京道西境，金属北京路，元属上都路，明入蒙古。其王公世系，同于乌珠部。图鲁博罗特之东徙，游牧于此地，再传至库登汗，号所部为浩济特，分二旗，降清后仍维旧状。其世系如下：

　　【右翼旗】札萨克多罗郡王牧地。库登汗长孙奇塔特札幹杜棱土谢图卒，有子二人，长噶尔玛色旺，其母图奎，以避林丹汗之暴，率二子往外蒙依车臣汗，遂为所属。顺治八年，噶尔玛色旺，偕其弟斑弟墨尔根楚琥尔，率部众千三百人，叛车臣汗而降清，十年封札萨克多罗郡王，世袭罔替。佐领五人，札萨克王府在乌墨黑塞里，距独石口六百八十五里。牧地当锡林河下游，沙碛较多，水草较他部为瘠。旗界东至布尔勒吉山，三十五里接左翼旗界，南界札哈苏台池，漠名大鱼□，产鱼颇富，清季年荒，清帝派员教其部众捕鱼于此。百六十四里接克什克腾界，西至布尔色克陀罗海，二百十一里接车臣部右翼后旗界，东南至玛奇泉乌兰哈达，百四十二里接左翼旗界，西南至墨垒哈达图，六十五里接阿巴噶及哈纳尔界，东北至达勒布勒克，六十五里接左翼旗界，西北至乌□克图陀罗海，九十二里接阿巴噶及哈纳尔界。

　　【左翼旗】札萨克多罗额尔德尼郡王牧地。库登汗

始祖→元太祖｜世孙

十五　达延车臣汗—子图鲁博罗特—五世孙

祖→左旗博罗特

右旗葛（噶）尔玛色旺（博之从弟）

始封→多罗郡王

封爵→多罗德尼郡

桑达多尔济

当代→松津克旺朝克

次孙奇塔特昆杜棱额尔德尼车臣楚琥尔，其子博罗特，
号额尔德尼诺木齐，初以避林丹汗，与其从兄噶尔玛色
旺之母，同依车臣汗垒。崇德二年，自车臣汗部来降于
清。顺治三年封札萨克多罗贝勒，仍留额尔德尼号。七
年晋郡王，世袭罔替，佐领五人，牧地滨大小吉里河
（又名鸡林河）。旗界东至额尔起纳克登，十五里接乌
珠右旗，南至小吉里河，百二十里接克什克腾，北至奇
塔特哈覃陀罗海，百九十里接车臣汗右翼旗界。旗北九
十里有冲和尔泊产盐，池颇大。东南至哈喇图山，九十
里〈接〉乌珠右翼旗界，及克什界，西南至玛布勒克
乌兰哈达，八十里接克什及右翼旗界，东北至阿古斯奇
陀罗海，六十里接车臣部左右翼后旗界，西北至达赖布
拉克乌兰陀罗海，二百里接车臣部右翼后旗界。

　　阿巴噶部　在张家口东北五百九十里，东西距二百
里，南北距三百十里，东至阿巴哈纳尔界，西至苏尼特
界，南至察属八旗，北至瀚海。地理沿革在晋为拓跋氏
地，隋及唐初为突厥所据，辽为上京道西境，金属北京
路，元属上都路，明入蒙古。元太祖弟布格博勒格图，
为太祖异母季弟，以勇佐太祖取天下，尝为相国，赐以
人民及金印。十七传至巴雅思瑚布尔胡特，其长子塔尔
尼库同袭位，号所部曰阿巴噶，分左右翼二旗，其世系
如下：

　　【左翼旗】札萨克头品台〈吉〉牧地。塔尔尼库同之曾孙多尔
济，号额济格诺颜，初服属林丹汗，旋避其虐，徙牧瀚海北克鲁
伦河，依车臣汗，崇德六年随他部降清，封多罗卓里克图郡王，
世袭罔替，佐领十一人。四传至乾隆五十四年，其孙巴勒丹色棱，
以罪被削郡王封号，降封头品台吉。牧地环锡林河，札萨克驻巴

世系表：

始祖 → 元太祖弟布格博勒格图（十七世孙）
↓
巴雅思瑚布尔胡特
↓
长子塔尔尼库同（曾孙）
├─ 右旗 多尔济 ── 封爵 多罗郡王 ── 当代 布达伯勒布
└─ 左旗 图思噶尔 ── 封爵 头品台吉 ── 当代 雄诺敦都布
（始封）

颜额伦，距独石口五百五十里。东至乌苏巴尔启台之哈拉鄂博噶图，三十七里接浩济特右旗，南至乌苏图土鲁格池，百五十里接克什旗界，西至什尔登山，八十九里接阿巴哈界，北至哈布塔噶陀罗海，三十二里接达里冈崖官牧场界，东南至哈达图柯勒英图，百五十里接浩济特右旗，西南至索克勒台，百六十六里接克什部界，东北至济尔哈朗图，五十五里接浩济特右翼，西北至阿古拉布尔图，百三十里接达里冈崖牧场。

【右冀〔翼〕旗】札萨克一等台吉牧地。多尔济之从孙图思噶尔，祖额尔德尼图们，号札萨克图诺颜，塔尔尼库同之长孙也。父布达什里，号车臣札萨克图。图思噶尔初号巴图尔济农，亦为避林丹汗北徙漠外，顺治八年降清，封今爵，世袭罔替，佐领十一人，札萨克府在科布尔泉。在张家口东北五百九十里，牧内有库尔察罕诺尔，固尔班鸟〔乌〕斯克河潴焉。旗界东至哈毕拉噶泉，三十里接阿巴哈右旗，南至伊柯什噶，百三十里接察属正蓝旗界。西至库库勒山，百八十里接达里冈牧场，东南至毕奇克图博罗温达尔，百二十里接阿巴哈右旗，西南至额鲁逊恩柯尔图池，百二十里接察属正蓝旗界。多伦在此地西南百余里，康熙征噶尔丹大军即由此道进，有昂吉尔图者，附近有一大池，周五六十里，多鱼、鸟并产盐，为王府一大收入。东北至温都尔玛尼图，百七十里接阿巴哈右旗，西北至哈拉乌得，百二十里接苏尼特右旗。旗西北九十里有察罕七老图大山，全境均富于山脉、池沼。沙漠亘于北部，扼出口要道有地名三岔口者，为古北、独石、张家三口台站驿道交岔之地，蒙古名锡喇诺尔，介于台站五台、六台之间，军事要道也。

阿巴哈纳尔部 处于锡盟中部，在张家口东北六百四十里，部境东西百八十里，南北四百三十六里，东接浩济特界，西界阿巴噶，南接察属正蓝旗，北接瀚海。地理沿革汉属上谷郡北境，晋为拓跋氏地，隋及初唐为突厥所据，辽为上京道西境，金为北京路西北境，元属上都路，明入于蒙古。系出元太祖弟布格博勒格图，十七传至巴雅思瑚布尔胡特，次子诺密〔尔〕特默克图，号所部曰阿巴哈纳尔，与阿巴噶同一祖谱，部分左右翼二旗。其世系如下：

【右翼旗】札萨克多罗贝勒牧地。诺尔特默克图之曾孙色棱墨尔根，初依喀尔喀驻牧克鲁伦河，康熙初其同族酋长先后降清，故亦由漠北南徙，越沙漠游牧于绰尔陀罗海，近内蒙卡伦，清初不欲纳，康熙五年，携部众千三百人，依同族之阿巴噶右旗，由该旗代达投诚之意，诏许之，封札萨克多罗贝勒，世袭罔替，编佐领七个，札萨克驻昌图山，汉名永安山，距张家口六百四十里。该部在内蒙本无牧地，六年诏以阿巴噶牧地分与之，更划浩济特、苏尼特二部界外有水草之地，给予阿巴噶偿其失。旗内有达里图爱诺尔，又名达里泊，汉名捕鱼儿海子，为内蒙有数大湖，周广约二百里，中有岛屿，为水禽聚集之所。距湖之东南四十里之冈噶诺尔，周广亦四五十里，有细流与达里相通。西北有嵩籁河，东北有公古尔河，西南舒尔噶河，均汇流于达里冈〔图〕爱诺尔，故永世不涸，产鱼最盛，附近各旗共享其利。所产之滑子鱼，尤为特色，每年三四月间，为鱼类交尾产子之时，由通湖各河溯流而出，填塞河渠，殆无空隙，渡河之人马，竟为所阻。因蒙人视鱼为神物，非荒年不肯捕食，凡蒙地池沼，无不有鱼类滋生甚富，伸手水中，即得数尾。记者在百灵庙时，见围绕该庙之河内，亦有小鱼甚多，蒙人禁止捕捉，捕者鱼一尾罚洋三元。但因蒙地奇寒，湖河之水，结冰期每达四五个月之久，且

世系表：

- 始祖：元太祖—弟布格博勒格图
- 十七：世孙巴雅思瑚布尔胡特—次子诺密〔尔〕特默克图—曾孙
- 始封：右旗色棱墨尔根
- 左旗栋依思喇布—固山贝子—巴拉贡苏隆
- 封爵：多罗贝勒
- 当代：索特纳木诺尔布

每彻底冱固，致鱼类每年均被冻死甚多，极寒时且有全灭之虑。否则水势有限，绝难容其世代滋生也，故鱼之大者亦不常见。惟有山之处，河水经山跌而过，每冲有石坎，为鱼类最好之避冬处所，故入冬后鱼亦知入洞避寒，不食不动，有似人蛰矣。达里图〈爱〉诺尔之鱼，在清季亦在禁止输入口内之列，且禁汉人往捕。入民国后，诸禁俱弛，实业家不妨一往经营，在鱼类罐头上定有绝对的成功希望也。旗界东至希尔当山，三十里接左旗界，南至博罗温都尔冈，百七十里接察属正蓝旗界，西至哈喇堂，三十里〈接〉阿巴噶右旗界，北至华陀罗海，百四十里接达里冈官牧场界，东南至那鲁苏台，百七十里接左旗界，西南至博罗温都尔〈冈〉，百五十里接阿巴噶右旗界，东北至华陀罗海，百三十里接达里冈牧场界，西北至温都尔玛尼图，百二十里接阿巴噶右旗。

【左翼旗】札萨克贝勒衔固山贝子。与阿巴噶左翼旗同牧，旗界所届，与阿巴噶左旗同，不赘述。初色棱墨尔根从弟栋依思喇布，以色棱降清，于康熙四年，亦率其部众二千余人，由漠北内徙，在〈阿〉巴噶左旗游牧，受封札萨克固山贝子，世袭罔替，因无牧地可给，故令永与阿巴噶左旗同牧一地。四传至乾隆九年，赐袭封札萨克之班珠尔贝勒衔。又五传于同治三年，赐袭爵之札萨克桑济色勒持多布以贝勒衔，十年诏许贝勒衔世袭罔替。□□□□府在乌勒扈陀罗海，距独石口五百八十二里。该部二旗贡道右旗由张家口，左旗由独石口。

苏尼特部　苏尼特部位于锡盟之最西端，距张家口五百五十里，张家口至外蒙库伦之长途汽车路，即经该部，政府计划修筑之平滂铁路，由平绥路之平地泉站，修至滂江，亦经该部境内。滂江距该部右翼旗王府六七十里，有电报局，为内蒙有名都市。故该部就内蒙言，交通比较便利，出产亦较丰富，倡议自治之德王，即右旗札萨克。受交通便利之赐，其部民亦较开化也。部境

东西四百零六里，南北五百八十里。四〔西〕至东接
阿巴噶，西界乌盟四子部落，南界察属正蓝旗牧场，
北界瀚海沙漠。地理沿革汉上谷郡及代郡北境，后汉
乌桓、鲜卑居之，晋为拓跋氏地，隋及唐初为突厥所
据，辽置抚州，金因之，属于西京路，元为兴和路，
明入于蒙古。元太祖十六世孙图鲁博罗特，游牧内
蒙，分其子孙为乌珠、浩济、苏尼三部之长，至博罗
特之孙库克齐墨尔根台吉，始号所部为苏尼特。锡盟
东北部群山，至该部境内渐尽，形成一大平原，地势
宽敞，宜于放牧，牲畜特富。该部为赴外蒙要道，明
朝永乐帝征外蒙，即取道于此。自张北、兴和而北，
经小伯颜山、答鲁城，至龙沙甸，蒙古名阿兰脑儿，
又经清水源、鸣毂〔毂〕镇、归化甸至杨林戍，均历
史上军事要地，出塞诗歌数数引用也。又北为擒胡
山、香泉戍、归远塞，亦碛口要路也。所部分左右翼
二旗，其世系如下：

　　【右翼旗】札萨克多罗都楞郡王牧地。库克齐之
长子布延晖台吉，子绰尔衮，居苏尼特西路，服属于
察哈尔林丹汗，以林丹汗暴虐，徙牧瀚海，依喀尔喀
部。崇德二年，绰尔衮子叟塞，率其部众来归，受封
札萨克多罗郡王，掌右翼旗，世袭罔替，编十三佐领，王府在萨
敏锡勒山，又作阿勒塔图，距张家口五百五十里。牧内有日月山，
为元宪宗祭天之处。旗界东至额尔苏霍吉尔，百三十里接左旗界，
南至乌科尔齐老，百二十里接察属镶黄旗界。旗南六十里有锡巴
尔台盐池，汉名伊林盐池，周广将近百里，池形类狗，故土名狗
泊。所产之大青盐行销甚远，及于辽宁之东蒙，及锡、乌二盟，
为大利所在，王府设官抽收盐价，得款甚多，故德王之财富，甲

始祖 → 元太祖

十六祖 → 世孙 图鲁博罗特

四世孙 布延晖

始封 → 元孙　左旗腾机思　右旗叟塞

封爵 → 多罗郡王　多罗都楞郡王

当代 → 林沁旺都特　德木楚克栋鲁普

于西三盟，倡议内蒙自治，练兵购械，设修造所，办军官学校，称滂乌警备司令，收揽蒙古青年人才，种种活动，费钱甚多，款之来源，半资于盐，诚所谓擅地之利，以资雄于塞北矣。旗之西界至特莫格图，百六十里接四子部落，北至吉鲁格，八十里接外蒙土谢图汗部右翼中旗界，东南至杭吹泉，百三十里接察属正白旗界。旗东南七十里有占木土盐泊，产盐亦甚富。西南至托克托瓦陀罗海，百五十里接四子部落，东北至乌兰哈达，百八十里接左旗界，西北至额尔柯图，百七十里接土谢国汗左翼中旗界。

【左翼旗】札萨克多罗郡王牧地。布延晖台吉之少子布尔海楚琥尔，子塔巴尔达尔汗和硕齐，居苏尼特东路，初亦服属于林丹汗，后北徙依车臣汗。崇德四年，塔巴尔子腾机思，号墨尔根台吉，率属自喀尔喀来降于清。五年尚郡主，授和硕额驸，六年封札萨克多罗墨尔根郡王。顺治三年，因与摄政王多尔衮不协，外蒙车臣、土谢图二汗诱之，遂挟公主率所部北走，车臣、土谢图二汗发兵三万迎之，并掠热河巴林旗人畜。清兵追之，战于鄂特克山，清军胜，喀尔喀欲害公主，腾机思不忍弃公主，与清军去，驻色棱格河。四年札萨克图汗代上书求解，多尔衮不允。五年多死，始来归，外蒙各汗亦通贡，还巴林人畜，补九白之贡（清定外蒙贡白驼一、白马八，名九白），复腾郡王封号，除墨尔根。腾死其弟腾机特袭，机特死仍归机思子孙世袭。札萨克府在和林图察伯台台冈，又作察罕诺尔，距张家口五百七十里。牧内有固尔班乌斯克河，合三大河而成。旗界东至库库勒山，六十里接阿巴噶右旗，南至察罕池，百三十里接察属镶白旗界，西至色柯尔山，百里接右旗界，北至阿尔噶里山，百七十里接土谢图中旗界，东南至恩柯尔图什喇札拉噶图，百三十里接阿巴噶右旗，西南至杭吹泉，百二十里接察属镶白旗界，东北至哈喇得勒，百六十里接达里冈崖牧场，西北至乌兰哈达，百七十里接右旗界。

以上为锡林郭勒盟五部十旗之疆域、世系。该盟盟长索诺木拉布坦，年老病肥，体重达四百余斤，非人扶掖不能步履。王府接近东蒙，日军常往侦查，欲强彼往伪国开会，并着彼倡议西盟自治，与伪国合作，均因无法使之旅行而罢。彼亦畏事不愿再管盟务，乃托全权与德王。德王鉴于东蒙王公受日人挟持不能自由，东蒙土地又全经伪国强改为省，乃拟联合西盟共组政府。但该盟向属东四盟范围，平日与西二盟甚少联合，而该盟地位又与伪国接近，日军极其注意，不易有所作为也。

察哈尔十二旗群　察哈尔八旗连满清四牧场，共得十二旗群。八旗则为元太祖后裔降清后所改编，其制度全仿满洲八旗，惟旗民概属蒙古人，故此次内蒙自治，要求将察哈尔八旗蒙民及其土地，亦划归内蒙自治区政府管辖。照百灵庙会议结果，黄绍竑氏已允所请，归第二区自治政府统辖，但只限于尚未设县地方，其已经汉人移住开垦并已设县政府地方，则仍归察哈尔省政府治理。按察哈尔所属各县，系由从前直隶省口北一府三厅划来，所谓口北十县。十县之北境，有长城为界，东起独石口，西届得胜口。长城以外，即察哈尔八旗游牧之地，及满清内府各牧场地。自民国二年改为特别区后，将口外各地先后放垦设县。现在口外新设之张北、沽源、多伦、宝昌、康宝、商都等县，在昔同属牧地。其中丰镇、兴和、陶林、集宁、凉城等所谓绥东五县，于清代属山西归绥道，民国三年划归察省管辖，十七年改省，又划归绥远，迄今管辖权犹未划清，政治已归绥省，钱粮尚归察收。故此次自治会议，蒙人有要求减轻两重负担之请，即指上五县蒙人而言。黄绍竑氏亦有亟须厘定绥东五县管辖权之主张，内蒙自治区政府之设立，在北部盟旗固无问题，惟察、绥之内属蒙古各旗，牵涉汉人及地方行政之处极多，于转移管辖之际，颇不易着手也。兹据满清旧记，一述当时划定旗界、设置官制之经过，用作参考。

　　察哈尔八旗，同属元太祖之嫡系后裔，在清代以前，承袭元朝政权，为内蒙各部之共主，号插汉小王子。明嘉庆〔靖〕年间，其汗卜赤驻察哈尔，遂以名部，此察哈尔命名之由来也。末代之汗名林丹汗，自称统四十万众蒙古国主巴图鲁青吉思汗，所部士马盛强，因暴虐内蒙诸部，诸部遂先后降清。清太宗以其为元室嫡裔，欲臣蒙人，应首先灭之，乃于天聪八年发兵击之，林丹汗兵败，走死青海途中，林丹子额哲降清，清收编其部，徙置辽东之义州。康熙年间，吴三桂反，征其兵不至，且惑奈曼等部同叛，清发兵讨之，溃其众，其王布尔尼中流矢死，收编其部为八旗，分左右翼，于康熙八年移牧于宣化、大同边外，即今游牧之地。废其世袭王公，以察哈尔都统辖之。故当时之都统，只属统兵大员，并不兼管政治，谓之驻防都统，以满人充之，下设副都统一人，以蒙人充。各旗各设总管一人，都统署设总管二人，都统共辖参领八人，副参领八人，佐领一百二十人，骁骑校一百二十人，护军校一百十五人，亲军校四人，捕盗官四人。都统、副都统同驻张家口，总理八旗游牧事务，兼辖张家口驻防官兵。参领以下分派于各旗，佐领视人数多少，每百五十人设一人。入民国后，热、察、绥同时改为特别区，都统兼管特区行政，将副都统裁撤，关于八旗事务，委由总管设署管之。八旗以外连内府四牧场，共有十二总管，由各总管轮流值月，谓之值月总管，受都统监督，办理都统权限内应办之事。现任各旗总管人名如下：

　　十二旗值月总管善济弥图普
　　商都牧场总管特木尔博罗特
　　明安牧场总管尼玛鄂特索尔
　　左翼牧场总管善济弥图普
　　右翼牧场总管色楞那木济勒
　　左翼正蓝旗总管音德贺

左翼镶白旗总管图鲁巴图

左翼正白旗总管图勒敏色

左翼镶黄旗总管图鲁巴达尔瑚

右翼正黄旗总管巴彦孟克

右翼镶红旗总管额色尔图莽赖

右翼镶蓝旗总管额色勒克们德

右翼正红旗总管富龄阿

自十七年改特别区为行省后，都统改为主席，旗务由省府之第三科办理，惟总管公署仍旧保留，作为省府之附属机关。昔日之都统以全副精神料理旗务，今日之省府，则视旗务为行政范围之一小部分。总管公署亦无足轻重，任蒙古政客之操纵，蒙人之感情，乃渐渐疏远。设县地方行政人员全属汉人，对蒙情隔膜不通，遇有汉蒙人民之间发生纠葛，难免有偏袒汉人之处。故此次之蒙古自治会议，谓政府官吏压迫蒙人，蒙人在设县地方，未能取得与汉人同等之地位，要求将蒙人土地还之蒙人，新设各县之政权，交与蒙古自治政府。黄绍竑氏只允将察哈尔八旗划归内蒙第二区自治政府，不允划分新设各县，但新设各县境内均有蒙人居住，在管辖上亦甚难划分也。

【察哈尔八旗】察哈尔八旗领有之牧地，亦与各盟旗相同，所有土地，为各该旗蒙人共有之产业，非本旗之人，不准在境内游牧。其牧地所在位置如下：左翼镶黄旗，驻苏门峰，在张家口北三百四十里。地理沿革，汉属上谷郡北境，明为万全右卫边外。左翼正白旗驻布尔噶台，在独石口西北二百七十里，汉属上谷郡北境，明为龙门卫边外。左翼镶白旗，驻布雅阿海苏默，在独石口北二百四十五里，汉属上谷郡北境，明为开平卫北边外。旗西北有贺尔图泉、红盐池，产大红盐。左翼正蓝旗，驻扎哈苏台泊，在独石口东北三百六十里，多伦之北，汉上谷郡北境，金为桓州，元为观平，明为开平卫北境。右翼正黄旗，驻木孙忒克山，在张家口西北三百二十里，汉属且如县地，后魏柔元镇，金抚州威宁县地，明天成卫边外。右翼正红旗驻古尔板托罗海山，在张家口西北三百七十里，汉雁门郡北境，明大同府边外。右翼镶红旗驻布林泉，在张家口外西北四百二十里，汉属雁门郡北境大同边外。右翼镶蓝旗驻阿巴汉喀喇山，在得胜口外九十里，汉雁门郡沃阳地，后魏梁城郡参合地，明大同西北边外。八旗位置由东而西，为正蓝、镶白、正白、镶黄、正黄、正红、镶红、镶蓝，北境锡林郭勒盟，西界乌兰察布盟，东北至昭乌达盟，东南及西南统与察省各县接界。

【满清四牧场部】满清四牧场，本为满清政府官牧机关。满清在未入中原之先，本为半耕半牧之民族，入主中原后，不忘本来，故仍拥有甚多之牧场，分牛、羊、驼、马四种，凡东三省及直隶省内及口外各地，均有若干官立牧场，强收民地，供其私人享乐。人民耕地，大感不足，而清室帝王，牧养牲畜数百万头，尤以察哈尔四牧场为大，分为太仆寺牧场，内务府牧场，北京八旗左右翼牧场。太仆寺牧场位于现在之商都县南境内，即明安牧场。内务府牧场位于现康宝、商都两县境内之北，名达布逊诺尔，即商都牧场。八旗都统之左右翼牧场，位于现宝昌县境内，即左右翼牧场。太仆寺明安牧场之境界，据《大清会典》所记："左翼四旗，东以布呼伊布拉克为界，西以察罕齐老台为界，相距一百五十里，南以都什山为界，北以呼特呼拉台山巴颜托罗海为界，相距一百三十里。右翼四旗，东以库努克托罗海努赫图沟为界，西以珠鲁台乌赫尔齐老为界，相距一百五十里。南以克伊克达瓦都德伊哈拉为界，北以布尔哈苏台河南峰〔岸〕为界，相距三十二里。各该翼骡马、骟马，照所定之界游牧其中，彼此不得侵越，并不许私自垦种。"因所用牧官、牧夫，均系内属蒙古人民，故亦不啻一蒙古人部落。其组织方法，亦采八旗制度，分翼编旗，以便管辖。赖有此组织维系，故满清虽亡，其部落仍得保持。民国政府曾使之隶属陆军部，作为官马牧场，但经费不能按时发给，政变时起，每无人注意及此。在该处司牧之蒙人，遂将官马变为私人产业，资为生活。其内务府牧场，亦与此为同一性质，但无规定境界，所占面积似较大于太仆寺牧场。其司牧之蒙古人，现归商都总管管辖，生活上亦与太仆寺牧场处于同一境遇。其牧场一在康宝、商都北方之达布逊诺尔，一在锡盟北境之达里冈爱〔崖〕地方，该两牧场在清康雍两朝，因对西北有数次大征伐，故用驼马较多，牧业甚盛。其达布逊牧场，当时有骒马一百四十九群，骟马七十三群，每群均由三百匹至五百匹，约有马十余万匹，骆驼三十二群，群二每〔每群二〕百至三百匹，亦达三千余匹。达里冈牧场有马九十四群，驼六十二群，每群匹数与上同。该地距锡盟极近，锡盟素产名马，加以整顿，固为吾国最有希望之官牧场也。

北京八旗都统所属之左右翼牧场，该牧场原为八旗牧放军中马匹及满籍王公私马而设，故辖于八旗都统，左右翼同在宝昌县境内。左翼镶黄、正白、镶白、正蓝四旗牧地，《会典》所定，在张家口北一百里控果罗鄂博冈，东西距一百四十里，南北一百五十里，东至镶蓝旗牧场界九十里，西至正黄旗牧场界五十里，南至宣化府边界四十里，北至镶黄旗界、察哈尔界一百十里，东南至镶蓝旗牧场界九十五里，东北至太仆寺牧场界六十里，西南至边墙界五十里，西北至镶黄、察哈尔界一百九十里。右翼正红、正蓝、镶红、镶蓝四旗牧地，在张家口西北二百里诺莫浑博罗山，东西距一百三十里，南北距二百五十里，东至镶黄旗牧界六十里，西至正黄旗、察哈尔牧界七十里，南界边墙一百三十里，北至正黄、察哈尔牧界一百二十里，东南至镶黄旗牧地八十里，西南至正黄旗、察哈尔九十里，东北至镶黄、察哈尔一百十里，西北至正黄、察哈尔一百里。上述八旗牧地，原为北京八旗军马及各满籍王公放牧私人牲畜而设，故至乾隆三十七年，即因各王公养马少日〔日少〕，已准内地贫民前往开垦。其太仆寺、内务府所属牧地，亦先后准人开垦。民国初年因该地居民日多，即设设治局管理行政事务，十七年改设治局为县。驻在当地之蒙人，亦已改为半耕半牧，与汉人杂处，较之近于锡盟之察哈尔八旗，其生活又不尽同矣。此项蒙古人民，在前清本为清室之司牧员役，受有俸给，与其他隶属盟、部、旗之蒙人不同。此次内蒙自治，关于此项蒙人之隶属地位，颇不易划定也。

　　乌兰察布盟　乌兰察布盟（简称乌盟）与伊克昭盟，合称西二盟，共十三旗，扼察、绥、陕、宁四省北境，土地膏腴，物产饶富，人口亦多，在地理上、经济上均较锡盟为重。民十七年改内蒙为省，该两盟同划为绥省一部。乌盟位置在绥省北部，凡由绥远省会北去库伦，西赴新疆，均须由该盟境内通过。就内蒙西三盟而言，则介于中部。故此次之内蒙自治会议，德王因该盟地理适中，乃招集会议于该盟之百灵庙。该盟盟长云栋旺楚克，出席会议，初为德王张目，继首先接受中央方案。因此一会，其姓名亦传播于国人之口。百灵庙亦因地位适中关系，被定为内蒙两自治区政府联合会议之地。该庙距绥远省城四百里，汽车一日可达，为新绥长途汽车之第一站，绥远商业汽车亦不时开驶该地。该地有汉商二十余家，惟无邮电机关，颇属缺憾，但其地位适中，将来定有造成内蒙都市之希望也。盟界东接察哈尔，西界外蒙三音诺颜汗部及阿拉善额鲁特旗，南界伊克昭盟鄂尔多斯旗，北界外蒙土谢图部，东南界省属武川、固阳二县，东北界锡盟苏尼特旗界，盟所在五蓝叉拍山，距省垣百二十里。现任盟长为喀尔喀右旗札萨克郡王云栋旺楚克，副盟长为四子部札萨克亲王潘第恭札布。共辖五部六旗，为四子部落、茂明安、喀尔喀右翼、乌喇特三公旗。各部在盟内地理地〔位〕置，由东北起为四子部，北为喀尔喀，西南为茂明安，西及西北为乌喇特三旗。全盟土地，北界瀚海，南隔阴山山脉，为一东西较长之椭圆形，河流较多，可耕可牧。山内矿苗颇富，水晶、煤炭、石棉、铁等类均有蕴藏。南部与省县毗联之地，先后开垦者颇多，大青山后之武川、固阳二县，均系开垦后新设。凡河流所经之地，土质均甚肥腴，惟牧业则日渐退化。该盟蒙人之富力，似较他盟为薄也。

四子部 东西距二百三十五里，南北二百四十里，东界苏尼特，西界武川县，南界察哈尔，北界苏尼特。地理沿革，汉属雁门郡及定襄郡北境，晋为拓跋氏地，唐为振武军地，辽为丰州地，属西京道，金属西京路，元属大同路，明入于蒙古。元太祖弟哈巴图哈萨尔之十五世孙诺延泰，与兄昆都伦岱青，同游牧呼伦贝尔，昆之子孙即现在之科尔沁部。诺延泰有子四人，长僧格，号墨尔根和硕齐，次索诺木，号达尔汉台吉，次鄂木布，号布库台吉，次伊尔札布，号墨尔根台吉，兄弟四人牧于一处，号对因驹子，故称四子部落。其世系如下：

- 始祖 → 元太祖弟哈巴图哈萨尔
- 祖 → 十五世孙诺延泰
- 始封 → 三子鄂木布
- 封爵 → 达尔汉卓里克图郡王
- 当代 → 潘弟〔第〕恭札布

该部降清之后编为一旗，俗称四子王旗，札萨克达尔汉卓里克图郡王牧地。天聪九年，僧格等四兄弟同时降清，从征有功，授鄂木布为札萨克，统其所部。顺治加封多罗郡王，世袭罔替。佐领二十人，札萨克驻乌兰额尔济坡，旗内有乌兰察布泉，为该盟之名所由来，有锡喇木伦河，位于锡喇察汉诺尔，为内蒙著名大河之一，源出得儿岭之翁衮鄂博冈山谷中，源流曲折三百余里，潴于锡喇察汉诺尔。该旗蒙民多环河趁水草而牧。旗界东至什吉冈图山，百四十里接察哈尔镶红旗界，西至巴颜鄂博，百六十里接土谢图汗左翼中旗界，有大漠限之。西北至查尔山，百二十里接土谢图汗左翼中旗界，旗北大山与大漠绵互〔亘〕为内外蒙天然界划。东南至托克托瓦陀罗海，百八十里接察属正黄旗界，西南至察罕和硕，二百里接察属镶蓝旗界。

　　茂明安部　东西距百里，南北百九十里，东至喀尔喀右翼旗界，西至乌喇特旗界，南至归化城土默特及固阳县，北至沙漠。地理沿革，在汉为五原郡地，后魏怀朔镇地，唐振武军地，辽东胜州地，属西京道，金因之，元为大同路，明初设卫戌守，后入于蒙古。元太祖十四世孙锡喇奇塔特，号土谢图汗，有子三人，其长子多尔济，号布颜图汗，子车根袭位，号所部曰茂明安。其世系如下：

始祖 →	元祖太弟哈巴图哈萨尔
祖 → 十四	世孙锡喇奇塔特
始封 →	孙僧格
封爵 →	头等台吉晋镇国公
当代 →	奇默特凌庆车尔罗瓦

　　清天聪七年，车根率其部众降清，编为一旗，车根子僧格受封札萨克头等台吉，世袭罔替，佐领四人，札萨克驻彻特塞里，一作车突泉。牧地当爱布哈河源。旗界东至黄乌尔，八十里接归化城土默特，旗南十五里有拜申图泉，源出哈拉海图山，西南流会坤都伦河，该河在历史上为内蒙著名河流之一。西至哈喇达噶，六十里接乌喇特旗，北至伊克尔德阿济尔噶，百十里接瀚海沙漠，东南至魏迈乌兰和硕，七十里接归化城土默特，西南至吉兰陀罗海，八十五里接乌喇特旗，七十里有官山，传上有九十九泉，流为黑河。东北至苏朗，百二十里接瀚海，西北至土勒札图鄂博，百四十里接瀚海，有齐齐哈尔察罕七老山，为内外蒙界限。

　　乌喇特部　乌喇特在内蒙各部中面积较大，东西距二百十五里，南北距三百里。东至茂明安部及归化城土默特界，西及南皆至鄂尔多斯界，北至喀尔喀右翼旗界。地理沿革，秦击匈奴得阴山前后之地，设九原郡，即在此，汉更名五原，汉末废郡，后魏置怀朔镇，唐为中西受降城地，辽置云内州，属西京道，金因之未改，元属大同路，明为蒙古所据。元太祖弟哈巴图哈萨尔之十五世孙布尔海，游牧呼伦贝尔，号所部曰乌喇特，分所部为三，以长子赖噶，孙鄂木布，幼子巴尔赛图巴，曾孙色棱分领其众。天聪七年降清，仍维持其组织，名中、前、后三旗。顺治五年叙从征功，以图巴掌后旗，封〈镇〉国公，鄂木布子鄂班掌前旗，封镇国公，色棱子巴克巴海掌中旗，封辅国公，各授札萨克，世袭罔替。其世系如下：

乌拉特前旗佐领十人，俗称西公旗，中旗佐领十六人，俗称中公旗，后旗佐领六人，俗称东公旗。三旗合牧，不分旗界，三札萨克亦同驻一地，名哈达玛尔谷，谷南有铁柱泉。牧地当河北岸（黄河在旗南五十里，南岸即鄂尔多斯），阴山之南，蒙古名噶札尔山，在旗西北二百四十里，即秦逐匈处。东至黄乌尔，九十里接茂明安界，旗东三十五里有居延山，蒙古名昆都伦，为通西北要路。南界黄河，五十里接鄂尔多斯旗界，西至拜塞墨突，百二十里接鄂尔多斯，黄河北岸旗界，有唐张仁愿筑中受降城遗址，北至伊克尔德阿济尔噶，二百五十里接喀尔喀右翼旗界，旗北有古九原郡城遗地，秦蒙恬所城，旗北八十里有麦垛山，产精铁，匈奴尝假此制兵器。东南至黄河，百里接阿拉善及鄂尔多斯界，东北至苏郑，百四十里接喀尔喀右翼，西北至塔起勒克图鄂博，二百八十里接喀尔喀右翼。该部境内有历史上之古城甚多，秦汉魏唐等朝帝王，均曾力征经营于此，古城之

始祖	→ 元祖太弟哈巴图哈萨尔		
十五世祖	→ 十五世孙布尔海		
始封	孙前旗鄂班	四世孙中旗巴克巴海	后旗图巴
封爵	镇国公	辅国公	镇国公
当代	石拉普多尔济	巴宝多尔济	额尔克色庆古巴拉

迹象尚隐然可见，足供考古家之搜寻。

　　喀尔喀右翼部　蒙古以喀尔喀名者现有三部，一曰旧喀尔喀，即编入八旗之驻京蒙古；一曰外喀尔喀，即外蒙古四部之总名；一曰内喀尔喀，即游牧内蒙之喀尔喀左右翼。惟左右翼并不在一地，一在喜峰外，即属于卓索图盟之喀尔喀左翼，一为现述之乌盟喀尔喀右翼。左右翼虽不在一地，而同出一祖，本元太祖十五孙达延车臣汗之裔。达延子格呼森札札赉尔珲台吉，居外蒙之杭爱山，有子七人，始号喀尔喀七旗，嗣后部族繁衍，分东、西、中三路，建三汗掌之。康熙三年，西路台吉密布伊勒登，以其汗为同族所戕，部众溃散，乃越瀚海投清，清赐牧于喜峰口外，称喀尔喀左翼，左翼在热河境内，兹不述。右翼系出格呼森札札赉尔之第三子，名诺诺和伟征诺颜，有子二人，长阿巴岱，号鄂齐赖赛因汗，为外蒙中路土谢图汗之祖，次子阿布琥，号墨尔根诺颜，子喇瑚里，号达赖诺颜，有子五人，长本塔尔，世为喀尔喀中〈路〉台吉。清顺治十年，本塔尔与土谢图有隙，率其弟巴什希、札木素、额璘沁及从弟袞布携部众千户降清（本塔尔有弟四人，惟仲弟色尔济当时独留外蒙，至其孙礼塔尔始来附），赐牧塔尔浑河，称喀尔喀右翼，编为一旗，旗境东西距百二十里，南北百三十里，东至四子部落，西至茂明安部，南至土默特，北至瀚海。地理沿革，汉为定襄、云中二郡北境，唐振武军地，辽为丰州地，属西京道，金因之，元属大同路，明入于蒙古。初本塔尔降清，封札萨克和硕达尔汉亲王，世袭罔替，本塔尔卒，子调内袭，调内卒，子詹达固密袭，降为达尔汉贝勒，佐领四人，札萨克驻塔尔浑河。其世系如下：

　　该旗牧地有爱布哈河，塔尔浑河，合流而潴为阿勒

始祖　→　元太祖

祖　→　世孙十五　达延车臣汗

始封　→　元孙　本塔尔

封爵　→　达尔汉亲王降贝勒

当代　→　云栋旺楚克

坦托辉诺尔，爱希哈河在旗西北六十里，自茂明安入境。塔尔浑河又作他鲁浑河，源出旗南三十里之辱孤山。东界额古尔尔图华，六十五里接四子部落，南至哈达满勒河源，七十里接土默界，西至乌兰户特图克，五十五里接茂明安界，北至岳索山，六十里接土谢图左中旗，旗北三十里有白云山，蒙名察罕和硕，为内外蒙边境大山。东南至陀索图鄂博，九十里接四子部落，九十里有西神山，蒙名巴林翁衮，二十里有盐池，蒙名达布逊泊。西南至魏迈乌兰和硕，百里接茂明安界，东北至察尔山，七十里接土谢图左中旗界，西北至塔起尔克图鄂博，六十里接乌喇特界。

　　以上为乌盟四部六旗之历史、地理沿革概略。该盟盟长云栋旺楚克，年过六旬，经验较多，此次之助德王召集自治会议，乃被其侄沙贝勒挟持，不得不为。其年老幕僚对自治亦皆持反对态度。某台吉亟口苦谏，反覆陈述自治不利于王公之点，谓德王左右之青年，胥持打倒王公主张，有外蒙已成之事实可鉴，且组织政府即不啻脱离中央，试以各旗现在实力而论，绝非中央或地方之敌。民国二年四子王固曾继外蒙之后，倡议自治（四子王为当时该盟盟长），开会于百灵庙，当时之都统张绍曾，劝阻无效，即调兵围攻百灵庙，四子王被吓而死。现在内蒙实力更逊于当时，如省府翻脸，王爷将何以自处。王爷以如此高年，何必为人作嫁。德王为锡盟首领，果欲自治，听其在该盟为之，乌、伊二盟与省府感情素洽，何必脱离省府为德王撑场面也。云王尝因细故不满于省府，故未纳某台吉之言。其不满省府之故，乃起于省府向彼抽收货税。照满清之例，每届年节，各王公得在内地购买过节用品一次，沿途不收捐税，以示优待，惟免税数量，有一定限制，按其阶级，规定其免税数量，超过数量者，仍视为普通货物，照例抽收捐税。近年各王公每借年节滥购货物，要求免税，省府以民国无新定优待王公章则，故仍照前清则例办理，凡超过允许之范围，则使之照纳捐税。云王因此衔憾于省府，故在自治会议中，赞助德王，谋脱离省府管辖。嗣见中央大员有坚决表示，遂亦软化，首先接受中央方案。该盟因地理关系，有左右内蒙全局之势，此后谋改革内蒙，似宜从该盟着手也。

　　伊克昭盟　伊盟位于绥远西部及西北部河套之中，民十七年划归省辖，其位置在内蒙中，较与内地接近。北界乌兰察布盟，南界陕西边城，西界西套蒙古之阿拉善、额鲁特二旗，黄河绕其东、西、北三面，南负长城，北依阴山，被山带河，地势险阻，浅草平沙，宜耕宜牧，在内蒙古中独擅地利，故历代边防每视河套之得失判安危。全境东西距二千里，南北广八九百里，或五六百里。秦蒙恬所夺匈奴河南地以阴山为界，而汉置朔方郡于此，历代建置随地皆有，城堡、边墙之故迹星罗棋布。花马池之盐，与内官盐并称，驼马亦富。平绥铁之包头站，与盟界一河之隔，有汽车路达于各旗，在交通上亦较他盟为便。自清末放垦，与设县较近之旗，开垦甚多，故该盟王公资财，亦较富于他盟。盟内共辖一部七旗，同属元太祖之裔，太祖十六世孙巴尔苏博罗特，随乃父达延车臣汗南徙，始居于此（约在明朝初年），称鄂尔多斯济农，有子九人，分牧而处，是为今七旗之祖。明代亦服属于察哈尔林丹汗，末季苦林丹汗之暴，纠合喀喇沁、阿巴噶诸部，败察哈尔兵于土默特之赵城。天聪九年，清军追林丹汗子额哲于黄河西，临鄂尔多斯之境，遗〔遣〕人邀其部首长来盟，该部代追额哲，获千人献之清军。顺治初各旗札萨克受清封爵，出兵随英亲王剿李自成残匪于陕西，康熙中又助清军会剿叛贼王辅臣，三十五年康熙亲征噶尔丹，御营至该部界坤都伦地方，诸札萨克渡河朝觐，献马匹，请设驿馈送，屯兵扈跸，康熙嘉之，亲览该部形势，称其俗庞土沃，牲牷娴猎，谓诸札萨克曰：明人议河套，畏尔蒙古如榻侧卧虎，亦其时无人耳。若今日大军且逾阴山、贺兰山，出尔背后，其奈吾何？诸札萨克稽首曰：今天下一家，奈何出此惊人语？故终清之世，未侵边城一步。原本六旗，乾隆年中滋息增一旗，设札萨克，合成七旗，自为一盟，分左右翼。左翼辖中、前、后三旗，右翼辖中、前、后、前末四旗，盟所在伊克昭，蒙古名译义为大庙，即成吉思汗陵墓所在之地。满清为推崇起见，特设札萨克一人，为守陵之旗长，每年大祀一次，内外蒙王公多至与祭。现任盟长为左翼前末旗札萨克沙克都尔札布，副盟长为右翼前旗札萨克阿拉坦瓦齐尔，对内蒙自治始终未参加，阿拉坦且至百灵庙劝各王公维持现状，不可遽与省府脱离，旧派王公咸韪阿之议，故中央方案得顺利实施。该盟只设一部，名鄂尔多斯。

鄂尔多斯部 鄂尔多斯合七旗为部，以部为盟，盟界即属部界。东、西、北三面以黄河为界，南界陕西长城，西南界甘肃长城。地理沿革，秦始皇使蒙恬逐匈奴得河南地，称新秦中地，汉初复为匈奴所有。武帝时将军卫青、李息复收该地，置朔方、五原郡，领县十三，属于并州，后汉末弃之。晋永嘉以后，历为前后赵、前后秦地，义熙中赫连勃勃接此，称统万。后魏为统万镇地，后为夏州北境。隋置胜、丰二州，大业初改胜州为榆林郡，丰州为五原郡，后废。唐贞观中复胜、丰二州，天宝又恢复榆林郡之名，丰州旧境则易为九原郡，乾元元年俱复旧名。其南境置宥州，同隶关内道。唐末拓跋思恭镇此，五代、由宋迄金皆为西夏所有。元朝灭夏，立西夏、中兴二路，明初逐元室残部于其地，城东胜州，设屯戍、耕牧守之。天顺间蒙古酋长阿罗出与毛里孩，始入河套，屡扰边塞。元太祖十五世孙达延车臣汗之南徙，扫荡盘据内蒙之异族，分其子为各部部长，击败河套之阿罗出后裔，驱其长于青海，本人在元太祖墓前即汗位，以其第三子巴尔苏博罗特为管领右翼三万人济农，事在明正德年间。博罗特子衮弼里克图墨尔根嗣位，号车臣汗，有子九人，长诺颜达喇，占据四营，次拜桑固尔，占据右翼乌拉特、图伯特，次卫达尔玛，占据达喇特、杭锦、墨尔格特巴罕，次诺木塔尔尼，占据右翼巴苏特卫新，次布扬古贲，占据右翼伯特金哈里郭沁，次班札喇，据浩齐特克里野斯，次巴特玛萨巴幹，据左翼察阿特、明阿特、科尔沁之二十四处，次阿木尔达拉，据右翼鄂托克卫郭尔沁，次鄂克拉罕，据右翼托克码该。九人分牧而处，延续迄今。初服属于元室正统之林丹汗，林丹不道，合他部抗之。满清灭林丹后，遂降清。清就其原有组织，为订定旗界，建六札萨克，后复增一，自成一盟。康熙亲征准部，息马该部境上，曾手书谕监国之太子，盛夸该〈部〉曰："朕至鄂尔多斯地方，见其人皆有礼貌，不失旧时蒙古规模。各旗和睦如一体，无盗贼，驼马牛羊不必防守。生计周全，牲畜蕃盛，较他蒙古殷富。围猎娴热〔熟〕，雉兔复多。所献马皆极驯，放马不用马竿，随手执之，水土、食物皆甚宜。"由此觇该部自始即较他部富厚。此种特点，迄今犹保持未失。故记者主张经营内蒙，以该部为始，因其基本条件，较他部为优也。

该部七旗，同出一祖，其世系如下：

始祖 → 元太祖
十五世孙
祖 → 达延车臣汗—孙衮弼里克图

世孙·旗	始封	当代
四世孙右前未定咱喇喇什	一等台吉	沙克都尔札布
六世孙右后小札札木素	贝子	棍札札布
五世孙右前额璘沁	贝子	阿拉坦瓦齐尔
六世孙右后沙克札	贝子	噶勒僧鲁布
六世孙右中善丹	贝勒	康达多尔济
五世孙左后色棱	贝子	特克斯阿穆尔固朗
六世孙左前额璘臣	多罗郡王	图布新吉尔噶勒

各旗在盟内之位置，东南为左翼前旗，北为左翼后旗，西为左翼中旗、右翼中旗，西南为右翼前旗、右翼前末旗，西北为右翼后旗。

【左翼中旗】俗称郡王旗，札萨克多罗郡王牧地。衮弼里克图墨尔根之曾孙博硕克图，逢林丹汗之怒，夺其济农称号。清天聪九年，察哈尔灭于清军，博硕克图子额璘臣降清，赐复济农号。顺治六年朝觐，封多罗郡王，世袭罔替，佐领十七人。牧内有纳玛带泊，札萨克驻鄂锡喜峰。旗界东至衮额尔吉庙，六十五里接左翼前旗，南至陕西神木县界，二百里接于边城，西至察罕额尔吉，五十里接右翼前旗界，北至喀赖泉，百二十二里接右翼后旗，东南至贺岳尔门绰克，百八十里接边城，西南至额勒苏特乌兰陀罗海，六十里接边城界，东北至噶该陀罗海，西北至喀喇札喇。

【左翼前旗】俗称乌审旗，本古榆林塞地，唐属胜州，置河滨县，宋为西夏所据，明初属于榆林左卫，现札萨克固山贝子牧地。额璘臣之从子色棱，顺治六年，封札萨克固山贝子，世袭罔替，佐领四十二人。驻于札拉谷，康熙十五年卒，十六年追叙复神木城之功，子衮布喇什袭爵，晋多罗贝勒。衮布喇什卒，子根都什辖布以后则仍袭贝子。旗界东至湖滩河朔，百四十五里接归化土默特界，南至清水营，百十里接边城，西至衮额尔吉庙，百里接左翼中旗界，北至贺陀罗海，百里接左翼后旗界，东南至喀喇和硕，八十五里接边城，西南至额勒默图，百里接边城，东北至黄河，百三十里接土默特界，西北至可退坡，八十里［接旗］接左翼后旗界。

【左翼后旗】俗称达拉特旗，札萨克固山贝〈子〉牧地。额璘臣之从弟沙克札，于清崇德六年朝清，顺治七年封札萨克固山贝子，世袭罔替，王府驻巴尔哈逊湖，佐领四十人。牧地在汉为沙南县地，属云中郡，隋唐属胜州，榆林郡治。旗界东至黄河冒带津，百五十里接土默持〔特〕界，南年〔至〕贺陀罗海，百十里接左翼前旗，西至察罕额尔吉，百三十五里接左翼中旗界，北至黑水泊，二十里接乌盟界，东南至阿鲁得勒苏，百九十里接左翼前旗界，西南至哈锡拉克陀罗海，百四十里接右中旗界，东北至台硕额勒苏，八十七里接土默持〔特〕，西北至绰和尔末里图。

【右翼中旗】俗称鄂托克旗，出产极富庶，周颂尧曾著有调查报告，述之甚详。地理沿革，在汉为朔方郡南境，隋唐置丰州，现札萨克为多罗贝勒。额璘臣之族子善丹，于崇德六年降清，顺治七年，封札萨克多罗贝勒，世袭罔替，王府在锡拉希里多诺尔，佐领八十四人。在蒙古各旗中，无出其右者，以人口之多，足证其地利之厚也。善丹子索诺木及孙松喇布，俱以经理驿站之功，晋封多罗郡王，但后代仍袭贝勒。旗界东至察罕札达海泊，七十里接右翼后旗，南至贺通图山，三百七十里接左翼前旗，西至察罕托辉，二百五十里接西套阿拉善，北至马阴山，百十里接右翼后旗界，东南至库克陀罗海，百里接右翼前旗，西南至横城口，三百三十里接边城，东北至鄂兰持，百二十里接右翼后旗界，西北至阿尔布坦山，二百二十里接西套蒙古界。

【右翼前旗】俗称准噶尔旗，隋唐为夏、胜二州地，札萨克固山贝子。额璘臣从子额璘沁，于顺治六年得封，世袭罔替，王府在巴达诺尔，佐领四十二人。牧地东至察罕额尔吉，五十里接左中旗界，南至榆林卫，二百三十里接边城，西至摩多图察罕泊，百三十里接右中旗界，东南至察罕鄂博，二百里接边城，西南至介喀图瑚拉琥，三百里接于边城，东北至哈达图泊，三十里接左后旗界，西北至察罕札达海。

【右翼后旗】俗称杭锦旗，为汉朔方郡地，札萨克固山贝子。额璘臣之从子小札札木素，顺治六年大札木素叛清，小札札木索〔素〕不从，诏封札萨克镇国公，世袭罔替，康熙三十七年，叙从征噶尔丹功，晋固山贝子，王府在鄂尔吉虎诺尔，佐领三十六人。牧地东至兔毛河，四十里接左后旗界，南至喀拉札拉克，百四十里接左中旗界，西至噶札尔山，百四十里接右中旗界，北至塞特勒赫墨突，二十里接乌拉特旗界，东南至巴彦泉，百五十里接左后旗界，西南至达尔巴哈冈，百五十里接右中旗界，东北至拜塞墨突，四十里接乌拉特界。

【右翼前未〔末〕旗】俗称札萨克旗，札萨克为一等台吉。额璘臣之从曾孙定咱喇什，曾祖乌巴什，号噶尔岱青，顺治六年，以不从大札木素叛清，授二等台吉，康熙十四年，从大军剿平花马池及定边城诸贼，晋一等台吉。卒后子索诺木多尔济，孙桑忠多尔济皆袭三等台吉。定咱喇什，即桑忠多尔济长子，雍正九年，叙从征功，晋一等台吉。乾隆元年，该部族属繁，增设一旗，授札萨克，世袭罔替，佐领十三人。旗界东至察罕额尔吉，接右中旗界，南至榆林边城，西至摩多图察罕泊，接右中旗界，东南至察汉鄂博，接陕西边城，西南介咯图瑚拉琥，接陕西边城，东北至哈达图泊，接右后旗界，西北至察罕札达海，接左中旗界。

以上为伊克昭盟七旗，同出一系，团结较固，四境皆属已经设县地方，得汉人文化较多，故风气亦较鄙处边远之盟旗开通，对与汉人合作亦甚诚恳，旗内随地皆有汉人耕地经商。该盟副盟长阿拉坦瓦齐尔，本年将所有牧地，分给旗民，每户得宽一里、长十四里之地，永归该户子孙掌管，任其经营，惟不准私售与汉人为业，且不准放置不用。如此办法，可变为定牧，由定牧进于农垦，实推定〔进〕蒙古社会之有效方法，各盟旗贤明之王公，宜即仿效。封建制度、愚民政策，已为现代潮流所不许，蒙古王公宜及早与其民众联合，利用地位，领其人民入于新生活之路，以免为民众革命之对象，阿王此举，要为贤明办法也。

《国闻周报》

上海国闻周报社

1933 年 10 卷 49、50 期，1934 年 11 卷 2 期

（李红权　整理）

绥远联欢闭会后之感想

作者不详

绥远汉蒙联欢大会，圆满闭幕，此为数月来内蒙自治运动纠纷之终，同时为政府实行扶助蒙民自治、巩固汉蒙团结之始。本报依其数月来注意此案之经过，当兹问题解决，欢欣鼓舞之日，义应一言，以勉政府与国民。回忆自治运动发生之始，国人所最虑者，为有外患之背景。盖四省沦陷，东蒙借亡，察、绥盟旗，同濒危险，故一般国民，一闻高度自治之要求，即认为外患之又急，全国震惊，首在此点。而因此之故，今见问题已决，或又转而乐观外患之消逝。凡此皆自轻责任似是而非之心理也。夫中国之外患，将与其建国过程相终始，建国成功之日，始为外患终止之日，此数年，则外患最重大之时期，尤其华北，尤其塞上。北平百里之外，事实上已成国境，内蒙之危，更不待言，此即原则论也。然而外患之来，实际为波状之起伏，目前状态，乃暂停而非急进。不然，倘强敌必猛烈西侵，则问题又演成战事，且彼若果欲用全力胁西蒙以造傀儡，则形势变更，早成重大局面矣。今者政府与蒙旗，得自主的圆满解决，即为外患缓进之反映，此就目前论也。是以吾人观汉蒙联欢大会之成功，实不无悲喜交集之感。盖国防之危，乃一基本问题，不仅关系内蒙，然在此极危极弱之时，苟欲求救亡图存之道，将安所致力乎？亦惟有先自谋民族的团结而已。德意志，受国际压力最大之国也，战后十五年之苦恼郁闷，逼成希特勒之政局，其所以号召全国者，亦不外德意志人团结起来之一语。中国今日，国弱民穷，岌岌危殆，其死中求活之第一着，惟有先团结有共同意识之同胞人民！由此而言，最近绥远联欢会之意义，甚重且大也。国家于蒙旗，与其忧危外患，宜先反躬自省，蒙古同胞，文化落后，而我国、省政府，实际上多年未能切实指导，加以扶持，迨外患迫近，始悚然于问题之重大，抑何晚乎？夫全国同胞之团结，不能空口得之，必赖政治之力。就内蒙论，政府从未施政，善恶两无可言。蒙古人民，仅自食其力，自谋其生，此外不感国家之恩惠，团结之念，从何而起。一旦外患勾诱，始感抚慰之亟需，诚不啻自暴露其过去之放弃责任已也。虽然，往者已矣，来者可图，此次讨论自治，确有极好现象。第一，多年来政府当局之于蒙事，缺少热心，亦短智识。此次不然，黄部长、傅主席，处理此事，成绩优良，其毅力热心，手腕勇气，俱充分表现。国家行政上如此成功者，其例甚少。因此证明凡事无难，难于好官。第二，各盟旗王公及青年等，不谓〔论〕新旧老少，皆明国家民族之大义，爱中国，爱盟旗，且具向上之精神，有圆满之智识，吾人于此，应赞蒙民之进步，所〔而〕期将来之效果。因此两点，深信此次联欢大会之后，汉蒙团结，定臻巩固，无形中增进国防之效已不少。所切切叮嘱政府者，政界积弊，凡一困难问题之发生，其始未尝不热心处理，及困难略解，则淡然忘之，法令规章，概如故纸，过去几许重大问题，往往在此种健忘状态中，败坏下去。此次虽深信中央、地方主管当局之热心，但犹不得不郑重警告，望我政府必彰明国家之大信，对于此次百灵庙议案，必予实行，苟需经费，必予维持。此外首应注意蒙古青年之教育，扩大其中小教育，一面多以官费选派蒙古青年入内地各大学，尤其注重养成农林畜牧之技术家及医药人才，扶持蒙民，此为根本，不惟政府，全国教育界俱应有所尽力矣。

（录十二月二日天津《大公报》）

《国闻周报》
上海国闻周报社
1933 年 10 卷 49 期
（丁冉　整理）

外蒙现状

作者不详

　　自中俄复交后，双方首先恢复商约，苏俄货物已由海参崴源源运来津、沪各处批销，煤油、布匹、机器、五金等货，现已倾销于华北及沪、汉一带。而我国货物能运至苏联者，实寥若晨星，除由烟台有零星商贩运少数山东绸及花边布销于苏联外，其他可谓无输出之可言。第以国难当前，对俄贸易，处处实感困难。张家口为去外蒙库伦之起点，亦为赴库伦之枢纽。外蒙被苏联所统治，已十有三年，先是张家口、库伦间之商运未断，国内货获〔物〕，可畅销于外蒙，自民十七年后，张、库间之商务，遂见减少，迄至民十八时，中俄发生战端，张家口、库伦之商运遂完全断绝，外蒙消息，亦告渺然。张家口本为对外蒙商业之中心，自张、库商运停止，商业日蹙，皮毛业一落千丈。当三月初有张家口商旅三人，代表汽车行及商会，赴库伦接洽通商事务，彼等于三月六日由张家口出发，因途程辽远（张家口距库伦计程三千六百华里），又因汽车在中途稍有耽搁，彼等于三月二十三日始到库伦，因受日军侵热西、谋察省之影响，未能谈判张、库通商事务，该商旅于二十九日离库伦，四月十日到张垣，据谈外蒙情形，分志如左。

外蒙边界满布蒙兵

由张家口于三月六日乘汽车三辆出发库伦，于八日抵内外蒙分界之乌德。乌德设有内防处分处，驻有蒙兵数百人，对〈来〉往过界华人，检查綦严，搜询备至。该等商旅因赴库伦之前，已电询外蒙政府之同意，乃能启行。及至乌德后，乌德之内防处，遂据情转报于塞乌苏行省，在乌德勾留已有六日，及接塞乌苏行省之电后，该商旅乃得离乌德向塞乌苏出发。塞乌苏距库伦计程一千二百华里，为外蒙南部第一行省。及到塞乌苏时，又经蒙兵检查，始准入境。塞乌苏又电库伦，经库伦外蒙政府允许入境，该商旅乃于三月十九日启程，二十三日抵外蒙政府所在地之库伦。

外蒙政府组织大概

该商旅等抵库伦，经检查后，始准许入城。所乘之汽车及附带之货物，均放置于外蒙工商部，由工商部长亲自询问该商旅等来意，并询问中国对外蒙之感想。该商旅等以所负之使命不同，未能涉及谈论政治，只专一以商业团体之地位，双方进行张、库间之商运而已。外蒙政府之组织，无异于伪国政府，政府统〔一〕治之最高机关为总统府，总统为蒙人，名梗登。总统之下，设参赞三人均为赤俄充任，操纵大权，总统亦无异一傀儡。总统府之下，设工商、财政、外交、内务、内防等五部，部长人选，均系蒙人，部长之下，设指导员二人，均以赤俄充之。指导员之名义虽小，而责任重大，各部一切事务，非经指导员通过，不能施行。工商部职责最重大，专司外蒙商务及管理劳工，财政、外交、内务三部，不过行普通职责而已。内防部即如军政部然，管理外蒙一切军政。外蒙军队现有五万人，器械精良，官长虽为蒙人，然教导员均以俄人充之，责任重大。外蒙共有行省八处，每行省之组织，除省府外，并设各厅，省长为蒙人充任，苏联之指导员分任于各处。外蒙司法管理权归内务部管理之，一切现行法律，均照苏联之法律。

交通便利工业进步

外蒙交通极为便利，汽车路开辟甚多。教育方面，亦施行苏联教育，除在库伦设有蒙古大学外，各行省及各关卡，均设有中小学校。大学教授，多为赤俄，兼有蒙人，校长为蒙人任之。中小学校教员，蒙俄均有。工业方面，近亦进步，在库伦及恰克图设有皮革及毛织工厂，由俄人设计，督工制造。库伦有俄文报一处，蒙文报二处，华文报一处。因库伦设有长波大电台二处，消息搜集，亦极敏捷。报纸亦属进步。外蒙币制统一，在库伦设有蒙古银行，司发行纸币，纸币虽按银本位计算，然不能兑现，每百元蒙币，合华币不过二十五元。物质缺乏，生活较高，每人一月最低之生活须用蒙币二百元。自中俄复交后，华人虽准出境，每人只限携带蒙银币二百元。在外蒙政府服务之公务员，多系青年蒙人，服务期间，规定三个月用投票式更换一次，以防弊端。

变相俄商也办商务

自中蒙断绝商务后，外蒙物质用度，大感困难，虽由苏联运去货物，然有时供不应求，去岁外蒙曾一度发生民食及一切物质恐荒〔慌〕。库伦建筑物质上虽大见进步，如街市马路平坦，楼房栉比，对〔惟〕蒙人之所求者，非如是，乃为普通之物质生活，此

〔比〕时在库伦之外蒙商务机关协合公司，乃施行其计划，在张家口成立货物收买所，明为德商之德华洋行，实依〔系〕俄商之变相，该洋行在国内各处及张家口，大肆收买外蒙所需要货物，源源运至外〈蒙〉，以济物质之缺乏。一年以来，输出及输入之数，在千万元之谱，输入外蒙以米、面、茶、布、青烟、马镫、皮靴、绳麻等为大宗，输出以皮毛、蘑姑、鹿茸、药材、晶石等为大宗。该洋行于去岁五月间在北平改〔政〕务委员会备案成立，期以一年为期。现在中俄已复交，商约亦恢复，政府对俄及外蒙商务，应有通盘之计划，对外蒙贸易，不能专为俄商所垄断。该赴库伦之商旅，因在库伦受俄人之诬传，诬为间谍，在库伦未能接洽就绪，即生波折，外蒙政府急令该商旅限日出境。该商旅等无法，只得徒劳往返，含泪弃舍带去之大宗货物离库伦返张垣，对记者谈张、库通商问题，不尽欷歔。

外蒙民众倾向中国

外蒙民众，自被苏联政治统治后，迄今已十三年，现在外蒙人民生活穷蹙已达极点，经济全告破产，已早失其游牧快乐生活，牛羊马群，已告断绝，间有少数之牛羊马群，亦均为外蒙政府所管理。外蒙民生日蹙，蒙民饥馑堪虞，由游牧式之生活，易为劳工之生活，因外蒙生产缺乏，劳工生活，殊有不适宜者。外蒙喇嘛已禁止十有一年，客岁外蒙政府准令恢复黄教，各地喇嘛准许复活。外蒙捐税苛重，蒙民受厌〔压〕迫极深，明了受苏联之侵略，冀得脱开苏联之统治，再恢复受中国政府之优遇，此念已深存蒙民脑海之中，均敢怒而不敢言。再逾十年之后，苏联对外蒙建设更能进步，外蒙疆域，恐永非我有矣。

华商均被俄人歧视

　　居库伦之华商，现仍有一万五千人，先是均为富商巨贾，现均成零星小贩，微能维持现状。外蒙政府既在俄人统治之下，对华商之待遇，较蒙人悬殊，处处加以限制。自中俄复交后，已准华商出境，对华商之待遇，较前尚进一步。外蒙物价奇昂，羊肉一斤售蒙币二元，纸烟一盒（计十枝）售蒙币五元。外蒙皮毛出产近已大减，较之数年前一落千丈。外蒙政府现视皮毛至为珍贵，贵重之皮毛过于黄金。日军占有外蒙东部之呼伦贝尔，随时能够向外蒙境内出动，望中央对于外蒙问题，亦可与收复东北四省失地并重也。

《蒙藏旬报》
中央宣传委员会蒙藏旬报社
1933 年 12 卷 3 期
（朱宪　整理）

内蒙自治问题

良辅　撰

现在中国的边疆形势真是危急极了。东四省早为日本帝国主义所攫取而无收回之望，西藏、新疆也已实际成为英帝国主义的统治地，至云南、外蒙古亦早成为法、俄二国的势力范围。正在这样边境日蹙政府无法应付之际，近日忽又来了一个内蒙古要求自治的消息，这真有使老大的中华民国行将瓦解之危险了。

这次内蒙要求自治的动机与背景，现在还没有显明的表现出来，据蒙藏委员会与政府方面的消息，内蒙这次要求自治似无不良的动机与其他的背景，这话也许有一半是可相信的，不过我们若从内蒙的现状与其政治的关系看来，则内蒙这次的自治要求，似乎未免别有作用而希图脱离中国的统治。

按内蒙共有六盟，现在哲里木、卓索图、照乌达三盟因在东省及热河境内，早已为日本帝国主义所侵占，其余三盟则在绥、察境内，以锡林果勒盟地位为最重要，与察省关系亦最密切，但自杨盟长于民十四年因病老辞职，由索诺木拉尔布继任后，各盟就有脱离中国而谋自治的倾向，而年来锡盟副盟长德王（〈德〉穆楚克栋鲁普）复专权自重，对中国感情至劣，在热河失陷以后，曾乘日人飞机，前往"满洲国"，甘心听受日本帝国主义的命令，以图组织蒙古国。最近报上复传德王已允日人建筑铁路通蒙境，是不啻帮助日本帝国主义完成其"满蒙国"的野心。而这次的内蒙自治运动，我们现在虽还不知是否由于德王的主动，但因德王在内蒙的势力与其亲日倾向观之，这次自治运动的动机似未免有可使人怀疑的地方。且在日本帝国主义者侵占东省成功，而图建造一个蒙古国的时候，即使这次自治运动的动机是纯洁的，也难免有受人利用之嫌。

　　我们这样的说，并不是根本否认内蒙的自治权。中央政府这几年来因为内部的多故，对于内蒙以及边疆人民的福利并未加以深切的注意，他们为其本身利益而要求自治，原是情理之常，只要这种自治的要求是完全出于全体蒙民的意志而无其他不纯的动机与背景，我们是应当予以赞助的。说到这里，我们又不能不责政府当局了，他们不顾边疆人民的福利，静视环伺的帝国主义者分割吞噬而不早为策划一切，这样下去是非至国亡家破不可的。

《东方杂志》（月刊）

上海商务印书馆东方杂志社

1933 年 30 卷 21 期

（朱宪　整理）

内蒙自治问题中的二要点

作舟　撰

内蒙自治问题，自中央特派宣慰专员黄绍雄、赵丕廉二氏抵百灵庙后，迄今数日间，并没有什么发展。中央专员方面忙于分送礼物、拜庙；内蒙王公忙于邀请参观表演摔角、赛马。关于主要问题的内蒙自治问题，仅为非正式的交换意见。但据报载黄、赵二氏致汪院长报告与各王公晤谈情形的电文，知道："各王公对中央政府，仍甚推重，所谓自治运动，根本上没有这个念头，前几次百灵庙的会议，系少数少壮代表所包办，事实上不但不是蒙人的公意，即王公的公意亦说不上。现经分别宣达之后，多数已明白中央意旨，仅有少数分子，对中央原则，态度尚觉游移，以是不能不再加解释，但形势极可乐观。"据这话看来，内蒙自治问题本来不是一个什么严重的问题，现经宣达之后，再加一番解释，似乎不难在最近期内即可解决了。但事实恐未必这样简单罢？

内蒙自治问题中，有两个重要的因素是不可不注意的。第一是中央与内蒙的关系。前清时，中央对于蒙古所采的是愚民政策，自入民国以后，连年内战，内地各省尚且四分五裂，中央政令所及，不知究有几许地域？对于边疆，自然无力顾及。近数年来，中央虽有蒙藏委员会的设立，但对于蒙民生活根本不发生何种关系。内蒙旧地现已划入东三省及热、察、绥、宁各省，而各盟旗的封建制度依然存在，自有其政治系统。内蒙与中央，自然要发生隔膜。所以中央亦不得不自认"对于边疆行政设施，容有未当"（行政院布告内蒙民众语）了。

第二是国际关系的背景。国际帝国主义企图分割中国边疆，扩张其势力范围，这是显然的事实。此次内蒙自治运动的发生，至少在初期不无日帝国主义的从中煽动，德王代表包悦卿谓"内蒙自治问题，日方因西蒙各王公不参加东蒙会议，深为不满，极力破坏"，由此可知内蒙自治运动发生之始，未必无日帝国主义的从中煽动，至少想来利用一下的。日帝国主义自侵吞热河后，其满蒙政策的初步可谓已告完成，今后必将攫取内蒙全部，借此北可控制苏联，南可压迫中国，这是她已定的计划。所以内蒙自治问题欲得圆满的解决，这二点不可不加以注意。换句话说，就是今后中央对于内蒙，政治上固应打成一片，对于蒙民全体，尤应助长其文化的、经济的生活，使成为组织中华民国的健全民族，不致为日帝国主义所利用，这才是解决内蒙自治问题的正当办法。

《东方杂志》（月刊）

上海商务印书馆东方杂志社

1933 年 30 卷 23 期

（李红权 整理）

归绥社会、教会现状一瞥

计志文　撰

内蒙昌言自治以来，西蒙重要区域，顿为国人所注意。上海伯特利布道团，于九月十五以后，旅行于西蒙归、包一带，该团计牧师，特将目睹情形，录寄本刊，本期先述归绥，下期再述包头。

（编者）

归绥乃绥远之省城，旧名绥远，现改今名，与省名示有区别。归绥有二城，一新一旧，新名绥远，旧名归化，相距约五里，新者为政府机关所在，旧则为商业区域也。二城之间，有大道可通，宽约三丈，两旁植柳，高大过于寻常。有电灯，有汽车，乃为私人所有者，人民交通，则有人力车、火车、自行车。车站在二城之间，惟相矩〔距〕亦如之。从车站亦筑一大道，与二城之道衔接。内地会在旧城之礼拜堂较大，为总堂，新城则为分堂。我等乘人力车赴旧城，经天主堂，占地极大，洋楼高矗。闻省主席傅作义将军，借居于内。女子有长袍剪发，高跟革履，间有身穿大衣、骑自行车者，可谓摩登之至。男子亦有西装革履者，皆为智识界中人，商人则长袍马褂，乡人则短袄裤，外披羊皮一袭，是为此间风气。入城大街平宽，商店林立，铺面装饰，旗招四扬，不若旧时气候矣。惟外观虽热闹，不景气情形，到处皆然，买卖故甚清淡也。商业出口以皮货、药材为大宗，土产次之，前与外蒙及俄通商时，尚有大批茶叶由此运往库伦，今则为俄人所禁止，若重门之紧闭，成立大好商场，惟坐视人之独占耳！商店所陈列货品，除土产外，大半为洋货，外商之势力，深入内地，殊可惊心。全地居民约二十万，都〔多〕为汉民，回、满、蒙人次之。西北畜牧事业，由来已久，出产丰盛，居民有织毛席者，质地粗厚，坚固耐用，价值亦廉，惟因墨守陈法，不加改良，不然西方之呢绒哗叽，难与竞争也。此间地势，约高出海面三千五百尺，气候以秋季为最好，春间多沙土，冬则过寒以华氏寒暑表放室外过夜，有低至五十度以下者，惟夏不太热，亦属居民之幸福也。

人民痛苦达到极点！此地灾害，无年无之，有水灾，有旱荒，有土匪，有盗贼，瘟疫常生，其著名者为瘟热症（Typhus Fever），西教士之染此而死者，年皆有之，无者惟今年耳。据包头瑞牧谈，教会无老年牧师，惟此故耳，彼来华二十余年，为仅存之硕果也。国人之死亡者更多，传染之媒介，乃为虱虱〔虫〕。此地寒冷，且地势高旱，居民有终年不浴身者，于是虱虱〔虫〕丛生，冬天则羊皮一袭，日当衣衫夜当被，数月始去，毛绒中不知孳生几许，若于吸吮病人之血液后，跳于他人之身，一吮之下，即将病菌种入血液，待其发病，则来势凶猛，甚难抵挡，得此病而庆更生者，百不一人。民多穷苦，日食油面，或系粗面，无力进菜蔬，备鱼肉，每人伙食按月不过二元已足，间有并此而无者，以致营养料不足，故十人中有八人有痨病者。街上多数往来之人，皆为面黄肌瘦之贫民。税收颇重，更困人民，在铺中购线袜三双，尚须贴印花一分，其他可知矣。土匪出没于四乡，时为民害，若遇战争，则军人亦为害焉。某年某军失败西去时，将某城全地牲畜、器物，携取一空！数年以来，元气不复，待遇更为不公，无智之民，任人鱼肉，彼等呼诉无门，惟有饮泣忍受而已！

地方黑暗达到极点！人民苦极之后，耕种田地，谋生为难，在上者为之提倡，乃种植鸦片。人民饮鸩止渴，政府抱自杀政策，于是吞云吐雾之徒，平添无数，黑籍顿增冤魂矣！店铺中出售之烟灯烟具，公然陈列，据当地之人观察，谓十人之中有七人有此嗜好者，故此路上行人，多是形容枯槁，衣衫褴褛者，皆受鸦片之害也。乞丐颇多，若于街头立片时，即可见二三经过。据一织毛布厂主告我（小本工艺，范围极小，类此者城中颇多），司务月薪不过三四元，而须月食鸦片六七元，入不敷出，乃至衣被质尽，秋寒已至，仍衣单衫，无可质典，而烟瘾如故，乃向厂中支薪，主任知其难恃，只允借数角之谱，而彼则即此一去不返，往别一厂中，施其同样技术矣。出售女孩之风仍盛行，价八九十元不等，而购之者非以为婢，即蓄之为妓，小女无知，其遭遇乃不幸也如此，可不悲哉！主内兄姊阅之而能无动于中乎！请恳求庄稼之主，打发工人来此，努力宣传福音，以救人灵魂，以改良社会，以挽此颓风！

　　人民罪恶达到极点！此间人民，既因天灾人祸，兵燹匪殃，良民任其鱼肉，饮泣吞声，莠者则挺而走险，流为匪徒，故而匪徒愈多。且匪即平民，日为农夫，夜则盗匪，外来之人难知，往往受其害，行人之衣物被抢者，时有所闻。惟此都在乡村间，城中驻军较多，可免此害，铁道旅客，亦得安全，所苦者惟乡民耳。大车夫有与匪通者，某次有两西教士拟赴乡布道，于三日前雇好大车，但于临行前，心中各觉不安，乃临时取销行程，事后知之，离该地约二日之程，土匪一二百守候劫车，以图达其掳人勒赎之举，幸得主示，未遭其害，亦云幸矣。此后教会传道下乡，总不预定大车，俾免其乘机通匪，且出行时，亦不告车夫何往，惟临时指挥车夫东行或西向而已！

　　伤心惨目有如是耶！再有一样大罪恶，坏风俗，就是将才生的婴孩抛弃在外，任野狗吞吃，有时活活的抛弃，任其冻饿而死，或者用旧布塞其口鼻，使其窒死。亲父母杀死亲生女，举世之间，有如此忍心事否？这不是偶然之事，也不是少数家庭不得已而出此，这乃是普遍的风俗，十个家庭，就难找出一个家庭没有抛弃过婴孩，据一个已经悔改的教友承认，他曾亲自抛弃了七个女孩，心地完全被魔鬼弄黑暗了，一些也不觉得不忍心，难受，或觉这是罪恶。他曾将一个女孩用土塞满于口鼻中，抛在野地，转身走时，耳中听见孩子还能隐隐出声，他便转过身来，走到婴孩旁边，一手抓满了土，再拼命的塞入小小的口鼻中，直到将她窒死，他才徉徜自去！他听了福音有一个礼拜，才觉得这是罪孽！亲爱兄姊们，请你竭力在天父面前祈求，打发工人来此传福音，可以照亮他们昏昧的心地，黑暗的天良！

这种风俗由来已久，虽政府出示严禁，然而抛弃婴孩之事，仍无日无之，不辨左右手的小同胞何辜？惨遭此害！我得见二张照片，一张乃是被狗吃残的婴孩，一张正在被恶狗大嚼，膏其口吻，我看了之后，心痛难忍，就在主前祷告，求主赐给我们人材、经济，使我们可以打发一个布道团常驻于此，开办工夫，一面传道，一面救婴，西北地面辽阔，即数百个布道团亦不算多，请爱主的兄姊们与我们一同竭力的祷告父神，使这事能早见成功。阿们！

安牧师于傍晚在城墙散步时，听见两只狗在前面相争，上前视之，见一活活的婴孩，被两只恶狗各咬住一手，拉来拉去，要把她弄死，可以饱其馋吻，安牧师乃将两狗驱走，将小孩抱起来。尚有气息，惟一手已经咬断。其余的一只小手，娇嫩不堪的皮肉，已被咬伤，两只手都是血肉零落的惨不忍视。安牧师抱着，不觉流泪，急抱到教会，设法救护，但已太迟，过了一个晚上，她就离了这个罪恶的世界到天父那里去了。她只在世上一天，但是所经过的人间的惨酷，为我们南方人从来未见未闻过的，她到天父面前所能报告的世间情况，就是才生下来，就被忍心的母亲咒诅，被心坚如铁、凶狠的父亲抱了出去。不！不是父亲，父亲能这样做么？我们难以深信的事情，竟为这个人间地狱中所常见的事实！唉！无衣无披的出去，塞北的寒风吹在才出母胎的肌肉上，顿然紧缩作一团，父亲呢？仿佛未曾觉得一般，不将衣襟为之裹抱，任其受寒风之摧残，抱到一个静僻地方，便将她抛在地上，身上顿觉痛极而木，坚硬寒冷的地土，已够使之痛苦，尚有碎砖断瓦，杂陈地上，尖锋四向，如狰狞恶鬼的巨齿一般，等待着要饮血嚼肉而后快，她的身上顿被刺破了数处，血便滴滴的流下地去，可惜不能像亚伯一般的能说话。父亲呢？仍昏然不觉的转身走了！留下她独在那里，不一会来了两头恶狗，将她的两只小手狠命咬住，一时痛入心肺，她便昏了过去，待醒过来时，见身卧教会之中，仍因遍体伤创，疼痛难忍，便离了人间地狱，走到天上的乐园去了！唉！

抛弃之婴孩，最多为女，一个家庭中只留二女，三个仅有，四个女子绝无；间亦有男孩者，则因男孩已多不愿再留。重男轻女之心理，莫此为甚，考其原因，一则相习成风，不可挽救，抛婴后可以说之而谈其经过，不以为奇！二因贫苦家庭居多，生了孩子怕更难生活，便下此毒手，将婴孩就抛弃在外，甚有将亲生之婴孩抛弃后，代乳别人婴孩，借以谋利者。挽救之法，惟有普遍的广传福音，及设立育婴院以救济之！

教会小史：教会来此颇早，一八八四年有宣道会等已来创办工作，惟一千九百年拳匪作乱时，教会摧残殆尽，总计约有六十位西教士，而被杀者约有五十，其得幸免的惟有少数已回国者，及有事外出者耳。拳匪之手假毒辣无比，用百般的痛苦，加诸其身，我国信徒之不屈而受害者，数在几千，有被火焚毙者，有被凌迟者，其死难情形极惨，至今人民谈及，犹有寒心，故离此不远之某城，至今仍无一人信主，盖亲见信徒死难之惨，深印胸怀，不能或去，故此至今对于信道，仍具戒心。乱平之后，内地会瑞典教士相率来此，继殉难者未竟之志，卅余年来，传道不为不忠，下乡时穿中国衣，吃中国饭，住中国屋，勤勤恳恳，冒死蹈险，究因中西阻隔，困难更多，故教会事业，不甚发达。

在萨拉齐，现称萨县，本有孤儿院一所，为鄂牧师夫妇所手创，收容被弃婴孩，及孤贫儿女，多至千余（女大部分，男居极少数，不过数十人），一九二七年共产党把持党部，设法破坏，将年龄较大之女子，诱之外出，谓将授以更高之教育，衣好衣，食好食，提倡女子人格，解除妇女束缚。青年幼女无知，遂受其愚，有失身者，待张作霖军队来此，党部人员四逃一空，委弃不顾者有之，被出卖者有之，有为军人之妻者，最不幸者则变为土匪妇云。现在该院只剩下六七十人，且因人材、经济两缺，并受前此风潮之戒，已停止收容矣，可不惜哉！

此次开会性质：此次聚会，为绥远内地会之例届退修会，赴会之人都为教会领袖，男女传道，长老执事，及教友中之自动参加者，及平绥路口外一带，闻伯特利布道团来此领会，亦赶到参加者。总计全体代表有百四五十，西人极少，惟七八人耳。惟每日听道者，有当地之教友，及外人之来听者亦不在少数故可容五六百人之礼拜堂，有时亦告满座。此次聚会，虽专注重领袖灵修，一切讲题，都专注此，惟圣灵作工，不借人助，故外人之肯悔改信主，亲上台前，虔恭跪下，认罪悔改者亦有四五十人。赞美主！

开会情形：每日有四个聚会，早八点至九点为灵修祷告会，十点至十二点为复兴会，下午四点至六点为讲道会，晚七点至九点为查经奋兴会。早晚之两聚会到者约百余，惟上下午之聚会则人数较多。

内地传道，困难极多，外受土匪之阻，内受经济之困，故此灰心者有之，失望者有之，冷淡者有之，缺少能力者有之，此次蒙圣灵大大作工，安慰扶助，无所不至。一晚圣灵大降，祷告时声如雷鸣，及至唱诗时，莫不喜形于色，容光焕发，多人被圣灵充满，乐不可支，甚有手之舞之，足之蹈之者，高颂主恩，响入云霄，大得复兴，举将罪孽认清除尽，把下垂的手举起，发酸的胸挺起，重定志向，努力宣传福音，以救同胞，并深知将来之荣耀，遂不再把目前痛苦，介之于意。现组成布道团二十八个，拟于分散各地后，即行着手进行传道救灵事业，请多为他们代祷。阿们！

　　注意：凡关心于西北之救灵救婴事业者，有所赐教、询问，请投函上海信箱五三三号，伯特利环游布道团可也。请不忘为西北代祷！

《兴华报》（周刊）

上海华美书局

1933 年 30 卷 44 期

（朱宪　整理）

内蒙自治问题解决

碧笙　撰

　　二月二十八日，中央政治会议开会，通过《内蒙自治办法原则》八项。下午内蒙各代表集会，对中政会议案，均认为切合实际情形，决定一致接受，并电各盟旗报告。迁延数月之内蒙自治问题，遂于此得到相当的解决。

　　内蒙之要求高度自治，适在日本占领热河之后。因为日本的大陆政策，向以侵略满蒙为中心，所以一般人对于这一问题的提出，不免怀疑它有日本作背景，从中煽惑鼓动，因而对于各王公要求自治的动机，不无疑虑，对于事件的前途，也不免过抱悲观，后来经过中央大员黄绍雄等的视察，认为动机尚称纯洁，并非由于日本人之从中作祟，内蒙各王公也极力表示归顺中国之诚，这当然是我们所引为欣慰的事。自黄部长百灵庙归来，时历数月，办法尚未确定，以致有不少的谣传，夜长梦多，中途生变，深为关心边务者所忧虑。现在幸而有双方满意的办法确定，不能谓非可庆幸之事。

　　这次办法的内容，虽然共有原则八项，但是可以归纳为下列两个要点：第一，在蒙古适宜地点，设一蒙古地方自治政务委员会，隶属于行政院，并受中央主管机关之指导，总理盟旗政务，其委员长、委员以用蒙古人为原则，经费则由中央发给。第二，各盟旗现有牧地，停止放垦，盟旗地方，以后不再设县治或设治局。

前者是行政组织上的变革，后者是一般制度上的规定。由于前者，因为将来蒙古地方自治政委会中的人物，必定是现在各盟旗王公为主要分子，所以不啻是提高了各王公的地位，并增大其权力。由于后者，则是使蒙民的经济生活，保持在固有的阶段里，而政治制度，长久持续其部落的形态，不与中国划一。

从第一点来观察：与其看它是组织变革的问题，不如看它是用人的问题，比较更合乎实际些。在逊清时代，朝廷对于蒙古，止于縻系而已，以愚民政策，使其归顺不叛。民国成立以后，在五族共和的口号之下，废弃了此种不合理的愚民政策，蒙古青年，也有了求得新知识的机会，造成许多优秀的人物，打破了固有蒙昧〔昧〕的状态。这些人们，在其本身，希望有优越的地位，对于本民族，也希望有所改进，乃是人情之常，不足为异。不幸政府对此，并不曾有适应的政策，不能满足他们的愿望。在北京政府时代，设立蒙藏院，尚且明白规定，容纳若干的蒙藏员司，参与政治。但在国民政府下的蒙藏委员会，则员司多为汉人，既不易明了蒙藏实况，复使蒙藏进步分子，不易有参加政治的机会。这次内蒙自治运动之发起，此辈思在政治上谋出路，不能不说是一个重要的原因。那么，这次运动的发生，不能不归咎于政府之没有适当的措置了。现在，既然允许蒙古别设政务机关，直隶中央，则各王公地位提高，权力增大，同时可以容纳蒙古进步人物参与政治，对于以前的弊病，当然可以有所补救。但是从另一方面看，内蒙在今日，已经立于边疆的地位，对内对外，都关系极重，尤其是在国防上，更有注意的必要。在以前，内蒙各盟隶属于察、绥两省政府，省政府因为就近，比较易于监督管理，现在脱离省府管辖，直隶中央，而中央则距离遥远，将有鞭长莫及之叹。虽然在原则中，有中央另派大员，驻在该委员会所在地指导之规定，但是这个委员会是地方自治委员会，地域性质较强，接收〔受〕中央干涉的成分较少，那么中央大员的力量，能否左右委员会的施设，正未易言。在亟须统一的中国，而有此种地域性质较强的自治组织，而且在重要的边疆上，不能说不有若干的障碍的。

从第二点看来：停止放垦牧地，是经济方面的事，停设县治或设治局，是政治方面的事。蒙民大部以牧畜为业，因为连年汉人开垦牧畜，使蒙民生计，大受影响，为了顾及蒙民的生计，而停止开垦，并非没理由的事。不过在科学、工业发达的今日，中国数千年来闭关自守的壁垒，已经被摧毁了，不能保持其农业国家的状态，蒙古地方能否长期的仍停滞在牧畜的生活状态里，正是疑问。我以为与其这样的维持蒙民生计，不如更进一步用中央的力量，辅助蒙民开发蒙古，以改进其生活。至于不再在盟旗地方设县治和设治局，则一方面是出于满、汉畛域之见，一方面是由于王公为保留其原有的威权，对于政治制度之划一，是很有妨碍的。

总之，这次内蒙自治办法原则，可以说完全是迁就内蒙王公的意见的。记得黄部长巡视内蒙之后，曾拟划内蒙为两个自治区，各设政府，但是内蒙王公坚决的反对，结果仍然顺从了他们的意见，只设一个委员会，综理内蒙政务。其余各项，也莫不是为了蒙古王公的要求而规定的。在国家多难的时会，中央力量不足以驭制边疆，为了免除内部的冲突，消泯国内民族间的裂痕，这种办法，也是出于不得不然，能不因此而引起轩然大波，已经算是幸事。不过在这里我们应当提到内蒙现在的地位，以促国人之注意。

在日俄关系日趋紧张的今日，虽然因为军事准备尚未完成，和国际政治经济关系的牵掣，战争尚不至于在目前爆发，但是将来不免一战，这差不多已成为显明的事实，由于苏俄政府诸领袖明白对日本攻击的演说，更证实非虚。内蒙与外蒙毗连，而外蒙又在苏俄掌握之中，日本对俄军事，必将以此地作重要地带。本来，日本对于内蒙，早存觊觎之心，更何况在此非常时期，其图蒙之谋益亟，事属当然。

正在此时，内蒙自治运动成功。成功的结果，是什么呢？一言以蔽之，是与中国的离心力的加强。这离心力的加强，是使中国对于边疆的统驭力量，更趋薄弱，对于内蒙本身，则是地位趋于孤立，更多给与强邻窥伺的机会。我们不能承认内蒙自治运动含有脱离中国的意味，但是其离开中国的关系愈远，则是事实。我们不能承认自治运动有日本作背景，但结果则有利于日本的窥伺，也是不可磨灭的事实。再者，溥仪适于此时，在日本卵翼之下，僭号称帝，这当然含有引诱蒙人的意义在内。因为自三百年前满清入主中华以来，对于蒙人，向较待遇汉人为厚，满蒙关系，较汉蒙关系，向来较为密切。而且蒙古文化，比较落后，对［后］于〈封〉建时代的名号，仍有尊崇羡慕之心。民国以来，王公之称不废，原因在此。现在溥仪加上了皇帝的尊号，也许可以引动一部蒙人的称羡，因而对于伪国，发生较密的关系。中央议决自治原则，正在溥仪称帝的前一日，则其含义可知。

不过，假如内蒙落于日本手中，则在内蒙徒供日本对俄作战之牺牲，在中国则为失去边疆的要地。如何使事态推移不至于此，则在内蒙当局及有识者的觉悟，和中央严密的注意和监督。

《西北春秋》（半月刊）

北平西北春秋社

1934 年 1 期

（丁冉　整理）

外蒙古亡史的回忆

适存 撰

最近据《密勒氏评论报》记载，中国五十年以来被剖割的土地约二百五十万方哩（计东京四〇，五三〇方哩—法国，安南九二，五六八方哩—法，缅甸二三六，七三八方哩—英，尼泊尔五四，〇〇〇方哩—英，布丹二〇，〇〇〇方哩—英，高丽八五，二二三方哩—日，台湾一三，九九四方哩—日，配斯卡道尔五〇方哩—日，满洲三八〇，〇〇〇方哩—日，河北北部一〇，〇〇〇方哩—日，热河六〇，〇〇〇方哩—日，察哈尔一，〇〇〇方哩—日，外蒙九〇〇，〇〇〇方哩—苏俄保护下，西藏七〇〇〇，〇〇〇方哩—英国势力下，余如各国租借地统计在内①），尚余的国土仅二百万方哩，乃么以五十年前的中国土地来比较，不是已去了二分之一强吗？这样一直下去，再过若干年后，怕连这二百万方里〔哩〕的地方也非我所有了。然而我们的当局却依然镇静，依然说着漂亮话，以外蒙古的现状言之，便足以证实其言行之一般了。

外蒙古在中国地图上看起来不是依然是秋桑叶的一部吗（有人说中国地图形如秋桑叶）？尤其是那些小学生，他们一点也不怀疑，在拿着地图着色的时候，一开头便将外蒙古涂着大中华民国

---

① 各数字原文如此，疑有误。——整理者注

的颜色，再涂到东三省的时候，那便成了疑问了。然而这非特小学生如此，即使一部分头脑不清的好百姓，或者对于这形存实亡的外蒙古共和国也莫名其致亡之妙吧？在下不怕天热，老实地将外蒙所谓独立的经过情形写在下面，使我们这四万万……好百姓朗诵一篇〔遍〕，不知能起死回生否？

在满清时代，利用附属民族的弱点，对蒙人提倡喇嘛教，使民族精神日益消沉，使他们的种族日趋灭亡，蒙人中有少数觉悟的分子，早已有革命的思想，满清政府除用高压手段，以派去的官吏行苛敛外，蒙人别无利益可得，最后如延福、三多，蒙人无不痛恨，当时复因满清革命，达赖喇嘛命令到库伦时，哲布尊丹巴便阴谋反动，俄国利用这个时机，一面干涉清廷在蒙古练兵、移民等事，以结好蒙人，一面便默劝亲俄派杭达多尔济亲王借会盟为名，密谋独立。及武昌起义，俄人又大施手段，甚至出兵援助，于是外蒙古的喀尔喀四部，在一九一一年十一月卅日（清宣统三年十月十九日）宣布独立，逐去中国官吏，建设蒙古帝国，改元共戴，以哲布尊丹巴呼图克图为皇帝，科布多于民元独立，加入蒙古帝国，于是外蒙便算完全脱离中国。民元十一月三日，俄派公使廓索维慈，赴库伦，密订协约，以及商务专条，其要旨为扶助外蒙自治及训练蒙兵，不准中国驻军、移民，俄在外蒙政治、经济上的各种特权，事实上已成为俄国的保护国了。民二的《中俄声明文件》，这便是中俄交涉的结果，俄虽认我有主权，但我却认蒙自治及不驻兵外蒙、移民外蒙，以及尊重俄人利益。民四中、俄、蒙在恰克图三方会议，成立《恰克图中俄蒙条约》，要点：（一）外蒙〈为〉完全自治区，有自治权，但仍为中国领土，中国有宗主权；（二）改皇帝称号，对尊丹布〔哲布尊〕博克多汗，中国有册封权；（三）外蒙文书，中国年历与蒙古干支纪年并用；（四）中国得派都护使驻扎外蒙；（五）俄在外蒙有领事裁判权，凡外蒙政治问题中国须与俄商酌办理。

在外蒙改了自治以后，中国乃颁布外蒙官制，派陈箓为库伦办事大臣，在乌里雅苏台、科布多各设佐理员。欧战时，日俄密约攻守同盟，共同支配蒙古的事情，适科布多中俄冲突的事件发生，情形又恶化起来，幸俄革命爆发，始有转机。后来白俄谢米诺夫，勾结蒙匪，想在海拉尔设立蒙古政府，幸活佛自觉前途危险，欲取消自治，求援中国，民八徐树铮为西北筹边使，十月率兵四千到库伦，自治便因之取消，废止前订《中俄蒙协约》、《中俄声明文件》等，册封活佛，外蒙于是又算中国的了。直皖战后，徐树铮逃，继任陈毅，久不赴任，又因徐在蒙时压迫蒙人，蒙人又起贰心，白俄谢米诺夫，败穷无路，因又怂恿活佛二次独立。一部青年蒙人与布里雅特人，于一九一九年集代表于达乌里（在满洲里西百五十里，俄边防重镇），组织蒙古民族中央政府，谢米诺夫初欲利用，后因不听指挥，又摧残之，俄共产党乃指导外蒙青年与布里雅特的蒙古志士等合力为一体，在恰克图组党。民九白俄败将巴龙恩琴，受日接济，率残军犯库伦，十年二月二次攻击，占领库伦，驱逐中国军队、官吏，仍用活佛为君主，三月宣布二次独立，一切政权则由巴龙恩琴主持，俨然太上皇帝，蒙人不堪，又求援中国，赤俄亦声明，中国不出兵，被〔彼〕当代驱白党。这时的北京政府置若罔闻，俄红军遂指导蒙古国民党，集军队，在恰克图设蒙古临时政府，与库伦相对，派红军合蒙军攻外蒙，十年夏克库伦，灭巴龙恩琴羽党，七月在赤军监督之下组织国民政府，仍承认哲布尊丹巴呼图克图为君主，惟无实权，仅利用以收拾蒙人的心理吧〔罢〕了。

在活佛失去主权以后，中国势力完全消灭，外蒙已成了苏俄的一个联邦了，以俄国的派兵驻扎库伦，及各重要机关都有俄人顾问的情形来看，外蒙古在事实上已到了苏联的掌握中了。民十一莫斯科的《俄蒙密约》，承认外蒙独立，否认中国主权。民十三五月在北京虽订有《中俄协定解决悬案大纲》，其中关于外蒙的二条：（一）苏联承认外蒙为完全中国领土之一部，及尊重该领土内中国之主权；（二）苏联政府声明俟有关撤退苏联驻蒙军队之问题，在协定第二条所定会议中商定，即将军队尽数撤退。但现在是否撤退，尚没有明白宣布，而实际上外蒙的一切，已完全不是中国所有了。

《新潮杂志》（月刊）

上海新潮杂志社

1934 年 1 期

（朱宪　整理）

评蒙古自治

王克训　撰

喧嚷一时之蒙古要求自治问题，现在虽已告一段落，此不过政府对于边疆一时权宜之计，今后自治问题能否再生枝节，或从此可以永久安定下去，一时尚难预测。盖蒙古自治，非单纯之边疆问题，确系整个中华民族问题上之一大关键，因此实有值得吾人评论之价值。谨将〔就〕管见所及，将蒙古自治问题，分为两端，加以观察，即蒙古要求自治之内容，与中央允许蒙古自治之特点是也。兹略述于后。

A　蒙古要求自治之内容

根据二十二年十月十四日愿电内容，则系采用"高度自治"，建设内蒙自治政府，凡事自决自治，关于军事、外交，则仍仰仗中央。换言之，即对外事件，因自身限于力量薄弱，不能不唯中央是赖，但蒙古内部一切大小政务，则统由蒙古自行处理，所谓"凡事自决自治"者是也。其要求自治之根据，系依照总理民族主义扶助弱小民族，使之自决自治之原则，至若所谓"高度自治"，则问题未免严重——高度云者，即无限制之谓也！以中央行政系统言之，高度自治，一切设施，可不受中央政令之限制；以职权言之，自治政府，可超越于省政府之上；以民族关系言之，实为中华整个民族分崩离析之表现。溯自民国成立，五族共和，内蒙地方改建行省，早成事实，各盟旗已分别划归各该管省区，故就中央行政系统及民族关系各方面言之，均不宜有此高度自治政府出现，不但西北国防，关系重要；而中华整个民族之团结，尤为目今救亡之要图，宜乎中央煞费苦心，不欲其好高骛远，徒拥自治之虚名，而无自治之实际矣！

B　中央允许蒙古自治之特点

中央对蒙古要求自治，屡经解释，中间并几经波折，最后始在中政会通过《蒙古自治问题办法原则》八项，于是蒙古自治，始确实告一段落，从此边区行政上，也许不至再度发生若何困难情形。吾人根据事实，可得下列各点：

（1）高度自治之根本废除

依照从前蒙古各王公要求高度自治，并设立自治政府，其目的欲将绥远、察哈尔、宁夏形成一个独立组织。当然对于省制，便不许其存在。自治原则八项中之第一条，"在蒙古适宜地点，设一蒙古地方自治政务委员会"，以代替从前各王公所要求设立之自治政府，同时以地方自治，代替各王公所要求之高度自治，如是则蒙古自治，是中国一部分领域之地方自治，而非漫无限制之高度自治也。

（2）对蒙古实施统治之开始

内蒙虽在亡清时代，早已内属，其实因交通上，及其他种种关系，蒙汉民族意识之隔阂，无可讳言。自国民政府将三特区实行改设行省以后，王公制度与省府组织，即已根本发生冲突，此实为边政不修之一重大原因。蒙人之要求高度自治，其出发点，又何尝不在于此！观其要求废除县治等等，即可见其一斑。因各王公、扎萨克皆世袭制，一经设县，则各旗所有土地、人民、出产、租税，均非各扎萨克所得私有，故设县垦荒，蒙人视为弊政，如察北锡盟地方，不许汉人越雷池一步，其防范之严如此。可是自治原则八项，经蒙古各代表接受以后，中央于蒙古地方自治政务委员会之上，更设立自治指导长官，一方面秉承中央命令，指导自治；一方面调解省县与盟旗之争执，于是中央与蒙古间，省县与盟旗间之政治机构，遂借一指导长官而连络贯串之。因此中央对于边政之设施，亦有许多便利，而盟旗与省县之对立，亦借指导长官之居间而缓其冲。况蒙古地方自治政务委员会，为蒙古最高之行政机关，而指导长官对于该会之处理事件，及发布命令，若认为不当时，得纠正及撤消之，事实上中央已经能干预其内部，比较从前彼此格格不相入，似又大有进步矣！中央既界蒙古地方自治政务委员会，以总揽蒙古政事之权，复设指导长官，以收监督指导之效，于是对蒙古实施统治之基础，已经确立，中央从此因势利导，则今后之边疆问题，庶乎有豸！

（3）蒙古权利之保全

本来蒙汉冲突之原因，即是一个经济问题，如任意放垦，没收恤蒙银两，边吏之层层剥削，商人富豪之任意垄断等等，在在皆为促成要求自治之主因。有人谓蒙人对于土地观念，非常薄弱，其实不然，盖畜牧社会，皆是逐水草而居，牲畜即是财产，无草地即无牧地，无牧地则蒙人之财产，马上就会宣告破产，因此可见蒙人虽然居无常处，实际上仍然保持一部分土地观念。尤其是王公、扎萨克等，对于土地观念，非常浓厚——现在中央对各盟旗现有牧地，停止放垦，以便从事改良牧畜，并兴办附带工业，发展地方经济，处处皆以蒙人利益为前提，此间各王公之所深愿，亦中央对蒙古抚绥政策一部分之确立也。

　　以上所述第（1）（2）两项，是属于蒙古之政治问题，第（3）项，是属于蒙古之经济问题，他如盟旗组织，一律依旧，各王公、扎萨克之统治管辖权，一律保存，并改察哈尔部旗群为盟，其组织则仍然照旧，诸如此类，对蒙古经济上、政治上，尽力恢复其固有权利，且使其真有自治之机会，王公制度，虽然一时不易废除，可是现在一般蒙古青年，皆渐有机会参预自治，中央亦得乘机对蒙古施行半统治之方式。改良蒙古畜牧事业，发展地方经济，使蒙人之穷苦渐渐免除，生活渐渐改善，经济基础亦可渐渐确立。独是文化问题，中央未曾提及，虽云事实上不免有许多困难，然文化问题，一时无法解决，实为民族问题上之一大缺点。蒙古自治之目的，原为巩固蒙人自己权利起见，中央既因势而利导之，更宜以伟大之决心，使蒙古地方变为中国边疆之自治实验区，务将边地渐渐使其充实繁荣。不过封建制度，一时不能废除，且人民智识程度太浅，则今日蒙古自治，尚是贵族自治，还谈不上是人民自治也！凡此种种，皆有赖于中央之补助，以期渐渐加以改良，化内外为一体，合蒙汉为一家，则今日之蒙古自治，未始非将来巩固吾圉之良好基础。慎毋以蒙古要求自治，而遂怀疑自治也。

《蒙藏政治训练班季刊》

南京蒙藏委员会蒙藏政治训练班

1934 年 2 期

（李红权　整理）

赵副委员长演讲词——内蒙自治问题

赵丕廉　演讲

　　各位同学，我们的蒙藏政治训练班，系造就边务人才的学府，所以对于边疆极有关系，因此，兄弟很想和诸位同学见面，今天有机会得与诸位同学谈话，觉得非常快愉。兄弟去年冬天和黄部长巡视内蒙，关于内蒙要求自治的情形，报纸上已经发表的很多，没有什么稀奇，兄弟今天再把个人到内蒙考察以后，将实地见到的情形，向大家报告一下。内蒙自治问题发生，中外都很震惊，报纸上也得到很多的材料，宣传得很利害，但是实际的情形，并不像报纸上宣传的那样严重，因为内蒙所辖的区域，自九一八事变以后，只剩锡、乌、伊三盟和察哈尔十二旗群，以及土默特旗、阿拉善霍硕特旗、额济讷土尔扈特旗，地面已经很小了。察哈尔的十二旗群，又和其他的盟旗不同。其他的盟旗，都有札萨克，札萨克是世袭的官职，一个旗里面的人民、土地，都归札萨克一人支配，人民便是札萨克的奴隶。至于察哈尔十二旗群的土地，则完全不同，原有四群是替政府养马的牧场，其他八旗，是左翼正蓝、镶白、正白、镶黄四旗，及右翼正黄、正红、镶红、镶蓝四旗，札萨克并不是世袭职，不过是代行札萨克职务而已。现在左翼四旗大部分已由察省政府改设县治，右翼四旗，按地形属绥省集宁等县范围以内，而行政方面仍归察省政府管理。

　　至于绥远的归化土默特旗，更不相同，明朝的时候，已经内附，并没有世袭王公，现在旗的组织，没〔设〕有总管负行政责任，并有十二参领襄助进行。该旗所有的土地，多在归绥、和林格尔、托克托等县，已完全开垦。兄弟曾经亲自到该旗看过，都是农田，看不到什么草地，并且绥远省政府的行政，都在这些地方上施行，按从前的办法，土地、人民都属省县，内中蒙人，属之蒙旗，而现在所有的蒙人，也都和汉人一样，分不出汉蒙的界限，所以要谈蒙古自治，在未开垦的地方，尚可适用，在已开垦的地方，并没有汉蒙之分，实在谈不到蒙古自治问题。若照自治原则规定，居住该地满三年者，即有选举权，那末蒙人极占少数，也不能占到优势。就拿绥远说，以百数十万汉人，来和数万蒙人相较，蒙人是当然要吃亏的。

我们去百灵庙的时候，一出归绥县属之蜈蚣坝，都是一片荒草，只有几个蒙古包，包内住的是汉人，过武川县亦是如此，及到云王所管辖的乌盟，也只有少数蒙古包而已。虽有河流，亦不种树，所谓百灵庙，不过是一个大喇嘛庙，附近有几个小喇嘛寺和几家做生意的而已。居民住房，不设街门，又无厕所，任意便溺，极不卫生，问他们是什么原因，他们都说，历来的惯例。除王府及台〔召〕庙能建筑板申（房屋）外，其余的居民均住蒙古包，限制修建房舍。近年以来，虽不十分严格，但王爷只许修建房屋，概不准圈设院墙，于此可见王爷的威权，如此之大。该盟有这样广大而肥沃的土地，完全荒废放弃，是多么可惜的事情啊！

蒙古因文化落后，知识幼稚，人口一天减少一天，此自然之理，若中央不予以帮助，便永无进步的希望。他们专以游牧为生，所以生活很苦。至于久居内地的蒙人，生活都很好，他们都不愿意再住蒙古包。但是蒙古王公对于盟旗事务大半由个人独裁，所以提倡自治，乃是成立整个组织之要求，甚为显明。况且又是少数王公所主张，伊盟七个札萨克都未参加，只有乌盟六旗参加，四子王亦极力反对。在内地毕业的蒙古青年，目睹此种情形，也反对自治，主张推翻王公制度，但因力量薄弱，不得已利用王公，以图日后之发展。王公利用青年以实现自治运动，其他尚有许多失意的蒙人，又从中唆使，互相利用，所以才演成去年的事件。自从我们到百灵庙考察实际情形以后，知道内蒙自治问题，并不是怎样严重的问题。

我们在百灵庙磋商办法时，德王一定要成立统治全蒙古的整个组织，兄弟同黄部长认为此种组织，适足以妨害蒙汉的团结，这是两方面竞执之点，结果，在察哈尔、绥远各成立一个自治政府，由中央分别统治，已成县治的地方仍旧。中央决定十一条方案，兄弟也是参加会议之一，闭幕后蒙古代表不满中央的决定，到各处请愿，最后中央又修正内蒙自治方案八条，与以前决定的十一条稍有出入。

中央修正内蒙自治方案第一条规定"在蒙古适宜地点设一蒙古地方自治政务委员会，直辖于行政院……"，是已经允许内蒙成立整个的组织，与原来决定的完全不同。不过在这一条内，尚有补救的地方，就是，规定中央派大员驻在该委员会所在地指导之，虽然成立整个的组织，尚有范围，不致漫无限制，形同独立。第三条规定"察哈尔改称为盟"，这也是蒙古代表所要求的。查盟旗组织，各有盟长和札萨克，都是世袭制，假如依照他们的办法，不啻使旧的制度又复兴起来，使开化的地方又退化到游牧的生活，幸而这条内，又规定"其系统组织照旧"，尚不致有大的纠纷。第七条规定："省县在盟旗地方所征之各项地方税收，须劈给盟旗若干。"查这些税收，都是省府的地方收入，这样一来，是把省政府的地方行政权的一部分又划给各盟旗，将来省政府方面有没有争执，也是一个问题。中央修正内蒙自治方案，只有这三项是重要的，中央也都有补救的方法，其余几条，都不关紧要。

蒙人意见，极不一致，且歧视心亦大，对于相熟的人，非常信任，叫他们怎么样办都可以，对不相熟的人，便非常困难了。王公们的意见，当时也不一致，如伊盟王公认为于独裁制度不利，皆反对自治，且青年中有反对宗教者，对中央的羁縻政策，颇表不满，但是蒙古各地蒙人，仍旧迷信很深，自治政务委员会成立有期，应该划分步骤，逐渐改进。

再说蒙古的教育问题、卫生问题，也都很重要。中央应该在蒙古适宜地点，设立卫生事务所，救济牲畜传染等病。且蒙地素乏医药，平时传染病流行，无法疗治，亦应当设法救济，增进蒙民的生活。蒙古各旗，学校之设，寥若晨星，一般蒙民，进喇嘛庙即等于入学受教育，但喇嘛庙毫无文化可言，中央应速设法创立学校，使多数蒙民有受教育之机会。总之，我们应本着总理遗教，扶助他们，指导他们，达到中华民族之整个生存。

从百灵庙回到绥远之后，就开一个汉蒙联欢大会，因傅主席很热心的帮忙，一切进行甚为顺利，否则交通方面、饮食方面，都不会有这样的方便。现在中央既已决定办法，蒙人个个满意，蒙古问题从此可算告一段落了。

兄弟说话，多无次序，不过将去年内蒙自治问题的经过，简略的向诸位报告一下。诸位既然到这里来受训练，都是有志于边疆事业的，希望大家将边疆事的担子负起来。兄弟从经验上知道，青年在大都会里生活，最容易堕落，所以希望诸位平时交友，要特别注意，不要与生活优裕的恶少为伍，沾染奢华习惯。古人之成功者，都是能够吃苦耐劳的，大家来此读书，准备将来担任蒙藏政治工作，尤须养成耐劳的习惯，方能贡献国家，贡献社会，兄弟对于诸位，实有无限之希望。

《蒙藏政治训练班季刊》
南京蒙藏委员会蒙藏政治训练班
1934 年 2 期
（李红权　整理）

蒙古问题这就算是解决了吗

伯淳　撰

内蒙古各盟、部、旗、群的行政长官，发起高度自治运动的时候，一时社会上流言蜚语，很引起一般人们的误会。本来在中国政治基础不稳定的现在，尤其是华北沿海地带，无时不感受日本的暴力的威胁，更是危险到了极点。内蒙古各盟、部、旗，恰恰在这风雨飘摇的时候，宣布建立内蒙古自治政府，实在也无怪局外人们的不谅解。华北某大报很确切的说，锡盟副盟长曾德王被日人以飞机挟赴长春谒见叛逆溥仪，仿佛是亲眼目睹的一样。这个原因，固然是由于神经过敏的人们的一种悬测，也由于反自治派故意散放出有系统的似事实的谣言来，欺骗社会，淆乱人心。中国人有个最坏的心理，就是不推断中国还会好，尤其是善于捏造离奇怪诞的谣言！

去年十月间，各盟旗的行政长官，在百灵庙开自治代表会议的时候，虽然有几家报纸与关心边疆问题的人，发表公正的言论，对于内蒙自治运动表示同情，予以精神上的援助，但多数人都是听信谣言，认定蒙古自治有政治的背景，受某野心国家的发纵指示，一致的立论抨击。最可笑的就是他们的"人云亦云"的态度，文章里叙述的事实，完全从报纸上抄袭下来，发表的意见，也是人家的意见，不过把抄袭的事实、人家的意见，再加上一层铺张扬厉，添枝添叶。从他们的断语看来，却好像是亲身经历，有事实的证据似的。这种渺冥的谣诼，笼罩了中国整个的舆论，人人都信假为真，不知道是上了奸人的当！

　　这种谣言，对于内蒙自治问题的解决，影响很大。黄绍雄部长负着中央的使命，到百灵庙与各盟旗王公，协议自治问题的解决方案的时候，便受了这种谣言的蒙蔽。黄部长到了绥远，耳朵里大概听的谣言不少，自己不敢毅然的前往与会，先派李松风往百灵庙与王公们作初步的谈判，看了看会场的情势，王公代表们的态度，并不像外界传说的那样险恶（其实根本就没有一点险恶的成分），才决定日期到百灵庙与王公们会见。十一月十日黄部长由归绥赴百灵庙，傅作义派卫兵数十人，乘钢甲汽军〔车〕护送。当时双方会商的结果，不允许蒙古实行高度自治，并议定解决方案十二条。内容的要点：把蒙古自治组织，分为蒙古第一区自治政府、蒙古第二区自治政府；未设省县与未经垦殖的牧区，划为游牧区域，永远不再开垦；各自治区政府的经常费，由中央按月拨给。这虽然离蒙古人民的理想要求尚远，总算是取得初步的成功。黄部长回到南京以后，各盟、部、旗的王公，遣派代表往南京请愿，向主管院、部、会恳切的呼吁，作进一步的请求。第一，取得完全自治的权利；第二，统一内蒙的自治权限，组织整个的自治政府。不幸中央方面，也受了谣言的蒙蔽，对于代表们的请求驳斥，认为绝无考虑的余地，应当根据黄部长与王公代表，在百灵庙议定的十二条，由中央审议决定。虽然经代表们向中央陈述理由，并请各方援助，但是中央的态度一点也没有改变。

　　代表们在走头〔投〕无路的时候，由彷徨失措，变为觖望愤懑，把请求的事实经过，通电全国，并宣言离京覆命。在这个时候，有人出来调解，商酌转圜的方法，而中央也不坚持原来的意见了，代表们当然是也要相当的让步。最后允许设立一个蒙古地方自治政务委员会，这个机关的性质，顾名思义，便可以明白。代表们这一次的努力，是他们应尽的职责，可以不论。中央各要人终究能够排除众议，不轻信谣言，答应他们成立一个统一的自治机关，使蒙古人民团结御侮，有所凭借，这种大无畏的勇气，果断的精神，实在值得蒙古人民的歌颂与我们的称赞。不过，中央只顾虑到提携蒙人自治的问题，而忽略了安置智识青年的办法。说句干脆的话，将来发展蒙古，主持政务委员会的人物，各盟旗的王公能够负全责吗？我们可以简捷的答覆，有的王公能够负责任，只能负最小限度的责任，蒙古有热血的智识青年，才能够负大部分的责任！

我们把政委会二十八名委员的情况加以分析，就可以明了。这一次发表的委员中，有哲里木盟、卓索图盟的王公，他们自己的土地，被日本吞并，爱国爱身，不肯附逆，实在令人钦佩，然而他们不是蒙古自治区内的实际负责的领袖，委员又不能兼任他职，恐怕是长久的作个平、津的寓公而已。其次，有中央政府与蒙藏委员会的委员，他们也不能兼职，而且本身都有重要的职责，当然不能常川驻会，恐怕是长久的住在南京，担任一个名义。再其次，是锡、乌、伊三盟的行政长官与闲散王公。乌盟盟长干练稳实，富有行政上的经验，但是他的年岁已高，虽负统辖全会的重责，然精气衰疲，难以尽瘁政务。副委员长锡盟盟长，事实上不能到会，伊盟盟长也是同样的情形。再其次，有察哈尔八旗的保安长官、察哈尔右旗的总管、土默特旗的代理总管、察哈尔明安的总管等，他们都是本旗的事实上负责者，行政、司法汇集一身，当然没有时间到会。再其次，锡盟副盟长德王与郭尔卓尔扎布、托克托胡，也是委员之一。德王的学识志略，我们都是知道的，又是发起自治运动的主要头脑，中央拟令负秘书厅长重责，郭王也是有学识、热心自治的人，当然他们能够致力会务，效劳国家。

但是我们总观会中自委员长以下，二十八个人中，东盟王公只是酬劳的性质，中央委员空空的担任个名义，各旗总管，重责在身，又不能按时与会，锡、乌、伊三盟的王公，有的负行政职责，有的是参佛悟性，不愿与闻政务，有的是事实上不能到会的。政务委员会责任这样的綦重，范围这样的广大，虽说委员可以派代表参与会务，然而终究不能代表委员的意见，结果是"只见代表，没有委员"，即有少数的热心会务，勇于负责任的人，但这岂是三两个人所能办的事呢？

政务委员会中，比较热心负责任的委员，大概是锡、伊、乌三盟的王公，这三盟的委员，又是仅有三两个人，能够实际办事。推进会务的机关，除秘书厅长以外，就是各处的处长，以及各处中高级的与低级的职员。委员以不兼职为原则，担任厅长、处长、科长、秘书等职的人选，当然由委员以外的人们选任，人选的籍贯，也必须尽先任用蒙古人，换句话说，就是尽先任用各盟旗的王公。这一般的王公，虽受本地方人民的拥戴，但是能不能胜处长、科长的责任呢？他们的生活状态，都是养尊处优，难任繁巨。就知识能力说，他们没有受过新时代的教育，对于国家的社会状况、国际的政治、外交情势，根本不了解。行政院的命令，政委会的用人标准，取人才主义，不要拘泥种族的界限，事实上即汉人中有适当的人员，能不能为委员们所信任，是否了解蒙古的政教人情，这都是必然发生的困难。那末，可是谁能胜任愉快呢？是蒙古热血的智识青年！

现在，蒙古人民的子弟，受过高等教育的，已经渐渐的多起来，譬如中央政治学校、黄埔军官学校、北京大学、北平大学毕业的学生，颇不乏人。政委会的委员，都是有职责的，只是担任一个名义，正副委员长站在指导监督的地位，实际上做事的人，莫如选任这般具有专门学识的热血青年。他们不像昏庸老朽的人，敷衍应酬，他们是活生生的勇于负责的志士；他们不像愚昧无识的人，废弛职守，他们可以作各种计划工作，促进政务的发展；他们不像空担名义，实际上不做事的人，放弃责任，他们可以常川驻会，遵守着时间办公。政委会要是想做出成绩来，必定把有学识、有政治经验，而热心会务的三两王公，与一般青年的工作人员，打成一气，作为政委会的骨干、主体不可。若是不尽量容纳青年，使他们有为蒙旗服务的机会，我们预料一定发生下列的几种现象：

（一）政委会没有多数的热心地方政务的人员，必定变成个空的死的机关。

（二）政委会没有多数的具有新时代的思想与学识的蒙籍人员，必难改进蒙古的政治、社会、经济生活，兴办各种建设事业。

（三）政委会没有多数的、忠实的、负责的蒙籍人员，必定被少数野心家所操纵。

（四）政委会不尽量容纳智识青年，他们学无所用，必定失望而堕落，或者挺而走险，误入歧途。

这不过是我们所想到的几点，列举出来。总之，除极少数的王公，多数是静的（政委会开成立大会时，有八个委员派代表参加，八个委员既没到会，又没有遣派代表）、退守的，没有现代的知识与能力，热血的青年是动的、进步的、受过高等教育的。

关于蒙古青年的出路，已经有很多的人注意到这个问题。将来发展蒙古，尽瘁国家的，智识青年实负有唯一的责任，也唯有这般青年，才能担当起来。政委会成立之初，中央既没有尽量任用蒙籍青年的命令，那末极盼负有用人全权的行政领袖，多方延揽罗致，这不但于政委会的行政效率，有很大的帮助，就是在复兴民族的运动上，也当然以青年为生力军！

《西北春秋》（半月刊）

北平西北春秋社

1934 年 3 期

（赵红霞　整理）

察省重申烟禁

制五　撰

三个星期以前，我们听到察省开放烟禁的消息，并且有人说省府已派人到绥远购买烟籽，规定每亩烟苗抽税五元，让各县人民自由领种。这消息传出后，一般人有两种猜度：第一种是说，省府鉴于军政费的支绌，想用"寓征于禁"的办法，弥补财政上的不足；第二种是说，各县乡绅预想种烟，故意散布出这种消息，看政府的态度如何。这两种说法，在没有证实这消息以前，都具有极大的可能性。

正在群情彷徨的时候，看见察省府重申烟禁的布告，觉得非常痛快！布告上说："但凡本府政令所及之区，不准有烟苗发现！现在春耕已届……务各及时播谷，振兴农业，勿存饮鸩止渴之幸心！"夫鸦片的流毒，不但戕贼个人的性灵，而且能招致亡国灭种的祸患，所以世界文明各国，没有不悬为禁例的。我国自民国以来，因为军人割据，实际上地方的权力超过国家的权力，中枢法令不能到达地方，于是禁烟一事，时或废弛，影响所及，至有不堪言喻者！这次宋主席毅然重申禁令，劝止种植，一则可以消除外间社会的疑虑，二则可以为国家储蓄些元气，实是近来西北政治上值得庆幸的事！

《西北春秋》（半月刊）

北平西北春秋社

1934 年 3 期

（丁冉　整理）

倒赵风潮之面面观

小峰　撰

　　酝酿多日的倒赵暗潮，终于在七月底暴发了，暴发的原因，传说不一，有谓是与某人利害冲突，所发生的必然结果，从赵氏去年十月上台，就有这种宿愿。有的说撤换校长，是主要的动因，不然为什么风潮之发生，恰在张家口师范撤换校长后。甚且有人说是假期中教员、学生都太清闲了，大家闹着玩玩。我以为这些论调，都是恶意的侮辱我们清白的教育界。按《驱赵宣言》上，载有赵伯陶的六大罪状。听说最惹各方注意的，是赵氏的资格问题，曾有人打听他乡村师范毕业后，还上过什么学堂。再次是他的用人方面，听说堂堂的全省最高教育行政机关，公文上常出令人不可思议的笑话，所以我认为大概是因这两件事，而遭到本省教育界的不满吧？

　　说到赵氏一年来的设施，在地方秩序刚刚恢复后，财政上又非常支绌的察省，我们当然不能希望过奢。最近宣化工业职业学校之添建实习工厂，张家口中学与宣化中学之增建校舍，牧畜科职业学校之创立，义务教育之推行，这不能不说是难能可贵的成绩。

　　由八月二十一日《世界日报》察省旅外同乡启事看来，倒赵的举动，在察省教育界里是未能一致。拥赵的理由，虽然没有发出什么传单来宣扬，我们从报上的启事，可以知道，是国难日急，不应互相倾轧，乃和事老之流也。故目前察省教育界对赵氏的态度，很显明的有两种，倒赵派是郝继曾等数十余人，拥赵派是韩补青等亦数十余人，我知道大少〔多〕数旅外学生，是没有参加任何一方面。

倒赵风潮在寂寞的察省，是非常轰动的，紧张的。近几日虽然没有发出传单、启事，似乎风平浪静，将无声无臭的消灭了，但是事情绝不这样简单，未来的演变，一定非常严重。我认为察省的地位非常危急，已成日本的囊中物了。全省智识分子，应当怎样精诚团结，共挽危亡，应当把全副精神用在对付小鬼子上，大众的民族意识如何唤起，庄家老所受的残苦〔酷〕压迫，如何解除，这都是智识分子的责任义务，也是国民应具的爱国心！假如这些事情，讳而不言，而兢兢于权利地位，则既失信仰于本省群众，又贻笑大方于全国志士，思之能不痛心。况察省过去，一向受宰割于人，今幸以教厅一职俾予省人，我们应怎样爱护他，指导他，使真能为吾群众谋福利，解除痛苦，我相信本省人虽然无能，总还有乡土之念，总还能把省政的消息告诉我们，在省府里总还有发言的机会，总不致昧着良心，鱼肉乡里。从前高惜冰的才能是不错吧，他给我们建设了什么，兴办了什么？除了为方便去女师消遣，在教厅内辟一后门，直通女师外，作出什么瓜瓜的事来！所以我们为拥护本省人的利益，应当先确定无能的厅长下台后，较有为的本省人，事实上哪个能上去。有人说赵厅长还"虚心做事"，"有心向善"，所以我们本省教育界同人，应当纯正的批评他，督促他，让他不只是虚心，还要努力，全省内外教育界同人，同心协力，共同向着我们的目标努力才对，不然两败俱伤，悔恨何及！

再次说到《倒赵宣言》的假借名义方面，按第一次宣言的列名四团体，我觉得非常惊异，暑假留平的同学，除投考学校的同学不计外，总数不及二十人，且同学中向无察省旅平同学会之组织，何竟发出宣言，即临时组织前亦未之闻，况十余人即正式组织，何能今代表旅平全体同学，这是令人百思不能解者。至于旅津同学会职员多属北洋工学院同学，暑假内多返里，会员离津，何能发宣言倒赵呢？还又是令人怀疑的。听说去年旅津同学会，为某方发言拥某人长教厅事，曾发代电否认，前车既鉴，岂可再乎？学生团体如斯而已，其他两团体，因不得其详，未便论述，不过这两个会，什么时候成立，会址在何处，不得而知焉。

我对于假借名义的事，非常感着痛心，其实不只是我自己，去年的用平、津、保学生团所发的宣言，同学间就觉得不高兴，以后旅津同学会正式否认，同学们都认为怨气已出，不愿再说什么，谁想事隔一年，死灰复燃了！闻北平大学同学会与师范大学同学会，为免去这年复一年的麻烦，将发表声明。天津方面的同学，更为愤慨，将彻查假借名义之主动人，正式警告。

倒赵团体的内容如斯，真让人不寒而栗。我认为赵伯陶假如该倒，用公民的资格呈控发宣言，效力是一样的，借这些团体够无味了。旅外各处的同学，雅不欲让人借名包办，像这些事，还事前商量一下好，或者像郝继曾等致吕健秋的信，写出姓名来道〔倒〕干脆。

至于赵氏对这次风潮，也难免有手忙脚乱之讥，一个省府大员之去留，绝不能以几张宣言为绳准，假如省府对自己信任，当然这些肆意侮辱的东西何必管他，如果确实证明这些恶意漫骂的东西，是出于几个人的私意，当然更容易解决。听说省府里对这几个发宣言的人，要按共产党惩治，不知道这个消息真确否？其实也用不着采取这样严厉的手段，假如发现这种骚动是对人不是对事，那么，竟可诉诸法律。据省府传出消息，这次风潮，不仅是学生，有省内作事的人参加，如斯则解决的方法更容易了。所以为赵氏计，只要自己问心无愧，就应该坚决果断的作下去，彻查这次风潮的主要动因，如果确实证明是几个人在肆意的攻击你个人，而同时大多数省内外的教育界同人，尚相当的同情于你，还希望你努力做事，那么，这点风波还值得手忙脚乱吗？如果省府里对自己怀疑，尽可呈请调查真象。如受人攻击之处是实情，良心上过不去，那只好退让贤能了。这样做是光明的，磊落的，社会自有公论，况且诬控有反坐之罪，有法律可作保障焉。望赵氏慎重图之！

《塞外人语》（半月刊）

北平察声社

1934 年 4 期

（朱岩　整理）

蒙古问题不容忽视

韶仙　撰

自东北沦陷以来，日本为实现其整个的"满蒙政策"起见，对于内蒙，积极窥视。同时，内蒙一部分王公，也时有与伪联络的事实。最近日本更于热河西部之林西地方，设有特务机关，用意如何，不问可知。吾人于此，不惮再烦言辞，以促国人及政府之注意也。

夫日本之所以不肯放松内蒙一步者，盖一以防苏俄、外蒙势力之南下，一以控制中国之华北。其所施之手段，一则利用土著，从中而煽惑之，一则渥惠失意王公，使与中国疏远。东北四省之失，以及历次华北及察东之不安，宛如同出一辙。自蒙古政务委员会成立，日本更以为拉拢东蒙的时机成熟，于是亦在兴安屯垦区设立自治政委会，加封大批官衔，以怀柔东蒙少数盟旗王公。在日本方面，固不费任何力，可以换得一干亲日分子。在中国方面，则国家元气之再丧失，盖莫大焉！

抑有进者，日本之野心，初不仅东蒙可餍。如何使中国蒙古自治政委会发展，使彼地方蒙民，切实感受中国政府实惠，不为日人之利诱动，斯则尤望于中央及自治政委会诸公之努力，及蒙古同胞之觉悟者也！

《西北春秋》（半月刊）
北平西北春秋社
1934 年 4 期
（朱宪　整理）

日对蒙古积极侵略与日俄冲突

作者不详

自九一八事变后，内蒙在辽宁境内之哲里木盟，及热河境内之卓索图及昭乌达盟，均先后沦陷，而日人觊觎西蒙之野心犹未稍减，近更因日苏情形恶劣，为谋占据一对苏联之军事中心起见，其侵略西蒙计划，更变本加厉，用尽方法，计在拢络蒙古王公，脱离中央，而遂其侵略诡计。一方面则以经济、政治、文化种种手段积极对蒙侵略，文化中如在蒙设学〔立〕学校，发行杂志，鼓吹日蒙亲善，宣传、联络之政策。关于军事方面则尤紧张，日伪对俄，国境线之防备与调查，均在加紧进行之中，因内蒙地方与外蒙毗连，日军为避免超越大兴安岭山脉之天然阻碍，军事上颇拟利用多伦通蒙道路，由热河出兵，经此绕出大兴安岭，再循贝加尔湖区域，进窥赤塔，此项战略将来如被采用，则内蒙方面，于战端启后，定被两交战国之铁蹄蹂躏。昨据新由内蒙游历归来之某君谈，百灵庙之蒙古政委会，对近半年来借游猎来蒙之日本军官日渐增多，颇以为忧，最近不但持日使馆证书入蒙者增多，且有持伪国发给之证者，该会对此，尤不易应付。外人入蒙游猎，向例系由该国使馆发给证明书，再由吾地方当局予之护照，蒙族王公检验后，予以保护及便利。近来入蒙之日人，则全无吾国官厅之护照，所持使馆证书，以由日本驻东三省各地领馆填发者占多数。最近复发现持伪国各部所发证书之日人及华人，均系结队由热河进入锡、乌二盟各旗，随带汽车及枪枝，借游猎打牲之名，遍历各地，窥其行径，均系军官，对山脉、河流极注意调查。该会实力薄弱，无法阻止，亟盼政府早日注意云。

《创进月刊》

南宁第四集团军总政训处

1934 年 5 期

（丁冉　整理）

亟应解决之蒙古问题

士仲　撰

自九一八日军侵入满洲，我大好之东北三省，不复为我国之版图，继而热河沦陷，我东蒙之半壁河山又失；我国之疆土有限，日人之蚕食无息，以有限之山河，供无息之侵蚀，其不趋于灭亡者未之有也！今者我国不欲保持疆土、立国世界则已，苟欲保持原有之版图，建树丈〔立〕国于世界，非殚精竭虑，巩固边圉，遏帝国主义者之眈眈虎视，感边疆人民有拳拳内向之诚，庶几边防可以巩固，国势可以维新。

粤稽古籍，遍览史册，知我国民族，有骁骑善射，勇敢有为者，厥为蒙古民族，周之猃狁，汉之匈奴无论矣，仅以元朝之成吉思汗而论，统率军马，东征西击，所至风靡，地跨欧亚，名震环球，为我蒙古利亚民族增光耀史，此乃我民族最灿烂光荣之一页也！

今东蒙之热河，不复为我所有，而蒙古之中、西两部，已失去其屏蔽，而撤其藩篱，况帝国主义者环而窥视，东有日"满"，北接苏俄，时时为人觊觎，日日有被鲸吞之虞。处此恶劣环境之下，若不急图振刷，激荡民族之精神，恢复固有之雄风，恐不为外族之欺凌、帝国主义所攫取者几希矣！

锡盟副盟长德穆楚克栋鲁普，鉴于东蒙之被帝国主义者所攫去，有波及中、西两部之势，遂感唇亡齿寒，不寒而栗，当此强邻逼近，宰割堪忧，生死关头，遂想振起民族精神，团结图存，以矫过去各自为政之弊，而收团结共存之效，故倡导蒙古高度自治，邀蒙古各盟旗盟长、札萨克、王公、总管代表等于百灵庙，商讨自治方案，其举不为不善，其事实堪可庆，我政府以此事体大，不容轻视，故特派黄绍雄、赵丕廉两大员赴百灵庙，参加会议，商讨自治方案，并宣示中央德政，慰勉蒙民，拥护中枢，黄、赵与蒙古各王公在百灵庙接洽结果甚为圆满；从此蒙古民族有自治机关，可以互通声气，易于团结，内可以兴办实业，以解决经济问题，外可以一致御侮，巩固边疆，而安腹心。然事有出人意料者，此百灵庙所商之自治方案，未如原案通过，以致事件搁浅，蒙古赴京之各代表，力事争相，延宕数月之久，而不得一解决之法，若长此迁延，则使蒙民主张之"自救救国"之一番热忱，将变为冰冷，岂不惜哉！

　　斯时我国处于极危险之地位，四围之帝国主义者，睁大圆眼，欲谋瓜分，内乱之互斗不息，江西之"共党猖獗"，孙、马之酣战益炽，南疆有独立之事，新省有盛、马之争，英国谋藏之心，匪一朝夕，苏俄环绕我西北半圈，垂涎已久，日"满"之谋我蒙土，更不待言矣！我处在此种恶劣环境之下，遇边疆之事，应速谋解决，取一致之态度，以图自存，若仍因循敷衍，延宕时日，则"向我者离我，亲我者疏我"，因此我人希望中央，对于蒙古自治事件，速谋解决之途，以收蒙民之心，更愿蒙古在京各代表，体念国势之阽危，处境之恶险，勿斤斤于百灵庙所议之自治方案以争，勿与中央以难题相要挟，应于蒙古自治内容之努力勇为，使如何能团结蒙民，以御倭奴之侵略，如何解决蒙古之经济问题，如何兴办蒙古之实业，如何恢复过去蒙古民族之固有特征，如何发达畜牧，如何从事种植，以解民食问题，此荦荦诸问题，尚希蒙古诸王公代表，详思深虑焉！

《陇南卯铃》（月刊）

北平陇南留平同学会

1934 年 5 期

（丁冉　整理）

内蒙自治之近讯

作者不详

蒙古代表离平返蒙

（北平通信）内蒙各盟旗代表由京来平后，连日接洽任务已了，且行政院曾有指令到平，催促蒙政委会早日成立，遂由军委分会代备包车一辆，于二十一日正午由西直门车站登车，全体离平返蒙。到站欢送者，有蒙藏委员会驻平办公处处长李丹山，盟旗通讯处秦士元，蒙藏学校包文昇，蒙古同乡汪自洋等。代表等于十一时即相继抵站，装运行李，军分会派高胜岳到站照料一切。车于十一时五十分开行，在平蒙同乡赵福海亦同车前往，闻系以私人资格参加组织政委会事宜，据尼玛鄂特索尔在站语记者，代表等来平后，各界招待，实深感谢，除本人在张垣下车，乌、伊两盟代表僧格林沁、白音仓等赴临河谒傅主席（作义）报告一切外，其余各代表直赴百灵庙，预计二十二日到包头，本人等二十三日亦赶至包头会齐，二十四日由包头出发，乘汽车赴百灵庙，二十六七日可到，谒云委员长报告后，代表任务完了。政委会组织成立日期，当在下月中旬，何委员长辞指导长官事，经代表等再三挽留，已无若何问题云。又蒙古留平同乡会组织成立问题前因某方未予备案，数次皆未得成立，近南京蒙藏委员会已函平市党部、政府，尽量予以扶持，想不成问题，该会已定于四月一日在市党部大礼堂举行成立大会云。

行政院训令速组政委会

（绥远通信）行政院训令云王，从速组织成立内蒙自治政委会，其原文云："令蒙古地方自治政务委员会委员长云端旺楚克。查《蒙古自治办法原则》、《蒙古地方自治政务委员会暂行组织大纲》，业经公布，该委员长应速遵令，将该会组织成立，并须注意下列各项：（一）按照蒙古地方实际情形，先行妥拟本年度自治实施计划及该会各项概算，并会议规则、办事细则，分别呈候核定施行，以期循序推行。（二）该会为蒙古地方最高自治机关，所有各项职员虽以任用蒙人为原则，但必须慎选确能胜任之人才充任，更不宜强求各盟旗之平均分配，致有人选失当之虞。（三）该会一切收支款项，均须慎选廉洁干练之人员经理，除该会及所属机关必不可少之薪俸外，并须点滴用之于目前急需之事业，不得随意动用，致滋浮滥。（四）该会成立后，应通告所属全体官民，仰体中央特许蒙古自治之原意，共同努力于地方福利之增进，举凡意气用事及权利之争，均应力戒。（五）该会办理各项事务，遇有关涉省之事件，应与省政府会商办理，分工合作，务求和协，倘有未能商妥之事，须请中央或指导长官为之解决，不得轻启争执，致背中央安定边局之初旨。以上各项，仰该委员长切实注意，慎重将事，并通告所属官民一体周知为要。切切此令。"

蒙委员名单及略历

内蒙自治政府新委员二十四人名〈单〉、略历，介绍于此。蒙古民族同属于元太祖后裔，姓博尔济吉特，故蒙人只称名而不冠姓，其名字多取之于喇嘛教经典中之吉祥文字，故重名者极多，译成汉字因毫无意义，故不易断句而且难于记忆，故各委员之名，外间颇有断句错误者，兹详加订正于此。

新职	人名	原职	封爵
委员长	云端旺楚克	乌兰察布盟盟长， 喀尔喀右翼旗札萨克	郡王
副委员长	索诺木拉布坦	乌珠穆沁右旗札萨克， 锡林郭勒盟盟长	和硕车臣汗亲王
副委员长	沙克都尔札布	伊克昭盟盟长， 鄂尔多斯右前末旗札萨克	贝子
委员	德穆楚克栋鲁普	锡盟副盟长， 苏尼特右旗札萨克	多罗都楞郡王
	阿拉坦鄂齐尔	伊盟副盟长， 杭锦旗札萨克	亲王
	巴宝多尔济	乌盟副盟长， 乌拉特中公旗札萨克	镇国公
	那彦图	在京王公	
	杨桑	阿巴噶右旗闲散王公	多罗郡王
	恩克巴图	察哈尔旗人， 中央委员	
	白云梯	东盟人， 中央委员	
	克兴额	卓索图盟人， 中央委员	
	吴鹤龄	卓索图盟人， 蒙古驻京联合办事处长	
	卓特巴札布	察哈尔八旗保安长官	
	贡楚克拉什	审〔察〕哈尔右翼总管	

续表

新职	人名	原职	封爵
	达里札雅	阿拉善札萨克	
	图布升巴雅尔	额济纳土尔扈特札萨克	
	荣祥	土默特代理总管	
	尼玛鄂特索尔	察哈尔明安总管	
	伊德钦	卓索图盟喀喇沁 右翼旗王公	
	郭尔卓尔札布	萨尼特闲盟〔散〕王公	达尔罕郡王
	托克托湖	锡盟协理， 阿巴噶右旗闲散王公	辅国公
	番弟恭札布	乌盟四子 王旗札萨克	亲王
	那木济勒色楞	哲里木盟〔长〕副盟长， 科尔沁左中旗札萨克	和硬〔硕〕达尔汉王
	阿商〔育〕勒乌贵	卓索图盟副盟长	

《大道半月刊》

天津新民编辑社

1934 年 8 期

（丁冉　整理）

察哈尔旗群改盟后的治权隶属问题

张韶仙　撰

内蒙察哈尔部十二旗群，根据本年二月廿八日中央制定的内蒙自治原则第三项，正式改为一盟。新正、副盟长，均由公选推定：盟长为卓特巴扎普，现充该部十二旗群的保安长官。副盟长为富龄阿，现充该部正红旗总管。以资格与声望言，卓、富二氏，允充此位。惟按中央法令，尚须经中央正式加委，始能就职。现该部已将公选盟长经过，由十二旗群各总管联名，电呈蒙藏委员会报告，请由中央明令委任。这次该部改盟，由散漫而趋于结合的组织，不能谓非内蒙政治制度上近年来的一大改革！

不过，无论哪一种政治制度，皆有它的悠久历史，一旦有所改革，往往要引起纷纠。所以随着十二旗群的改盟，马上发生一个极严重的治权隶属问题：就是这十二旗群改盟后，还是依照旧日的系统组织，仍然隶属于察省政府，还是与其他已有的各盟立于同等地位？

按内蒙的政制体系，盟以下有旗，以札萨克为一旗之长。合旗而成盟，盟长均非世袭，系由政府遴选各旗札萨克之资深明贤者委充。各盟在清时统属于理藩部，民国以来废理藩部，则统属于蒙藏院，国民政府成立，又改蒙藏院为蒙藏委员会。本年蒙古自治政务委员会成立，各盟治权渐次集中于该会。

惟察哈尔部的情形，与其他蒙古部分又有不同。该部在明末时

候，因慑于边强，惧为所并，乃徙近长城一带，是为察哈尔命名
之始。至清初废止林丹汗后裔世袭位，号内属游牧部，三百余年
来，一向受政府直接委任之都统管辖。民十八改省，依旧隶属于
省府，各旗群地位，逊于其他盟旗。所谓内属游牧部，即今之十
二旗群。其右翼四旗地，分隶绥东凉、陶、丰、集、兴五县，已
垦地约十万顷。按清初收有其地，共编为八旗。群牧〔牧群〕乃
由八旗分出，专为清室畜牧马、牛、羊之地，合之称为十二旗群。
察省府为便于治理计，设有第四科，专为办理旗务者。各旗群的
地位，与县的地位相等，直接受省政府的管辖，所有一切事务，
皆取决于省府。民十七，各旗群为谋行政上的团结，在察省会所
在地的张家口，曾设有"察哈尔旗群十二旗联合办公处"，置处长
一人，不负任何责任，由旗群各总管轮流值班，每一月更替一次，
处理处内的日常事务。然此亦不足以妨害察省府治权的统一。

　　按内蒙自治原则第三项的规定：察哈尔部改称为盟，以昭一
律，其系统组织照旧。又第四项规定：各盟旗管辖治理权，一律
照旧。是这次原则的精神，首在维持蒙古的现状，进一步发展蒙
古的文化。照这样的明文规定，意义十分清楚，十二旗群虽然改
盟，而其行政的系统，仍然应维持现存的关系。况且在十二旗群
中，如商都、宝康、多伦、沽源均已设县，治理极便。同时，右
翼四旗地，在现制之下，乃隶属于绥省府的管辖之下。一旦左翼
四旗地脱离察省府的治理，势必也引起绥省府治权的变更。在今
日边疆多事之秋，多伦、沽源两县，殆名存而实亡，若骤行变更
现有的行政系统，很容易给外人以觊觎的间隙。这一点，新选盟
长业已注意及之，不愿将盟所设于牛羊群庙，以其距多伦极近，
易受日伪的威胁。此点，吾人深佩卓氏见识远大，洞悉边情，与
吾人所感者正同。

　　但是，对于这问题的解决，无论中央与地方政府，皆应有缜密

的审虑。解决方法得当，则可以相安谋进。否则，将来蒙古自治与察、绥行政，都将感极大的辣手。当兹问题发生之会，吾人愿供其一得之愚，以为负蒙古行政责任者与中央诸公解决本问题之参考。

第一，对于本问题的解决，应尽量引用蒙古自治原则。各旗群行政系统，务使维持现状，以免牵动大局。如十二旗群脱离察、绥两省府的管辖，则目前两省财政，马上感觉到拮据的痛苦。

第二，中央此后应以法令明定省与盟之间的权限关系，以为省与盟共同遵守的原则。

第三，察哈尔盟政府成立后，中央应命令察、绥两省府，将在旗群地方所征之各项税收，依照自治原则批税办法，批给盟政府若干成，以充该盟的建设费。其已设县者，得不在此列。

第四，盟政府成立后，在张家口成立的"察哈尔旗群十二旗联合办公处"应即取消，以维行政系统上的统一。同时，盟政府与省政府应各派代表一人，常川换驻两政府，以收联络之效。

第五，盟政府所在地，务期设在左右翼与察省府所在地的中心适当地带，相互策应。

最后，对于蒙古问题的解决，与其他边远回、藏民族问题相同，不能专恃明文的法令。要在不违反自治原则的范围之内，遇事抚绥得宜，一本蒙汉一家、相亲相爱、协力合作、共存共荣的精神，相机善处，多方开导，边政庶几有豸！

《西北春秋》（半月刊）
北平西北春秋社
1934 年 8 期
（李红菊 整理）

蒙古自治之前途

作者不详

政委会已定期成立

（归化七日电）蒙古政委会定二十三日成立，会内人员，云王已酌用一二，据赴庙代表之返绥者谈，德王不时与云王通讯，二十三日可到庙。

（南京七日电）傅作义电蒙藏委员会，请增派土默特旗总管满泰为蒙古自治政委，下周行政院会议可发表。又云王六日自百灵庙来电，报告蒙古自治政委会定二十三日开成立大会，并请中央筹拨开办费五万元。

自治前途难题尚多

（北平通信）蒙古地方自治委员会，自赴京代表返百灵庙后，经蒙古青年的激昂慷慨争得之自治，似应加坚〔紧〕进行，以实现其自治主张，但实际上，据新从西北来平对蒙负有责任者谈，自治之准备，反不若未得中央批准自治方案前之热烈，前者因有热心政治之青年切望实现其主张，又得德王等大力者之领导，故做来有声有色，近自中央通过自治方案后，方针已定，人选亦派妥，不容再有操纵把持、以私害公之余地，前者呼号奔走惟恐不早日自治之人，自黄绍雄在庙决定方案后，即迁往背后，静观问题之开展，入京请愿者之抱负，与在庙会议之主张，有不甚相同，故虽与中央抗颜力争，得到较百灵庙议定之方案更与蒙人有利之新方案，因观点不同，仍不能得前此发起自治者之同情与援助。蒙古人才极缺乏，集中一处共谋自治之发展犹嫌不足，今乃各树一帜，相与掣肘，分道扬镳，又为法理所不容，疏通调和，亦无人能以为力。锡盟王公，日前又聚议于滂江，商议对百灵庙之态度，闻结果决定取静观态度，暂不参加。伊盟僻处河套，向采闭关主义，当中央未决定自治方案以前，曾要求自组一自治政府，今虽取得三名委员，对自治仍甚冷淡。土默特总管满泰，因抱病经年，旗务交由副总管荣祥执行，中央乃以荣为自治委员，最近该旗之人，又纷请以满泰入委员，事实上不易办到。察哈尔改盟后，拟推该部保安长官卓特巴扎布为盟长，该部委员名额较多，改盟后各总管之地位，又得提高甚多，昔为省府委任，此后将改由中央简任，故对自治最感兴趣，其余各盟旗，均比较冷淡。蒙人习性，好静恶动，有老死未出旗界一步者，自治委员会设于百灵庙，距各旗远者达一二千里，各委员又不必常川驻庙，远道奔往集会乃成一问题。中央有鉴及此，乃准各委员本人不能出席时，得派代表前往，此项规定虽为实际需要，但恐将来只见代表，不见本人矣。盟旗事务，向由王公独断专行，代表出席，对事务绝不能全权解决，故自治之如何推行，难题仍不甚少。中央近派熟悉蒙情之某部长北来视察，日内可到绥远，对自治上关于省、蒙问题，将有所研究，并观察百灵庙之设施。惟中央对自治之进行，只处监督地位，蒙古本身因自治所起之暗潮，或因此而妨碍自治进行之事，在不妨碍国家及地方法律秩序时，拟暂不干涉云。

《大道半月刊》
天津新民编辑社
1934 年 9 期
（朱宪　整理）

日本积极侵蒙与我国政府的对策

张韶仙　撰

近月来，日本对于内蒙，尤其锡林格勒盟，安排有计划的领土侵略，不但派遣重要的文武官员，亲到该盟调查，并且在该盟也仿照在多伦的作法，设有特务机关。本来日本对于东北与内蒙，一向视为侵略的整个对象。东三省，不消说，自从九一八以后，实际上是被日本拿走了。然而这在日本人看来，不过是"满蒙政策"的部分的实现。所以东三省沦亡之后，马上接着就是热河的噩耗传来。热河失陷以后，日本又得寸进尺地经营着东蒙，现在东蒙也非我们所有了。东蒙被拿走以后，当然就轮到西蒙。所以近月来日本对于西蒙的积极经营，在明了日本的一贯的满蒙政策的人看起来，本是意料中的事。

但是日本为什么现在对于西蒙施行积极的侵略政策？在我们看来，有下列三个原因：

第一个原因，是由于冈田新内阁新策的推行。日本近几年来的政治动向，完全趋于国策强力化的一条道上。犬养毅的被刺，无形中给继任内阁（即斋藤内阁）一个明白的启示：日本少壮军人的要求，是强力化的内阁，即是以强力去实行日本的国策。于是在军人的意志指挥之下，以军人为中心的斋藤内阁组成了。斋藤内阁的最重要的施政方针，就是对于满蒙政策的积极化与扩张日本陆、海、空军。但是斋藤内阁两年来的努力，在军部军人看来，还是不能满足他们的希望。为了应付明年全世界海军会议与促进满蒙政策的具体实现，而有冈田内阁的成立。所以新内阁成立后，声明对于前内阁的施政方针，仍然不行变动，只是更努力使其具体化而已。那末，这〔些〕时日本对于西蒙积极进行侵略，也不为无因了。

第二个原因，是由于中国政府对内蒙的积极经营。从第一个原因，我们知道冈田内阁为表示新阁的努力，以取得军部的信任与欢心，对西藏〔内蒙〕积极进行具体的侵略。同时在中国方面，自东四省与东蒙沦亡以来，对于成为中国北部国防的内蒙，也相当加以重视。最近内蒙自治指导长官公署的筹备成立，更足以表示中国政府对于西蒙的不肯放弃。但是这件事——中国政府对于内蒙的实际经营，在日本方面看来，是与日本的满蒙政策根本冲突。于是为了采用"先入为主"的敏捷手段计，正当中国筹备成立内蒙自治指导长官公署，从事实际经营内蒙的时候，日本也同时在锡盟成立所谓特务机关，与中国互争雄长，阻挠中国方面的努力。

第三个原因，是由于日本一贯的政策。日本近几十年的政治，随着国际政治与国内需要，虽有种种的演变，然而对于满蒙政策的努力，历来却只有缓进与急进的差别，而无根本放弃之说。田中以后，更奏请日本天皇，确定满蒙政策为日本之国策，以满蒙为日本之生命线。这次日本之积极进侵西蒙，从纵的方面观察，当然是日本一贯的满蒙国策的施行。

从上述三个原因说来，日本对于内蒙的侵略，原是数十年来的一贯国策，月来因为日本冈田内阁新策的推行，与中国政府对于内蒙的实际经营，致使日本对于锡盟施行进一步具体的侵略。据一般的预测，到秋天将有新的动作。在这几个月之中，实是内蒙存亡的关键，所以，如何安定内蒙，变〔便〕成了目前中国内政上的一个大问题。

　　我们以为目前应付内蒙的严重情势，还应从根本下手，注意下列两点：

　　第一，中央对于内蒙的社会生活与组织，应竭力使其现代化。就社会生活方面说，对于蒙人的衣食住行，首先应予以改进。譬如修筑公路，便利交通，设立医院，以重卫生，建设新村，提倡农业等，都是改进蒙人生活的初步工作。务使蒙人在实际生活上，看见中国政府为他们的努力，切实感觉到中国政府的善政，然后才能打破蒙汉的界限，不为日本的利诱所惑。这一层是最基本的工作，这一层作不到，蒙人与中国政府间的隔膜，始终不会打通，蒙人始终不会看见中国政府。我们很希望内蒙自治指导长官公署成立后，把这个重担子与中央各院会负担起来。

　　第二，对于内蒙现社会与现政治的改革，以及建设新蒙古的重任，应切实放在现在内蒙的智识青年身上，不能完全依靠年老的王公。为达到这种目的，所以对于现在内蒙青年的培植，也是刻不容缓的事。其已受大学教育的青年，应酌量分发于中央各机关实习，然后派遣于内蒙政治机关工作。其未受高等教育的青年，应依照内蒙社会的需要，指定科目与学校，资助其留学国内外，以备他日应用。同时在内蒙各地，应广设中小学校及其他文化机关。这是安定内蒙巩固边疆的根治法，同时也是防止外力侵蚀的消毒剂。

　　在我们看来，对于防止日本对内蒙的积极侵略，除从根本上实际谋内蒙物质的建设，与培植建设新蒙古的中坚分子而外，没有别的办法。

　　　　　　　　　　　　　　　《西北春秋》（半月刊）

　　　　　　　　　　　　　　　北平西北春秋社

　　　　　　　　　　　　　　　1934 年 9 期

　　　　　　　　　　　　　　　（訾茹　整理）

内蒙问题告一段落

作者不详

内蒙接受中央方案

内蒙自治问题，德王等现已放弃另组政府之意，接受中央方案，黄内长等亦于十九日自百灵庙返绥。归化十九电，内蒙三盟合组自治政府之要求，当黄、赵抵百灵庙之初，德王等仍坚持原议，其自治范围，除三盟外，并包含察、绥、宁省区特别旗，并要求废除察、绥两省，将治权交自治政府，土地由蒙人耕种。如果实现，不但破坏国家组织，且影响两省汉人生活及民族感情。十二日黄绍雄与云王、德王首次谈话，说明中央德意，劝其接受方案，当日未有结果。次日更请考虑，结果仍持原议。黄将方案略增删，交其考量。十五日再议实际问题。十六日各王公等提出具体方案一纸，第一项仍主张原议，黄拒而不纳，至此顿成危局。十七日黄将彼方呈文退还，定十八晨返绥，态度极严厉，云王遂软化，乞班禅代挽留。黄答非用书面承认接受中央方案决不再回，云王首示承认。夜午，云王、德王承认之函送来。十八日遂商细目，均满意。十九日黄、赵返绥，另派随员至乌、伊两盟考察，内蒙自治问题，至此告一段落。

解决蒙事三项方案

黄绍雄、赵丕廉二氏为适应内蒙现实情形及经济地位，参照德王等倡议之自治政府，准察、绥两省各盟旗就各省区内设一区自治政府，办理内蒙自治事宜。该区自治政府之组织法，仍须由立法院制定颁布，但中央于派黄、赵北来时，即预拟一改革蒙古行政系统方案，由黄、赵令各王公接受施行。此次之区自治政府，即根据上项方案增删而成，虽不能认为正式法规，要为制定法规之基本原则。兹觅录如次：

（甲）变更蒙藏委员会组织法方案：（一）中央特设一边务部（或蒙藏部），直隶于行政院，为处理蒙藏行政之中央最高机关，设部长一人，次长二人，主持部务。（二）边务部设各司、处，分掌事务，并设各委员会，分任讨论进行之责。（三）边务部应酌定时间，分别召集各边区负有行政责任之首领，及有德望之人士，来京举行会议。（四）边务部与其他各部会办理国家行政有互相关连者，应随时会商，决定办理。

（乙）改革蒙古地方行政系统方案：（一）已设置省治县治地方，其行政区域，应不变更，蒙古原有各盟、旗、郡〔部〕之组织及制度，仍应保存。（二）内蒙古人民聚居地方之省份，应分别设置内蒙古区自治政府，为各该省区内办理地方行政之专管机关，各设委员若干人，并推选委员长、副委员长各一人，均以蒙古人有德望及有政治学识经验者充之。前项区自治政府之经费，由中央酌量补助之。（三）已设置上项区自治政府之省份，除关于军事、外交及其他国家行政，仍由中央政府或由中央政府授权于当地省政府办理外，其余属于内蒙古人民聚居区域之地方行政，统由内蒙古区自治政府负责办理，并受中央边务部之指挥监督。

（四）内蒙古区自治政府得斟酌情形，分科或分处办理各种行政事务。（五）内蒙古区自治政府办理地方各种建设事业，于必要时得按各该地方需要情形由中央拨款补助之。（六）内蒙古区自治政府于不抵触国家法令范围内，得制定地方单行法规，并发布告、命令。（七）关于蒙古全体事项，及各区自治政府有互相关联之事务，每二年得开联席会议，或由该会议召集全体蒙民代表会议讨论之（全体蒙民代表会议之组织与权限另定之）。（八）省政府所属各厅办理普通地方行政，涉及蒙古行政范围者，应随时与区自治政府会商决定。发生纠纷时，应由省政府委员与区自治政府会议解决，或呈请中央解决之。（九）内藏〔蒙〕古区自治政府委员长、副委员长，得列席当地省政府委员会议。（十）内蒙古区自治政府成立后，各省政府应即停止设县或设自治局。

（丙）蒙古行政之用人标准：（一）中央或地方之蒙古行政，应尽量容纳蒙古人。（二）中央政府应就适宜地点，设立中央军事政治学校分校，由熟悉蒙古情形者担任教练，培植蒙古民族各种专门人才。

《交通职工月报》

上海交通部职工事务委员会

1934 年 10、11 期合刊

（李红菊　整理）

日苏冲突下之蒙古

辛敏　撰

蒙古这个广漠的原野，自满清入主中国以后，方才正式属于我们中国的领土。武昌起义，推翻满清以后，成立中华民国，五族共和，各族一律平等，但是对于蒙古的治理，终究不积极，甚至漠不关心。形式上的外蒙古虽然属于中国领土的一部，但是实在的情形，我国几乎无权干涉其行政，外蒙与中国之关系，还不如与苏俄关系之深。

当元朝时候，蒙古曾统治过俄罗斯达二百年之久，至十五世纪时，俄罗斯势力渐胜，脱离了被统治的地位而独立。至一六三四年，俄命汲雅尔古率兵探测我国边境，自此以后，俄兵不断侵略我疆境，屡次发生纠纷，结果清廷与俄派遣代表，划定以额尔古纳河为界，俄遂于此带成立后贝加尔省，这是我国第一次损失的土地。从此以后，帝俄又利用条约乃至非条约的，侵占外蒙边疆土地甚多。一九一一年辛亥革命时，外蒙在俄人保护之下，倡言独立，同年十一月即缔结《俄蒙协约》，俄以外蒙为保护国。十二月喀尔喀四部（即车臣汗、三音诺颜、土谢图汗、扎萨克图汗）公推哲布尊丹布呼图克图为蒙古皇帝，即位后，称"大蒙帝国"，协约内，凡开矿、航运、土地、森林、法权、邮政、电信等都包括无余，外蒙实权遂完全落于俄人手中。

当协定传出后，我国立即提出抗议，但是俄方态度顽强，经过常久之交涉，始于民国三年九月由中、俄、蒙三方各派代表会于恰克图，直至四年六月，中、俄、蒙三方始签订《恰克图条约》，我国允许了外蒙自治，俄方则仅承认我国在外蒙之宗主权，关于外蒙之自治、外交等问题，我国无权干涉。

民国八年，我国政府派徐树铮为西北筹边使，徐统率大军进驻库伦。当时俄国正在大革命时期，无暇顾及外蒙，因此全外蒙王公合议结果，撤销自治，这是外蒙内向的表示。然而时期不久，在一九二一年（民国十年）苏联革命成功，同年七月，苏联借口驱逐外蒙白俄，会同远东政府由赤塔派赤军攻陷库伦，并且乘机煽动外蒙青年，成立正式蒙古国民政府，十月五日又缔结《俄蒙条约》，当时苏联政府提出七项要求：

（一）外蒙的森林、土地、矿产皆归国营。

（二）分配公有土地于贫穷劳动者。

（三）天然富源，不得变为私有财产。

（四）矿产由蒙古劳动者、苏联企业家共同开发。

（五）金矿由苏联劳动组合管理。

（六）土地分配按照苏联成例。

（七）保留为私有财产之日用品的制造自由，但专利事业除外。

苏联在得到这七项要求后，并援助外蒙政府，规定如左之十一条：

（一）地方行政由国民政府之执权者统辖之，废止活佛、王公的称号。

（二）负重责者须由蒙人中推任，但贵族除外。

（三）促成蒙古宪法会议，完成下列任务：（1）宪法起草；（2）劳动阶级利益之拥护；（3）外蒙苏维埃式国家的最高执权者的确定。

（四）组织正式陆军，派苏方代表训练。

（五）协助蒙古政府，阻止反共产党的宣传。

（六）苏政府派员设立军事革命委员会，宣传军事共产主义。

（七）保护贫民，使不受贵族之压迫。

（八）官吏依选举法任命。

（九）励行苏堆埃式教育。

（十）促蒙人注意卫生，官立医院免费治疗。

（十一）药店与卫生机关，由苏政府助成之，为苏方之独占事业。

我们看了这些条文，就可以明了苏联在外蒙之势力是如何了。苏联之侵略外蒙，并不是自今日始的，但是从今之后，苏联当更努力的侵略，这是可断言的。

现在的外蒙，俨成了苏联之一个联邦，自一九二四年（民国十三年）活佛哲布尊丹〈布〉逝世后，青年革命党将印玺收归政府保存，宣言实行苏维埃式共和政治。《中苏协定》，苏方承认外蒙为中华民国领土之一部，并尊重该领内中国之主权，至是外蒙乃渐趋共产主义。

至于日本与蒙古之关系，尚不如苏联之深。但是日本为完成其大陆政策，对于蒙古之侵略，不能放松的。当一八九六年，中日战争以后，日人曾经利用南满铁路附属地之特殊势力，不断到东蒙去调查，煽惑王公，企图增进其内蒙势力。但是日本的势力仍然没有巩固，不能以与苏联外蒙势力相抗衡。"九一八"之后，情形不同了，日本业占据了满洲、热河，已使日蒙之间有了密切接触之机会，尤其是对内蒙古，因为东四盟已经占领了，这是进攻西蒙的绝好根据地。

现在日本支配下之伪国，特将满洲境内兴安岭一带未经汉人移殖的蒙古土地划为自治蒙古省，名为兴安省。该省面积很大，几乎全部位于伪国现有铁路网以西，形成了一个军队运输非铁路所能的边疆地带，因此在对苏联作战时之国防上，是很重要的。并且该省内所居之蒙古人共有二百余万，较外蒙约多一倍之多，日本利用内蒙，作将来进政〔攻〕外蒙之基础，现在已于该省内设立军官学校，招收十七岁至廿一岁之蒙古青年，受〔授〕以日本式军事教育，以为来日对苏联作战之前锋。因为如此，所以苏联为保持其在外蒙之优越地位，并且巩固其东部西伯利亚计，对于外蒙更不放松了。由于此种关系，蒙古之地位，才显得格外重要，而且由于此种关系，更值得我们加以注意。不但应该加以注意，我们应当如何处理这个危险的蒙古问题，这〔是〕时刻不容缓的了。假若我们中国没有对蒙古之办法，则蒙古只有沦为大战之牺牲品。

在未来之日苏战争上，蒙古的地位，却是十分重要的。因为蒙古是日本对苏战争的唯一侧击区域，无论战争爆发于海参崴、乌苏里或黑龙江的边境，但其决胜负的战争，当在蒙古地带的。只有蒙古问题，才是战略上的问题。这一带地方空洞旷达，毫无边际，西伯利亚铁路依附于东北，满洲伪国的铁路，环绕于东部，在军事的行动上，范围十分宽广。因此蒙古对于远东的命运，实在十分重要。故在"九一八"日本占据了东北，夺去热河以后，多、库之日军不肯撤退，并且加紧建设军事交通，如朝阳至承德线，朝阳至赤峰线，以及承德至多伦，多伦至赤峰等公路的建设，并积极训练蒙古军队，设立军官学校，武装移民等，以为将来对苏进攻的准备。

至于苏联，据日方消息，苏联在外蒙之军事，除平时训练蒙古军队，扩张库伦兵工厂以统治全蒙汽车外，本年特派步兵一万八千人，大炮四十二门，高射炮七门，轻机关枪二百四十架，重机关枪一百三十架，飞机十二架，装甲车十八台，开入外蒙古，驻于汉黑特大兵营。又，现在卖买〔买卖〕城有军需工厂三个，兵营七个，陆军大学及军官学校各一所，库伦所设之化学兵器制造所，已于七月廿六日，由苏方埃流莫夫少将率工程师三十六名，前来就职，并〔完〕于九月内开工。又苏联军用飞机场，在去年即驻有空军一中队，自本年春间起，更依外蒙政府之手，将飞机收容能力扩张至二百架。此外苏空军第九大队队长波拉脱夫氏，已由去秋携爆炸机二十一架及侦察机三十二架，留驻库伦，如果日苏战争一发，立刻可以出兵二十余万，军马三十万。

总之，日苏在蒙古平原上，已经是短兵相接，蒙古这广漠之地带，已成了日苏角逐的重心，这是毫无疑义的。

《重心半月刊》

北平重心半月刊社

1934 年 10 期

（李红权　整理）

内蒙前途如何？

韶仙　撰

报载刚从滂江访晤德王归来后的萧振瀛氏谈话：内蒙谣言甚盛，德王表示：（一）如中央对蒙古有办法，其本人绝对内向；（二）何委员长任蒙古地方自治指导长官，蒙人甚表欢迎，并望何氏能早日就职。这寥寥数语，已将内蒙问题之严重，以及内蒙自治前途之不容乐视〔观〕，陈述无遗。

照德王的两点表示言之，如中央对蒙古仍无一贯的政策，对蒙古问题仍无解决办法，则其本人及蒙古王公、人民等，迫于国际情势的压迫与实力援助上的需要，或将变"内向"为"外倾"。中央对蒙古有无办法，自蒙古王公及人民视之，要以何委员长就否蒙古地方自治指导长官为其试金石。盖何委员长如能即刻就职，则对蒙古政委会所发生的一切困难，自然须有相当解决的办法。蒙政会目前的最大困难，厥为经费问题。因为经费缺少，而且无固定的着落，政务遂完全停顿。前次云王辞政委职，据说也是为此。我们揣想这次何委员长所以迟迟考虑就职的原因，也或者是感于蒙政费的难于筹措吧！

夫蒙古之成为严重的问题，不自今日始。特以国人的视听是随着国际的宣传而转移的，所以宣传的厉害点，问题即刻会变的严重；否则，问题虽然实际上是严重的，只要宣传的不厉害，便好像无事的一般。就以这次内蒙问题的严重化而论，凡是念过日本资本主义发展史，或中日关系史的人，谁个不知道日本对于满蒙是早已决定为侵略的整个对象的？但是我们只看到目前蒙古问题的严重化，自治前途的不容乐观，都没有看到日本人冒寒吃苦，数十年如一日的经营精神，这是我们应当引以为耻的事！

我们以为蒙古少数王公的外倾，不能尽责咎王公本身。日本积极的侵略西蒙，原在我们的预料之中。我们现在只问一句，我们对蒙古问题的解决，有了具体的方案与准备没有？问题是演变的，不是不变的！我们没有方案，没有准备，只凭法律上的主权是不足以保蒙古于不亡的。对于目前严重局面的挽回，我们以为仍须从根本下手：（一）从速成立指导长官公署，确实改进内蒙的社会生活与社会组织；（二）尽量引用蒙古的青年，扶植内蒙自治政府的发展（请参阅本刊第九期拙论《日本积极侵蒙与我国政府的对策》一文）。

《西北春秋》（半月刊）

北平西北春秋社

1934 年 11 期

（朱岩　整理）

请看苏俄如何"赤化"蒙古

汉三　撰

从贝加尔湖，撒颜山麓，超过人迹未到之大自然林，接连有满蒙之大原野，总面积亦达三十九万五千方公里之地域，在一九二三年，成立之自治区。

观夫无限宝库之国境蒙古，其所产生之各种原料，如大森林、丰富之鱼类、鸟兽等，所有天然之资产，洵可谓为无尽之藏，该处在帝政时代，恒视为其攫取之好饵。该处土人等虽多半悬饥而习惯其放浪之生活，卒以帝政之役人、喇嘛僧、大地主等，为其最后之一物，由彼等肆其强夺，遂至喇嘛教，与恶病逞其猛威，今也苦痛告终，放浪之生活，并饥饿与贫穷，皆完全免去，所有几万之流氓，亦能安然居住。

其劳动与文化生活，各处皆能实习。刻下集团农场，发达为甚急速，人人初知此等之计划，无论何人，均可进内参加，惟喇嘛僧则相戒入于集团农场者，将至触犯佛怒，而蒙有恐怖之灾害。

现在该场中层、下层之农民，已占全数百分之七十。在参加此集团农场以前，仅知使用犁、锄之彼等，今则操纵数百架之"多拉古答"，使用数千复杂之农具矣。

产业化亦大著进步，在最近十年前，生产量约增加七倍，最近新式工场，亦陆续建设。一方面劳动者之数，在该期间，多至以前之约三倍，又在其土人之中，尤急急于熟练工人之养成。

对于普通义务教育，极力切实实施，设立高等专门学校及大学，此等学校，教以土人之言语。书籍、新闻等，皆用土人之言语编出，废止古代文字，采取当代之"拉典"文字，颇有一大革新之气象。不独此也，其于政治上之思想，或立养成所，或设立剧场并俱乐部，以及图书馆、广播、无线电、映画等，皆着着鼓吹进行。

如上所述，农工事业及教育等俱逐渐改良发展，但于人生之健康，尤为最重要之事件。该地霉毒与结核及"多拉合谟"数种，在从前为地方最著名之恶疾。虽居处该地约有五万之人口，散在数千公里之地域，其充当医生者，全不知药料之调合，致使病人一方逐次发生此疾者益多。苏维埃政府，顾虑及此，首先整理各村之卫生设备，在各集团农场，均配置有熟练之医师，施以治疗，以谋减少此种之痛苦。

就军事上观之，防备军更加扩张，兵器愈为改善，对于破坏新组织无〈产〉阶级之敌人，务为战争之准备。是其国境蒙古现时一切建设，无不着着进步，使人民之生活一新，有如此者。更就矿业言之，石炭与锡，"唐库斯典"及金等之采掘，亦逐年增加数量，且计划有强力之发电所，并完成各处之道路网。

至若在该处之寺院，不过存留过去之形迹，信者之人数大减，现今在荒凉原野之中，单独存立，甚为寂寥之景况，早已断绝从来信仰者之踪迹，人人皆致力于新生活，刻下已建设有自由之乐园，以供游览。

首都"成尔夫奈金斯克"当帝政时代，不过为一典型的小地方都市而已。该处并立之家屋，皆系建筑倾斜之木造平房，闭塞窗户，不通空气，在正面之门口讲求施以雕刻。各街头仍点旧式石油之洋灯，在彼方与此方之路口，各处有交番站立者，迨睡眠寂静，则围绕此街，以行守望。至现在之情形，于外观上已属大变，如所设电灯，皆极光辉煌煌，施以美丽之彩色，所设公园，全系用炼瓦造成，为大规模之建筑，各样炫其美观。新市街渐渐延长至山边，下等市街即旧市街，摸索行进，莫辨其道路之区域，已日趋于衰微之一途。如前所述，该处之图书馆、药局、学校及妇人之产院，完全为卫生之设备，讲求清洁，整理完善。且有持印刷机，散发各种出版刊物者，以期普及教育。又其在剧场之人员，亦时常使座为之满，观剧者日益众多，人民之思想智识，亦因而逐次向上。

再该处在市之周围，并立各种工场、机关库，"加拉斯"工场、肉类罐头工场等，由甚高之烟突，冒出极大之黑烟，不绝工作。各工场所用木料，由水上与陆地，一一运搬，其建设之事业，如此进步，实足令人惊叹不置也。

更有进者，行入其幽深之地区内，见其荒野之中，各个萧条屹立之毡小屋，此中所住游牧之民，日度其无智识、无志气之生活。彼等在佛陀之前，供奉其谷物与羊肉，虽虚〔虔〕诚拜祷，以求幸福，但霉毒与不洁及贫穷，仍是一层一层的苦楚。从前在此广大原野之中，殆不曾见有木造之家屋，今则大抵住家，皆属木造，燃烧其赤焰之暖室炉，床上皆铺有木板，窗子通装以玻璃，光线甚足，凡属如旧小屋之家，无论是谁人，皆不愿住。由此华丽之家，同时亦停止其放浪之生活，人人皆□安居矣。

可见该国境蒙古地方，经营之发达，由其物产之丰富，大有蒸蒸日上之势，非止一端可以尽之。今诚〔试〕取"斯塔林"地方，自治团体以观。数年前原属一片之荒野，刻下已有三百家族，在此生活，所有牛马豚羊之数，概以万计。即如"奇斯"、"巴达"之制造所、铁工场、机械工场、制粉所、面包制造工场等，大为发挥其能力，遂使劳动者之工资愈高，生活日以向上。一九三二年时，对于一日之工资，除工银之外，平均更给与四瓩之小麦①，所得赏金之最高者，多至四百五十日份，是其人民之能振奋，耐劳苦，已大非昔比矣。

至于该处之学校，则为十年之制，有教师八人，专执教鞭。所用书物、器具等类，皆具备丰富，并设置有特别实验室，以供试验。

依现在之议决，欲广置育儿院，料将来亦必为可惊之大建设也。盖以最近于妇人临产时，概走至碎屑草料等堆肥之上，迨婴孩产生，则直即用羊皮包裹，非经过一年，不与外人见面。俟稍为长大，置入于污犬与仔羊之中，互为伴侣，共同游戏，因此幼童之死亡率，依平均之总计，约达百分之三十七，是诚为可惊之高率，欲求不至减少此等夭亡之害，不能不建造育儿院，以期养育之完全故也。

当工作时，各处皆起凿斧之声音，颇呈一振作之气象。现仍陆续建设剧场、图书馆、诊疗所等，及清洁之产院，将产妇必须在鹿芥等肥料之堆土上生产之法，予以改良。

青年之人，以"斯波芝"为娱乐，乘脚踏车竞走，练习体力。又连接于自治团体之背后，有一面为农牧场，牛马甚多，游牧其中，颇形蕃殖，又一方使用近代的新机械，施行赶快的耕作。当一九三三年，农产物已能自给，颇为丰足，更向政府缴纳三千八百吨之谷物。

溯在"金巴·削伊布撒诺夫"以前，贫者不过为农夫而已，今则大工之头目，亦得读书，且能自由。彼之妻室，得作女工，缝纫一切事项。长男与嫁妇，皆在集团场工作，子息以一人入小学校，一人入大学，休假日与其他诸人，同往良好之野外游玩。

---

① 原文如此。——整理者注

又暇时一家群集于食桌之周围读书、听留音机,其亲孙则入养育院抚养。据一九三二年之议定,劳动日数,有一千三百五十日者,每名分配五吨半谷物,使一家得营其教养之生活,至晚则归还其所在之点。

再与"斯塔林"自治团体连接者,有广大之国营牧羊场,系一九二七年所设立,当时羊之头数,为千五百头,现在已近二万头。又计划将来之大国营农场,料必有可惊之设备。且因此设立农事试验所,预料农业之发展,自能日进无已也。况该地之繁盛,尤不仅"斯塔林"自治团体之一处,闻将来更行扩充于国境之广大地域。

《军事汇刊》(双月刊)

南京军事参议院军事汇刊编辑所

1934 年 13 期

(朱宪　整理)

绥远各县裁局并科问题平议

碧笙　撰

在绥远，最近省政府与人民各团体之间，发生了一件相互争执的事件，而且事件是颇具相当的严重性，争执亦颇剧烈，这即是各县裁局并科的问题。

事件的经过是这样的：绥远省政府议决了一个案件，决定自本年十月一日起，将各县的财政局、建设局、教育局一律裁撤，所有原来各该局主管事项，改由各县政府内所属各科办理。其所持的理由，大要有二点：第一，本年全国财政会议，议决了废除苛捐杂税案，但对于抵补办法，则无明确规定；所以废除苛捐杂税，在势为必行之事，但如此则财政收入自然减少，又无从抵补，不能开源，只好节流，便不得不励行减政；裁撤各县财、教、建三局，即所以减少行政费用的支出，以求财政上的收支的相近。第二，是为了现在中国若干省份，如江西，如湖北，关于行政机关组织，改取权力集中制度，如省政府之合署办公制度，即所以集中处理省政之权力于省府主席。同样，县政府之裁局并科，亦所以集中处理县政之权力于县长。权力集中，则一切政令，可以免除分歧之弊。行政官长之权力增大，行政机关的层次减少，则可以免去政令稽延之弊。所以裁局并科，正所以增进行政上的效率。

省政府此种决议案公布之后，首先引起包头县各法团的反对，其后各县相继响应，至成立反对裁局并科各县代表联合会，请求省政府收回成命。他们反对的理由，因为发言的团体甚多，当然意见也很庞杂，不过就其要点而言，则有下列各端：第一，省府主张裁局并科的理由，主要的是从此节省行政经费，以便于废除苛捐杂税。但是绥远的苛捐杂税，其最大者，莫过于烟款与征收船筏等局所，以及冗员、保卫团训练员、禁烟视察员等消耗，若加以紧缩，数目亦颇可观；以裁局并科所省之费，谓为废除苛杂，实只徒务虚名，于事无补。而且按照绥省财政之支出而言，军费实占其中之大宗，如果裁局并科之主张，是为了减少支出，则应该从军费中想办法；现在不此之图，而从所费无几的各县局所方面设法，实有明足察秋毫，而不见舆薪之感。第二，是裁局并科，实有摧残地方自治之嫌；因为各县财、教、建三局局长，大抵皆系由本县士绅充任，是由本县人推选出来的，故能顺洽本县情形，有助于县地方自治；所以虽然在名义上也是县政府的附属机关，但实具有地方自治的实质。但是裁局并科以后，则权力移转于县长手中，科长、科员承命办理而已，完全成了自上而下的政治，地方人士不得参与，便等于取消了地方自治的意义。

这个问题发生以后，并不曾得到协调的办法，并且反日益剧烈。省府方面，似乎对此具有决心，不只不曾接受各县法团的请求，更且令各县县长，提前十日，接收各县财、教、建各局。而各县法团，则更进一步要求省府，如必须裁撤各县民〔财〕、教、建三局，则请彻底裁局，连同各县公安局及保卫团，亦一律裁撤，问题遂有愈趋愈僵之势。

裁局并科问题之所以发生，骨子里实为官厅与地方势力之争斗。裁局并科，自然是官方之利，因为如此则官厅的权力集中，作事可免掣肘之虞，能够任凭官厅的意思去作事。但是在地方人士方面，则此举不啻是将他们过问本地政治的权力完全剥夺，这里不仅仅是几个依靠县中各局的官吏作职业者的失业而已，其问题实牵涉到官厅与地方势力之消长上，所以并不是一件无足轻重的问题。

　　绥远省政府之主张裁局并科，与各县人民团体之反对，他们的理由，都是有相当的立足点的，不能以赞成或反对二字，便一笔抹煞去的。就省政府之主张而论，其最重要的理由，是节省经费，以备废除苛捐杂税。废除苛捐杂税，是必要的事情，无容置辩。但是抵补的办法，则不无斟酌的余地。中国目前到处政界浮滥，冗员与骈枝机关，所在多有，为了节省行政经费，而裁撤若干不必要的机关，在理是极其应当的。不过这是只就行政经费而言，如果就全部的财政支出而看，则行政经费之数额，实远不如军务费之庞大。同时骈枝行政机关所费，也远不如不必要的军费多。就绥远而言，驻军完全是由太原绥靖公署统辖的，省府并无管辖之权。若说从裁军方面设法，如各县人民法团所主张，实不在绥省府职权范围之内。这种要求，无从实现。不过关于军费问题，却不见得全无办法。本来军事费是应该由中央统筹发给的，但是绥远却与山西同样，在太原绥靖公署统辖之下。太原绥靖公署，实质上并不受中央军委会与军政部的管理，所以绥远驻军便成了并绥靖主任的私军，因而军费也不能请求中央发给，只好由地方来筹措。然而这个究竟是不应当的，绥远省政府担负并绥靖公署的军费，毕竟不是正轨。据此未尝不可以尽量减少军费的负担，以减少之数额，来抵补废除苛捐杂税的亏空。不过如此自不免开罪于军阀，此省府之所以趑趄不前，因而回来向本地设法。从这方面看来，废除苛捐杂税后，所应当节省的，最重要的是军费。但省府不敢提出节省军费，实表现其无毅力，因而为节省支出，而去裁局并科，实有重其所轻之嫌，是比较牵强的说法。所以实际上问题的中心，还在第二项，即行政效率的问题。如果说各县设局，对于行政有碍，则虽不费，亦应裁撤。反之，如果是切合事实上的需要，则虽费亦所应维持，不能以图节省为口实的。

各县设局，究竟在行政上是便利，抑或有损害，此非一言可决者。大抵省府的主张，是参照豫、鄂、皖、赣的前例。但豫、鄂、皖、〈赣〉之前例，是整个的省府的改革，其间注重之点，主要的为省府的合署办公。省府合署办公的主旨，是为了增加行政效率。因为合署办公，可以免去以前政令纷歧和办事迟缓的弊病。县政府之裁局并科，也是这样的意思。但是要知道省政府的组织与县政府的组织不同，省政府的组织是委员制，其决定政事是用合议制，各厅的权力较大，可以自发命令，其有关各厅相互间的事，或不属于各厅的事，才由省政府处理。但各厅的政令，有时事实上不免于冲突。譬如教育厅令县多设学校，或建设厅责成各县办理建设事业，但财政厅则并未指定以某项收入充经费，教、建两厅责成事项，乃无法举办，使县政府有无所适从之苦。合署办公，则省府主席权力集中，政令可以统一，可免此弊。县政府之裁局并科，意义本与此相仿。但是要知道，县政府的情形，原本与省政府不同，省县政府的组织，有其根本相异之点，省政府是合议制，而县政府是首长制，省府各厅，俱为省府委员兼任，主席无绝对命令使其遵行的权力，所以可以自行决定施行政策。但县政府各局，则明明受县长之指挥监督，须受县长的命令，其自由裁量的权力较少，所以不容易有政令分歧的弊病。更何况县中各局所司，以事务方面的事项为多，率须承命办理，自创意见的机会很少呢？

各县设局之实际的弊病是，第一，与县府中各科权力冲突，第二，办事迟缓。前者如各县本已有财政科之设，但是另外又有一个财政局，既然有了财政局，则县府财政科便应当居于监督审核的地位，不应去亲自作征收稽查的事项。但是事实上并不然，却是由局与科将财政权给分裂了，财政局主管县地方款，而财政科则主管应行解上各项正税，但是这两项税款并不能不生关系，县地方款往往是正税的附加，必须同时征收，这样便造成种种的不便，虽然说他们的权限是分明的，但实际上又不容其明白划分，科局之间，遂不免于有权力上的冲突。再者县中有局，则县府对于各村，凡有关该局主管之事项者，便不得不经过各该局的手续，其实这种手续，往往并不必要，结果只是耗费时日而已，并且各区村之应付上峰，也增加了不少的麻烦。在县府总管全县政务的时候，监督他的机关，只有一个，容易应付，各局分掌，则监督机关增多，结果使应付上峰的精神，也耗费不少。现代政治，人的关系仍然极重要，则此种各方应付，在事实上绝不可免；耗费于应付者多，则用于实际上的政务者，便不能不减少了。

　　然而设局亦自有其长处。中国的政治，实际上是以县为单位。国家的一切设施，尤其是省府的设施，都须由县政府实际上去举办，所以县政府的事务是最繁杂不过的。县政府的组织又是以县长总理一切，但是县长不见得便能够将一切政事，都明悉无遗，虽说有各科代司其事，然而科长、科员不过代县长办事而已，却不能代县长负责任，因而也不能不事事请命于县长，如此则不免有顾此失彼之虞。并且官场中的事，是多一事不如少一事的，与其认真作事而有舛错，不如凡事敷衍而苟安，老于吏事者，大率如此。他们既然不易统筹兼顾，结果只有多出于推诿敷衍之一途，不易使各项政务平均的有生气的发展。但是设局之后，则事有专掌，各局局长，因为能够在自己职权之内，自行发布命令，处理政务，其权力较大，而且对于掌管事项，须负责任，他们可以尽其心力，去作他们所掌内的事，责任既专，则成效易见。以绥远而论，又有另一个长处，便是除公安局外，其余财、教、建三局，大都由本县人充任。本县的人，对于本县的情形，当然比较明了，因此在施政上，也可以因地制宜，不至有凿枘之弊。无论在哪里，县中绅士，在县政上总占到重要的地位，其原因在此。各县设局，并以本地人士充任局长，正是把这种旧习使其制度化，原意甚佳。为了洽合地方情形，这是颇为进步的一种制度。

所以，设局之利弊，是不能一言而决的，其利弊互见。省府之裁局并科，与各县人民团体之反对，都具有相当的理由。但在此中争执之中，有一个颇堪注意的问题，即地方势力之消长是。

现在是训政时期，训政的目标，是养成人民自治的能力。自治的政治区域，则以县为单位，所以县自治问题，实为颇堪注意的问题。绥远各县的情形，如果用训政所期望的目标去衡量，当然离人民自行运用五权以实行自治的境地尚远。不过从各县局长之由本县人士充任的一点看来，实表现人民方面有参与本县政治之权，具有自治的意义。当然，从法律上说，各局局长统系由县府呈请省府各厅任命的，仍然是国家任命的官吏，不得遂自为民选者。但是他们是或由县民推选，或由县中有声望的士绅充任，则精神上具有地方自治的意义。在过去，各县绅士，对于县政有极大势力，表现县政有本地人士参与之必要，其后县议会亦于民国初年，通令设立，而且关于本县财政，又设立公款局司其事，公款局长，则由县民选任，都是应事实的需要，向自治的途径去走的。即国民政府之《县组织法》，亦有县参议会之设，以为县民参与县政之机关。县参议会，为了事实上的杆〔扞〕格，尚未成立，但尚有各局之由本县人任局长，为之补救。现在裁局并科，实无异于剥夺了县民参与县政的机会；绥远各县人民团体谓系破坏地方自治，实具有相当的理由。大抵裁局并科之个中原因，为了节省支出，固然是其中之一，而为了地方势力伸张，各县局长之不易受县长之任意指使，使省府与县府一切措施，不无顾忌，也是一个原因。不过要知道，县政是必须有本县人参加的，证诸往例，不容置疑。现在裁局并科的命令，已经见诸事实，令其恢复原状，大抵已不可能。不过我们希望省政府能够另行设法，使本县人有正式参与县政的机会，不只是有利益于地方，实际上也是县政之助力呢！

《西北春秋》（半月刊）

北平西北春秋社

1934 年 13、14 期合刊

（李红权　整理）

从开发西北说到考察绥远

溯自海禁大开，中国与世界各国通商贸易，西洋文化遂源源而侵入华夏。帝国主义者诸国家挟其物质文明之利器，借武力发挥其侵略政策，成立种种对华不平等的条约，以畅销其国内之剩余的生产品而剥取吾国之资金，破坏吾国不进步之农村经济的组织；为之银行以吮吸吾都市之游资；为之工场以压迫吾落后之手工业；为之大规模的企业以吞并吾之小本营业；限制关税以遂其出入之所欲；宝藏被发，利权外溢；此种现象愈演而愈剧，乃至于生活日用必需品之衣食住诸原料，半且仰给于外国：产业之不发达实有以肇其贫乏也。国民政府自奠都南京，即本孙中山先生建国方略，励行实业计划：与国联成立技术合作协定，发展中国之实业；收回关税，以保护国内之产业；创立农村复兴委员会，苏复已频〔濒〕于破产之农村；更与外国协定借款成立经委会发开西北及救济江西，凡诸设施皆以开劈〔辟〕富源增进生产以挽救经济上之漏卮也，而尤注目于西北之开发，诚以东北沦亡，患及西壤，国防上急待巩固已刻不容缓。顾西北诸省，土地辽阔，远过于江北四省，历史上即为民族争雄用武之地，至今日形成之各不同文化的种族，依然独守故习，行其传统之生活方法，而无一毫之进步以与现世之国际竞争生存相抗衡也。是以西北的地理调查、社会调查，世界各国咸注意焉，尤以日、俄两国进行最力。吾国自九一八以来，朝野咸感国家武力之不足以御侮，咎已往之经济衰落，大声急呼注目于西北之开发，西北路上要人往来络绎不绝，争相往观。就绥远一省本年暑间各处所至之考察者计之，亦不下十数团体、至数十人，举其实〔事〕业上之著者，团体如燕京大学、金陵大学农学院、复旦大学、北平大学农学院诸考察团，名人如章元善、卜岂、汤惠荪、邓植仪，与北平地质调查所土壤专家Syoeb，皆名重学坛，声闻中外，各就其所注视之问题，作绥省之自然的或社会的考察，借以助长开发西北之呼声。而开发西北协会，又召集全国有志开发西北、关心绥远问题之各科专家会员于一起，重冒风雨，远入塞外，开会绥垣，希图实地观察，有以窥知西北的社会与经济之奥密，而决定解决之途径。其重视时艰、忍苦耐劳、急公好知之精神，令人钦仰，吾人闻之，欣然以为开荒辟野，沧桑变境，西北之灿烂繁荣，物阜民康，将发轫于是矣。尤幸而绥省当道复汲汲改善行政方策之实施，统制经济也，文化建设也，整治田赋也，改革县政也，统一度量衡也，推合作也，整理交通也，治水利水也，试验兵垦也，剿匪清乡也，拔擢人才也，保送留学与考查国内社会工作也，皆所以步武全国建设而同谋积极达到开发之目的；地方人士观感所激，生计所迫，更秉随当轴诸公之职志，对于考察西北诸名流学者，望风欢迎，招待保护无所不尽其力，以视外人之秘密其社会与隐瞒其工作者实相去天渊。此吾人所额手称庆，认为西北问题有以推进而渐至于解决的时日者矣。然而报章杂志所披露之种种关于西北的考察报告、意见、计画，皇皇大文滔滔高论，持之有故言之成理，而仍不免于浮浅之讥者，彼其人虽身莅西北之某一部分，搜集其当地机关之记述，归而编纂成文，不过纸上谈兵，无以切乎实用；是西北考察之无以补乎开发之凭借而徒劳者也。至如研究实业之专家，远隔山河而身居都市之名流学者，平时眺想西北之地理、社会如何如何，苦实际之无所根据，东翻西阅，偶见书报上之片断残缺的记述，与来历不明之捏造的统计，收而宝之。并举国内其他各省之调查报告，比较分析，据以推测西北种种社会动向，而谓实业应如何发展，文化应如何改善，政治应如何设施，且并注是有其资料之出自何书何报，借重于大人先生之手，而增高无凭之存在的价值，讹讹相传，从而为政者本是以定策焉，分轻别重，趋急避缓，以图实施，未有不败者也。然此犹其小焉者耳。吾人可得预知，正其错误而为之补救之策，若夫大人先生，平时小心为学，鉴诸记述之不纯，而务求事实数字的根据，对于片纸只字，详察其有无前后矛盾或不符之处，以识别其来源之真伪，而审定取舍，不足而又烦请西北之机关团体，列表具填，或再觅当地人研究报告，两相参正，以凭论断，勤勤恳恳，自以为得事实之近真像，而所发结论切于实用矣。甚或求务重阅历，考察不避艰险，必欲身临西北境地，目睹社会实况而后慊于志，乃抽暇作期长〔长期〕之考察，经历西北重镇，而与当地之士绅官民交头接谈叩其各人所见的同一事物之印象，小心走录，参正其他报告，以为如斯而得者，虽未敢断言完全属实，但自信亦可代表所在地域之特质。而不知士绅官民，素无此种事实的精密观察又乏答覆正确的训练，言语间的误会且莫置论即使果尔忠诚相告，而问答者双方意识的限界，亦相去殊遥，以至有不堪设想之差误。况夫社会不进步下所形成的种种政治上之畏惧观念满充人间，一旦遇异言异服者之突尔查问其经济之收支数目，安能无所怀疑见难，无论其为学术的研究也，无论其为灾害的调查也，无论其为开发计画的厘定也，无论其为福利民众设施之准备也，一有调查，而庶民对之则维隐为心，惧其家庭经济之为人发觉而重加赋敛也；机关衙吏，厌于应付而志求得一平常之结果，以免改制力行之烦渎，莫不敷衍了事；重以边疆晚开，地旷人杂，吏少政繁，而社会上容有若干不同的经济阶段，民族间混杂无数不同的生活、风俗、习惯、言语、文字、宗教之社会集团，其经济上、政治上所发生之种种冲突与调协，因果互关，线索含混，虽累世土居之高明识士，亦难分别审识地方问题之关键而记述真确。至如五日京兆之官吏，本无为而无不为之心以设治斯民者，又乌能详察社会问题，而审为统计，以供外人之研究也；更何况聚钦〔饮〕为怀，但恐外人明了其裨〔稗〕政，而影响其去留也。此好学重知之士，审慎为事，身入危难，心诚求之者，所得结果不过如烟霞笼月，略辨其模糊轮廓耳，无以寻出西北社会经济的骨骼所在也。是开发西北之关键——社会调查——莫由开钥，而有志者之研究不得其门而入矣。然而西北当局如绥远省政党机关首领，鉴于目下的情势紧急，虑本省人才之缺乏，不能即以明了绥远全省社会状况，而谋与全国学术机关团体取得连络，大开门禁，欢迎国内专家深入探疹〔诊〕，在全省政费的拮据积欠当中筹出发展实业种种专款，并敦请或招待考察诸公，欢迎前往，以冀有所见教而期早日完成举国一致所希图之西北开发。无如西北病已频〔濒〕危，延医烦难，而医者之心或不以拯救危难为职志而有所趋避见难。呜呼！开发西北，乃国家之当前急务，考察社会为唯一之计划的准绳，凡国人均应有其牺牲赴难之义务也，乃事实照〔昭〕示竟尔至于如斯之卑恶不足观。彼身为知识界出类拔萃之专家志士，矜夸呼号于报章言论，而疾首频蹙于步履之艰。诚如本年绥报所论开发西北协会诸公，因平绥车路两小站之中断，而不能忍受骑渡步陟之劳，遂匆匆改退会场于张垣，作几个意想的提案以讨论，则将后开发西北之需要无限的忍苦耐劳之精神，尚何望于此类人物作如是梦想耶！夫考察原非信口呼号不废吹嘘之力所能获得圆满之结果者，更非一人境地走马观花之所能尽者，尤非抄录当地机关之报告而更头换面即云事了者，又非听一面之答覆而即可据为确实者，更非就单纯一问题即能考察圆满者，必也预知其所考察之范围内的大概情形，如自然环境、土地、人口、经济状况，明了其社会的特质，而更作个案的观察，则不难寻得其问题之核心与其关联所在，经过相当的时间，而决定问题之范围，寻得其线索之所由出，由正确的数字记述而稽其作用之轻重，由熟识而至于无遗，由粗浅而达于精密；不为片面的事实所掩匿〔匿〕，而旁注于枝节问题；不为有心答覆所蒙蔽，而拾其糟粕；虽调查者不即时研究，而已预具有充分认识问题及解决问题之手段，然后始得当机立断，社会问题不难迎刃而解。此社会经济的个案考查，必须预为充分的准备，有忍苦耐劳的精神，敏锐的观察与深厚的幸〔兴〕趣，渊博的学识与丰富的经验，清利的言词与温和态度，方不至徒劳无功而又〈有〉害也。所谓质的方面求一地方单独问题之明了，推而行之于各项社会问题之考察，皆可准此而求完善，凡有志西北考察之诸同志，曷审乎斯。

虽然，开发西北之初步工作，固无限于专家的社会考察而已耳。而西北各省地方机关，亦有其同样应负的责任在焉。盖社会现象非短时间内，凭恃国内有志冒险诸公所能尽者。就事项之性质上论之，有偏于专门知识与技能之需要；有偏于精密仪器之准备；有需要长时间广大区域的经历；有特殊集中全力于一地方考察之必要者。而在量的方面则须由地方政府，设定专责，选拔真才，制定方案，饬令各所属机关积极进行，从解除困难以入手，庶可众志成城。于此吾人有深望于绥省地方当辅者；厥在人才之慎选乎。盖社会问题量的明了，颇涉烦难，不有专门人才则计划无从周到妥善，方法难求运用适当。政策莫由设定，工作人员无从训练，而社会的状况则难期写实。苟一循已往机关办公故例，上下交相了事，工作势必懈怠，何顾传闻失真，上级机关，不暗〔谙〕政情，所有调查，一纸令下，限日呈请，下级机关吓于权威，不免捏造塞责，其或限于经济方面的关系，政府怀增进收入之意，衙吏有〈趁〉机舞弊之便，结果人民的负担徒加，政府之收入无增。裨〔稗〕政发乎上而民情隐于下，而贪官污吏土豪劣绅遂得永久猖恶于社会间也。夫中国政治之不上轨道，由来已久，在最下级的行政区域内，其黑暗愈为显著，尤以在农村，官厅与人民之所接触，多属无知之辈（衙吏与农民），平日相视，势若猫鼠，彼其人而司一县一区之调查，双方互无信任，自难期结果良好。幸焉县有专员司事，叩以路线所向，或令其引导帮办，则亦因平日势成对敌，结果依样隐瞒，兼乏应具的知识技能，一味咄叱强令答覆，其所记述与闭门造车复有何价值上的区别。是故地方政府当知兹事体大，人才与社会均感困难，一面须敦请国内诸名流学者，关系机关团体之勇跃前往考察，而善为招待，一面当培育人才，改定方策，限期力行，若能促进地方自治，提高民众教育，则进行上自有莫大便利，愿吾当轴其留意焉。

《寒圃》（半月刊）
国立北平大学农学院绥远农业学会
1934 年 14 期
（李红权　整理）

关于对蒙政策之检讨

蒙古问题的重要

帝国主义侵略下的远东问题，直接亦可以说是整个中国问题，已经到了最严重的时期，简直是箭〔剑〕拔弩张大有一触即发之势，假如不幸，这次大战在最短时间爆发，那受害最深的当然就是中国。进一步讲，这次战争就是瓜分中国的战争，亦可以视作解决中国问题的一个战争。而中国问题的病根，根本就在边疆，占边疆问题之主要部分的就是蒙古问题，所以抛弃蒙古问题便不足以言边疆问题，舍掉边疆问题，便不足以谈中国问题。因此蒙古问题既为边疆问题之主要部分，而边疆问题亦几即是整个中国问题。故中国不亡则已，亡则必自边疆始，而边疆之亡，又必先自蒙古始，所以欲救中国，必先救边疆，欲救边疆，必先〈自〉救蒙古始，欲救蒙古必先明了其病源所在，然后对症下药，方克有济于事。

蒙古问题的意义

严格的说，蒙古之所以成为问题，完全是帝国主义侵略政策发展的结果，这在普通一般人是无可否认的。因为蒙古本身犹如一块肥肉，而又不能保护，自然要引起外来的垂涎。计蒙古数百万方里地方，无处不是水草肥美，物产丰富，而所谓沙漠，不过是其中的一部分，这种地大物博土广人稀的地方，在世界上真不可多得。蒙古所处地方之可贵不仅如此，在军事上更有最大的价值。在日帝国主义为实现其整个大陆政策，则以得蒙古为先决条件，同时亦为必由之阶段和步骤。即苏俄之经营外蒙，亦无非以图占领整个蒙古，以达到其南进政策之目的。因有此两种意义，而使蒙古问题的严重，日益加甚，但这是有形的外在原因，为一般人所见到的。另一方面还有无形内在的原因，为一般人所见不到的。所谓无形内在的原因，就是在近几十年来，蒙古本身发生极大的变化，无论在精神上、物质上都使它感觉极度不安，这种痛苦只见有增无已，不惟无摆脱的机会，反使生存上发生更大的危险。在蒙古人认为最易致它死命的，无疑就是土地的开垦。蒙人的游牧生活，在它认为是天经地义，宽阔的牧场，广大的草原，是游牧生活在所必需的条件，开垦土地就等于剥夺其生命，所以移民政策，就根本与蒙古的生存相冲突。但是我们占〔站〕在客观的立场，决不反对开垦，可是要有更好的生活方法来代替游牧生活。因为在事实上我们见到的皆是将游牧草原尽行开垦，而不能再给其他的生活方法，以任蒙民之颠沛流离，坐受饥寒，于满清相形之下，未免有不足之憾。所以要改革蒙民游牧生活，必首先使其有其他的生产技能，然后始能谈到改良，过去正因为忽略这一点，结果只见蒙民痛苦日渐增加，更不能获得其他的效果。谁都晓得蒙民既不长于耕种，复不善营工商业，而剧然开垦土地从事农业，当然影响其利益与生活之艰窘。回忆过去二十年中，蒙人对此种痛苦，未尝一日不求解除，如兴安屯垦之波折，呼伦贝尔之事变，以及历年各盟旗向当局之请求报告与蒙古会议各旗提案中，皆足以见已往对蒙政策之不适合，而蒙人屡向当局请求设法解〈除〉者也。乃以国内年来多事，遂目睹此情状之不容再缓，徒因无力顾及，致一再敷衍，愈演愈烈，坐事〔视〕扩大，已至一发乃有所谓高度自治之要求。此在其本身有不得不如此之苦衷，而在不知者，疑为别有用心，此种隔阂态度，实为蒙汉团结之最大障碍。更有一般人所认为盟旗与省县的冲突，而亦为更使人不发生好感之一大关键。自蒙民负担言，自设省县以来，蒙人一切行政均受其干涉，强制执行，如租税之征收，杂捐之增加等，以生活简单之蒙民，何堪此繁苛之聚敛，重以此故，无论其为王公、平民，生活莫不因之而低落。再就司法方面言，亦有显著之冲突，即一微小之诉讼案件，亦必经县政府为之解决，此中关于蒙汉两方面的争执，更难得公平允当的解决。这在蒙人精神上，算是一种极大的痛苦，亦是使蒙人发生恶感的重要原因，直接说也是蒙古发生问题的一个重要的内在原因。总之，蒙古问题的意义是，外在的原因和内在的原因，两种同时而有，不是单纯的哪一方面，而是两种原因相兼而产生的一个问题。

过去对蒙政策之失败

由此可知蒙古问题，决不自现在始，在此长久演进的期中，屡试〔予〕以吾人解决的机会，不过已往对于蒙古问题过于轻视，多未有清晰的观察，深切的注意，以致对蒙政策，亦多处置失当，而演成现在的结果。其最大的错处可以举出一二，以述之于下：（一）认武力为解决蒙古问题的必取途径。因为用武力的结果，不但不能解决蒙古问题于永久，而且更加重一层蒙人的仇视印象，以致愈弄愈非愈难解决（例如兴安屯垦与呼伦贝尔事件）。（二）视笼络政策为消灭蒙人反抗的唯一方法。前清是如此，民国又何尝不如此，前清用此能收效者，因彼时大多数蒙人向〔尚〕感觉不到有切身的痛苦，但在近来虽然王公、喇嘛仍握有军政大权，可以笼络，可是大多数的平民无论在精神上、物质上，都觉到发生极大的痛苦，所以单顾到贵族方面，无疑更加重平民的痛苦，总只管笼络而与问题实际的解决程度相差愈远。（三）还有以外交手段来解决蒙古问题，这简直看成蒙古问题不是其本身的问题，亦可说太偏于一方面。固然在过去所发生的事件，不能不承认〔没〕有外交的关系，但根本的原因，还在其本身的痛苦不能解决，以致挺而走险，误入歧途，当然解救的方法要从根本着手，决不能以皮毛的治标办法，而可以使蒙古问题安于永久。（四）为领袖者终是高官厚禄。凡在蒙古稍有地位者，或领导蒙古革命运动之青年，当局即认为蒙古界之巨擘，尽可以名位许之，什么委员、委员长，反正有职无权的官，多委任几个亦无多大的关系，只要不去活动就算足矣。此在蒙古每一事件发生，无一不用此法，完全忘却领袖是群〈众〉的化身，有他产生的特殊背景，他可以为群众谋利益，群众非为他个人而造机会，所以结果领袖只管享幸福，于群众的实际要求，毫无补益，因之更引起一般人的名利欲望，以为鼓吹什么运动就可以做官，可以发财，存这种心理者，实颇不乏人。过去使刊〔蒙〕古问题之所以不能解决，或者这也算是主要的原因。

将来对蒙政策应取之方向

我们检点过去，发见以上的种种弊端，但徒叹已往的失策，不如致力于未来的改进，更曰有了过去的错误，可以决定我们将来应取的方针。这方针亦比较能切合实际的需要，以收显著的效果，使蒙民生活逐渐改善，蒙古建设日形发达，以达到五族一家，共同团结，一致对外的目的。所以我们方针要：

（一）中央与蒙民务须互相谅解。一方要防止敌人的引诱和煽惑，一方要彼此皆须无界限无畛域，而以真诚的态度，热烈的情感，互相原谅，互相了解。换言之：在中央须时体蒙民所受之痛苦，生活之艰窘，急思设法为之解除。在蒙古人方面，亦要异〔设〕身处地，而为中央设想，如此有一共同遵守之原则，始可以努力共同团结，达到一致对外之目的。反之各怀尔志，彼此以短见责，中间无形加重一层隔膜，俨然划一鸿沟，以致下情不能上达，使彼此真诚热烈之情感，无由接触之机会，从而中央虽有锐意改革蒙古之决心与善政，而仍不能引起蒙人之同情，欲矫此弊，非彼此互相谅解不为功。

（二）切实解除盟旗与省县的冲突。盟旗与省县同为接近人民之地方行政机关，两者权限均应明白规定，使所执行事务，不致彼此有混肴〔淆〕不清之弊，如是两无冲突之机会，可免彼此仇视态度，自然保持好感，共同合作，努力地方事业之发展。往者蒙地设县，不但捐税繁苛，即一切行政事宜，亦越俎〔俎〕代谋，使蒙人敢怒而不敢言，致宿怨愈积愈大，隔阂愈深，以至影响整个蒙汉之团结，故解决两者间的冲突，实为不可忽视之一大问题。

（三）消灭歧视蒙人心理。在内地人之心目中，对于蒙人早已存有一种恶劣之印象，以为蒙人一切知识能力，皆不若人，自不能与其他一律看待，因存此种心理之结果，所表现于事实者，则为欺骗蒙人使蒙人饮恨已也。尤其常与蒙人接触之商人，更极尽偷奸取巧哄骗欺人之能事，往往以极少之代价而得多量之货物，而又有使蒙人有冤无处诉，自蹈其非之技能，结果只有使蒙人有愤恨，加重一层仇视而已。所以改善蒙汉关系，泯灭歧视心理，亦为不可少之步骤。

（四）务须保障蒙民生活。蒙人现在最大的痛苦，就是生活难于维持，生活之所以发生问题者，其原因有二：一在土地悉行开垦之区域，而农业生活之基础毫未建立，以致目睹蒙民失业；一仍在游牧生活之区域，一切方法均墨守成规，致出口货物日形减少，经济来源断绝。遂使蒙人深觉谋生之不易，生活之艰窘。故现在必须从保障蒙民生活为入手，以挽救蒙古的危机。其法在土地已开垦之地方除免除杂捐外，并酌设职业学校，以训拣〔练〕蒙民生产技能，培殖生活上所必需之知识，务须于最短期间促其实现。其在游牧地方，尽量提倡改良品种，施行防疫等工作，约凡费力小实而收效大者，皆可用以为保障蒙民生活，解决蒙古生计之一种工既〔作〕。

（五）注意多数蒙人的利益。蒙古问题的主要对象，既是多数人的痛苦不能解决，而中央整个对蒙古方针，亦当然注意多数人的利益。千万勿以为已成立自治政务委员，多数蒙古自治运动的主角，已［居〕然得了官作，绝对不会再有什么运动，蒙古问题从此亦可告一断〔段〕落。这种看法，仍不失满清愚笼政策的意味。我们看现在蒙人的生活，仍然是〈无〉法维持，依旧是［无〕困苦万状，所以说将来必须注意多数［无〕蒙人的利益，然后整个蒙古问题，才有解决的希望。

（六）提高文化程度。蒙人的文化低落、知识谫陋的结果，生活不能改进，新思想不能输入，造成精神的堕落，物质的恐慌，进而至于民族意识的消灭，国家观念的薄弱，以致受外人的觊觎、蚕食、侵略，而使本身失掉判断力，与大脑失去作用似的。我们为挽救这种弊病，唤起国家观念起见，普及教育，提高文化的程度，亦为所应取的切要工作。

总之已往的错误，可以暗示我们未来的改进，我们一方要消极的严防外来的侵略和引诱，一方要积极的解除蒙民痛苦，与努力将来的一切建设，使现在荒凉的蒙古一变为光华粲烂的地域。这不仅是作者的志愿，也是大家应当共同努力的目标。

《蒙古前途》（月刊）

南京蒙古前途月刊社

1934 年 16 期

（朱宪　整理）

危机日深之内蒙

文翰　撰

最近日本因侵华的政策得到安全的进步和发展，于是乘这种威力之余积极的向着内蒙西部开始进攻，以图"蒙古大源共和国"之实现，作将来对俄作战之准备，除一方令伪协合会热河地方事务所于本月十日举行满蒙恳谈会，以拉拢内蒙各王公，表示亲善，增进情感外，并对于西蒙极力以种种威迫利诱之方法，使各王公投降伪满，以餍足其整个侵略之目的。如最近在多伦、锡盟设立无线电台，组织善邻合作社，设立医院等，更有日人植田在多伦主持之特务机关，招纳蒙人组织宣传队，冀游说一般蒙人投降伪满。此外日本官方派往张家口之侨民，皆暗授以职责，如经营商业或饭馆业者，专为联络地方土豪劣绅，领事馆武官司侦探军情、地形，某社或某会管社会调查与社会经济情形，青年学生则以研究蒙古语言，拉拢各王公为目的。此皆为日本侵略内蒙现在的积极的工作。回顾过去溥仪之称帝，也可以视作日本用以号召蒙古王公，征服蒙人心理的一种手段，平沈通车与成疑问之酝酿平绥联运，亦是日人借以取得华北和内蒙经济上的利益，战时可以取得军事上的便利，所以日本侵略蒙古之计划可谓周密详尽，其施行之步骤可谓确实稳固，按现在之情势观之，日本对西蒙之野心更如火燎原，毫不放松，盖因其所处地位之重要，尤［犹］过于已失之东蒙，自中国国防言，无疑是北部的屏藩，有一夫当关万夫莫开之势，自俄之对日言，亦为军事攻守之重地。故日本为应付将来大战的危机，取得西蒙，控制苏俄，乃事理之必然，毫无疑问者。倘占有内蒙，则进可以取得中国黄河以北之地，退可以保护伪满之安全，是以最近西蒙危机日益加重，险恶四伏，祸迫眉睫，人心惶恐，大有岌岌不可终日之慨。而我国人一向模糊置而不问，处此千钧一发之际，仍似毫无感触而居之泰然。蒙古凡百事业，虽有自治政务委员会名〔各〕负其责，然财力、人力之关系，对于应兴应革之事务，仍不能如愿在最短期间完成，致召敌人挑拨离间之口实。故吾人一方希望蒙古同胞本身积极的觉悟，誓不投降伪日，一方盼望政府从速筹划保全内蒙妥善办法，并谋内蒙人民生计问题的解决，充实内蒙军力，增厚御敌的实际力量，以挽此当前的危机。在另一方面，帝国主义之野心毫无止境，试看日本占有四省的土地，征服三千四百万的人民，而他们侵略之野心竟仍不能稍事敛迹，更要由这三百八十万方里的土地，进而至于占有整个中国，征服四万万的人民，因此可以断定日本在征服内蒙以后，一定会向整个中国进攻。现在日本未征服内蒙之前，我们全国同胞应加一次痛心的反省，设法保全内蒙，扶持内蒙，使其不为东省之续，则不独是内蒙之幸，亦为整个国家之幸，愿国人请共勉之。

《蒙古前途》（月刊）

南京蒙古前途月刊社

1934 年 16 期

（朱宪　整理）

二次大战爆发声中救蒙之急务

杨润霖　撰

日本侵蒙野心，早已暴露无余，俄、伪两方冲突，尤日趋锐化，战云布满，远东之地，殊少和平之望矣！考我蒙古处于中、日、俄之间，为日侵中俄最利之地，设使远东战事，一旦爆发，日为攻俄便利计，必先进兵西蒙；为隔绝中俄交通计，亦必先占据西蒙，概言二次大战，蒙古之厄运实难幸免，此非吾人危言吓众，诚事实所在，勿庸讳言者也！然我蒙古土地狭小，物产不丰，无有雄厚之兵力，充实之经济，人口数寡，尤少团结，战端一开，将束手待毙，任人宰割，由人奴隶，何以立民族于斯世，保漠土于久安乎？是以一般知识分子，有志青年，目睹危机，咸思挽救，报登刊载，数见不鲜。非言振兴教育，乃救蒙之急务；即〈言〉破除迷信，为救蒙古之要图。然考其所述，查现在蒙情，未免迟缓，恐无补于事实。以余管见，救蒙急务，较易收效者，不外下列两端：

（一）努力宣传唤起蒙众——吾人详考蒙情，蒙古今日最可惧者，并不尽在于教育之不兴，迷信之蒂固；乃在人民昧于现势，不知今日危机而已，盖以其知现势之险恶，自能上于自振之路矣。故吾以为吾蒙古当此危极〔急〕之时，朝不保夕之顷，当急之务，最利之图，首属努力宣传，唤起民众，使其知吾蒙古前途之危险，凡我同胞应负起救民族之重任，否则民族前途，将不堪设想矣！

人民既知利害，与其所有任务，吾想东亚风云紧急之时，战事激烈之日，即不能使整个民众，参与战事，亦为一最有力之后援，高我抗日之呼声，对于军事，裨益实多矣。至于宣传方法，须分两方面去作：

1. 文字之宣传——于政委会所在地，设一总报馆，于每一旗，设一分馆，以简单之文字、切实之语句，从知识之阶级，作有力之宣传，务求民众觉悟，以为鹄的。

2. 口头之宣传——亦于政委会所在地，设一宣传部，每旗设一分部，每一部用若干人员，往各街市村镇，作口头宣传；并可印若干份宣传单，散于民众，以收口头、文字兼顾之效也。

（二）集中兵力严格训练——吾蒙古各机关之设立，在形式之上看，似颇严密而有组织，究其实，各自为政、不相管辖，所以每旗虽有数百名军人，仅能保卫旗署、维持地方治安而已，至于御外侮，抗强敌，其不可能，不言而喻。此无他故，训练不严格，兵力不能集中之所致也。今若将全蒙军队，集于一起，计其总数，不下三万余人；设与此三万余人以严格之训练，灌输以誓死抗敌之精神，统一枪械，充实子弹，作长久之准备，不幸大战起时，兵陈东、北两境，以抗暴日，而防赤俄，虽不能收回外蒙，光复东壁，亦能使西蒙不致沦夷，令彼列强稍敛其迹也。及〔其〕训练方法，要从两步进行：

1. 从我蒙古军官之中，选一素有经验学识之人，任令全蒙军队最高长官，由其将全蒙军队集中百〈灵〉庙，从事三月严格训练，非徒使军队中纪律严明，且要使士兵具有军人常识而后已。

2. 训练届满三月，复令其各回本旗。但每一年须集于一起，训练一次。盖集中时久，恐地方不宁，治安不保，胡匪纵横，浪人肆虐；如久不集中一起训练，又恐兵士懈怠，难以作战。是以每一年，总要集中训练，以免军事惰落，而利指挥。

　　总之，吾蒙古今当千钧一发之时，非迟缓之谋，可以保全领土，可以制止强敌，可以为民族争光荣，可以为民族谋幸福。必也唤起民众，集中兵力，共同努力，以渡此难关，一致奋斗，挽此狂澜，庶可巩固我西蒙弹丸之地，而免受鱼肉之苦矣！政会当局，以余言为然否？

《蒙古前途》（月刊）

南京蒙古前途月刊社

1934 年 16 期

（丁冉　整理）

期待中之蒙古自治指导长官就职问题

耀震　撰

膺政府指导蒙古自治、巩固国防、拯蒙古于狂澜重责之指导大员，自四月蒙政会正式成立以来，国府即明令发表，于兹已经半载，其间虽经蒙众极尽拥戴之诚意，屡次吁请就职，并中央之一再电促，始终镜里观花，无确定之反应，以致全蒙拭目翘望之指导长官就职无期，蒙政务委员会陷于半停顿状态。所谓有枝叶连带关系之长官公署成立期，更属来无源由，只有成而不立矣！

九月下旬，关系方面消息，有何代委长派高级参议门炳岳赴绥至白灵庙接洽筹备组织长官公署，并有派门氏常川驻绥以负承转之责，惟因经费关系，计划组织较原定范围缩小计划之进行，消息传来，不亚青天霹雳，悉以指导长官公署成立有待，大员就职有期，莫不额手称庆，为蒙古前途祝幸；延至最近，昙花一现，终成泡影。固然，吾人深知何代委长坐镇华北，职责綦重，朝夕从公，尚无暇刻，以蒙古情形之复杂，加之蒙情隔阂，深恐就职后，演成有名无实之现象，遗误重托，此固为政者扫除敷衍因循之积弊，实事求是，为一般官僚施政之表率，此种精神为吾人极端之钦佩与赞扬！但反观蒙古现状，已至日暮穷途，危迫燃眉之际，当前急待解决之中心问题，在需一适当之蒙古与中央交互之中枢机关暨贤能之指导长官，一方蒙政会创伊之始，一切急待解之问题，予以切实开导，一方际此日人极积侵蒙之时国内多事之秋，中央亦急需对蒙指导负责之组织，以减轻鞭长莫及之虑，俾中央与蒙古之关系日臻密切，不致为野心者所分化，两全其美，百无一覆；更进一步，即以何代委长坐镇华北之概念下言之，虽蒙古有特殊情形，亦为整个华北一部分，与黄河以北各省，具有共同之属性，设若政府无指导长官之设置，当蒙古处于为寇所迫之半军事状态下，万一发生意外，责无旁贷，至少何代委长应负有一部分责任，故无论自何方言之，指导长官之就职，为刻不容缓之举。关于何代委长之就职，似无谦虚之必要，尤其不幸而当此国难日深，大厦将倾之中国负责长官，应具艰苦卓绝之精神，领导全民众以奋斗求民族生存之出路，真所谓卧薪尝胆，时刻不容稍懈者也！自然多一种责任，多一番劳心，但处于今日，吾人以十二万分之诚意，希望何代委长，以革命之精神，立于民族国防之观点，下以决心，任何艰难困苦，予以摈弃，毅然就职，上不负中央委托之苦衷，下符蒙众拥戴之热忱，挽残局于万一，拯危急于悬崖，领导仅余之三盟二十三旗，立于雪耻复仇之前驱，为国家求出路，为民族保生存；使甫经萌芽之蒙古自治，不致横遭摧残，幸未就职之指导长官注意及之也！

《蒙古前途》（月刊）

南京蒙古前途月刊社

1934 年 16 期

（丁冉　整理）

复兴蒙古应有的认识与动向

宸 撰

一 前言

一九一四年人类相互屠杀的惨剧甫演不久，一九三六年的风云预测的呼声，复又送到我们的耳边，使薄脆的耳鼓反应急剧的振动。海军会议的勾心斗角，萨尔问题的纠纷，以及远东情势紧涨〔张〕，充分地表现世界的不安及帝国主义间自身的矛盾。无疑地冲突的焦点在权利的相对，具体的说，是帝国主义者进攻弱小民族夺取市场和殖民地结果必然的表现，不避一切地向着战争的漩涡狂奔，势所必然，世界的危运与灾祸，不久的将来会重新开展在我们的面前，飞机、唐克车、大炮、战舰，帝国主义者相信它的神秘与威力，是解决它们经济恐慌找出路的唯一途径（？），发展自己民族消灭他民族的有效方法（？），弱小民族的痛苦与黑暗，耻辱与消灭，就在他们这种以侵略、屠杀、械斗为手段的策略下来牺牲。但是人类爱种爱族的天性趋使，决不甘心永远为他人割宰为他人统制，弱小民族求自决的挣扎普遍全世界，反映出求民族生存的积极的与消极的反抗自卫运动，这些的确给野心者以最大打击的当头棒喝。

东方被压迫民族，最甚的为被英统治的印度民族，受日本宰割的三韩、台湾……以及受压力最大痛苦最深的中华民族，无不充分地受着帝国主义的控制束缚。由强有力的高压的结果，相对的印度民族消极不合作的甘地主义，三韩革〈命〉党员伊〔尹〕奉吉毁灭帝国军阀之上海虹口案件，以及最近台湾义士基隆地方的宏举等，在在表现弱小民族的猛醒对帝国主义之猛烈反抗与袭击，其方法虽缓急各有不同，而其为民族求出路求生存的中心目标，则毫无二致。中华民族自鸦片战争后，百年以来，无时不受他人的控制与欺侮下生存着，为了亡国灭种的大祸与求民族的自由平等，酿成轰烈的辛亥革命，推翻数千年的专制政体，而求得民族的复兴，扩大民众的革命情绪，确给帝国主义者以最大的威胁。无条件的交还武汉租界，无数先烈的热血换来的代价，就是纠正侵略者对我民族的错误观念。但是，帝国主义为了自身的利害关系，除了无关痛痒的稍为退步外，而他们的目的行为，因环境的驱使及其本身经济恐慌的严重，对中华民族的自救运动，看清它们的权利时有日形缩小的可能，乃变化方法，不惜用卑污的手段，予以破坏与阻止革命的进展，如北伐时日本的出兵山东，酿成的济南惨案，最近之九一八事变、一二八战争，以至《塘沽协定》，华北通车、通邮等直接控制，间接的利用封建势力如袁世凯称帝，直皖、直奉等战争，无不有帝国主义者在背后作祟操纵，在在表示帝国主义者对中国革命成功的恐惧，不惜用种种方法，企图破坏方欲成功的建设工作，使中华民族趋于永远不能抬头，始终受其宰割。无如中国革命基础日形巩固，更进一步采取断然的手段，如暴日之攫取东北，演进的结果，因染指不均造成帝国主义者相互冲突，而给中国以世界和平的祸首、远东火药库的罪名，造成继一九一四年人类大屠杀的、一九三六年未来角斗的主要原因，也就是中华民族灭亡与复兴的生死关头。蒙古为中华民族的一个基本单位，自然不能逃出这祸圈，因其所处地位的重要，有更进一步的危险与严重的局势。在自救的声中对现实环境自应有一相当的认识，由之而树立中心奋斗的目标，似感有急切的需要。兹就所见，列举数端，以供从事民族自救同志的片断的参考。

二　中国革命本身的特质与蒙古的关系

中国革命的特质，根据三民主义而言，虽然最初出发点是建树在民族主义之基础上，而其民权、民生的连带关系根本不能视为分离的或单独的，必须依三民主义之真谛同时实行政治革命和社会革命的民族革命。欲实行政治革命的民权主义，必须民族革命和社会革命同时辅助之，同样地欲社会革命的民生主义实现，更必赖民族主义的民族革命、民权主义的政治革命以完成；进一步言之，民族主义决非狭义的国家主义及不踏实际的社会主义所可比拟，民权主义亦非虚伪的代议制之假民权，民生主义又非不择手段专以引起阶级斗争为目的的社会主义，是以和平为宗旨的平均地权、节制资本的原则以求经济平等的实现，其推进的唯一要点，总理已于遗嘱中揭示："必须唤起民众及联合世界上以平等待我之民族共同奋斗。"一贯其中心主张，中国民族自求解放，境内各民族一律平等。由此可见中国革命目的，首在求民族解放，恢复民族精神、民族意识、民族自信力及自卫力。至于如何始能实现以上所述，"唤起民众"四字上用功夫，人民觉悟然后始能竭全力以奋斗，所谓中心信仰与中心思想的连系所致，也就是目前积极从事于民族革命复兴民族的主要理想与任务。因为中国社会的背景，是一个生产落后的国家，外受帝国主义的压迫，内受天灾人祸及残余封建势力的袭击，在在需要一种适于国情的革命方式，来解决空前未有之恐慌，故在中国革命运动的本质，不仅要推翻封建势力，打倒帝国主义，同时还要以全力促进社会建设，维持民族生命，循序渐进，以达大同世界理想的坦途。欲求此目标之实现，必须先从国内各个民族分子的健全要求着手，而步入精诚大团结之门不为功，舍此基本的工作，势必至受他人各个击破之毒策，群至于死灭消亡而后止。蒙古民族是中华民族的基本单位，必然的要在自治伊始从事于本身的健全，而急图自救运动，然后始能谈到"国内民族一律平等"的真义，否则空中楼阁，一有名无实的假平等、空口号而已，这是在我们从事蒙古民族自救运动的首应认识的一点。

三　日俄情势的演化与蒙古环境

"现在世界下形成了极不相容的两大阵营，一为以英美为代表的资本主义阵营，一为以苏俄为代表的社会主义阵营，国联情势今后愈将依此两大阵营之势力关系而决定。"（史太林）远东既跳不出世界的极圈，自然亦难脱离此公式，号称东方巴尔干或火药库的满蒙，位于东方资本主义为代表的日本与社会主义苏俄的中间，因权利及国策的关系，冲突日形尖锐化，虽然目前如中东路问题苏俄有暂时的退让，而终久必趋于一战，是在吾人逆料中，这〈是〉事实昭然、势所必然的。兹就二国演化情况分别讨论之如下：

　　a. 日本自明治维新之初，感及其本国产业基础之脆弱及世界经济之袭击，苟欲保全帝国之生存，必须打破此难关，因之而树立对外之发展政策。此政策直至现在的广田弘毅，他们策略虽各有不同，而一贯的传统精神，则在逐渐推进大陆西进政策，如田中奏章中云："日本必须采取铁血政策以解决远东之一切问题，其二日本欲征服世界，必须征服欧亚，欲征服欧亚，必先征服中国……"由此可见其主要之对象为中国，其计划则第一步囊括台

湾，已于中日战后一八九五年完成，第二步并吞朝鲜，亦于一九
〇四年至一九〇五年成功，第三步席卷蒙满，自一九三一年至
《塘沽协定》，虽整个内蒙未如愿以偿，而东北四省亦告一段
落——在日人所谓之非常期，已冲破中日、日俄二次的难关，现已
跃入"……以蒙满为根据……而风靡〔靡〕支那四百余州……"
的第三阶段的非常期，此难关较以前二次更胜一筹，日本不惜孤
注一掷，倾全力以从事此目的的实现。

　　b. 苏俄的远东政策，在沙皇时早已确立，第一步扩张北满势
力攫取韩岛，其目的在南下中国，东控日本，而握亚洲之霸权，
终至酿成一九〇四——一九〇五年日俄大战，由《扑资茅斯约》的
订立，确立南日北俄的满洲平分春色局面。自俄十月革命以来，
其政策由侵略一变而为"赤化"远东殖民地政策，主要对象仍不
脱掉中国。目前的苏俄因第一次五年计划方告成功，第二次计划
伊始之际，就它现在国情来推断，其对外方策是避免战争和向各
国通商为目的；对内方策为积极建设，使全国经济都很科学地步
上社会主义的道上为目的，决不轻启战衅。但日本自九一八取得
东北，更进一步伸入北满，大有非将苏俄排除于贝加尔湖以西不
能罢休的气概，以图大陆政策之进展无所阻碍，使苏俄之和平政
策受绝大之打击，以此二个思想国策根本背谬，日俄冲突是不能
避免的。但战端之开幕，关键在于日本，这正证明日帝国主义欲
贯彻大陆主义，统制远东，不惜自命防止"赤化"急先锋之名，
以与苏俄一战，至苏俄忍无再忍之地，而爆发此未来的惨祸！

　　二次大战的主角，当然是日俄对立为起端，蒙古位居二强之
间，无论日俄战争终结对象为谁，而蒙古势必首遭蹂躏，是无可
讳言之事实。尤者战端一开，苏俄势必将以外蒙的同胞作先头赶
死队，日本亦同样地用东蒙的为先头部队，非但土地供为战场，
而我们的民族将必为其利用而自相惨杀，以蒙古同胞生产技术的

基础毫无、思想之单纯及文化低下，在这严重的非常期，整个民族势必受战争的摧毁，群至于死亡消灭而后止，言念及此，不胜心惊魄动，为我民族命运、前途悲！但是，事在人为，假使不甘为人奴隶为人消灭，值此生死关头，唯一出路是加紧革命奋斗情绪，确立民族意识，所谓"多难兴邦"，或者还正是吾民族发愤复兴之时，在大战转变以后，弱小民族终必有一日之大联合，而与帝国主义一搏之一日，此当以中华民族负其主要使命，我们不但自救，而且救世界的机会，端赖于此。兹进一步以讨论吾民族目前应取之动向。

四　蒙古民族应取之动向

　　a. 民族至上主义之确立——救亡图存的惟一原则，端在民族意识及精诚团结八字来解决，也就是总理告述我们的由家族、宗族的结合而扩大至于国族，所谓一盘散沙的蒙古民族，当此严重时期，惟有唤起同胞，树立共同信仰，趋于团结是别无他法可想，例如犹太民族虽然无犹太国之存在，而其民族现在仍遍布世界，不时要求恢复国家的运动，其所以如斯者，主要因素，是有共同信仰与民族意识，故蒙古民族，欲图生存，必须抱定三民主义之民族革命原则，先求自己本身的健全，而后在大中华民族之整个团结下，以应付此非常局面。要知有大团结之奋斗，方能有民族单位之生存，以我们力量的弱小，是根本谈不到与强有力的帝国主义一抗的，如日本之侵略东北，倾全国之力尚不能与之一搏，即其明证。

　　b. 从事基础工作之心理建设——总理说"革命先要革心"，欲求大我的健全，必先由小我的健全做起，欲求民族的健全，更必须从各个分子的健全基本上得之，反言之即我们的力量要靠各个从理性的认识上发扬出来，节制自私自利欲念的横流，人人要具合理的同情心及互助团结的真精神，澄清一切的乱源，是我们首应认识及努力实现的一点。本刊前期有斐然君作的《复兴蒙古民族与心理建设》一文，言之甚详，兹不赘述。

c. 要具服从领袖拥护领袖的精神——无论任何一种运动，领袖为第一个不可缺乏的要素，去此则无中心依归，势必群趋于蠢动，对社会只是增加乱源，则此运动归于失败为必然的事实。在国家立场，应拥护最高领袖，在政党团体尊崇政党领袖，然后始有成绩之可谈。然则革命领袖应以什么为标准而定取舍，要之不外有四：第一要有复兴民族的热心，第二要具坚苦卓绝为民族求出路的精神，第三种要有伟大的人格，第四应备伟大的魄力、领导民众的能力，具备以上四条件，始能完成其固有的任务。这个理想的人物，也就是我们应当拥护的服从的领袖，要以全力辅佐之，以图目的实现及事业的成功；也就是革命运动的中心归宿及中枢的发动机关确立，然后能由中心发施号令，步伐才能整齐，才能达到我们理想目标的实现。至于何者是我们的标准，请读者诸君加一番理智的严格的考虑而选择，这是我们应认识的第三个动向。

五　结言

总之，帝国主义与弱小民族，根本誓不两立，同时也是决不能妥协的。帝国主义因近年人口膨胀的结果，起绝大的恐慌，惟一出路，在侵略弱小民族的殖民政策，此政策换言之即殖彼之民灭我之民，生彼之民族亡我之民族的毒策；人类天赋爱族的本能，对他人的侵灭本族，无论其文化如何低落，是不愿领受的，必想尽一切方法来奋斗求生存，是为帝国主义与弱小民族根本冲突的原因。中国革命目标在扶助弱小民族，但是因为封建势力的对蒙的欺骗结果，造成蒙古民众归过于主义之不良，故在目前蒙古民族固应认识主义之真谛所在，更必须中央以强有力的办法消除门户之见的专以挑起民族反感的封建分子，更必须我们蒙古民族认识"自救"为求出路谋生存百一无二的法门，"赖天天高"，"依地地厚"，认定本身环境的危险，确定应走之动向，毫不犹豫的奔上奋斗革命的坦途。如何始能达到此目的，首赖唤醒同胞，振刷固有精神，恢复民族自信、自卫与自救的能力，扫除民族运动的障碍物，树立中心信仰；并了解有自救然后才谈到人救，依赖性不是求民族出路的办法。我们的同胞，愿都有这样共同地认识与动向，以努力复兴我垂死的民族，将来能够立足于现代的世界与各民族站同等的地位，希冀这理想的成功与实现！

《蒙古前途》（月刊）

南京蒙古前途月刊社

1934 年 17 期

（李红权　整理）

向蒙政会饶舌

去岁吾蒙喊出"自治"口号，侨居南国寄生京城的我，闻之何等兴奋，嗣中央准许自治，又是何等庆幸，及蒙古地方自治政务委员会正式成立，迄今数月，仍在静默仪式中，兴奋庆幸之余，不免有点忧闷了！

吾蒙在共和国体民主政制之今日，应为分治之主体，非仅被治之集团。且"国内各民族自决自治"，皇皇遗训，昭然具在，是蒙古自治，既其应有之权利，亦其应尽之义务，即中央之许准，亦党政之正轨，非例外之特惠也，要在蒙方之努力推行，促其实现而已。惟蒙地僻蔽，初步实施，自非熟悉地方情势者莫办，故一切政务设施，求其因地因人因时而制宜，全赖当地王公领袖之悉心筹策，随机应付，职责所在，决不容少有推诿因循之念于其间。及中央所任命之指导长官，原以统缉全局，居高监临，犹之虚位元首，无何实际任务，驻蒙驻平，均无不可，似无须频频促驾，万呼千唤也。夫蒙政会之经费，月仅数万耳，以蒙地资源之富，蕴藏之厚，诚心求之，何往不得，奚用朝呈而夕请乎。尤应所顾虑者，长此不自开源，动止依人，一旦接济断绝，势必影响政务，当凛河竭崖崩之戒，晋求所以策万全。虽庶政非钱莫举，幸吾蒙生活简单，俭朴成风，本大无畏之精神，埋头苦干，满可以最低代价，取得最大成功，经费之丰啬，何有于我哉。查国内各机关，其经费充裕者，每易形成奔营投机之总汇，腥污易附蚊蚁，忧患适于生存，我朝气澎湃天真烂漫之蒙政会，又何贵乎斤斤于经费问题乎。

　　总之，长官不到不足病，经费不发不足忧，蒙政当局，果以力争自治之精神，奋勇迈进，一切难题，均可迎刃立解。设不于此中求出路，惟他人之鼻息是仰，函电纷驰，终无济也！风尘仆仆，得勿劳乎？至于推进之整个方策，诸公自有权衡，不敢饶舌及之也。凡所繁喋，悉出衷曲，惟其望之殷，情之切，或不无言之坦，语之刻欤！

《蒙古前途》（月刊）

南京蒙古前途月刊社

1934 年 17 期

（朱宪　整理）

蒋委员长北上与蒙古前途

文翰　撰

全国军事最高领袖蒋介石氏，于本月（十一月）由陕、甘而北平，由北平而绥远，而太原，西北欢呼之声振动全国，竭诚拥戴之情感，不绝于报章，数十年来中央对于西北向极漠视之态度，与夫边疆民众之疾苦，以至过去隔阂、观望等不良观念，将因蒋氏北上，而豁然冰释，故未来之共同团结，一致对外，亦必于此树立始基，此不独为西北之幸，实亦整个国家之幸。

当蒋氏初抵平垣，蒙政会云、德两王，当即拍电欢迎蒋氏莅蒙指导，时当蒋氏正在检查身体期间，乃派察省委萧振瀛代表赴蒙，转达意旨，此虽庸常细节，而在中国今日边疆多事之秋，蒙古危如累卵之际，实亦值得吾人注意之问题。蒙古自治要求，去日无多，现虽得安然解决，渐由平息沉静而趋于新的发展，然一般坐井观天之辈，对于蒙事仍无透彻之了解，不曰蒙人额外要求，即曰另有居心，内向事实打不破怀疑者之心理，忽视蒙人本身痛苦，而强皆归咎于外来之背景，此种不明事实、妄加憶〔臆〕测之荒谬言论，是诚吾人深恶而痛绝者也。此次云、德两王，坚决欢迎蒋氏莅蒙指导者，一方表示蒙人坦白内向心理，以期打破怀疑者之观望态度，一方蒋氏莅蒙后，对于蒙人一切痛苦情形，必能有明晰之观察，正确之判断，是非曲直必因大白，在蒋氏为国家负实际责任之一人，其关心边疆，重视蒙事，却为任何人所不及者，比蒋氏至绥，与云、德两王会晤，开诚布公，尽量采取蒙人意见，给蒙人以极良好的印象，莫不表示竭诚拥戴，深致感谢，蒙古前途于斯渐露曙光！

　　于此蒙民欢迎蒋氏之热烈中，更回想到过去中央对于蒙事之轻视，民初以来，国人极鲜注意，外蒙既因处置失当，沦于外人，内蒙更因日人侵略之迫切，形势日见紧张，际此朝不保夕之局面下，政府对于蒙事之处置，非一改从前愚弄政策，轻视态度，进而谋实际治本方法解除蒙民痛苦不为功，盖蒙民大多数虽处游牧时代，徒因方法不加改善，技术未能进步，早已失掉固有经济上之优越地位，以致引起生活上之极度恐慌，而使一般民众忧心悄悄〔忡忡〕、惴惴不安者也。另一方面言之：在已开垦之土地，而蒙人农商业生活之基础，又未建立，而原有生活能力，乃随开垦而丧失，当此游牧农业递禅之情状下，所生之经济恐慌，特别显著而严重，故吾人屡言蒙古问题，不仅是单纯的外在关系，而是内在的背景所引起的实际问题，而吾人所望于政府者，亦在此多数民众痛苦之解除，而不在少数人地位之有无也。

　　此次蒋氏莅绥，与云、德两王会晤之下，对此必有深切之观察，锐意解除之决心，并经蒋氏面允云、德两王，返京后蒙政会经费照数拨给，对于一切建设事业亦垂询备至，想〔相〕信蒙古未来之新机运，将必因蒋氏北上，而益臻光明无限矣。

《蒙古前途》（月刊）
南京蒙古前途月刊社
1934 年 17 期
（李红权　整理）

一年来蒙古之回溯与展望

宸 撰

一九三四年转瞬已成了历史的名词，吾人回顾一年来的蒙古，感觉是乐观呢？还是失望呢？在一九三五年之开始的今日应作一个清算，检讨过去以作未来的警惕！

客岁蒙古肇端的第一件事，即是蒙古代表跋涉晋京，因感谢所谓"德意"而造成"反对"的矛盾局面，经过中政会请愿，四中全会的奔波，这意外的轩然大波，方于二月二十八日的中央政治会议解决，久在静默的蒙古，伊〔掀〕起一页新的纪录，开始新的生命。溯自四月蒙政会正式成立以来，一般所企望的事体，是否做到？各种建设事〈业〉有无相当成就？事实昭然，有识之士，不难有相当的了解。固然，吾人不能不就事实徒作高论，在短期中希冀如何理想圆满的成功，但至少各种事业的端倪，是应有点表现吧！我们不愿纯洁的蒙古，习染官僚政客的滑头技俩，更不希望徒作动人的宣传以自欺欺人；希望是埋头苦干，努力奋斗，克服困难，产生朝气，确实能为民族谋出路，为民众谋福利，及各种建设之实际工作。而过去一切正给我们以相反的显示，只见报纸上也有"工作紧张"，"某某工作计划"，就此试发一问，这些表现的实在成绩究竟在哪里？

在中央方面，假使不健忘的话，每个人总会想到汪院长《告蒙民书》中的："……至对于全体蒙人之文化生活，经济生活，亦当尽力扶助改进！充实其自卫御侮之力量，养成其实行自治之能力……总须不违背国家一般之法令……中央无不推诚相与，竭其全力，以图蒙古人民之福利……"黄绍雄氏亦云："本人至蒙，调查各盟旗政治经济状况之后，决由扶助其发展入手，使内蒙有健全的政治组织……要改善蒙古人民之生活，非有中央决大之扶助不可……"皇皇明论，确是对症良剂，但是吾人照样请问蒙政当局对于这些改进的是什么？充实的力量是什么？三万元经费的代价在哪里，所谓文化、经济、政治等的改进又在哪里？我们一方决不希望中央仍抱消极传统的拢络羁縻政策，对王公、扎萨克等有好意的待遇及号称智识青年生活的解决，我们要希望能够对于蒙古本身内在严重的危机有一个适当的解决方法。因之实现中央所给予吾人的明训、言及变换策略成功当前的中心问题，就是我们所切望一九三五年中实现的起码工作。

　　同时假使稍事留心时事的人，总回〔会〕见到，客岁日本组织蒙古军，承德举行各盟旗联席会议，收罗蒙古青年，遍植电台，赶筑公路，屯兵积械等消息；苏俄在外蒙十周纪念曾派赫赫一时的外交名手加拉罕参加典礼，赠给战斗器械，在贝加尔湖南从来为数三万的蒙古军，现在扩大到七八万，以及日本热河特务机关的积极活动，调查、游历……的热烈，在过去一年中不断地开展在我们的面前；尤其当内蒙高唱自治的时期，热河有同名义而且几乎成功的自治反应，中央有改蒙藏委员会为边政部的消息，伪兴安总署有改蒙政部的共鸣，遥遥相对，真是无独有偶！综之一九三四年的蒙古，好的方面得到个地方自治的美名，实际表彰的效果，真微乎其微；中央方面得到蒙人感谢德意的赞礼，绥远曾经举行蒙汉联汉大会，报纸上时载"日伪利诱蒙古，蒙民深明大义，不为所动"的消息，融融一时，充分表现永庆升平的现象（？），新的一九三五年现已展在面前，我们的希望在今年能够将最近蒙政会计划的工作如期完成；一九三六年的今日，内蒙——西蒙——依然存在，别的奢望是不敢谈的！

《蒙古前途》（月刊）
南京蒙古前途月刊社
1934 年 18 期
（丁冉　整理）

推进蒙古党务计划书

豁然 撰

（一）引言

蒙古民族为中华民族一分子，蒙古土地为中华领土一部分，设团结坚固，可以外御其侮，共趋繁荣之途径，设分离涣散，必致两败俱伤，皆陷于万劫不复之境地，所谓唇亡齿寒，侵肤及骨，固毫厘不爽也。然我国缔造共和，厉行党治，已经廿余年，而蒙古因远处边陲，交通梗塞，尚未接受革命洗礼之薰陶，享受青白之光之普照，其根深蒂固之封建制度仍未铲除，其腐败不堪之人民头脑仍未革新，结果则致内政不修，外患凭陵，日寇逞凶，边事日亟，此诚整个社会之隐忧，蒙疆前途之大患也。近年以来，蒙古人民虽一方面迫于时代潮流之澈〔激〕荡，另方面感于客观环境之逼迫，跃然欲起，而知御侮图存，如此次自治事件之起也，既有王公与青年提倡于前，复有广大蒙古群众拥护于后，酝酿数月，卒底于成，即是绝好之例证。然中央既允许自治区政府之成立，而不即刻筹划蒙古党务之推行，则本党之基础无由树立，主义之宣传无由着手，民众之信仰无由统一，则同志之力量更无由集中，况蒙古民众思想幼稚，头脑简单，不能安顾利害，明辨事〔是〕非，自治区政府即〔虽〕经成立，无党务机关之指导与监督，难免不为帝国主义者威胁利诱而误入歧途也。由是观之，迅速成立蒙古自治政务委员会固为急务中之急务，而赶快推进蒙古党务亦为需要中之需要，良因政治建设有赖党务之协助而成功，而党务之推进亦赖政治力量而顺利，既属相辅而行，亦应双管齐下，此殆事所必至，理有固然也，兹再将党务在边疆之重要性，于下章详细言之。

（二）推进蒙古党务之重要

一、从统一信仰上说：蒙古之民众间以黄教为唯一主宰，敬喇嘛有如神明，至杂居其中之他种人民，有者信仰上帝，有者崇拜基督，信仰既不相同，而思想即不能统一，又加习惯不同，言语歧异，相互间之情感与意志更无从吸引与沟通，即难营共同之生活，职是之故，各民族间遂互相鄙视，时起冲突，不幸事件，屡有发生。为今之计，急宜推进党务，宣传主义，使蒙古民众对本党均有深刻之认识，从事而发生共同之信仰，文化之沟通，整个民族之团结，当可计日而待也。

二、从巩固国防上说：蒙古幅员广袤，物产丰饶，为一处女地，俄国既吞并外蒙，实现其"赤化"主义，而日本亦时思据为己有者，以满足其括囊之野心，硕果仅存之内蒙，随时有失陷之可能，随地有被占领之危险，瞻念前途，不胜悚惧。兹为保全领土计，发挥民族精神计，急应设法推进党务，以党的力量，指挥民众御侮图存，以党的主义唤醒民众不受诱惑，况蒙古民众体格健壮，气魄英勇，一经组织与训练，即不难成为致敌死命之劲旅也。

三、从党的发展上说：我国是以党建国，以党治国之国家，现在党的威权，已普遍内地各省，而边疆仍守其封建制度，党的发展未免有畸形之叹。况本党是以整个社会为对象，一切政治设施，莫不以党为推动力，况蒙古自治政务委员会业已宣告成立，建设工作行将开始，当此之时，急宜推进党务，从事监督与指导，使一切政治行动，均纳于三民主义之规范，不致因帝国主义之诱惑，误入不正当之歧途，此实国家前途之大幸也。

四、从实现民治上说：本党之组织基本原则，则为民主集权制，而蒙古尚保存其封建制度，所谓特殊阶级之王公贵族，恣意剥削民众之利益，而浑浑噩噩之民众，亦甘愿附〔俯〕首帖耳听从王公之支配，恰与本党之组织原则背道而驰。欲铲除此不合乎大多数人需要背乎时代潮流之政制，则惟有以本党的民主集权制以代替，借以涤洗旧染，促成新治，培植民主势力，实现民主政治，必如此民众痛苦才有解除的可能，而民有民治民享之理想社会始能实现。

（三）推进蒙古党务应遵守之方针

一、宣扬三民主义，领导蒙古民众入于三民主义之途径。

二、沟通民族间之文化，增厚民族间之情感，泯除因种族宗教不同而生歧视观念，使咸具一中华民族之意识。

三、随时防止帝国主义之诱惑，使蒙倾向中央，不生异念。

四、建立巩固国权，充实国防基础。

五、指导蒙古人民逐渐改良其宗教上不良习尚，促成教义教条近代化，并灌输科学知识。

六、指导蒙古人民改良畜牧，努力农业，以增加生产能力，发展国民经济。

七、协同自治政府，对于蒙古民众积极改良其社会组织，发展其教育事业，训练其政治知识，以树立民治基础。

（四）推进蒙古党务应遵守之原则

一、切实遵照中央之规定暨所在地环境之情形，计划与进行党务之推进。

二、推进步骤，采分区制度及次第实现为原则，始由较开化之蒙旗渐及于僻塞之乡区。

三、推进之方法，少采用直接多采用间接，最好不用党的名义施行宣传与联络。

四、活动之方式，非有公开必要时，概采用秘密原则，于潜移默化之中使蒙民接受本党主义与政纲。

五、工作人员以熟悉蒙疆情形，及蒙古语文者为合格，最好有蒙人参与其中。

六、关于下级党部之设立与预备党员之征求，应实事求是，以宁缺勿滥为原则。

七、推进蒙古党务应利用宗教势力，相机办理，因时制宜，勿取暴烈手段以撄其锋。

八、推进蒙古党务应侧重教育与合作事业之发展，以破除无谓之迷信暨增进生活之能力为原则。

九、蒙古民众之训练，应利用闲暇时间，以不妨害正当业务为原则。

十、组织程序力求简单，工作效率力求增进。

（五）工作区域之划分

一、第一党务工作区：该区包括锡林郭勒盟，察哈尔八旗，并以张家口为工作中心地。

二、第二党务工作区：该区包括乌、伊两盟，土默特、阿拉善等旗，并以宁夏省会为工作中心地。

三、特派员办事处暂设于包头，俟自治政委会发展至相当程度，再移至其附近办公，因此可以逐渐发展，而底于成。

（六）推进蒙古党务之步骤

一、筹备时期：侧重宣传与调查，定期为六月，兹列举其工作事项如次：

1. 筹设党务特派员办事处，以总理党务。

2. 组织党务宣传队深入民间宣传。

3. 筹设党员训练班，以培养下级党务工作人材。

4. 调查已有党员及预备党员之人数。

5. 举行社会调查。

6. 联络当地王公及有资产、号召力者。

7. 筹设通讯社及报馆，领导当地之舆论。

8. 编印蒙汉合壁〔璧〕宣传小册分发各地。

9. 拟定详密推进党务计划，呈请中央核准施行。

二、充实时期：侧重训练与组织，定期为六月，兹列举其重要工作如次：

1. 继续前期未完成之工作。

2. 结束党务特派员办事处，成立党务指导委员会。

3. 筹设较开发之盟旗党部。

4. 划分各下级党部之区域。

5. 登记旧有党员并加以训练。

6. 征求预备党员。

三、发展时期：侧重社会事业之发展，兹列举其重要工作如次：

1. 继续前期未完成之工作。

2. 结束党务指导委员会，筹开全区代表大会成立正式党部。

3. 加紧训练党员。

4. 推行党义教育。

5. 提倡公益事业。

6. 组织民众自卫团体。

7. 训练民众行使四权，以促进地方自治。

8. 筹设图书馆及通俗阅览室。

9. 鼓吹设立毛织工厂及牛奶、罐头公司。

10. 举办生产、信用、运输、消费各种合作社。

11. 设法培养森林及开垦荒地。

12. 筹设畜牧试验场。

13. 提倡蚕桑及养蜂事业。

14. 协助自治政委会整理盐碱事业。

15. 组织民众各种社团并加以严格训练。

16. 各下级党部均于是期成立并力求其健全。

（七）推进蒙古党务之方法

一、关于发展党务者：

1. 平时注意与社会优秀分子接近，于说话中探察其思想，认为无反动嫌疑时，再乘机吸收为本党党员。

2. 呈准所属党部于偏僻区域设立通讯处，办理各项党务工作。

3. 设法加入人民团体及其他机关中，组织干事会秘密活动，务必做到本党为该团体一切活动之核心。

4. 所在地党员达相当人数时，即着手筹〈建〉区分部或区党部，组织成就后，更须推出人员到其他各地活动，扩大本党之组织，要做到全蒙布满本党之组织网。

5. 巩固本党阵地，集中注意侦察反动分子之势力，并设法制止其活动，消灭其组织，感化其分子。

6. 领导蒙古群众，组成团体参加本党之革命工作。

二、关于努力宣传者：

1. 以公民资格，利用机会，与当地民众接近谈话，讲述总理革命故事，以引起其兴趣与信仰。

2. 利用蒙古人民集会或市集时，参加讲演或化装表演以宣传主义，及进行七项运动与举办社会事业。

3. 办理壁报，以文字或图书宣扬本党主义及中央德意。

4. 组织通讯社、讲演队，分区轮回讲演民众必备之常识，并渗入本党主义之宣传。

5. 努力举办有益于居民事业，显示本党政纲、政策之实际性以获取人民对本党之信仰。

6. 集中力量于居民中华民族思想的奋发，以各种方法揭破各帝国主义对蒙疆之阴谋。

7. 于日常谈话中，委婉说明封建制度之毒害，及一切不良风尚习惯之影响。

8. 编印文艺作品，如小说、诗歌、故事、童话，注重民族意识之提高，法治精神之发扬，以及提倡良善之道德，指示人民求生之正道。

9. 尽可能范围内进行新闻及电影、戏剧之宣传。

三、关于致力事业者：

1. 纠合本党同志，斟酌当地需要，集股组织各种合作社，尽力为人民服务。

2. 办理合作事业先从小规摸〔模〕着手，以全副精神表现其对于人民、社会显著利益，引起人民自动加入。

3. 合作社办有相当成效后，即可利用合作社在社会上之信用，开始倡导人民垦殖荒地，培植森林，改良农作，发展畜牧之轻而易举之事业。

4. 利用合作社金融流通之便利，参酌当地经济能力，尽力筹备设立毛织、罐头、牛乳等工厂，以发展边疆事业。

5. 以合作社之名义提倡并协助人民筑造公路，疏浚河道，以改良交通工具。

6. 致力事业为党员对党之最大的义务，亦为开发蒙疆之至要工作，必须以绝大之牺性〔牲〕精神尽瘁于此。

7. 致力事业即为本党本身而成就事业，应集中智力、财力，以求所办事业之成效，盖惟其先有优良成绩，方足引起群众之信仰。

8. 党员致力事业，如先有某种事业为其发展基础时，不必株守以合作为基础之成法，唯合作社应尽力求其发展。

四、关于普及教育者：

1. 纠合本党同志，捐资设立小学校，即以小学校为中心进行各种文化事业。

2. 小学校之课程须注重下列各点：

a. 宣传本党主义；

b. 发扬中华民族精神；

c. 灌输公民应有之常识；

d. 讲授各种简易之生产方法；

e. 破除无谓之迷信。

3. 小学校并须同时担任通俗讲演，每逢市集出发轮回讲演，讲演要项如下：

a. 宣传识字之重要；

　　b. 鼓吹合作社及其他生产事业；

　　c. 揭破帝国主义对边疆之阴谋；

　　d. 讲述人民必备之常识；

　　e. 宣扬总理革命故事，及本党主义；

　　f. 宣扬中央之德意及本党对边疆之政策；

　　g. 破除无谓之迷信及一切恶风败俗；

　　h. 鼓吹人民自卫组织。

　　4. 学校须同时为社会教育之机关，尽量征集画报、刊物、图表，供给人民阅览，并指定一人，负责对人民讲解。

　　5. 小学校须同时为民众俱乐部，另室陈列娱乐工具，必要时亦组织新剧团，或开放教育幻灯、电影，供给人民正当娱乐。

　　6. 小学校须同时为人民之保姆，设立民众问事处，解决人民之疑难，调解社会之纠纷外，并须负起防止反动，制裁土劣，安插游民之责任。

　　7. 小学校须同时为人民之导师，指定〔导〕人民之生活，社会之生计，并协助人民保甲自卫及其他建设工作。

　　8. 组织图书轮回车，将人民必阅之书报、图表轮回陈列于通衢、广场、寺庙等处，宜与通俗讲演同时举行。

　　9. 开办成年补习班及平民夜校，一免律〔律免〕费教授，以救济失学儿童及成年文盲。

　　10. 办理壁报，可能时并出校报，再相继求其发展，推行新闻事业。

　　11. 每月到学生家中访问一次，以便与其家长接近，乘机宣扬本党主义，及探求社会之实况。

（八）推进蒙古党务应注意之点

一、党务工作人员除非万不得已时，必须避免以党的色彩而以公民资格出为人民的领导。

二、党务工作人员必须绝对遵守所属党部之指导，保持行动一致，发扬党的威力。

三、党务工作人员必须坚决抱定牺牲自己，为社会服务，贡献能力，服从于党的精神，以树立本党在边疆之基础。

四、党务作工〔工作〕人员力求其本身知识能力之健全及品格之优良，以为一般人民之楷模。

五、工作人员宣传主义时，可以同情本党之态度出之，先申述民众之痛苦，及边疆之危机，再说明唯用某种方法方能解救，而所谓集〔某〕种方法者，即本党主义、政纲、政策之替身。

《蒙古前途》（月刊）

南京蒙古前途月刊社

1934 年 18 期

（李红权　整理）

日本心目中的内蒙

占元　撰

日本自明治维新以后，国势渐强，所受欧美帝国主义之束缚条约，将先后解除，而力图富强，其首要之策，则向外侵略。因其国土之狭隘，物产之脆弱，而又人口率之逐年增加，使他不得不向外发展，以维持永远生存于世，否则，在此有限之境区中，而置无限之人群，至将来必有人满之患；又在此狭境中物产是有限的，以有限之物产，而供无限之消费者，到将来亦必形成饥祸之日，有此两大缺点，不待列强之侵略，而自亦亡。故明治见到此种危机，非挽救不足以图强，因此定策向外施行侵略。但东有富强之美国，北有强大之俄国，南方虽有无数之弱小民族及广大地域，而早被英帝国侵领独霸一方，日本在此三方强国包围之中，不得不硬着头皮向西侵略。因中国地大物博，而又民族亦很薄弱，正合于他的欲望，故明治当时便决定了目标，定下万世不拔的大陆政策，施行蚕食侵略，得寸进尺向目标进发。我们由《田中奏折》裏〔里〕面说的可以证明他的策略，内云："欲征服中国，必先征服满蒙，欲征服世界，必先征服中国。倘中国完全可以被我征服，其他中亚细亚及印度、南洋等处，必畏我敬我而至于降我，使世界各国知东亚为我之东亚，永无向我侵犯之大胆……"此乃明治大帝手创之策，亦即日本帝国生存上不可不为之事，所以日本抱定了百折不回的主义，向着目标不管一切而进发，故于一八九四年冒然与中国开战，结果尽获其胜利，此时吞并东亚之野心更烈。但见到强俄虎视着，实为他的阻路狼，非赶走不可，遂于一九〇三〔一九〇四〕年，又冒险向俄挑战，结果又得最后胜利。经此两大胜利，遂骤然台〔抬〕高其国际地位，尽能与世界一等强国并驾齐驱，直至一九一五年参〈加〉世界大战又获胜利。经此三次战争之优胜，其吞并世界之野心更甚。

他本着蚕食侵略的政策，按步进展。我们由历史上可以看出，自中日战后，朝鲜、台湾皆归日有，此乃进展之第一步也；日俄战后，而攫取俄在我东北之南满铁路经营权，及旅顺、大连之租借地，此又为第二步也；经世界一战而又攫取德国在我山东的胶济铁路管理权及胶州湾租借地，并于一九一五年乘着大战正酣、欧美各国无暇东顾之际，〔尽〕对华提出无理之要求——二十一条件，此要求虽未完全承认，可是日本已得到不少之利益，此又为第三步也；待至一九三一年更违犯国际公法，以武力强占我东北，此又为第四步也。一九三三年的《塘沽协定》、这亦为他的侵略步骤，决不是畏我而不径取，也不是得到东北就满足了欲望再不进发，实考其协定之真意，不外为停战先筹备对俄之工作，换言之，也就是变象之侵略政策。他自九一八侵占东北后，惹起各国之惊慌与愤恨，国际地位日渐孤立，无一亲邦与之携手，尤其美、俄两国更为愤恨。俄国眼看着日本站在优欲〔裕〕地位，早已愤恨至极，两国之仇视情形，实有一触即发之势，但俄国为顾虑五年计画之完成，不得不让步，作暂时之弱者，终久两国必有一场你死我活的血战，这是世人早已就预料到的。因此日本为顾及自己对俄之策略，不得不停战先振作伪国——"满洲国"，再进逼察、绥，这是无可讳言的。日本所以先进逼察、绥（即内蒙）的目的，十分重要，阅下列几条即可明白日本先犯该地的必要性：

1. 可占据西蒙以展开东蒙的侵略线；

2. 可扶持外蒙，堵防苏俄使不能由西境南下；

3. 可再进窥山、陕、宁夏，以图我国西北各省；

4. 可把热、察、绥打成一片，以屏蔽满洲伪国，并可借此占据华北半壁。

由他的大陆政策及历史上的侵略事实，可以证明他的大陆政策是无止境的，现在的内蒙实在是日本的生命线。假若内蒙不能得到手，即打断他的生路，因为日本既得不到内蒙，宁夏、陕、甘以及外蒙绝对不会到手，如此一来，苏俄亦必东西南下，以作夹攻之势，日本受了这样的遭遇，哪还能够再谋大陆全局呢？

而且日本图谋内蒙是积极的侵略，决不是消极的，因为他感觉到国际间之关系日形孤单，非征服俄国以示世界各国之威胁不可。而俄国现在五年计画尚未完成，且在让步期间，日本感到良机莫失的观念，非乘他让步期间积极进攻不可，所以日本在伪国作种种进逼俄国之工作，和收买中东路及驱除俄人在东北之服务等等，皆是与俄国挑战的工具。但俄国亦明白他们的计谋，只好退步，不与他马上开战，而日本亦感到如此作去不是良策，只有先占据内蒙，作对俄之根据地。因此种种原故，日本现在便积极进谋察、绥。如放出许多浪人深入蒙地，名义上是什么调查团，是蒙古的挽救者，实则皆是作些引诱的工作，又如迷弄王公及青年学生之种种之工作，在各新闻纸上不时所闻，由上观之，日本现在图谋内蒙是必然的，换句话说，蒙古也是逃不出灭族灭种的圈外的。

照以上所述，蒙古是绝无生存之理，然而我们就默默闭目待毙吗？不然，虽然到了危极〔急〕存亡之秋，我们要振作抵抗亦不为晚，印度、朝鲜，虽亡国，而尚有反抗振兴之运动，然我蒙古虽然到了危极〔急〕之地，但亦未亡与他国，苟能共同振作，哪怕日本侵略？

今后欲挽救危亡，第一须大家团结，共御外侮，其团结之方，或从教育，或从宗教，总而言之，使迷梦之蒙古同胞明了现在所处之危亡情形，然后自然而然的能团结起来。我们勿怕敌国外患，只怕我们无一定之抵抗方针，只要大家能够团结，依着定下之应付方针同心协力去干时，何患国家不强。例如战后之德意志，在那时他所处的危境，恐怕比我们蒙古现在所处的地位还要危险几倍，他对于法国的仇恨，恐怕比我们现在对日本的仇恨还甚。然而史脱莱斯曼本着救国挽民之方针，不顾一切之攻击，努力于挽救，不用数年工夫，尽能转弱为强，并能与强国并驾齐驱，这是以往的事实。所以我们虽然到了危亡极点，然能团结对准方针走去，自然能转危为安，故望我全蒙同胞不可自暴自弃，虽然到了危亡之极点，而我们更要努力振作才是。

《蒙古前途》（月刊）

南京蒙古前途月刊社

1934 年 18 期

（李红菊　整理）

外蒙共和国十周年纪念与苏蒙交欢

孤鸿　译

外蒙独立沦为苏俄附庸，吾人知之固悉，观本文所称之十周年纪念情形，可见其关系密切一斑。今日之内蒙，已与十五年前之外蒙地位相仿佛，不速谋谋救，将见覆辙重蹈，追怀往迹，能不惊惕。此文译自南满铁道株式会社《苏维埃调查》第五卷第六〈号〉。虽日人以立场不同，或不尽实，然足观其梗概矣！

编者附志

本年七月十一日外蒙古人民共和国十周〈年〉纪念，在其首都库伦开了盛大的纪念会。与外蒙共和国最亲近的苏联，从苏联共产党中央执行委员会及联邦人民委员会特派代表团参加，辞去代理外务人民委员，而被任为驻扎土耳其大使的加拉罕为首席，他基尤夫、陶到鲁斯基、那辛古三氏为随员，一行于七月二日从莫斯科出发向库伦了。

莫斯科政府的机关报纸 N3BETCNR，和党机关报纸 IIPABIIA 报告所载的情势：在七月十一日外蒙古共和国创设十周年纪念的席上，蒙古小布鲁鲁达议长雅木尔，被特派为祝典，对于加拉罕使节一行致谢辞，强调的〔要〕增进苏蒙两国民的亲善。对于此次纪念会，加拉罕有以下的祝贺演说：

> 苏联政府祝贺蒙古国民革命十三周年纪念日，及蒙古人民共和国诞生十周年纪念日，余以此种意义深深祝贺此纪念日，

同时切望蒙古共和国将来的发展。

蒙古共和国最近对于其国力强化，大大收了成果，在国内所谓残存的封建制度已彻底废除，克服了顽强的困难，到了此次的十周年纪念，由于蒙古共和国的完成，主要的决定的胜利有以下三种：

第一个胜利，是政府以及指导者，完全如一个人，能坚决的团结，劳动的协同性，以政府为中心完全实行。第二个胜利，是民族文化及艺术（演剧，学校，文盲减少）的大部完成实行。第三个胜利是蒙古共和国红军的创设。由于此三条，蒙古不仅可保障国境地带的安全，而且其自身有一种文化力。现在蒙古红军正以勇敢自信，实施最新的军事技术。

照以上的胜利，不消说，是从国民革命党带来的结果，而正在指导蒙古政治的、经济的、文化的生活，这是小布鲁达议长雅木尔、内阁议长盖曾、陆军大臣代铭道及其他政府要人的功绩，现在蒙古政治的、文化的建设，无疑地正具有未来的光辉。回顾过去十年，蒙古能够以大的夸耀，收到大的胜利，这种大胜利，不仅是国内的意义，而且也具有国外的意义的。

翌（十二）日行阅兵式，蒙古政府全体人员，苏联他诺、道瓦、浦利亚特蒙古自治共和国使节，并蒙古各地方代表等多数参加。特别的，加拉罕对于蒙古军队及蒙古国民代表发表三点：（一）政府与劳动者的革命联繁的化〔化的联系〕；（二）民族的意识的强化与民族文化的发展；（三）强固政治的技术的革命军之创设。

加拉罕从十三日仔细调查外蒙的现状，收到了满足的结果，于十八日离开库伦，首先归还莫斯科。十六日，蒙古人民共和国政府对于苏联政府献上赠品，举行很庄严的仪式。加拉罕在《国际歌》（International）及蒙古国歌的吹奏里，将飞机及汽车目录赠呈予首相了。在这种赠呈式里，加拉罕此等赠品的用意，是增进苏蒙两国亲交的象征。同时此种飞机与汽车是增强了苏联的国产。蒙首相盖曾代表政府及蒙古全体国民名义，对于苏联政府和苏联全体勤劳大众这种友邦的亲善，深深表示谢意。如斯亲善，是在保障蒙古国民共和国之安全及发展。在十七日，库伦举行苏联委员送别宴席上，苏蒙两国民间友邦的亲善增高了。首相盖曾谈及蒙古共和国政府指导下的好结果，蒙古共和国的经济以及文化的发展，国力强化的完全遂行。对于这，加拉罕对于蒙古政府对苏联委员热诚的欢迎致谢后，祝蒙古民众在蒙古政府指导下，使国力更向上发展。

对于苏联的赠品，蒙古政府特回赠天幕、引天、蒙古服等蒙古特有的土产。

七月十八日加拉罕以下苏联使节一行离库伦而归还时，蒙古政府首相盖曾及各大臣远送于库伦郊外，披沥蒙古民众的诚意。

参加蒙古共和国建国十周年纪念的苏联主席委员加拉罕氏，在莫斯科归还途中到乌埃鲁夫奈·乌金斯库对苏俄记者有如左之谈话：

在最近数年间，蒙古共和国在各方面，收到很大的成功，我等在蒙古目击了民族文化及民族自觉大大的向上。文盲的减退，文学、演剧、音乐的发达及对于此等诸问题兴趣，现在成了民族自觉的新的原动力，对于此等诸问题，现在还不过踏着了第一步。蒙古国民党及政府在将来应该担起任务，完成此重大的使命。

照以上看，苏蒙两国民的亲交，逐日加深，尤其是蒙古民众崇拜苏联之热忱，益发激增了。

因此，奥斯陶·埃奇斯布来斯报纸，关于加拉罕的库伦访问，揭载着不确实的煽动记事，加攻击于日本：

　　最近，内蒙方面，日本军人之视察旅行，顿加频繁，苏联对于渐次进出外蒙的日本，开始向其警戒，日本因了"满洲国"的安全保障，正企图并吞内蒙古，最近内蒙情势，对"满"日感情没有好的现象，推测日本由于武力强化可至于决行并吞内蒙古。此次加拉罕的库伦访问，站在这种观点上是含有重大意义的。尤其加拉罕在其随员中伴同了少数陆军高官，不待言，在此机会使苏蒙间军事的连络密接化，以应付日本，为此来目的。

《西北春秋》（半月刊）

北平西北春秋社

1934 年 18 期

（訾茹　整理）

察省府试行合署办公

韶仙　撰

年来中国的行政制度和行政管理，颇有不少的改革，值得研究行政学的人注意。在这些改革之中，有一点使我们不能忽略的，那就是省、县政府的合署办公了。

现行的省府分厅制，县府分局制，积弊太多。概括言之，有下列几点：（一）意志不统一，权力不集中；（二）组织欠严密，工作欠紧张；（三）行政费用大，行政效率小；（四）行政管理方法，不合科学化、技术化的原则；（五）各厅或各局之间，功则相争，过则互诿；（六）合省县行政为一体而言，则首脑组织（即省的组织）过大，肢体组织（即县的组织）太小。

合署办公的用意，就在革除上述的弊端。其方法，为废厅改科，并各科于省府之内，实行合署办公。其现设各厅有不切需要者，一律实行裁并。各科职掌则依目前需要，重行划分。一切文书的收发和保管，概用科学管理法，由秘书处总其成，由各主管科承办。各科（即现行之各厅）不得以科的名义，对外往来文书。各科行政费用的出纳会计，也都采用统一制度，集中管理。秘书处之下，更设技术室、法制室、统计室、公报室，处理特殊专门问题，由专家或富有经验者充任。县府的裁局并科准此。

现在各省实行合署办公的，有鄂、豫、皖、赣、闽。京市府亦积极筹备实行。绥远的各县政府，自去年十月起，一律裁局并科。

察省府自去年十二月二十九日起，也实行合署办公了。——这实是西北省政改革的第一声！

查察哈尔建省，始于十七年九月十七日。那时北伐军进展到西北，政府依照中政会的决议，将全国六个行政特别区，一律改为行省。现在察省府管辖的范围，共计十八县、十二旗群。全省每年的财政收入总数，仅二百四五十万元，支出总数达二百九十四万元，尚不足四五十万元（全省政费，每年为一百五十万元），以收入而论，不及沿海省区的一个上等县份。以政务而论，亦较他省单简。在这种情形之下，更有早行合署办公之必要。

现在察省府已经实行合署办公了！自然，从此以后，察省的骈枝衙门可望裁撤几个，政费可望节余一部。不过在积极方面，如何增进一般的行政效率，如何充实政治的内容，如何使行政管理技术化，如何推及各县，则更有待于察省全体行政官员的规画与努力！

《西北春秋》（半月刊）

北平西北春秋社

1934 年 19 期

（丁冉　整理）

察东事件解决以后

剑忱　撰

自从热河失守以后，察东便久已成为中日纠纷发生的所在。在日本人心目中，早已认为热河不属于中国，在中国于无可奈何之中，也便久而安之。但是察哈尔省，尚未被日人公然认为是伪国的领土，而多伦及沽源之横被占领，则又视为当然。在中日国交无正经轨道可循之局面下，本为惯常之事，不过有这一段不分明的事实存在，察东永远是有随时起纠纷的可能的。

在日本的威力压迫之下，中国已渐次屈服。"通车案"解决以后，继之今年最不容易解决的通邮问题，也正式解决了。于此时，日广田外相亦高唱其中日亲善与协调。然正当此时，所谓严重的察东事件发生，诚令人有迷离惶惑之感。其后虽然在中国极端忍辱之下，以地方问题而解决，然而将来的察东，是仍然存在有很深的危机，不容高枕无忧的。

察东事件的经过是这样的：最初的起因，是由于日本关东军认察哈尔境内独石口至沽源一带，系热河丰宁县辖地，要求驻防该地之我国军队撤退。我军尚未有所表示，日伪军即动员驻热军队，向该处前进，这是一月十八日的事。次日，中日两方都宣称此边境纠纷，是地方事件，应由地方就地解决。我方派察哈尔民政听〔厅〕长秦德纯、外交特派员岳开铣为代表，与日本驻张垣武官松井开始商谈。同时，开向察境的日军，亦停止行动。这一幕纠纷，当时在一般人目中，以为很有就此和平解决的可能。不料一月二十三日晨十时，日军突然派飞机向察东东栅子投弹，毁坏民房数间，死伤无辜平民多人。十一时，日本炮兵在该处向我军发四十余炮。十二时，日本步兵向独石口东北方面的长城前进。同时，沽源方面，也有日本飞机在上空盘旋示威。察东局势，因此又骤然紧张起来。自此以后，因了双方谈判之急进，局势稍转和缓。但日本飞机仍然不时向独石口一带投弹，而大阁口日军，且因一度进攻独石口未曾得手，向后方增调援兵，以图大举。最后此项纠纷，以二月二日之大滩会议解决。大滩会议之结果，即中日两方面互致歉意，认为出于误会。双方军队撤退，划长梁、乌泥河、南北石极子等地为非武装区域，双方各不再驻屯军队。地方治安，由团警维持，行政仍然恢复原状，纠纷可告一结束。

　　按日本此次军事行动，其所持理由，诚如路透电所说殊属费解。热河本是中国领土，察、热边界，断不容有发生国境纠纷之理。不过在今日特殊情况之下，暂置此层不论。退一步就两省之疆界而言，独石口至沽源之长梁等地，明明是察哈尔辖地，有中外地图，可资证明，何得随意否认，而指为热河版图，日本关东军不惜指鹿为马，无中生有，作无理之取闹，其别有用心，希图野心的侵略，明若观火。并且此次之察东军事行动，据报是有计划的，其后所谓一时误会，不过外交上之饰词而已。察东事件未曾发生时，北平便得有报告，谓日本增兵热西，屯积军用品，积极构造工事，作一切军事上的准备。而一月四日之大连关东军幕僚会议，报纸所传，都说其主要目的，在于求华北问题之整个的解决。恰在此时，察东事件发生，则其为此重大计划中之一环，不问可知。现在虽然大滩会议的结果，已经圆满解决，不过这仍只是一时的现像。如果根本的问题，不能够解决，危机仍然存在，随时有再度爆发的可能的。

日军之攻击我察哈尔，据英、美方面的观察，以为其意义在于：在华北得到一个冲要地点，以便向南可以作长驱进入中国本部的根据地；向北又可以作为攻击西伯利亚铁道的根据地。一月二十四日华盛顿国民电，及同日伦敦路透电，都作这样的观察。照此则察东事件，其意义不仅是中月〔日〕关系，同时还包括有日俄关系。因此尽管中日两方，以地方事件不足重视向外宣传，但在国际间则引起极重大的注意了。

自九一八事变以后，日本的外交地位，渐趋于孤立无援。虽然日本军阀，趾气高扬，有不以为意的气概，但是这种孤立，毕竟对日本是有害无利的，因而也不能不从焦土外交，转变为协调的外交，以打开此孤立的情势。广田外相登台之后，便揭橥"对华亲善"、"对俄和好"的主张，以释世界的疑惑。但是在骨子里，日本当局，并不能一脱其向来的观念，对华仍然认为是俎上之肉，任其宰割；对俄仍然认为是眼中之钉，必拔之而后快。所以其主张与行动，常常表现非常矛盾。通邮案之解决，本是表示中日外交的接近。而为时不久，日本便出兵察东，把"对华亲善"的假面具，撕得粉碎。同样的，中东铁路买卖交涉成功，算是日俄关系较好的一幕，而黑龙江与外蒙边境贝加尔湖附近，忽然发生了蒙伪间的冲突。日本当即发表宣言，谓将根据日、"满"协定中，日本有保护"满洲国"之义务的规定，决心与站在外蒙背后的苏俄，不辞一战。虽然这种冲突，同察东事件一样，终于和平解决，然而他对于所谓"对俄和好"的宣称和"对华亲善"的宣称一样，通通不过是一种烟幕作用，用以淆乱国际间之听闻而已。

察东事件就地解决后，紧接着的是中日两国邦交的转变。关于中日两国外交上的折冲，其详细情形，我们不得而知，不过大致就表面上看来，确已不是先前那么怒目相向、嫉视仇雠的样子了。在中国，身当其冲的政府，自然是早在强力压迫之下，自始便没抵抗日本的决心。所谓"一面交涉，一面抵抗"、"长期抵抗"等名词，只不过是用以敷衍民众而已，现在便连这些口号也置之高阁了。民众方面，经过数年来的教训，大概也都深知在现状之下，不容不与日本妥协。所以近来在舆论上，对于与日本妥协，以谋东亚之和平稳定，也并不反对了。除〔徐〕道邻氏之《敌乎友乎》一文充分的发挥此意见，国内舆论并不加坪〔抨〕击，而且大致看来，还是赞成者居多数。中国朝野的态度，的确与以前大异其趣了。不过中国之妥协，当有其限度，不能够根本屈服的。在这里，日本方面之觉悟，便是一件必要的事了。日本不觉悟，而单求中国之片面屈服，妥协终于不会成功的。所谓东亚和平者，也终不可保。但观于上述日本人之根本观念，仍未改变，那么中国虽然委曲求全，能否真正得到正经的轨道，恐怕还很成疑问吧！

《西北春秋》（半月刊）

北平西北春秋社

1934 年 22 期

（计麟　整理）

日本侵略内蒙之激化

平梅　撰

一

　　紧随着日俄冲突与整个中国危机的加深，内蒙是一天天地加重了险恶的成分。自民国十年外蒙宣布独立后，北部的国防根据地，除了甘肃之外就是内蒙，尤其是因为东四省沦亡，华北的边疆，更缩减到察哈尔、河北的境地。

　　日本的满蒙政策，是企图将满洲和蒙古吞并，当一九一五年日方提出"二十一条"时，曾将东蒙划分为一个经济区域，在这个区域内，要有建造铁道、公共借款以及其他一切政治势力的独占权利。在一九一九年至一九二〇年间，日本更进一步要求割满洲和内蒙，视为日本的势力范围。当时日本石井子爵曾对美国声言："在我们看来，日本在中国全国的权利，尤其是接壤的区域（譬如蒙古），比任何列强之于中国为尤甚，这种情形，正像你们美国在西半球，尤其是在墨西哥和中美各国的情形相似。"关于日本对蒙满政策早就有了这样的积虑处心。九一八事变之发生，便是实现这种政策的初步。去春夺取热河，即是第二步计划之具体的开展，而且继续不断的对察进攻。年来日本军事预算中的主要部分，系用于已征服之东四省的日本军事力量之扩充，其目的无时不想在内蒙及新疆取得支配之权。

苏联的第二五年计划实施以来，产业上获得惊人的进展，使日本的在满地位，当感受到这一种新的势力之威胁的到来。日本为着应付苏俄，必然地要取得内蒙作为或攻或守的军事根据地，在这种日俄对立的情势下，内蒙成了赤白势力攘夺的目标。近来日俄备战情形，日趋紧张，日人为制胜苏俄计，对察东侵略益形露骨，刻由林西开来之部队，约在二团以上。并勾引蒙古王公，作为向导，以达其夺取内蒙之野心，打破进攻外蒙之阻碍。闻察省主席宋哲元，日前特电中央，请示以后应付方针，且与晋、绥两省当局，一度缜密洽商，议有办法，决联合抵御，以保国土云。

二

日本之积极侵蒙，是他们一贯的政策，这种政策之激进，含有几种重要的意义。第一，日本社会发展及于现阶段，国步异常艰〈难〉，现出很大的骚扰不安，振撼动摇。比如在经济方面，如物价低落，贸易锐减，股票狂跌，生产缩减，加以农业恐慌之严重化以及外债之增大，不得不积〈极〉地努力于危机的弥缝。恰好内蒙是一个经济落后的游牧地方，而且是一种很好的威胁中俄的军事根据地，一来蒙人是很愚笨训〔驯〕良的一群，二来蒙地并不是一般人想像的漠野。所以日本人对于这一大块优良的牧地，一提起来就是非常之垂涎。实际上，蒙古并不是单纯的一种不毛之地，除了中贯的大沙漠之外，都是可耕的牧地，这绵延数千里的牧地，便是蒙古的宝藏。蒙古民族之在现时，还是停滞在游牧民族的阶段，所以牧畜成为他们唯一的职业，据俄国人的统计，内外蒙古共有牲畜一千五百余万头。最多的为绵羊、山羊，其次为马、牛、骆驼，农业品如豆麦、高粱、油菜俱称丰富，所产的胡麻，用途也很广。且蒙古多盐湖，出盐很多，并又推销东三省及华北各地。矿产已开采的，有大青山一带的煤矿，固阳、东胜的炭，惟因用土法开采，所以获取的数量异常微薄。其他富厚无伦的矿产，我们从来缺乏详确的调查。不过关于牲畜及原料品的生产之丰富，正日、俄垂涎欲滴的地方，尤其是日本亟思染指的所在。四年前，笔者也曾一度到过蒙疆，一年多的勾留，见着他们过的是一种"戎狄荐居"的生活，如果日人对之施以利诱或威胁，在中国国防纽带极度轻松的情势下，可以断定他们必能获得很大的成功，所以他们现在亟力勾诱蒙古王公作为他们的向导。

去年七月间，内蒙曾经发起要求高度自治的运动，国人才开始注意这个严重问题。我们以为内蒙处境是很危险的，在不久的将来，恐怕中国政府甚至不能保存这一块名存实亡的土地。这有几种主要的原因，试予以扼要的检讨：

第一，中央国防力量素来是很薄弱，实际上就是等于一种放弃的情形，中央权力之与蒙古王公的关系因为数十年来国防纽带的轻松，已经是变成一种积重难返的情状。在国际帝国主义之严重冲突——如日俄对立激化的时期中，他们对于中央政府方面，是要依于帝国主义者颜色而决定的，因为地方权限之相互的矛盾，如前次百灵庙会议曾经引起了不少的流言，这种有根据的流言，其积极作用可以促使他们分化与离贰。所谓高度自治要求者，就在这种情况下诞生。何况在资本主义没落期中，游牧经济已经是引起了质的演变，所以反映出来的便是：如蒙古中间阶级〈毕业于〉黄埔军官学校、中央军事政治学校、日本士官学校，以及国内各大学、中学者日见增多。而且蒙古王公中之杰出者，如德穆楚克拣〔栋〕鲁布（德王）被任为乌滂警备司令，努力于基本骑兵五六百名的训练，并设立中央军事政治学校〈分校〉于滂江，且闻现时已将班禅卫队、乌滂警备队及军事政治学校等合并为一，积极的进行训练。并且各盟旗有应准备全蒙皆兵的命令，现在蒙古军队凡服从德王之指挥者，约达六七千人以上，这种雄厚的军事势力，如果受支配于日人的利诱与威胁，我们将如之何①。

三

内蒙问题既已严重化，全中国的危机也就很难收拾与弥缝，在客观的现实的决定之前，各方对于内蒙的需要都很迫切，无论中国，无论日本，无论苏联。目前的解决办法，只有坚决的站在民族立场，从事于反帝抗日的奋斗。近来苏俄在海参崴、伯力、双城子、赤塔等地，构筑巩固军事。由伯力至海参崴之双轨铁路，已铺筑完成。至于日本方面，则已由林西开来部队两师团，这种情形，已经到了剑拔弩张的地步。无疑的，所谓察东半壁将不免名实俱亡。一旦边疆的屏障沦亡，华北方面将不免继续东四省之后而丧。〈我〉们有几个挚切的希求，务望举国人士加以深刻的注意。

第一，应该坚决反帝斗争的立场。日本对内蒙盟旗各王公，企图施之以威迫利诱的阴谋，已经是层见叠出，日人田中义一对满蒙积极政策的奏章中，曾谓："内蒙既以王公旧制为治，则其主权明明在王公手中，我如欲进出内外蒙，可以蒙古王公为对手而缔结权利，使有余裕之机会，而增我国力于内外蒙古王公也。"可见日本对于内蒙王公之威胁利用，是一种必要的图谋。目前蒙古王

---

① 原文如此，无"第二"、"第三"等后文。——整理者注

公应该竭诚拥护中央，并揭穿日人所谓"蒙古大源共和国"的阴谋，给予以强有力的打击。但是必要的条件，应该与中央方面进行一致的步趋，因为当此日本对华运用所谓"多边外交"的分化政策的□期，其积极作用，就在使各王公与中央离贰，陷内蒙于四面楚歌之环境，以便可以实现他们唯一企望的阴谋。如果内蒙受着他们的簧诱而不自知，则后患将不堪设想，因为内蒙之与中央，相依为命，不能须臾离，这种显明的事实，诸王公必能很深刻的明了。所虑者，就是一般下愚的蒙民，因此我们以为其次必须努力：

第二，唤醒蒙民民族意识并促使其力量之集中。如果仅是少数的王公感到这种危机，〈尚不足以解决问题〉，加〔如〕果能够努力于蒙民民族意识之觉醒，唤起蒙民对于反帝抗日之普遍的参加，那么关于解救内蒙本身，自然是更容易收得很大的成效。但在这里应加以严重注意，我们上面曾经说过，内蒙之与中央，本是相依为命，在内蒙王公统治下，蒙民固应有民族意识之觉醒，然在中央统治下的群众，也同样的要有生活的灵魂。即是说：全中国群众，一体参加反帝斗争，发挥一种伟大的群众力量，然后才能获得伟大的成果。但在目前，全中国人士都已形成普遍的饥荒，所以我们以为最根本的办法，尤在于：□□□□□□□□□□，使之本身有了一种激〔彻〕底的觉悟。对于全体力量之集中与组织自然较易收得很大的效能，如果〔的〕能够做到这种地步，则对于内蒙危机之解救，自然不成问题。目前的中国，已经是一发千钧，不在于任何理论之空谈，应该着重于民族危机之挽救。关于危机挽救的当务之急，没有别的，唯一的就在于巩固国防。

本刊有感于中国国防纽带联系之轻松，并深感乎日本近来之不遗余力的侵略内蒙，为着整个中国民族之存亡，特地提供我们的意见如上。

《东北旬刊》
北平东北旬刊社
1934 年 32 期
（朱宪　整理）

内蒙之自治运动

[美] Oliver 撰　　鸿镳 译

内蒙之要求自治，由来已久。自东北沦陷，边疆惶〔偟〕杌，而内蒙内向之诚，迄未动摇。本年初，内蒙派代表入京，重申旧议，中央感其忠诚，爰予以自治之权，使之负保疆之责，以杜日人觊觎。本文乃美国远东新闻者 Oliver 新近往内蒙考察后所得之印象。夫以外人观察中国现象，自多失实误会之处，但关于内蒙之处境，自治运动发动之原因，以及蒙政会成立之经过，尚足供吾人参考，爰为译之。原文名 Mongolia Awaken，载《现代史科〔料〕》六月号。

——译者识

蒙古高原，拔海五千余呎，乃亚细亚东部之屋脊，其人曾奋其武威，征服欧亚各地而统治者，今乃衰落，转而反抗他族之征服与轻蔑矣。今日文明进步，落后之游牧民族到处感受压迫，几无自由可言，盖其牧地，已逐渐开垦而为农业区城〔域〕，如此年复一年，而蒙古之疆土，遂日见碎离。今其处境，已被卷入于大时代之生活潮流中，而非彼等所能知者也。

在七世纪以前，蒙古曾崛起而蹂躏世界，将其形貌遗留于欧亚各民族中，而今则环受侵蚀，东并于日本化之"满洲国"，北吞于苏俄化之外蒙古，南部地方，则已合于中国北部之省份，侵占与农垦之余，今其人民已不足百万。

于此残余之种族中，有杰出者焉，近为其种族之生存权利而作最后之抗争。彼等称蒙古处于灭亡之威胁中，已非一日，乃要求其宗主国（中国）予彼等以地方自治权，并承认其生存权，一似独立自由之民族。彼固仍愿为民国五族之一，但愿得完全之自治权与充分之统治权，籍〔借〕以外抗日本军队之侵掠，南阻本部农民之北渐。

今日之蒙古，仍生活于中古时代之状态中，其所统治之法律，尚有远在七百年前为成吉思汗所颁布者。其人民大部分之生活习惯，仍沿习古风未变。虽然，蒙古必须于相当范围内，改弦更张，求合于现代化。冲天大楼，或不能在其松散之沙土上，从事建立，而敷设铁道，使火车隆然过其旷野，则必有实现之日。要之，蒙古必求现代化，始能生存，否则必将灭亡，其政府，其人民，均须为其民族之继续生存而奋斗。

中国乃内蒙之巨邻，于其悠久之历史过程中，曾吞化众多之民族，蒙古亦早为其同化三分之一，其余部分，正在消化中，源蒙古之受中国蚕食，由来已久，至一九一一年中国革命后，始正式归入于民国，此后，中国本部，军阀此起彼伏，相为角逐，蹂躏土地，召募士兵；士兵流散而为盗匪，中国农民，不能安居，则牵其耕牛，携其家具而北迁，至于蒙边草原之地，遂置其耒耜于牛背而开始耕种。

夫占耕土地乃夺掠之事，而蒙古之制，则利于被人夺掠，盖其土地，皆属公有，无一角之地为个人私有。蒙人驱其畜群，漫游旷野，依风景地带而牧养。当其遇中国农民，则折而入于他道，彼固不明本部农民耕种蒙地之原因，亦不作任何表示。顾本部农民所占土地，亦极有限，尽〔仅〕一狭小之地带耳。

本部农民，因盗匪骚扰，不安于居者，皆迁避来此，年复一年，来者日众，侵蚀益深，而所谓狭小地带者，乃扩而广矣。此新地区，不久即为中国之盗匪所发现，继而军阀亦来此，强征食粮、勒捐税项，以畜其士众，饱其私囊。及一九二八年中国国民党统一中国后，划分蒙古土地，复合以直隶、山西之一小部分，以建立绥远、察哈尔二省。

惟此种新划之省份，犹不能满足本部农民之愿望。彼等仍继续北迁，侵进无已，将尽占蒙古草原之地，使蒙人北窜于戈壁荒漠，与其畜群，同归于尽。蒙人无已，乃向其族兄中国，要求回复其所有土地之管理权，保持与其他民族同一之待遇。彼等对于被侵之土地，并不要求返还，但要求中国停止在其土地上征收租税，中国本部住蒙之农民，服从其政府之管理；而防止本部农民北侵其牧地，尤其主要之愿望也。

本年初，蒙古王公派代表入京要求自治，初曾被拒，但中国当局，并不昧其本身利益，及蒙古王公称将脱离民国，而与"满洲国"走同一命运，以为恐吓，其所希冀之自治，遂得准许。依照新规例，蒙人牧地不复公开于本部农民之垦植，且其游牧族完全脱离中国省当局之管辖，甚至中央政府对于蒙古之地方行政公费，每月准予津贴，于是蒙古自治政府，遂于本年四月二十三日于百灵庙宣告成立，中央派代表授印于蒙古政务会议。

当中国承认蒙古自治之消息宣布之初，日本驻平武官柴山即宣称内蒙之自治运动，乃受苏俄之主动，又称共党势力，最近于绥远之边城，极形明显。柴山之语，确否可不问，要为他日日伪侵掠内蒙预下一口实耳。

笔者最近与拉逊君在此僻异之区，作三千里之游历。拉逊君，为蒙古之公爵，乃徙居蒙古达四十余年之久之瑞典人也。蒙古缺水少植物；其景色犹异，巨木纵列，溪谷浅而美，冈峦如波涛，起伏于旷野之上。其地名曰西喇木伦、迦拉诺、阿够诺、阿拉山等，皆甚可爱。其地无屋，民居皆用毡帐，气候寒暑不均。民性顽强，不畏强人猛兽，独畏雷鸣，盖以为天声也。其王公贵人、士兵与平民等之饮食、娱乐，均极简单。人民能驰马越亚细亚，如其先祖所为，乃世界最良之骑士也。

张家口，中国之古边塞也，其建筑大都仍用泥砖。崇岭崛起于漠土之上，上通以石径，当吾等攀越时，遇中国之大车与骆驼队自内蒙而来，至一地，遇骆驼二百头，吾等歇足让其通过，则见骆驼各载鸦片二百五十余磅，此等贸易，极为有利。中国之驼队，不过本部之盗匪省份，宁出甘肃而绕道内蒙者，为避免盗劫计也。

上登七千余英呎，而达石径之巅际，自是下倾，即可至蒙古高原，本部农民往蒙者，率取道于此。现农民之耕地，到处皆是，蒙人畜群，不得不远引。吾辈前进，越连绵之畎亩与泥屋，终达于草原之地，一片平原，茫无涯际，仅剩践踏数世纪之驼队踪迹，其干路通库伦，吾人即依此前行。

此地乃盗匪出没之区，平沙旷野，时有形迹可疑之骑士出现，吾等登高探望，果见半哩外，有武装骑士二十余人，乃盗匪也！情急无所择向，则从者皆化装为蒙兵，驰归于巡逻，以受庇护。当余等询及盗匪，彼等答称今日遇盗匪二百，激战终晨，今已肃清。昔成吉思汗时蹂躏西欧者，即此等拥羊裘、坐木鞍之徒也，而今则舍胡弓而用来复枪。

当红日西坠于漠野，辉煌万状，而余等到达目的地。此地乃一小庙，曾出不祥之事而被放弃者，今拉逊君即卜居于此。时已仲冬，严寒凛烈，蒙仆向余等请安，急取蒙煤生火，所谓蒙煤即驼、马、牛、羊等之干粪，乃蒙古唯一之燃料，毡帐取温，食物烘烤，均用此。

信步出户外，赏览晚色，则见所居古庙，建筑于山脉之下，前环以辽阔之平原，直径约十五英哩，中嵌一小湖。回顾山脉之外，青山巍巍，乃中蒙之边界，而余等所由走蒙之道也。前望旷原，则蒙古之村落，炊烟缭绕，皆历历可辨。

翌晨，访其一村落，见毡帐八，共住三十余人，数人骑乳牛、骆驼等放牧于旁。最引人注意者，则为巨堆之干粪，盖隆冬严寒，前夕达零度下，素雪即将覆地，使干粪之搜集，至为不易，故此冬日之给养，不可不先事绸缪也。

该村乃一家庭，自祖至孙，均集于此。余等入第一毡帐，被欢迎，款入客座。主人乃一魁梧而淡漠之蒙人，年五十岁，发灰白，眼眶深陷，色然微笑。然彼乃陷于苦闷中，盖最近于附近发现盗匪，此地距边界不远，盗劫随时可起，彼固住此牧场已十有五年，平日和乐，鲜有灾祸，然而不得不北迁矣。实则彼所处之地，远距蒙边达一百五十英哩，自察哈尔省建立后，距离始缩至五十英哩。彼现有马千头，不知何日将驱其畜群，北窜以避盗劫也。

当余啜蒙茶（以水和牛乳与茶块混煮者）时，主人——即该村之祖父，以怪奇之语调，与余等叙谈，同时，手裂干粪以焙中火钵〔火钵中〕之火。一缕烟雾，向帐顶洞口升出，帐内尽余篮〔蓝〕色薄雾，吾等跌〔趺〕坐毡上，则烟雾盘旋于头上，暖适异常。

及告辞出，复向前征，则初雪已降，高原尽成银装，是亦明年草丰蓁绿之佳兆，而此时期内，牛、羊、驼、马等低〔只〕得徐嚼衰草，兼取雪以为饮，至明年春风吹时，始有芽绿可食。严冬气候，永将停于零下四十度，此等粗健畜类，仍居留于旷野，籍〔借〕其数吋厚之毛衣，以御凛烈之朔风。

未几，抵一伟大之建筑物，即一蒙古王公之宫殿。此可汗所居，乃为中国式之建筑，殿门精雕华饬〔饰〕，极为雄伟，门之内，为一配称之宫庭，绕以亭阁，皆曲栋雕梁，辉煌万分。蒙兵拥羊裘，荷枪卫于门前。旁有一庙，乃王公为班禅啦嘛而建者，班禅为西藏主教，被流逐于外，久历年所矣。

王公与啦嘛，均已离家，西去二百余哩之啦嘛庙，会谒中政府之代表矣。吾等乃复向西行，越无垠之旷野，时过小村，时遇驼队，卒达西喇木伦之大啦嘛庙。彼处乃一小城，皆庙与茅屋，住有啦嘛千余人，其屋皆白染，饬〔饰〕以金绯色，处山崖之下，辉煌眩目。山谷下有一小流，已封冻矣。

百灵庙会议，蒙古各地王公出席者，达百人以上。啦嘛庙本足容五百人，又搭造毡帐，以款待若许上宾客。余坐于一火钵前，与数王公谈论关于自治运动。座旁乃一蒙古元老，娴于汉语，精于汉文者。钵中火炎熊熊，又燃二烛，照耀二最高王公之容貌。彼等以诚挚庄严与友情之态度，沥述其苦衷曰：

> 自中国革命，其领袖孙中山先生倡各民族自由平等之说，吾人渴望其实现，已二十年于兹矣。外蒙与东蒙之一部，已为人夺去，而吾等犹为民国之忠实分〈子〉，固将内入于民国，共襄国事。惟吾等有所要求者，即人民由吾自治，土地由吾自辖，土地、牛马、人民等皆属吾等所有。而今则土地已为本部之农民所夺，人民已被逐于荒漠之地，边境时为中国之盗匪所扰。是以吾人要求土地之自治权，以驱侵入者出境。然本部之农民，仍可居留，彼等乃吾人之弟兄，自应予以优待，惟须住于指定之地段，盖草原乃畜类生命之所系，不能任彼占领也。现吾等自制宪法，以组自治政府，且将于距此三十哩之天池，建立首都，彼处水流清，景色丽，草丰而蓐美。

余询以首都之建筑，将为砖石之宫殿乎？一王公曰，否，将于天池附近，搭造新毡帐百余，所有官员，皆无银钱报酬，住则有毡帐，呼唤则有仆役，食则有羊奶、羊肉。固如是，将为世界上最奇异之首都矣。

蒙古即不求现代化，已足增进其地位。其所产之乳酪，足供养华北之全部。蒙古有一王公，自设制革厂，其所产皮裘，将售获厚利。其优良之畜类如牛、马、骆驼等供给中国者，可以千万计。
一王公之宫中，且已盖设一机器厂，专造军火，以供士兵之需
要矣。

近代之汽车，亦已输入蒙古，数虽少，已表现极大之功效。王
公、官员等有事则皆乘汽车，驰马越旷野者，已不多觌。汽车行
驶极速，不须依照途径，平原旷野之上，苟无山河阻隔，即可依
日星之照示，直驰而前。最近蒙古之汽车主人，乃一活佛，彼昔
穿辉煌之服装，乘驼马，日行不过百里者，今坐汽车，可日行六
百里，且极舒适，乘骆驼者见之，伫足而注视此冲进之轮上怪物，
驼队之首领见之，则怀疑其子孙，是否将永乘骆驼以渡沙漠草地，
而不用新式轮上之汽车。蒙古数世纪来，生活于静僻之区，今则
西洋文明，终在其地表现威力，而蒙古欲求生存，必使其本身，
适应于现代而后可。

《扫荡》（旬刊）

国民政府军事委员会政治训练处

1934 年 49 期

（丁冉　整理）

内蒙一周心影录

王庭梅　撰

一　绪言

当此国难期中，内蒙忽倡自治，因此问题引起各方之重大注意，余得便亲临其地，特将观察所得，分别叙述于下，其中未能观察十分明了之点，不得不先为声明之：（一）观察范围之狭小——内蒙共计六盟，东北四省沦亡后，现仅残存三盟，即锡林果勒盟（内十旗）、乌兰察布盟（内六旗）、伊克昭盟（内七旗）是也。余仅至贝勒庙一带，其地不过为乌兰察布盟之达尔罕王旗下一部分，故观察不免狭小，未得全豹。（二）未能接晤中心人物——贝勒庙在地域上虽仅为一小部分，但在此次自治问题之政治性质上，则极关重要，可称为舞台之全部，惜与余晤谈者仅少数知识分子（青年）以及二三失意之蒙古政客而已，其中心人物如德王、云王等则未晤谈，是诚憾事。或谓王公签〔金〕答话简单，会亦无益，殊不知吾人进见王公时尽可提出各项由浅而深、由狭而广之问题，以测其智力，观其素养，如此则对内蒙问题之趋势，自可得相当之估价也。

二　自治运动之起因

（甲）远因——据各旗代表及青年所谈者归纳之约为四点：（A）因开垦蒙地与沿边省政府之冲突。民国以来边疆各省政府设置垦务局，开垦蒙地，因之牧场日渐缩小，且开垦之处，土匪出没，扰害蒙民，中央为顾全省政府威信，对蒙民请愿，置之不理，故九一八后蒙民多谓"宁愿做暴日奴隶，不愿做中国太平百姓"，甚有持旗欢迎日兵赴热河者。（B）因纳税过重引起反感。过去蒙民仅负旗下一种纳税义务，民国以来，尤其北伐成功后，边疆各省县政府（如热河省政府，蒙民纳税项目有六十余种之多）科蒙民重税（当地汉民则不负旗下纳税义务），蒙民生计日艰，于是少壮者及知识分子多挺而走险，赴外蒙者有之，武装自卫者亦有之，但俱经各军事当局残杀捕禁。此种处置不外出于狭义的民族心理，故蒙民均异常愤激（黑龙江省呼伦贝尔之青年领袖郭道甫于民国二十一年被东北当局捕杀，其他如宝德全被冯玉祥捕杀，齐寿山被绥远当局傅作义捕杀）。（C）因参加革命，结果陷于失望，且不满中央之羁縻政策。蒙人信仰孙总理主义，故热心参加革命，与张作霖转战千里，死亡千余名，并克服赤峰、乌丹、林西、经棚各地，但北伐成功后，蒙人不但不能自决自治一切，反不及革命前之状态，蒙民表示失望，奔走呼号。中央为一时羁縻起见，将蒙古之特殊阶级，如腐败之喇嘛、王公、官僚等（如章嘉呼图克图、汉王、卓王、齐王、吴鹤龄等）特别优遇之，但此辈仅知个人福利，不顾蒙民利益，蒙民有赴中央陈诉者，中央则以蒙人已参政为辞，谓陈诉者是捣乱，轻则不理，重则拘捕之。（D）因中央未实行对蒙教育预算所生之反感。蒙古文化落后，亟待教育，中央仅在北平办一蒙藏学校，每月经常费四千二百元，但在国难期中，尚须打对折，其他如卓索图盟喀喇沁崇正学校、东北蒙旗师范学校、守贞女学堂均系蒙人自费举办，极力维持，现在蒙人俱望创办普及教育，中央则拟办高级教育（且无具体办法），中央对蒙教育豫算，每年规定为六十万元，此不过一纸具文，实际上尚不及百分之一也。

（二〔乙〕）近因：（A）因蒙藏委员会蒙蔽中央，德王等请愿失败，遂孕自治之动机。中央设蒙藏委员会，前以马福祥主持之，马则全用私人，一时有回回会馆之称。马死后，以石青阳主持之，石为过去之落伍军人（曾在四川任旅长），会中职员，皆其四川老乡，故有辣子鸡之称。现在蒙藏委员会中蒙古人委员四、西藏委员三，其他之十四名则为四川人或石之私人，石利用其委员长地位，大权独揽，控制异己。今年正、二月间，德王、郭王以及各盟旗代表二十余人，赴京请愿，报告内蒙危急情形，建议处置办法，但石青阳为保持其个人地位，从中作梗，蒙蔽中央，结果请愿者俱大失所望，怂然而返。此为自治运动之最大近因。（B）因中央仅重用少数喇嘛、王公，其他青年因失业而起反感——中央对蒙藏事务，于行政组织上则有蒙藏委员会，用人方面，常命戴季陶主持之。戴先生对于喇嘛、王公之特殊阶级，则极力羁縻之，如给以立法委员、宣慰使等头衔，对于一般蒙人，则置之不理，故蒙民中之有知识者，俱因失望而愤愤不平，至于被用之特殊阶级，则皆趾高气扬，独享其乐。（C）因开垦蒙地，蒙民受土匪之害——边疆省政府所开垦之蒙地，土匪蜂起，抢劫蒙民牲畜、皮毛（因开垦者大都为穷民及被裁士兵），因此蒙民皆异常愤恨。（D）因杂色兵屯垦蒙藏，贻害地方——中央将杂色兵遣赴蒙藏屯垦，以致贻害地方（如孙殿英）。

三　与蒙古青年谈话

余在贝勒庙常与青年知识分子（中央政治学校、中央军官学校学生）以及高等蒙人政客（东蒙各旗代表）作私人之谈话，特记述于下，以见伊等主张之一班〔斑〕。

（A）关于宗教。

"我们觉得中央特别优遇班禅活佛，是一种愚蒙政策。中央对于喇嘛教应取不扶持不反对之态度。""我们反对拿几万巨款，供养章嘉班禅，以及其他羁縻性质上费用。我们不了解中央何以不肯拿少数钱，派少数人来蒙作实地工作。"（呆勒吉卜音说的）

（B）关于政治。

"我们认为边疆省政府，虽有蒙人委员，但发言是绝对无效，此乃实力问题，无可奈何。""我们最感痛苦者，在省政府受压迫，在南京受蒙藏委员会之排挤。"

"我们青年大都是卓索图盟人，因为家亡了，不能回去，在中央又无事可做，又不愿投俄降日，不得已做此运动，如中央不能原谅，横加压迫，那我们也不能顾忌许多了。现在蒙藏专门学校学生在满州〔洲〕、在外蒙的很多。"

"我们要在蒙古地方办教育，中央不允许，我们要在绥、察党部设蒙旗科，中央党部不肯，我们要在军政部领枪，军政部密令以后对内蒙不能发七九枪，凡此种种，我们认为是狭义〔隘〕的民族心理作用，是汉族垄断的表现。""我们觉得自己适宜于内蒙民间工作，内地人才虽多，但不悉蒙情，我们如果到内地做事，内蒙依然没有改进，所以许多在内地做官的，都是堕入升官发财的个人主义。""我们本着主义精神和校长的训旨来到内蒙民间工作。"

（C）关于经济。

"我们因蒙古经济生活，自有特点和美点，故有另行一政治组织，以适应此环境之必要。"

"我们主张以牧畜为主，以农业为副。"

"我们不愿中央敷设铁道，破坏我们的社会组织，我们要利用气车和机器。"

（D）关于教育。

"我们觉得中央的教育宗旨与行政方针，完全相反，譬如教育蒙古子弟而不使其作蒙古事业，教科书上的话与政府做的事全不相符。"

"我们主张内蒙教育要专重蒙文，因读蒙文，只要六年工夫，可抵内地大学程度。"

"我们主张儿童教育，宜在王府附近招集儿童，供给膳食寄宿，此项经费甚少，但中央始终不计及之。"

（E）关于边防军事。

"蒙古地域广大，且多沙漠，蒙人生活简单，地形熟悉，故宜编练蒙兵为边防军，如此则每一蒙兵之效力，可抵内地来兵百名。"

"蒙古适宜骑兵游击战术，如以精练之骑兵，分散游击，虽百万雄兵，亦无法应付。"

四　总论

据以上所述之远因、近因，以及各方之谈话，吾人可得一简明之概念，即蒙人不满意中央之羁縻政策，仇视主持蒙事蒙藏委员会以及与边疆省政府之冲突，其中自不免有故张其辞、作利己之宣传，然中央治蒙无定策，对蒙事无深入之认识，以及用人之不当，盖亦莫可讳言也。余以为蒙人生活习惯、语言文字、宗教历史，俱与汉人异，其尚保有民族意识者明矣，然汉蒙相沿之历史已久，蒙人被汉族同化者亦甚夥，今日之内蒙，尚无足称独立自治之条件，吾人本历史之关系，负团结之使命，当不能令蒙汉离贰，致予帝国主义者以可乘之隙明矣。此次蒙人在贝勒庙表演其特有之民族精神者，则为赛马与角力，其时余厕身于顽固之喇嘛僧中，不禁慨叹成吉思汗子孙之汲〔没〕落，即以赛马、角力而言，马术非仅以扬鞭疾驰即为能事（战马应能跃过各种各样之阻碍物），角力则为国民体育之一端，在日本则凡属国民，必须学习柔道，而其规则之严正、研究之完美，以视蒙人，当有霄壤之别也。

余以为此次自治运动，客观上应含有以下数种之因子：（一）民族观念之发动；（二）政治欲之发动（德王为代表）；（三）开化最早之东蒙，现因故土沦亡，青年全无出路，故齐集内蒙，企图活动；（四）此等青年假此运动以图见重于中央，见重于王公；（五）于必要时可利用俄日关系以要挟中央。

此次内蒙问题，虽告解决，然来日方长，治蒙之根本大策一日不立，一日不见诸实施，则仍不可一日乐观也。余于归途中前二百里，不胜渺无人烟之感，及后则渐入佳境，更前行则驴马大车，充塞道上，而武川县则不啻为此种繁荣现象之根据地。余以为今后治蒙之初步当以原有之边疆政府为根据地，联络内蒙各地之保商团，商业还〈应〉陆续进展（亟须开发交通），政府一面创设毛皮工厂、牧畜医院，以及其他促进蒙人生产能力与消费能力之实业，一面对经商汉人加以统制与训练，务使其合于近代商业经营之方法与道德，务使其于经商之外，尚知负有推行国家治蒙政策之使命。此外最重要者则为边防军之设置，对外御侮，对内镇压，使经济与军事，能相互为用，共同发展，则根本坚固，施政自能如意。且不出多年，蒙人对其固有风尚，必将自动鄙弃，而同化于我矣（提倡蒙汉杂处，奖励汉蒙通婚，余此次所见蒙民中之有知识者，其服装、语言、表情，一如汉人，可见蒙民开化之程度，与同化程度成正比例）。或谓内蒙比邻俄日，如驻重兵，则必多干涉，余则以为不然，日俄固均有野心，惟当此日俄因内蒙防御空虚而互相加紧戒备之时，如吾人从中置兵，不啻成一缓冲地带，俄固求之不得，日亦无所置辞，使日人必欲得内蒙，必欲向苏俄挑战，必欲造成第二次大战，则吾人本守土之义，亦决不能步东北后尘，弃国土如泥沙，此所谓"不得已时，但有拼死"耳！

最后尚有言者，吾人对于内蒙之既成势力必须极力树立"保持均势"之原则，不偏袒任何一方，务使各盟旗王公旧势力与青年新势力、旧势力与旧势力，以及新势力与新势力（青年中之派别），各方力量平均，共谋合作，以政治上之协调，促经济文化之发展，以后自可统一于中央政府之下，不致为强邻所窥伺矣（附图）！

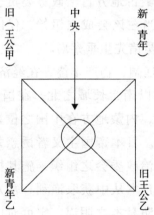

《人民评论》（旬刊）

北平人民评论社

1934 年 52 期

（李红权　整理）

贡献蒙古自治政委会数言

康　撰

蒙古自治问题，酝酿于去年四、五月之间，高涨于去年九、十月之时，中经诸多波折，濒于危险地步。幸得蒙古同胞之热诚赞助，中央政府之慎重处理，《蒙古自治办法原则》得以妥善确定，《蒙古地方自治政务委员会暂行组织大纲》亦能如期颁布，蒙古自治政务委员与正副指导长官亦已由政府任命，发给经费，积极筹备，至本月二十三日蒙古地方自治政务委员会能于百灵庙正式成立，殊为欣慰。吾人当兹该会成立伊始，仅以抒摅所及，贡献数言，愿我蒙古政务委员诸先生垂察焉。

第一，内蒙地方辽阔，物产丰饶，在经济上为中国之处女地；同时，内蒙地居沙漠以南，长城之北，在国防上为中国之门户。慨自东四省陷落以后，内蒙地方在中国之位置更增重要；而日本之觊觎垂涎日益厉害。日本帝国主义者诱惑蒙民脱离中央之事时有所闻，今或赖此自治政委会之组织，施其播弄手段，故意挑拨离间，背叛中央，而日本从中获取渔利。吾人切望蒙古政务诸君务以朝鲜为殷鉴，严防日本之阴谋，宁可对内忍辱，不可对外投降，日本之百般奸狡，幸予注意！

第二，我国古史有五族之名，华狄之分；但经数千年之融洽〔和〕同化，冶于一炉，已经变为整个之中华民族，二十三年前中华民国成立，五族共和，合成一家，更无疑矣。今日有此蒙古政委会之组织，系蒙汉更进一步融和之办法，与普通地方自治政府无异，希望政委诸君切勿以此为蒙汉分离之机构，地方与中央离脱之方式。国家主权，务须尊重，一切隔阂，须即摒除。政委会尽可奖励蒙人移入内地耕农习工，亦可招募汉民前往垦殖荒土，倘若门扇紧闭，不容汉民越雷池一步，则殊失政委会成立之意旨。

第三，关乎蒙古政委会责任之繁重，已经详于《自治办法》八个原则之中；前月二十五日行政院对于云王之特别训令，尤望政委会切实施行，庶使政委会之事业猛进，而蒙古之社会、经济、政治、军事蒸蒸进步。凡中央所补助者与地方所征收者，务多移用于教育与建设事业。前清之诰封授爵，不做事，受俸禄，与政委会有别，幸政委会诸君勿以此相比！

《北平周报》

北京大学第一院

1934 年 66 期

（丁冉　整理）

内蒙自治与文化适应

惠民　撰

文化进步一日千里，能适应者生存，不能适应者灭亡，征诸历史，考之现在，似为铁则。

欧洲自十八世纪以求〔来〕，科学发达，机械革命，生产锐进，组织庞大，为销售过量之商品，不能不寻觅市场，为制造巨额之货物，不能不找求原料，而市场与原料之所在地，即不能与文化进步相适应之国家也，举例言之，如印度，如安南，如朝鲜、斐洲，如南美、澳洲，或属于英，或亡于法，或灭于日本，或隶于欧美各国，其不能保国家之主权与独立者犹小，而不能拒用舶来物品，不能禁售国产原料，使金钱外溢，民生枯竭，以致生机断绝，种族渐灭者，实重大而可惊骇之事也。加以各帝国主义者，以经济为无形之斫呃，以武力为有形之侵迫，双斧孤树，软硬并用，无论为市场与原料之弱小国家不能抵抗，即能抵抗，亦必失败，摩洛哥之与法，朝鲜之与日，可为前鉴，言念及此，不寒而栗。

中国，有世界四分之一之人口，十六分之一之土地，地居温带，物产丰盈，文化悠久，人民聪颖，徒以清政不纲，列强蚕食，国土则日蹙百里，外交则失败累累，遂致坡坨日下，国难临头。

蒙古，地势浩渺，人口稀薄，山脉绵延，韫藏丰富，平原绿草，畜牧繁滋，人民悍勇，骑术飙飞，在中古，在近古，曾以其铁骑，统一欧亚，震骇东西，乃因故步自封，新知未迪，致民智闭塞，生计窘迫，卒至外蒙全钳于俄，内蒙半沦于日。

期自近年，内蒙人士，懔世界狂潮之澎湃，虑桑梓现状之飘摇，迨有起而要求自治之运动，与夫近日蒙古与中央间事体之圆满解决，在蒙古当局，今后固有其既定之自治之计划，与中央之指导扶助，然应首当深自惕悟者，厥惟过去蒙古本身衰弱之原因，与急起适应现代文化进步之必要，其法虽属经纬多端，然应极〔亟〕施下层人民以基本教育，似为需要中之最迫切者，在实施上，尤应不求其高深，而求其需要，不在纵的方面为畸形之发达，而在横的方面谋积极之普及，庶蒙众知识丕启，自治目的可达，蒙困获救，国难可解，逐步进化，媲强欧美，生存之道，亦在其中矣，适应文化，其惟欺欤。

《蒙藏旬刊》
中央宣传委员会蒙藏旬刊社
1934 年 88 期
（李红权　整理）

蒙古民族今后的存亡问题

纯　撰

从搭〔打〕外蒙古全钳于俄，内蒙古近复半沦于日，蒙古民族今后的存亡问题，由理论的酝酿而渐近于事实的表现了！这问题不仅在蒙古民族的本身者，切欲明其究竟，就是在有关系的国家和全世界学者的方面，也恐怕没有不愿意"早解此谜"的吧？我们尤其是在国难发生后，静观人类活动的历史，详析民族存亡的因果，追溯中外史乘，刨〔剖〕解古今事象，朝以继夕的，寻求蒙古民族今后的存亡问题者好久了！

现在，我们若以蒙古民族的基础来论，它既具有立国许久的历史，而又备了土地广袤，天产丰盈，民性强悍，文化悠久的种种条件，理应自有它那生存的必要；而今竟又论及它的危亡问题，岂不是离奇之谈吗？然而我们拿蒙古现实整个民族的内容来分析一下，就知道在历史上凡是民族危亡时候的任何险象，蒙古人这时候已竟〔经〕无不具备了！就它内的方面来说，是文化衰落，人民浑噩无智，物质缺乏，生活日趋困顿，宗教迷信，深濡其心，政治效能，因以日下，加以天灾人祸，防卫无术，社会组织，日益凌乱；在它外的方面来讲，俄日赤白帝国主义者，已相继侵吞去土地大半，且又将深入硕果仅存的西蒙腹地，更欲一囊括而无余，同时我们中国政府方面，虽有若干的提携和补助，但因蒙族本身之病入膏盲〔肓〕，终属收效有限；现在就此内忧外患两方面观察之下，其危亡险象，已竟〔经〕备呈。

　　近些年来，蒙古的贤者，时有倡导改革救亡的研究、讨论和努力，然而终是失败重复无补时艰；那么它那毛病在哪里呢？干脆说就是未探其本而溯其源罢了，我们要知道，凡是一个民族的衰弱危亡，决不是一朝一夕的缘故；现在拿蒙古民族积弱之深来看，尤非头痛医头，脚痛医脚，所可收效的；大凡某一个民族，它能生存于世界者，必需具有它那民族的"生存力"，也就是它那民族中的大多数人，有合乎生存上的条件，而非少数人具有特殊的智能，一蹴就可有济的。

　　我们再看，过去任何未开化的民族，或者已亡国的人民，它那里边，不乏少数智能优越的英才，可是它那民族中，要是大多数群众的智能，违反生存原则，那少数人虽然〈是〉些非常之才，也恐怕独木难支，无济于事吧？再看看过去的犹太民族，亡国之后，时有著名的科学家、哲学家，以及文学家挺生其间，但始终还是不能够复兴；由此我们也就可以知道民族的存亡，必须看那民族中的多数人，是否合于生存的条件为标准了吧？！

《蒙藏旬刊》

中央宣传委员会蒙藏旬刊社

1934 年 92 期

（朱宪　整理）

清代及民国来关于蒙古之外交

郑延禧　撰

查前清以来，因蒙古而对外发生关系，当自一七二七年（雍正五年）《中俄布达〔连〕斯基界约》起，该约首段载明"北自恰克图河流之俄国卡伦房屋，南迄鄂尔怀图山顶之中国卡伦鄂博，此卡伦房屋暨鄂博，适中平分设立作为两国通商地方，至如何划定疆界，由两国各派廓米萨尔"等语，此即俄国在外蒙通商之起点，亦即清代因蒙古而对俄发生外交关系之起点也。继《布达〔连〕斯基界约》，而续订者有《中俄阿巴哈依图界约》、《中俄色楞额界约》、《中俄恰克图界约》，以上各约，均于一七二七年成立，以上各地，均在蒙古边境，自此以后，中俄两国相安无事者四十年。直至一七六八年（乾隆三十三年），中俄始有修改《恰克图界约》之举，按该约修改之原因，实由俄方发动，其时俄国女皇卡德林第二，极为英武，深以一七二七年《恰克图界约》，表面上对于中俄两国一切争端，虽已解决，但实际上双方仍常发生新争执，甚至两国人民，往往私自过境，无从惩罚，皆由约文所载太觉空泛之故，遂于一七六七年，派廓米萨尔库罗扑托夫前往沿边考察，并与清廷所派之全权大臣在恰克图修改一七二七年所订之界约。但当时所修改及增补者，仅原约第十条，其余各约，均一概照旧也。至一七九二年（乾隆五十七年），中俄双方因蒙古关系而订约者，有《中俄恰克图市约》，详考该约条文，其性质系属一种准许贸易之布告，非正式条约也。按该约第一条载"恰克图互市，于中国初无利益，因你萨那特衙门所请，是以开市"等语，此种口气，因当时满清正值极盛之时，对于外国皆以夷狄视之，其庞然自大之态度，于此可见一班〔斑〕矣。岂知时局变迁，盛衰无定，越六十余年，遂有《中俄天津和约》之订立。查该约订于一八五八年（咸丰八年），计共十二条，其中与蒙古有关者，仅第十条及第十一条，对于俄国传教、送递公文人等，往来恰克图等处，及在恰克图、北京而设立邮站，均有明白规定，是俄人势力已渐侵入蒙古矣。一八六○年（咸丰十年）《中俄续增条约》成立之后，而俄人在蒙古有贸易权，有设领权，但按该约第五条所载，俄人虽有贸易权，须受中国方面之限制，盖约文载明"俄商不拘年限，往中国通商之区一处，往来人数，不得过二百人"等语，此即限制之明证也。一八六二年（同治元年）《中俄陆路通商章程》订立以后，俄商在蒙古不但有贸易权，并有免税权，前项章程第一款载"两国边界贸易在百里内，均不纳税"，第二款载"俄商小本营生，准许前往中国所属设官之蒙古各处，及该官所属之各盟贸易，亦不纳税"。至一八六九年（同治八年）《中俄改订陆路通商章程》，而俄商在蒙古之免税权更为扩大矣。前项《改订章程》载"俄商准许前往中国所属设官之蒙古各处，及该官所属之各盟贸易，亦不纳税。其不设官之蒙古地方，如该商欲前往贸易，中国亦断不拦阻"等语，足证以前俄商免税，仅限于小本营生，而通商区域，亦有限制，自一八六九年（同治八年）改订商约后，则无论俄国大商小商，均可免税，至于通商区域，即不设官之蒙古地方，俄商亦可前往矣。除上列商约外，同时中俄双方所订关系蒙古之约，尚有一八六九年《中俄科布多界约》、《中俄乌里雅苏台界约》，对于外蒙与俄边一山带〔带山〕川地理，言之綦详，惜当时约文所载，仅有地名，而无详细地图，致日后发生俄人移界牌之举，满清末季，俄人遂谓唐努乌梁海地方属于俄国，维经满庭〔廷〕竭力争辩，迄未解决也。一八八一年（光绪七年）《中俄改订陆路通商章程》，对于俄商在蒙古贸易之权利，虽与一八六九年旧约无甚出入，但对于货物之出口进口，限制较为严密，观新约第十五条载"凡违禁之物，如火药、大小子弹、炮位、大小鸟枪，并一切军器等物，及内地食盐、洋药均属违禁，不准贩运进口出口"等语，即可知矣。前项《通商章程》，订于俄京圣彼得堡，中国方面，主其事者为曾纪泽，曾固清代著名之外交家也。按该章程曾规定，以十年为期，至一九一○年，已三次期满，清廷曾派其驻荷兰公使陆征祥氏为修约全权代表，赴俄与俄政府所派之全权代表马来夫斯基氏，磋商修改该项章程，当时双方虽曾叠次交换意见，及正式开议，终以双方提出条件相去太远，未有结果。迨辛亥武昌革命，满清颠覆，民国成立，未几南北统一，陆氏回国主持外交，而修约问题，亦遂搁置矣。盖其时民国成立伊始，未经各国承认，对于修改条约一层，尚谈不到也。夫外蒙脱离中国，宣布独立，其中虽几经变迁，原因复杂，一言难尽，而每次外蒙变革，均有俄人主持其间，则固信而有证矣。当满清末年，外蒙自主计划尚未实现以前，俄外交部长萨索诺夫，即闻〔向〕我国驻使，对外蒙问题口头提出三条：一、中国在外蒙不得驻兵，二、不得设官，三、不得殖民。以上三条，倘中国能允照办，则俄国可向外蒙从中调解，打消外蒙自主。当时我国驻俄公使为陆征祥氏，立即据电北京外务部。其时满清政府，以外蒙问题，系属中国内政，俄人无端提出三条，未免侵犯中国主权，碍难允许，遂婉辞拒绝之。未几满清颠覆，民国成立，俄人遂乘机作进一步之办法，竟派其驻北京公使郭罗斯笃维次，前往库伦与活佛呼图克图私订条约，未得中国同意，俄竟先行承认外蒙，使中国一时无从措手，其策略之恶，手段之毒，变迁之速，实有出

人意料之外者。北京政府，自得俄蒙订约之消息，深知外蒙问题
关系重大，断非空言所能解决，遂派毕桂芳、陈箓二人为全权代
表，与俄国全权代表密勒尔，外蒙全权代表希尔宁达木定等，会
议于恰克图，计前后开议不下数十次，为时几及一年，始于一九
一五年（民国四年）成立《中俄蒙三方协约》，计共二十二条。该
约最要条文，为外蒙承认中国宗主权，中国、俄国承认外蒙自治，
为中国领土之一部分，外蒙无权与各外国订立政治及土地关系之
国际条约，及外蒙呼图克图汗名号，受大中华民国大总统册封，
外蒙公文上用中国年历等等。自该约成立后，中国对于外蒙仅有
宗主权之虚名，而俄国则隐然成为外蒙之保护者矣。一九一七年，
俄国发生革命，沙皇政府颠覆，共产党起事，帝党与共党，互相
惨杀，内乱不已，无暇顾及外蒙，此时俄国对于外蒙完全抛弃，
既无所谓策略，亦无所谓手段也。俄国于一九一八年夏季，在外
蒙之利益益形摇动，驻库伦俄国馆〔领〕事馆之守卫长谢米诺夫
私自逃往日本，受其保护，并恃日军官之援助，曾发表"大蒙古
国之宣言"，北京政府闻之，深以蒙事为虑，遂派徐树铮为边防督
办，徐氏于一九一九年十月，带兵入蒙，于一九二〇年春季，设
中国边防督办署于库伦。此时中国势力，推及外蒙全部，而一九
一五年之中、俄、蒙三方条约，实际上已失去效力，盖苏联政府，
本已自行宣布所有帝俄时代与中国所订条约，一概放弃也。但中
国之统治外蒙，仅至一九二〇年十月，其时库伦又被翁格斯坦杯
葛子爵攻陷，中国在外蒙之势既倒，而俄国之势又来，实一大变
迁也。翁氏为白俄党，欲将俄国在外蒙之权利，收为己有，一面
联络日本，一面反对苏联，其策略之恶，手段之毒，与俄国帝制
时代无异也。苏联政府认翁氏之举动为反革命，遂遣派重兵入蒙
攻击翁氏，一九二〇年十一月，莫斯科人民外交委员曾电达中国
政府，谓苏联派兵至蒙，其目的为征伐谢米诺夫叛贼等语，当时

中国尚未承认苏联，因此对于苏联外交委员之电，无从答覆。未几苏联军队攻入外蒙，翁氏于一九二一年夏季兵败被俘，而外蒙遂为苏联占据，白俄去而赤俄来，是又一大变迁也。自赤俄侵入外蒙后，乃有中俄一九二四年（民国十三年）五月三十一日之协定，该协定第五条内载明"苏联政府承认外蒙为完全中华民国之一部分，及尊重在该领土内中国之主权"等语，又苏联政府声明，一俟有关撤退苏联政府驻外蒙军队之问题，在本协定第三条所定会议中商定后，即将苏联军队由蒙古尽数撤退云云。根据上列条文，外蒙在名义上完全属于中国，但实际上则不然，盖外蒙于一九二一年七月十日，已宣布为蒙古共和国，同年十月五日，与苏联订立友睦条约，一九二四年呼图克图去世，外蒙发生革命，遂于同年五月二十日，成立外蒙苏维埃社会主义共和国，是彼已先自脱离中国矣。至一九二八年（民国十九年）东路事变，中俄发生冲突，而今外蒙问题，与苏联之交涉，亦诸待进行也。总之民国〈以〉来日本对于蒙古，自满清末年以至俄国革命，其间日俄曾双方私自划定势力圈，即北满、外蒙为俄国势力圈，南满、东蒙为日本势力圈，一九一七年十月，俄国共党起事，劳农政府成立，日本出兵西比利亚，与俄国开战，而前项势力圈，亦无形消灭矣。

《蒙藏旬刊》

中央宣传委员会蒙藏旬刊社

1934 年 93 期

（李红权　整理）

内蒙自治的又一波澜

柏　撰

内蒙要求高度自治，经中央派遣黄绍雄为代表前往视察，宣示中央态度，云王、德王均示欢忭。经几度会谈以后，黄氏允为转呈文件，云王、德王均称满意，举行汉蒙联欢大会，尽欢而散。是问题似已得一解决。乃自黄氏回京以后，中央接受蒙人意见，斟酌各方情形，定为十一项原则，蒙人又斤斤相争，旅京蒙人且向四中全会请愿撤销原案。是则内蒙自治犹未获妥善之解决也。

蒙人所争持之点似全出于误会，认黄氏所愿接受转呈之甲项办法为初次之十一条，但可怪者，今日发生误会之人，即属当日百灵庙在场之人士耳。

中央于边疆各地，向恃〔持〕宽大态度，于内蒙亦然，如无破坏整个国家组织及影响国际关系之虞者，自可从长计议。惟以内蒙地处国际要冲，北顾东瞻，均属贪狼饿虎，蒙地人士不拥护中央共御外祸，而乃离邦背本，行见自治未成而外力深入，用是期期以为未可；惟以蒙人此次自治运动，并无其他作用，似属能自觉图治，而且尚能听命中央循序而进，故犹欲勉从其意，以为策励，订立十一项原则作为蒙古自治之遵循，是则中央于内蒙已深示优厚，煞费苦心矣。

内蒙一带，汉蒙杂处，汉遵内地习俗，而蒙则有盟旗，自改省以后，汉蒙无种族之分，悉隶于省县。年来蒙汉虽因省县之制时启纷争，但以整个的国家言，固应如是。如一旦自治实行后，蒙古自治区政府将直隶于行政院，而脱离省县之管辖，两族显然分裂鸿沟，是则同处一地而显分彼此，政治、法律各不相辖，而生活社会时相接触，其纷争、仇视尚得免耶?! 故即依中央所定原则以行，犹大有可顾虑之处，绥远汉民团体，已缕缕陈之，而蒙民尚以为未足，而欲请愿撤销，则内蒙问题荆棘正多也。

当此国家多难之际，任何问题均当以国家之福利为归，种族之见不优于私人之见乎？以国家为本位言，以国家为立场观，何有于汉蒙哉？举中华民族耳！何有于盟旗省县哉？举地方政治之区分耳！重其巨大而忽其轻微，息无益之纷争而揍于一，是则民族国家所急要者也。蒙古全部，北沦于俄而东丧于日，所孑遗者内蒙耳，蒙人而能自觉，去种族之成见，以增民族之力量，是则我人之所馨香而祝祷者也。蒙人而斤斤于目前之小见，以与中央为难，增汉民之恶感，授他人以衅隙，是则前途有不忍言者矣！各蒙古代表，不远千里而来，理应体会中央德意而归为蒙人劝，不可再假蒙人之名，以与中央争也。

《时代公论》(周刊)
南京时代公论社
1934 年 96 期
(朱宪　整理)

论内蒙古高度自治

楼桐茂　撰

一　何以要高度自治？

考此次德王等要求内蒙自治的理由，不外是说："德王及各王公，以外蒙被赤俄占去，东蒙（即热河）被日本强夺，一时未能规复，加之蒙地辽阔，各自为政，组织散漫，危机实多。因此本孙中山先生五族平等，民族自决自治的原则，推行地方自治，建立内蒙自治政府，以便巩固乌、伊、锡三盟，及阿拉善等旗。在中央指导之下，以共谋保卫国土，免再沦陷。"（注一）表面看来，一若言之成理，持之有故。但细加分析，其所持自治理由，实欠充分，在事实上既有矛盾，在理论上亦无根据。

内蒙古包括热河、察哈尔、绥远三省，热河已沦丧于暴日，现只剩察、绥两省，尚属我国版图。三省境内，除农业较为发达，交通较为便利，汉人较为众多的地点，年来先后改土归流，设立县治，直接隶属于各省政府外，余悉归各盟旗的盟长、王公自行治理。益以满清专制政府统治中国时代，凤以蒙民为藩属，施用怀柔羁縻政策，锡以金帛封号，暗中虽时存畏忌，压抑内蒙的发展，表面却抚绥备至，致一班王公、喇嘛自视甚尊，不愿轻受约束。故三省地方政府，对于内蒙各盟旗的行政，向来未尝加以干涉，一切措施，亦均迁就依违，不敢操之过急。因此，内蒙境内，至今犹存中世纪的典型封建制度。所谓扎萨克——即各旗的领袖，好比封建的诸侯，所谓盟长、副盟长，好比若干封建诸侯的盟主，举凡各盟旗的军政大权，尽握于此等王公之手，三省政府绝少过问之余地。可见事实上内蒙向来是一个自治的区域。既然如此，为什么德王等现在又要提出自治的要求？要求自治而不遵照国民政府颁布地方自治法规，却另倡所谓高度自治，图另组自治政府而故为自外，用意又何在？如果说，高度自治的要求，乃依据中山先生及国民党所标揭的"五族平等，民族自决自治"的原则，则其所持理由，亦同样的贫乏。诚然，中山先生在《建国大纲》里，曾写有"对于国内的弱小民族，政府当扶植之，使之能自决自治"的话。中国国民党《第一次全国代表大会宣言》中亦说："国民党敢郑重宣言，承认中国以内各民族之自决权，于反对帝国主义及军阀之革命获得胜利以后，当组织自由统一的（各民族自由联合的）中华民国。"但是，我们解释中山先生遗教及国民党政策政纲时，务必通观全文，窥探其主旨之所在，决不能断章取义，囫囵吞枣。中山先生固毕生尽瘁于中国国民革命，不仅主张国内五族平等，各民族自决自治，抑且主张扶助世界各弱小五〔民〕族的自由平等。但此不过为中山先生之"民族主义"的最后鹄的，其间实施之缓急先后，固大有斟酌也。况且中国国民党《第一次全国代表大会宣言》中，亦有如下的昭告："……夫真正自治，诚为正当，亦诚适合吾民族的需要与精神。然此等真正的自治，必待中国全体独立之后，始能有成，中国全体尚未能获得自由，而由一部分先获得自由，岂可能耶。故知争回自治之运动，决不能与争回民族独立之运动分道而行，自由之中国以内，始见有自由之省，一省以内，所有经济问题、政治问题、社会问题，惟有于全国规模中始能解决，则各省真正自治之实现，必在全国国民革命胜利之后，亦已显然。愿国人一思之也。"此项宣言发布时，中山先生尚健在，国民党的主张，同时可视为中山先生的主张。细察《宣言》命意，于各省自治问题，始终全称肯定："争回自治之运动，决不能与争回民族独立之运动分道而行"，而"必在国民革命胜利之后"，"各省始得获真正自治之实现"。试问现在国民革命是否已经胜利？国际资本帝国主义在华的恶势力，是否已经铲除？中国的民族独立，是否已经获得？事实上，目前中国所受外来的压迫，是如水益深，如火益热。设使德王等真以强邻压境，鱼肉堪虞，则更应深体中山先生的遗训，遵照中央政府的意旨，精诚团结，以求中国民族的真正独立；由民族的独立，再进而谋他日真正自治的实现。今不此之图，而断章取义，故为曲解中山先生民族自决自治的原意，而作为所谓高度自治的获〔护〕符，彼德王等之居心，容或别有所在，但内蒙高度自治的要求，于事实上理论上之毫无根据，已属彰彰明甚。

二 高度自治问题的严重性

暴日谋攫我内蒙，已非一朝一夕，此属尽人而知。尤其值暴日既获"日满经济联盟"之实现的今日，势必更急图伸张其支配力于察、绥，以为其"日满经济联盟"之安全的保障。再，暴日夙昔在北满对俄势力之排斥，既以伪满洲国的成立而胜利，现所惴惴不安的，厥唯"赤化"势力由外蒙而南下内蒙，但如能伸张其势力于察、绥，则退可保满洲的安全，进予苏联以直接的威胁。故暴日之亟图攫我内蒙，实势所必至。事实上，自去岁《华北停战协定》签订以后，已暂时放弃强硬的露骨的对华武力侵略！而施其慢性的支解我内蒙之毒策了。际斯时也，突然而有德王等要求内蒙高度自治的发动，是于我国领土的完整上，其涵义的严重，为何如耶！虽然，设德王等高度自治的要求，系出纯正卫国自强之动机，则本问题之惹人注意，必不至若是之甚。然不幸，内蒙高度自治的内幕，而有下列种种的传闻：

（a）"国民政府设蒙藏委员会，原为设计指导蒙古政治之机关，惟自成立以来，初仅位置蒙籍高级闲员，其后渐变为政治上的酬庸机关。自石青阳以川人而任蒙藏委员会委员长，于是登庸者多川、滇、黔籍之汉人，蒙人大哗。去冬德王、卓王等十余王公赴京，原意在整理蒙古王公代表团驻京办事处，并有自任处长兼蒙藏委员会委员长之意，已邀中央许可，吴鹤龄得讯，遂联合石青阳，短德王于某要人之前，德王计划，因以失败，遂拂袖离京。"（注二）

（b）当多伦失陷之时，日人曾用飞机将德王等七人载往长春，谒见溥仪，会议内容，要点有三：（甲）西蒙宣布独立；（乙）东蒙各盟划归德王，不归"满洲国"管理；（丙）"满洲国"以友邦关系，充分接济（注三）。

此等传闻，固难尽置信，吾人亦甚望其非属事实。但历观内蒙高度自治运动发动后五阅月来，德王等所取的步调，与夫德王等及来京请愿代表态度的强硬，实有未能令人释然于衷者。德王于去岁九月上旬，突向内蒙各盟旗和国内蒙籍人士，发出通启，定九月廿八日在百灵庙开内蒙自治会议。嗣以绥省府主席傅作义移兵百灵庙，有武力制止模样，德王乃临时变计，宣布会议展期于十月九日在滂江举行。后虽复以各盟旗参加代表人数过少而流会，但德王未尝以此而稍馁，故于十月十五日终乃草草成会，通过内蒙自治的原则。此为德王再接再厉，发动内蒙高度自治的初步，亦即德王等先发制人的策术也。迨事态日趋严重，中央不得已乃派黄绍雄、赵丕廉两氏前往宣慰。于斯之际，德王等一方面屡电中央与黄、赵两氏，表示欢迎，另一方面则于两氏北上滞留北平之际，以迅疾的手段，集各王公于百灵庙，进一步通过《内蒙自治政府大纲》。此为德王等进行高度自治的第二步，亦即先行抬高价格，留为黄、赵两氏抵百灵庙后讨价还价之余地的妙策也。迨经数度之磋商，黄、赵两氏既经接受德王等最后所提（甲）（乙）两项办法之（甲）项，允为转请中央，德王等随即电谢中央，故作欢忻，冀有所掩饰，并遣派请愿代表来京。此德王等进行高度自治的第三步。而所派代表，名虽请愿，实则故以最初提出未经接受的十一项自治办法要胁中央，与中央抗颜也。自上月十七日，中央政治会议通过《内蒙自治办法》，内蒙请愿代表，立即表示绝对不能接受，并屡屡声言，如中央不再予以考虑，则将即日离京反蒙，德王对该代表等的电示，亦含射同样的语气。内外策应，一若暗示如中央不予以满意的允许，则彼等将立即回蒙，有所动作者然。此为德王等策动高度自治的第四步，亦即德王等不愿实践百灵庙之诺言的表示也。此后德王等的策术步趋，究将何若，虽不可得而知，然其此次策动内蒙高度自治的有计划、有步骤、有准备，有所恃而无恐，已属显然可见。亦唯其德王等有所恃而无恐，故敢于强硬的要胁中央；同时，更衬出内蒙高度自治问题之万分严重欤！

三　高度自治宁能轻易允许？

德王等所倡导的内蒙高度自治，其底蕴内幕既如前述，中央政府当亦不应轻易核许其要求；何况内蒙实行高度自治之后，因而所生的若干恶果，殊值得吾人之详密考虑者。

（Ⅰ）内蒙高度自治与国防

蒙古为一大高原，在长城以北，新疆以东，辽宁、黑龙江两省以西，俄属西伯利亚以南，地大域广，戈壁沙漠横亘其中，故分为内外两部：即漠北为外蒙古；漠南为内蒙古。这广漠无垠的大沙漠带，在外蒙卵翼于苏联，满洲、热河强夺于暴日之情势下的今日，实足为我华北国防上塞外的尖哨。因沙漠区域，万里黄沙，草木不长，除稀有的泉地（Oases）以外，寂无人烟，牧民队商，虽能赖骆驼以横渡，然所能携带的饮水、食料均极有限，长途跋涉，人畜亦复困顿，此于行军为极大不利，显然可见，故沙漠实等于轮船未兴前的海洋，洵属国防上天然的屏障。内蒙北部虽非全属沙漠，然择险而守，其足资军事上的利用，已不待赘言了。再者，内蒙东、西、北三面均有崇山环抱：西有贺兰山（又称阿拉善山），自宁夏接壤处迤逦西北，与黄河的河套相并行，高度约五千尺。北有阴山（即大青山山脉），起自河套西北，再向而东，横亘绥远、察哈尔两省境内，巉岩峭壁，下瞰归化平原，倾斜甚急，攀登不易，宛如天然屏障。自阴山东北向，则为兴安岭，高出海面四千五百尺左右，为热河的脊梁。所有此等山脉，均大有助于我华北的国防，不啻是若干濠沟与炮垒，实属我华北国防上塞外的第二道防线。惜满洲既失，热河继陷，多伦诺尔被占，我内蒙的天然屏障已三去其一，而长城亦复为暴日强夺，古北口、喜峰口、山海关等要隘尽失，平、津之门户洞开，从〔纵〕使失土止于今日，我华北已岌岌不可终日，设使再因内蒙的高度自治，而致察、绥两省无形尽丧，则并此塞北的二道天然屏障，亦将非为我所用了。果尔，则微论其为暴日或苏联，如欲问鼎中原者，则可西窥新疆、宁夏，南胁晋、陕，东出张家口，沿平绥路而南下华北平原，由高原而平原，宛若高屋建瓴，暴日的唐克车和大炮将更能逞其锋锐了。所以，我们如欲保卫新疆、宁夏、甘、陕、晋、鲁、豫等省，务必须先固我察、绥之圉，而中央决不应轻易核许内蒙高度自治的要求。

再就我国防上的军需言之，漠南草原，是我国最适宜的牧马地区。我国军用马匹，以蒙古所产为多。现下所有牧场，大多均在察境，多伦诺尔即系一著名的马市。且蒙古所产马匹，躯体虽较小，但能力之大，持久之性，生活之低，不经教调，即能使用，实为任何马种所不及。故德国施坡曼将军尝啧啧称许不衰（注四）。内蒙这种军马的出产，实予我国防军需上以莫大的便利。盖现代的兵备，虽如何重视物质力及机械化，但人马究为最重要的原素；故人马资源缺乏的国度，纵欲强大其兵力，实不可能。今华北已当我国防之冲，察、绥两省除步兵外，至少须配以骑兵两师的兵力（注五）。余如晋、陕、冀、鲁等省的骑兵，其马匹供应，势亦必取给于内蒙。设内蒙而果实行其所谓高度自治，则这种军用马匹的来源，势必将发生问题。或者说，内蒙是要求高度自治，并不是离叛称尊，斯言诚是；然而，异日事势之来，谁又能保证于今日！

（Ⅱ）内蒙高度自治与边疆

我国种族素称复杂，尤以边省为特甚。年来因边省各种族间未能相互融洽，不知酿成几多严重的纠纷，益以少数野心家从中嗾使作弄，纠纷因以加甚。故单就现势言，我国边地情况的危亟已如斯，设内蒙高度自治一旦而果实现，则其激荡边地各种族的心坎为何如？

兹先就西藏讲，自民国十三年班禅大师被达赖排斥，来奔内地以后，西藏一切政教大权，统入于达赖一人的掌握。而自民国十九年大金寺喇嘛和驻康川军冲突以来，金沙江以西的康地，已尽沦陷于藏军之手，康藏的纠纷迄今未已。其所持的三多政策——察木多即昌都，达子多即打箭炉，及青海的盖古多即结古——亦复念念不忘。迨民国二十年六月初，拉萨会议中更复通过达赖的密旨十条，内竟有"西藏独立"、"决意对中央不信任，抗汉并拒英"（注六）之决策。现达赖虽已佛化，经僧俗官民全体大会推戴出来，总摄全藏政教的结泽热振呼图克图，及总揽全藏一切军政事宜的司伦噶厦诸人，是否继承达赖遗旨，抑或别有新的政策确立，刻虽在不可知之数，但班禅大师本为后藏掌理政教之人，达赖佛化后，照理应请其回藏主持，而事实竟反是，是足征西藏对中央的离心作用，未尝因达赖佛化而有若何的减少。据吾人所知，西藏事实上早已非我所有，设使此次内蒙高度自治而果真成功，则势恐加速西藏脱离中央的宣告，并此名义上的藩属亦无之，是谋国者所不可不再三致意者也。

再就青海的现状看，表面上似乎是夷然相安，但事实上亦有莫大的隐患在。青海境内，汉、满、蒙、回、藏五族俱全，信仰各异。其中蒙族占地极广，自青海沿边，西至柴达木盆地，北至祁连山，东至岷山以北，尽是蒙族的牧地。其行政系统亦仍沿用盟旗制度，几与内蒙古无异。至于藏族，人口更多，势力更大。玉树二十五族，环海八族，果洛六族，黄河南岸亦有。各族统率管理的领袖，如昂锁、千户、百户等，势力均极大，简直可以左右藏族的一切。同时，达赖生前，对青海尝抱有极大的野心，如前年青海南部的囊谦及大小苏奔等地，曾一度为藏军所占领，海南重镇的结古，亦曾被藏军所围攻，后以马步芳师的奋勇，始将失地收回，继以双方订立和平协定，青藏纠纷始得暂告一段落。今达赖虽佛化，但遗绪犹在，谁能保证今后西藏政教领袖即不复觊觎青海？况且青海藏族，与西藏同其信仰，假如万一有人利用这种宗教力量，暗派喇嘛诱惑煽动青海之藏族，实亦至为可虑之事。故今日的青海，外表虽似夷然无事，实却含着莫大的隐忧。未雨绸缪，祛除此种隐患，免使变起仓猝，已属不遑，复何能遽允内蒙高度自治的要求，与青海蒙族、藏族以不良的刺激，而更授人以可乘之机呢？

尤使我人不能已于言者，即新疆的现局是也。内蒙高度自治的要求，发自去年九月上旬，新疆南部独立的恶耗，初传于上月二十三日的路透电，二十四日的塔斯社莫斯科电，前后相距不过五阅月，鼓钟于西，声震于洛，如响斯应，饮痛孰甚。新疆境内，种族本甚复杂，汉、满、蒙、回、藏之外，复有印度、犹太、俄罗斯、阿富汗、土耳其等族，惟其中以回族人口最多，势力最大。回族人口占全省总数十分之六，现下新省军队，故〔固〕以回人为多；回教徒而身为军官的，亦数不在少。如哈密王沙木有屯兵五千名，马福兴有回兵十八营驻喀什噶尔（即疏勒）；马福明有回兵七营驻塔城，此外迪化的马光云及和阗的唐才明均各有回兵数营（注七），至马仲英则更属回兵将校中的佼佼者。彼等如欲有所动作，固属甚易，声势亦非不盛。然而始终未见此辈回教首领有若何的异动。马仲英与盛世材构衅虽已几及数载，但始终宣言拥护中央，未敢明目张胆以独立相揭橥。然而，自内蒙要求高度自治的发动，迄今为期不过数月，新疆南部喀什噶尔遽以独立闻了。此次新疆南部的动乱，其背景和原因，容或甚为复杂，但谓为非深受内蒙高度自治运动的影响，其可得耶！上月二十七日上海《申报》于《新疆南部独立之背景》时评中有曰：

> ……吾人又知此次疏勒之突发举动，实出于日军阀积极完成大陆政策之一种反映，盖自日本急急侵我东北、内蒙以后，野心未已。我国西部，英人素视为掌中物，今见日人之布置，力着先鞭，乃不得不一方结援荷兰，成立海军密约，同时赶速完成新加坡之海军根据地。一方又运动我南疆回民独立，以防止其势力之被侵害。其目的所在，已可想见矣。

《申报》记者这种观察，国人应认为十分正确，而毋用其质疑。同时，更望政府当局能予以万分的注意。值此新省事变扩大蔓延之际，妥求对策，遴员檄兵，抚绥戡乱，固属政府当前的急务，但为便易于收拾变乱计，对于内蒙高度自治问题，尤应持以镇定果敢的态度，万勿为人所要胁，而轻易核许也。

（Ⅲ）内蒙高度自治与国民生计

中国民族目下所走的路线，不是康庄大道，却是榛莽载途。满洲、热河的丧失，宣告东北移民的绝望。自"九一八"沈变以后，不仅每年百数十万的移民，戛然中辍，而且以日人的压迫和虐待，连批逃归关内。世界经济的不景气，复使我南洋一带的华侨，受莫大的打击。昔时万贯资财，今变一贫如洗，昔恃树胶业、锡业以糊口者，至是亦宣告失业的劫运；复益以当地政府的压迫，遂不得不整批回归母国来。前几年陕、甘大旱，草根食尽，继以鬻儿。今夏黄河为灾，生命财产，损失无算。纺织工业、丝业一落千丈，复招致失业工人亟急的增加。农村经济的破产，更显现千孔百疮的窘状。凡此一切，均显示着今日中国民族的出路，是日趋于窄狭。在此恶劣的环境之下，犹稍能慰国人喁喁之望者，厥惟开发西北而已。既曰开发西北，绥、察两省，自属其中主要的目标，然则，处今日而言内蒙高度自治，又乌乎可！

内蒙古系属塞外草原，然亦未尝无适宜于耕植的土地，而尤以河套一带为佳，所谓"黄河百害，只富一套"是也。自民国以降，绥远渠道多半淤塞，因而所灌田地面积，日趋减少。自民十七年绥省政府集资开凿民生渠以还，中经四年之久，费款百余万元，至民二十年六月干渠卒以告成，灌溉面积，达二万五千顷以上，包头、萨拉齐、托克托三县人民，统受此渠之赐。然而民生渠全部工程，尚未完全竣事，其支渠十四道，均有待于继续开凿，而绥省其他河道可兴水利的亦不少。绥省当局如能依照预定的计划，逐步完成，其灌溉田亩将来为数当甚可观，足供内地人民大量的移植。但此等计划，均有待于此后逐步实施。设内蒙高度自治一旦成功，另组自治政府，则此种移民计划还能有实现的希望吗？内蒙王公势将公然拒绝内地人民的移殖，恐怕是意想得到的。

内蒙古、河北畜产比较表（单位：头）

省别 畜产别	热河	绥远	察哈尔	河北
牛	二〇二，〇〇〇	一〇五，〇〇〇	一〇三，〇〇〇	六〇〇，〇〇〇
马	一四四，五〇〇	六一，六〇〇	五二，三〇〇	三四七，四三〇
骡、驴	一一七，五〇〇	二三，三〇〇	一一，七〇〇	六四〇，五〇〇
羊	五九四，八〇〇	四九八，八〇〇	五九四，〇〇〇	一，二一六，四〇〇
猪	四五七，三〇〇	九〇，三〇〇	二〇八，一〇〇	三，三五六，四二〇

本表数字采自民国二十二年《申报年鉴》。

不待〔特〕此也，内蒙且为我国六大牧畜区——关东草原、漠北草原、漠南草原、青海盆地、新疆盆地及西康——之一，其不宜于耕种的土地，尽可资以牧畜。只以国家多故，西北交通艰阻，致货弃于地。迄于今日，热、察、绥三省现有牲畜，只止前表所列之数量，还不及河北省所产远甚（见前页）。即其中主要产品的羊毛，除供给本地毛织工业一小部分，另由国内工厂定购一部分外，余多为外商贱价所收买。外商以廉价收买羊皮羊毛，出口制成洋货，运回中国却以高价出售，我国无形中不知受几多损失。故中山先生于其《实业计划》内主扩张并完成西北铁路系统，开发蒙古的牧场。一方面，利用科学方法养剪羊毛，在中国西北部，设立工场制造羊毛货品，另一方面，则设法尽量谋肉类之出产，冀与世界肉类最大出产地的阿根廷相争衡。此后果能如中山先生的计划，一一实现，则内蒙畜牧事业的发达，匪特大有益于蒙人，抑且惠及全国，其于国民生计裨助之大，又不言可喻。虽然，这种建设事业的推展，端赖中央地方间有灵敏的政治联系为其前提，设内蒙高度自治果尔实现，另组自治政府，纵使宗主的名义犹存，实际的掣肘必多，若此，虽有良策善计，又将从何说起？

总而言之，统而言之，这次内蒙高度自治的要求，既属德王等少数人的意向，自治的动机和目的，又甚属可疑，中央政府自不应轻易予以核许。为华北的国防计，为边疆的安全计，以及为全国国民生计着想，目前均不容内蒙另有所谓高度自治政府的组织，何况其所要求的自治限度，有如德王等所提出的"十一条"之苛刻者乎！吾人甚望政府当局，勿怀投鼠忌器之念，存姑息苟安之心，与其大好边陲听人慢性的支解，毋宁干脆痛快土崩于眼前。

虽然，凡此所持论，并非说内蒙绝对不应自决自治，不过应仰体中山先生的遗旨，俯察国脉的飘摇，国际形势的危亟，精诚团结，共挽狂澜，先从国际资本帝国主义者的铁链困锁中，获取中国民族的独立解放，然后再进而图国内各民族的真正自决自治的实现。本文之作，意在斯耳。

　　　　　　　　　　　　　　　　　　二月四日于首都

（注一）见《班禅代表发表谈话》，载《蒙藏半月刊》第二卷第二期，二十二年十月廿五日出版。

（注二）见叶翔之：《内蒙自治问题》，载《国家与社会》第二卷第一期，二十二年十月出版。

（注三）同注二；并见方秋苇：《内蒙要求自治问题》，载本刊第八十四号。

（注四）见田西原著《国防建设刍议》，页二四二。

（注五）同注四，页二二七。

（注六）见姚绍华：《西藏现状与康藏纠纷》，载《新中华》第一卷第十一期。

（注七）见葛绥成：《内忧外患下的新疆》，载《新中华》第一卷第十一期。

编者按：关于内蒙自治，已由中央政治会议第三九七次会议，重新通过原则八项。闻蒙方代表对此甚为满意。兹将该原则附录于后，以供参考：

一、在蒙古适宜地点，设一蒙古地方自治政务委员会，并隶属于行政院，并受中央主管机关之指导，总理各盟旗政务；其委员长、委员以用蒙古人员为原则；经费由中央发给，中央另派大员，驻在该委员会所在地指导之，并就近调解盟旗省县之争议。

二、各盟公署改称为盟政府，旗公署改称为旗政府，其组织不变更；旗政府经费，由中央补助之。

三、察哈尔部改称为旗，以昭一律，其系统组织照旧。

四、各盟旗管辖自理权，一律照旧。

五、各盟旗现有牧地，停止放垦，以后从事改良牧畜，并兴办附带工业，发展地方经济（但盟旗自愿垦殖者听）。

六、盟旗原有租税及蒙民原有私租一律予以保障。

七、省县在盟旗地方所征各项地方税收，须割给盟旗若干成，为各项建设费，其割税办法另定之。

八、盟旗地方以后不再增设县治或设局（但遇必须设置时，亦须征得关于盟旗之同意）。

《时代公论》（周刊）

南京时代公论社

1934 年 102 期

（丁冉　整理）

客会谈到蒙古工作

佚名　撰

在我们热烈地沸腾高唱选举陕西布道区第一位传道会督空气紧张声中，中华国内布道会竟在三月十一日下午四时假座上海昆山路景林堂举行遣派首次赴蒙教士典礼。他们原在十多年前设立机关，立刻遣派教士，到云南工作。他们的努力和成功，不亚于我会。前不多时，他们派专员到蒙古去调查。终于，在这次实现了他们赴蒙布道的计划。这一来，开了个中国教会自传福音到北漠的新记录，委实是破题的创举。那天，主礼人是倪良品牧师，施礼人是上海各公会教牧三十二人，我们公会有圣品七人亦到场施礼。

蒙古和我们中国发生关系，远在四千年前（读《东方杂志》第三十二卷第五号中所载包瀚生的《历史证明蒙古是中国领土》一文便知）。它确是我们汉、满、蒙、回、藏五族之一。现在，国民政府把内蒙古设置在察、热、绥三个新设行省里面，面积有二百四十万方里，人口约有六百余万。外蒙有喀尔喀四部与科布多、乌梁海一称额鲁特蒙古，面积约四百八十万方里，人约一百八十余万。（苏俄在那边很有势力，所以不欢迎国人或外宾去游历和调查，将来难保不是他们的刀上俎肉。——编者）

蒙古人躯干高大，神采魁伟，气质粗放，性情厚淳而饶勇，以畜牧为生，逐水草而住。崇奉嘛喇黄教，迷信愚昧。在蒙古地广人鲁的所在，恰是布道的工场。这番国内布道会成功了，实现了他们筹谋布道蒙古的计划。我们站在友会的立场上，也不得不额手致贺；并望其前途光大，蒙人归主，愈久愈昌！

《福音钟》（季刊）

上海中华国内布道会福音钟编辑处

1934 年 119 期

（朱宪　整理）

无人注意之蒙古

鉴因　撰

蒙古地处边陲，消息阻滞，故其风俗人情，迥于吾人。蒙人总数约三十万，大都以游牧为生，部落以旗为单位，旗之人数多寡不等，地域之广狭，亦不一致；联合若干旗，合为一盟，设盟长一人，管辖一切，不过其行政权，概由喇嘛掌握，号令既出，民家无不虔诚听命。蒙地内有"百灵庙"者，一建筑伟大装饰年〔华〕丽之喇嘛庙也，为东方极富丽之建筑，其建筑经费，悉由居民筹集，虽蒙民所居简陋不堪，不计也。且以崇拜喇嘛故，民间凡有两子，必择一充当喇嘛，虽格于教规，不得婚娶，然而物质之享用，则极丰厚，且将来有大权在握之望。去岁班禅寓居"百灵庙"，随从达二百余人。民众朝夕在家对班禅居处膜拜，想见其权力之一斑也。

蒙古人民纯朴、真诚，居民彼此均爱好如亲族，鲜少挟斗之举。所谓"夜不闭户，路不拾遗"，正可为蒙地写照也。吾人初入蒙地，最感不便，厥为路径之迷蒙；因其地沙漠载道，方向不定。且问津困难，因蒙人不善操汉语，汉人旅其地者，能操蒙语者，行踪所至，无不殷勤欢迎。凡汉人熟悉蒙古民情者，颇多前往经商，很能获利。其交易均以货物交换，鲜少现金交易。调换货品，汉人以布匹、日用品为主，蒙人则以骨革皮毛等，每次交易，均甚和气，绝少争执之事，此为蒙人古朴之风也。

其地男女没有轻重之别，妇女并无贞操观念。虽实行一夫一妻制，但富有者，因家事繁重，故多娶妻挐〔孥〕，分任家务，但无妻妾之分耳。且闺女出嫁，往往携私生子以俱者，故花柳病之传染，不可免矣。每一家庭，男子仅从事外间牧畜，妇女则除料理家务外，并挤取牲畜之乳，充饮料。讲到服饰，无论男女，一如逊清装束，红顶蓝服，依然未除，惟有若干智识青年，则稍改变态度；但智识仍浅薄可笑，中央曾寄去若干三民主义书籍，彼辈竟译为"三个主子"，以为今之中国，有三皇治天下也，前此之蒙古自治运动，殆所谓四个主子之意也，诚可发一笑，由此足见蒙地教育之谫陋。闻其人死后，无论老幼，悉摒用棺木，弃尸于旷野，任豺狼之咀嚼，反谓其死者已入天堂；此亦蒙地之异俗？友人所述如此，特追记之，并参入国府参事林竞所述，并录于上。

《礼拜六》（周刊）

上海礼拜六报馆

1934 年 537 期

（朱宪　整理）

察哈尔的危机

司徒坪　撰

自停战协定以后，华北大局暂时得着稳定，但是谁都知道这个局面不会久长。我们时时刻刻都可以在报上看到现在日本在察东充实军需，有些人是要拿日俄的风云紧张来解释，说这是日本准备对苏俄的，其实他是没有十分估计日本的实力，他还不敢冒然对苏俄一试身手，他现在是准备着怎样取得察哈尔，充实了资源以后，才敢和苏俄一战，这一战是决定日本命运的。

日本怎样占领华北？日俄的战线怎样展开呢？形势上察哈尔部有重要的决定的地位。

东北四省失后，察哈尔是代替了满洲地位，处在日俄冲突的尖端，本来察哈尔的张家口，从前就是塞北的门户，据西北唯一铁路的中点，西达绥远过新疆，北经库伦达西伯利亚，南和平、津各大埠的铁路联络，中俄贸易、内地和外蒙的贸易，都以张家口为枢纽。自从外蒙独立，中俄绝交之后，这条路线因政治的关系断绝了，中东路代了他的地位，日本占了东三省，中东路受到各方面的压迫，同时中俄复交了，这条路线是必定要恢复的，但是中俄的合作是给日本一绝大的威吓，所以日本的策略是怎样切断中俄的交通，第一步最重要的是占领察哈尔，占领察哈尔之后，可以步步向西推进，占领绥远、甘肃、新疆、燕冀，也不是都在他卵翼之下吗？

占领察哈尔后，日本才能对苏俄一战，为什么呢？我们知道现在苏俄的军备在质的方面、量的方面都比日本优越，但是仅仅有一个弱点，远东战线离本国远，运输上十分困难，所以日本的战略，在东三省方面取御防战，而在察哈尔方面出奇兵攻库伦；然后截断西伯利亚铁路，这样才可以有胜算，这枝兵的准备是必须屯集在察哈尔，并需要华北供给的。

日俄风云紧张是真的，日本在察东屯集军队也是真的，但是他屯集军实，还不是对付苏俄，而是一鼓而下的准备夺取察哈尔，因为要占领华北，截断中俄政治、经济的联络，和苏俄作战，必须先占领察哈尔。

这时或者要问日本进攻察东时，为什么不一直进取察哈尔呢？因为那时日本还没有准备充实呢！这个问题把日本进攻热河一想，就可知道，为什么占领东三省后，不立刻进攻热河呢？第一，察、热交通不便利，进攻热河时，东三省的铁路可以直接到热河边境，由东北到察哈尔的交通，比较困难得多，拿现在日本赶筑横断热河到察哈尔的铁路就可以知道。第二，热河新定之后，内部不平靖，同时东三省内部的义勇军，也使日本兵疲于奔命。第三，苏俄耀兵远东，使日本不能不在东三省准备。在这几种情况，使察哈尔偷生一时，并不是日本遵守停战协定的神圣，而不进攻察哈尔。

《塞外人语》（半月刊）

北平察声社

1934 年创刊号

（丁冉　整理）

德王等所发要求高度自治通电

德穆楚克栋鲁普　等撰

　　年来吾国兵荒饥馑，纷扰鼎沸，边疆蹙削，外患日深，吾蒙古地近日俄，创痛尤烈。广漠之地，弱小民族，抵抗无力，固守无方，俎上之肉，宰割由人。十年以来，外蒙剥夺于苏俄，哲盟、呼伦贝尔沦亡于日本，近且昭、卓等盟，亦相继覆没，西蒙牵动，华北振撼，千钧一发，举国忧心。吾蒙积弱民族，坐受宰割，亦固其所，中央虽负有扶植救济之责，顾内乱频仍，事势分异，当局尚不能自救，吾蒙抑何忍以协助责望中央；况兵燹之余，不时势〔特〕遣专使，远方存问，足征休戚相关，患难与共，吾蒙深为拜嘉。边疆不靖，委蛇偷安，未为不可，迩来强邻俱侵，刻不容缓，燕雀处幕，覆亡之祸已迫，因循偷安，已为事势所不许，煎急难耐，应付无方，倘不黾勉自决，一旦劲敌压境，所至为墟，风波所及，积弱之蒙疆，势必蚕食殆尽，深贻中央之忧，藩篱破决，将以亡吾蒙古者，累及同胞，一肢摧折，全体牵动，关切至大，为罪滋深。《传》曰鹿死不择荫，凡我同胞，设身处地，试为蒙民三思，舍自决自治，复有何法？伏念我孙总理艰难定国，以人民自治为基础，以扶植弱小为职志，煌煌遗训，万世法守，中央军事鞅掌，既不遑忧远，吾蒙敢不投袂而起，遵奉总理懿训，自治自决，以自策励。盟长、札萨克等，谨查二十年国民会议议决案，已有特许外蒙自治之先例，乃于今年七月二十六日，在乌盟百灵庙招集内蒙全体长官会议，佥曰采用高度自治，建设内蒙自治政府，急谋团结促进，以辅中央所不及，凡事自决自治，庶几眉急可挽，国疆可守，民意淳淳〔谆谆〕，亦咸以是为请，于是毅然进行，气象为之一振。所有顺应民意，应付环境，施行自治情形，除由盟长、札萨克、王公等会衔联印，正式呈报中央鉴核外，爰将吾蒙推行自治真相，谨先电达。其自治真意，实因事急境迫，日暮途穷，志切自救救国，不得不急图自决，以补救危亡。至于军事、外交，关切国家体制，吾蒙能鲜力薄，平时尤仰仗中央多助，况当存亡关头，一切对外措施，更惟中央是赖。并望当局诸公，一本总理民胞物与之旨，天下为公之意，谅其苦衷，悯其衰弱，辅导箴勉，弥缝其阙，而教以所不及，策励其自决自治之精神，促成其发奋图强之苦心，革其固陋，兴其治化，上有以翔〔翊〕赞中央殷殷图治之心，下有以慰吾蒙喁喁望治之意，俾五族之民众，互助共存，打成一体，庶几危亡可挽，边疆可固，蒙民幸甚，国家幸甚。

《新蒙古》（月刊）
北平新蒙古月刊社
1934 年创刊号
（朱岩　整理）

蒙人对于此次百灵庙会议之观感

关翼青　撰

轰动一时之内蒙高度自治会议已经告一段落，今后政府对于内蒙如何措施，如何建设，关系于内蒙存亡，关系于边防巩固，极为一般人民所注意。但黄部长绍雄、赵副委员长丕廉回京多日，迄本〔未〕见政府有若何表示，或者又将该问题置诸脑后？

内蒙高度自治会议之动机，发起于去岁四月间。彼时以长城口隘战事激烈，未向中央提出。至七月二十六日，锡林果勒盟副盟长德穆楚克栋鲁普等，通电各盟旗，召集王公于九月二十八日在乌兰察布盟百灵庙举行自治会议，并通知京、平各地蒙人出席参加。嗣经一再延期，至十月九日，自治会议始正式开幕。九月十五日、二十二日、二十四日共举行五次会议，均由乌兰察布盟盟长云端旺楚克主席，通过《内蒙自治政府组织大纲》三十六条，《内蒙自治会议组织大纲》八条，并推乌盟盟长云端旺楚克为自治政府委员长，锡盟盟长索那木拉布担、伊克昭盟盟长沙克都尔扎布为自治政府副委员长，并推德穆楚克栋鲁普等十一人为自治政府委员及政务厅长等职。当内蒙自治会议举行中，颇引起中外一般的注意，中央及察、绥当局，尤感应付困难，连日商讨办法，非常审慎。行政院会议于十月十七日通过，特派内政部长黄绍雄巡视内蒙各盟旗，赵丕廉襄助巡视。黄、赵于二十八日抵绥远，黄派李司长松风代表赴百灵庙，与云、德二王接洽，黄、赵于十一月十一日始抵百灵庙。中间几经交涉，数度接洽，至十七日夜二时，始决定最后原则六项。该项原则，及德王、黄部长等谈话录，早经平、津各报披露，兹不赘述。黄、赵于十八日返绥，其巡视报告书于十二月二十五日分呈行政院、中政会。至此内蒙自治问题，始告一段落。

此次内蒙自治会议，外间颇多疑惑。或谓蒙民愚顽，根本不知自治问题为何物，显系少数王公假借全体名义，企图操纵；或谓去年春间，内蒙王公七人乘日机飞往伪京；或谓外蒙各王公多与德王通款曲，可由外蒙王公之力取得赤俄供给。种种疑云疑雨，望风扑影，莫衷一是之词，固不足道也。而一般新闻界论调，大致均谓内蒙以潮流之驱策，环境之压迫，事实之刺激，强邻之诱惑，皆足以启发其自治之决心；中央虽有统治蒙古机关，对于蒙古情形，实际上完全隔阂，蒙人不无失望；东蒙沦亡，中央惟有坐视，无法抗御，是皆促成现在蒙古自治的因素。至于解决蒙古自治问题方案，大致皆谓在原则上应接受其要求，允许蒙古自治，并当改善其政治，发展其经济，提高其文化，使其能有自卫之实力，彻底明了蒙汉关系，以图共存共荣，群策群力。如或仍用以往换汤不换药的方策，派员宣慰，利用宗教，不从根本上解决，仅笼络敷衍一时，皆是策之下者，结果愈弄愈糟，不可收拾。此外《字林西报》十月五日对于蒙古自治问题有以下的言论——……meanwhile, press opinion here seems to doubt the advisability of conceding immediate autonomy to Inner Mongolia, for fear that an Autonomous Inner Mongolia would gravitate to the political orbit of either Manchoukuo or Moscow……If China should choose this particular moment to loosen the grip on the rest of Inner Mongolia, she would give foreign agents the opportunity to intensify their mischievous propaganda among the Mongols……由此可见西报注意蒙古问题之一般也。

以上均系蒙古自治会议与各方情形。至于蒙古自身上观察，对于此次自治会议结果，的确是蒙古政治史上一个重要关键。考蒙古以往虽有几次政变，如巴卜扎布、图什业图、呼伦贝尔等事件，不是为部分的环境压迫，即是为一二人的政见，更有为政治地位者，所以一经宣慰，即自行消灭。此次自治会议，纯系根据潮流、环境，及谋自己生存而发动，是普遍的现象，纯系政治作用，非以往事件所可比。所以此次会议，对于蒙古自身，含有二种意思：一种是汉蒙言语文字虽然不同，政治关系由来已久，突然实行"高度自治，其所制定之《自治政府组织大纲》，殆等于美国《独立宣言》，即使此次自治要求，确无背景，确无作用，但其对中央已怀绝望，殆可断言"（《申报》）；一种是王公历来深惧青年革命，倾覆其统治权利，对于青年极力压迫，青年又愤于王公之不进步，不改良，高唱其打倒王公、打倒封建势力之口号，于是互相倾轧，互相攻击，今一旦以时势环境关系，水火的王公、青年，翕然合作，并坚持到底，所以在蒙古政治史上不能不说是新纪元。有以上二者关系，此次自治会议结果，影响于王公、青年、蒙民者各殊，兹分述之：

（一）影响王公方面　（1）王公等皆感于青年大卖力气，并此次六项原则与青年在事先所预料者相去不远，遂改变畴昔态度，重视青年。再德王、雄王（雄诺敦都布）皆养青年若干，二王政见、行为，皆为人所仰重，而一般王公心理，趋近效法德、雄二王。（2）王公虽无知识，对于此次六项原则，内蒙设二自治区政府案，不无怀疑，认系分化作用。（3）中央扶助蒙古法案，不知通过若干，十八年蒙古会议之议决案，迄今尚未施行。此次自治虽经允许，难免不再蹈故辙而不施行。至于王公不顾一切的俯就，大有最后眷顾的观感。

（二）影响青年方面　（1）王公虽无知识，犹可合作。（2）

自治会议事先无相当准备，难免有如此结果，所以现在蒙古青年，皆趋重于地方建设的工作。（3）蒙古存亡，是蒙古自身的问题；解决与否是蒙古自身的责任。

（三）影响蒙民方面　自治问题对于蒙古内地蒙民，尚无若何切肤关系，沿蒙边人民感于种种被汉人歧视，极力鼓吹，促自治早日实现。会议期中，蒙民日送牛羊，未尝有吝色。

由右列三点详细考察，则今后蒙古前途如何，有识者能自知也。惟愿中央本《建国大纲》国内民族自治自决之规定，扶助内蒙自治，俾免却为外蒙、东蒙之续，是又为蒙民所切望者也！

一九三四，一，一二草于北平旅次

《新蒙古》（月刊）

北平新蒙古月刊社

1934 年创刊号

（朱宪　整理）

西人所见之内蒙自治运动（百灵庙通信）

贾丽南　译

内蒙自治问题，是中国当前的一个棘手问题。内蒙以后是否仍为中国之有用的省份，抑或变成"满洲国"的一部分，这全看中国政府如何处理而定了。

凡是到过蒙古与蒙古领袖谈过话的人，没有不感到他们之认真而决心要打破他们现在之可怜的现状，而不肯被慢慢而一定侵估〔占〕他们的土地的中国农民所渐渐消减〔灭〕的。

我们不能否认中国人现在在蒙古所实行的正是他们痛骂别人的帝国主义。他们在南方与西方所深恶痛绝的侵略，在内蒙实行已有多年，蒙古人现在似乎决心要把这停止的。

中国若是以友谊而明智的方法处理这问题，将使中国得到一友谊的同盟者。若是仍继续以往所实行的近视政策，将使蒙古成为敌国的土地。蒙古是处在夹攻之中。她必须在这一方面或另一方面寻求一个朋友。她现在正想拉中国作朋友。如果与中国结交不成，她将借"满洲国"与日本结成朋友。

中国的中央政府以往都是将内蒙问题交给统治这两省的小军阀，这两省乃是中国从蒙古归并来的。公道的解决这问题对于这些军阀是不利的。他们想把他们的统治推及到更远的蒙古地方，如果可能的话他们想得到更多的土地与其税收，同时逼使蒙古人投到"满洲国"。这种办法的结果将是日本人借"满洲国"驱回中国的军阀，而将其土地置诸"满洲国"统治之下。

说此次蒙古自治运动背后有日本人，是错误的。这运动背后只有蒙古人。他们是为生存的需要所迫而发动这次运动，这运动已马上普及到全内蒙。日本之想在蒙古立足的尝试在过去已经被拒绝了。不久以前关东军给东部内蒙的王公奉献一无线电台，因为他们的交通"不利"。同时关东军还提到蒙古人一定没有无线电专家，所以日本人很愿派人经理这无线电台。

蒙古人并不如日本人所假想的那样盲目，于是很客气的谢绝叫日本人带着他们与关东军之间之完善的交通工具到蒙古。

不想要日本作朋友

也是为避免与日本人捣麻烦，蒙古的领袖们才到百灵庙举行他们的会议，并接待中央政府的代表。蒙古人不想要日本作朋友。他们宁愿要中国作朋友。然而如果中国人拒绝了，他们就必须转向长春，因为他们是不能单独生存的，而且他们现在所争的正是生存，蒙古种族的生存。

这次内蒙自治运动中两个首要的领袖将这情势讲给我听。他们说当一九一一年中国发生革命时，蒙古人以五族之一参加中华民国。在那时候蒙古地方还是蒙古人的财产。他们参加民国时是一自由的民族，他们的牛，他们的羊群，他们的马以及他们的草地与沙漠还是蒙古民族的财产。

于是开始了中国农民的侵入。中国农民自民国成立以后因为受不了军阀的一再压迫，于是渐次往北移动，带着一头牛与一张木犁，用这工具他们开始垦辟蒙古人的草地，蒙古之特殊的制度也让他们很容易这样作。中国农民垦辟不属于他自己的土地，他不是垦辟某一特定个人的土地。他只是垦辟蒙古民族的土地。

现在的蒙古法律犹如大可汗时代的蒙古法律是，如果一蒙古人在一泉水旁住下并在周围的草地上牧羊，别的蒙古人若不得到他的允许就不准强使他离去或在那里住下。蒙古土地是属全蒙古民族而不是属于各个人的。

所以当蒙古的羊群走到中国人的居留地时，他们就不再往前放而转回去了。这〈让〉蒙古人很焦虑，但是他的朋友与邻居这〔之〕中国人所取得的土地还不多，所以蒙古人在当时未作什么。打仗是蒙古人所想不到的。他不是一革命者，而且是若是与农民打起来也就成了内战了。

但是农民所取得的土地与年俱增。蒙古之肥沃的荒地收成很好，畜牧亦佳。农民闻风而来者日多。

但是随农民而来者必然要有土匪。农民虽脱掉军阀的压迫而免不掉土匪的骚扰。随土匪而来者是兵士与他的主人，兵士的主人找到新的地方为他的士兵强索粮饷，为他自己勒索捐税。

当土匪想进而侵掠蒙古人的地方时，他烧了他的手指。他发现蒙古人比中国人能打。他也见到能在四百码外射击羚羊，一小时能走四十哩的人，比中国退伍兵士所变的土匪更能打些。

然而土匪一天比一天多，而蒙古人不是一繁庶的民族。土匪能够在边境上侵掠而逃到蒙古人所不能追寻的中国人的居留地去。

这样中国革命以后大部分蒙古土地变成中国人的地方，仍然是军阀与土匪肆虐。国民党人更于一九二八年在一阵帝国主义的情绪之下将这偷来的土地名为察哈尔与绥远，更割去直隶与山西的一部分，以掩饰实际上是对一弱小朋友与中华民国之一合作者的侵略行为。

年长月久，侵入行为仍然继续。蒙古人一年比一年被驱逐到更远的北方，到荒漠之区，在那里他的牛羊最终将要绝灭，蒙古人也将随之绝灭。

现在蒙古人所争的是在他自己的土地上生存的权利。他想要中华民国的大哥倒转他的侵夺与侵入之不公道。有一个蒙古的领袖对我说："这可以与父亲不在时之闹家务相比。大哥（中国）偷了小弟弟（蒙古）的东西。南京政府的代表以父亲的资格回家来解决这纷争。我们希望他作主，将大哥所拿去的东西交还给小弟弟。如果他偏袒大哥的偷盗行为，我们怎么办呢？"

此次自治运动

这就是这次的自治运动。蒙古人想统治他们自己的土地。若是将统治权交给他们，土匪将绝迹于蒙古，因为土匪怕蒙古兵士。

察哈尔与绥远的省政府强烈反对内蒙古自治。宣传广播，说这次运动是反中国而亲日本的。但是显然蒙古人与各省政府是不能得到适当解决的。如果南京采纳了这次自治的建议，则察哈尔与绥远之一半的土地立将重归于蒙古人支配之下。

南京派黄绍雄到归化与百灵庙宣抚与视察。他到归化以后的举动表示出这次运动所引起之一般的怀疑。黄部长在归化滞留多日以观情势之如何。最后他决定走这一百哩到百灵庙，但是只是带着一百八十个卫队，乘坐三辆汽车与三辆钢甲车才肯去。

一到百灵庙他见到没有什么可以过虑的原因，因为他所带的卫队是这有名的啦嘛庙中之最强大的军事力量。于是黄部长对蒙古人表示他信任他们。把他的汽车留在河的一旁，他过河而在啦嘛庙中住在与班禅啦嘛隔壁的房间。

讨论进行的很顺利，虽然蒙古人见将金表分赠给他们，对于南京当局之宽宏大量都表示惊奇，且不提赠给他们的机关枪，其中有很多是英国的名厂所制造的。

但是并没有什么商谈的余地。蒙古人因为深信他们的要求是正当的，所以他们很一致而且很有决心。他们只要求以忠于中华民国之一分子，而得到治理他们自己的自由。他们要求中国停止那种运动，那种运动如果推行到极点，将把他们完全消灭。如果中国拒绝了他们的要求，他们将转而投到"满洲国"。他们并不是想要知〔如〕此作，而是为情势所迫而不得〈不〉如此作；为避免绝灭，他们将试由中国，不然就由"满洲国"达到他们的目的。

　　　　　　　——译自上海《密勒氏评论报》第六十七卷第三期

《新蒙古》（月刊）
北平新蒙古月刊社
1934 年创刊号
（朱宪　整理）

内蒙问题的我见

乃如 撰

从内蒙自治问题唱出后，显然地，国内外人士都为它鼓起了内心的烦扰和恐惧，不是以为某野心国家在那里作祟，就是以为内蒙又要演脱离中央的滑稽剧。在长城苦战刚了，《塘沽停战协定》甫成的时候，这种思想当然是很锐利地反映在人的脑海里。不过经过了酝酿又酝酿，直到内政部长黄绍雄的毅然北上，和绥远主席傅〔傅〕作义等的周旋和努力，乃至百灵庙汉蒙联欢会的终了，才慢慢地一幕一幕地将真像大白于世而转移了人们的视线，以为内蒙之自治，仍未能脱离中央政府的管辖。而内蒙诸王公以及青年仍尊重中央而欲谋其自身之发展，未稍受任何野心者所愚弄利用。于是一场风波，好像是从此已了，因而国内人士欣欣然有喜色者有之。殊不知现在中国地位，已经是千钧一发，岌岌焉不可终日。所谓暂时的偷安，反要造成大混乱的前夕亦殊未敢逆料。何况日本帝国主义者正在那里得寸进尺地施行着它的所谓大陆政策！

东三省已经于一九三一年的九一八沈阳事变，很顺利地在他们的狰狞的胜利的微笑中掳去了。在那时，它——日本帝国主义者认为东三省内部尚未安定，于是高唱着划锦州为中立地带，以为它整治内部保障。但不久东北义勇军被它用各个击破的方法，都慢慢地消灭了，于是再进而夺去榆关，侵占热河，以长城为其门户。但犹以为未足，更进而迫平、津，以促成《塘沽停战协定》，因而滦东一带，又成非战区域。我们从过去的事实中，寻出对方的阴谋所在。所以日本的侵略，是得陇望蜀，曾无已时。现在整个的华北，都成了它的囊中物，但或以国际的经济的以及其他的种种牵扯，还有所顾忌。可是它若整装沿长城而西上，则在我们的推想中，和日本一贯的大陆政策中，在不久的将来，是要实现的。

何况国际战云，正在弓上弦刀出鞘的时候，日本本来即以进攻苏联的先锋队自居的。所以它要侵夺北满的苏俄利益，而苏俄当然亦不会默默无声的去屈服。暂时的沉寂，正是大战将要爆发的前夕，这是必有的现象。因为日本将东北四省整个地抓去了，美国也在那里垂涎和眼热，所以急剧地向苏俄送秋波和献媚，以孤日本的势力。于是美总统罗斯福电约苏俄外长李维诺夫赴美，经过数日的磋商，而美俄复交实现。这种势力当然便〔使〕日本担心和恐惧。所以日美的冲突，尤其是它们在中国掠夺市场的冲突，一天比一天的尖锐化。再回首西望，德意志正在疯狂地高呼着军备平等，向法兰西示暗号和威胁。法国当然也为防护它本国的安全，而力竭声嘶地去反抗。所以军缩会议只有僵局和散伙。老大帝国的英吉利在这种沸腾澎湃的狂流中，也不容许它静默，而为了它的太平洋利益也只得前来伸脚。所以各帝国主义间的矛盾，和帝国主义国家与社会主义国家的冲突，是在急剧地进行着。虽说还没有马上爆发，但是我们知道它们都是在忙碌地准备着，而世界上的学者、军事家们都在恐惧着一九三六年的来临。虽然我们不必一定断言一九三六年大战必定爆发，但是我们可以说世界二次大战，在最近的将来是不可避免的。

说到这里，回头看看日本对满蒙的侵略。为了它应付世界二次大战，为了切断苏俄和华南"共匪"的联络，必然地要把整个的满蒙攫去，以作它的根据和原料采取地。所以内蒙的难题，是正在方兴未艾，决不容我们乐观和忽视。那末，显然的，认为百灵庙汉蒙联欢会的终了，是内蒙自治问题得到解决，当然是无知的，错误的。

那末，我们至少要贡献些意见给我们中国当局，所谓亡羊补牢，在此严重的国际情况中，希望当道者的速醒，急起直追，以渡此生死关头。

打开窗子说亮话，外蒙已经在中国的版图上暗暗地退了颜色，所谓唇亡齿寒，内蒙实在是危机四伏。但是我们要认清，内蒙问题决不是局部的单纯的问题，不能说允许几条王公的条件，就算解决，苏俄在那里正预备着伸手，日本也正伸出两条血臂去搂抱。如果中国仍似睡眠状态而默然的不去抵抗，不作充分的准备，内蒙终究是将不为我有；而尤其最近的察东日伪军的西侵，无论日本怎样的诡辩，从它这种迟迟不退的，模棱的态度中，我们十分的证明，这又是日本大陆政策的继续。察省、绥远又要步锦西、滦东、热河的后尘，不要忽视，不要受日本小鬼的欺骗。我们要认清国际的情势，要明了日本葫芦里卖的什么毒药，要准备实力去应付。

西洋有句谚语："你要想和平，去准备战争。"（If you desire Peace, Be ready for war）如果中国有战争准备，东北四省可以不丢。退一步说，亡羊补牢，尚不为晚，去准备战争还可以保守住现在的疆域，至少也不要再被外人骂声无抵抗的民族，也不致再开有史来世界丢上〔上丢〕失领土的新纪录。所以若认为现在内蒙问题算是解决，那是荒谬！要抓住国际的潮流，火速准备实力去对付。不然的话，日本不久——的确不久，要沿长城而西进，那末英国也可以拿西藏，法国也要取云、广，真是风卷残叶，亡国灭种即在目前！所以内蒙问题——不但内蒙而全国各处，都布满了危机，都是很严重的摆在眼前，望当道者其好自为之！

《新蒙古》（月刊）

北平新蒙古月刊社

1934 年创刊号

（李红权　整理）

内蒙自治运动的检讨

张炳钧　撰

一

　　一般人对于边疆的漠视，那是由来已久的事实。当吴铁城先生提出关于东北的警语——"不到东北不知东北之大，不到东北不知东北之危"——的时节，陷于日本帝国主义积极侵略中的东北，严重的危机，已然是不易挽救了。如果不是法帝国主义强占海南九岛，国人心目中的中国领土，将不知何年何月才能发现还有所谓海南九岛。当日本帝国主义强占了东北三省及热河；云南已陷于法属安南的附庸；西藏在英帝国主义扶植下，已成半独立状态，由英国训练的军队现已迫近四川；新疆崛起的武装纷争，英帝国主义在幕后操纵，也是毫无疑义；英帝国主义在两广的势力也在潜滋中；国际帝国主义的瓜分之祸已迫在眉睫，于是所谓"开发西北"、"巩固边防"，才被国人提出认为是最重要最难解决的问题。

　　讨论边疆问题的章文，都应时的一一披录了，但多半都是同样的"言之无物"。研究边疆问题的初步工作，关于边疆实况的具体调查、统计材料，在国内出版界去搜寻，终不免于是徒劳。如属于东北或"满蒙"的，却必须求之于日文的报章杂志；属于新疆、西藏的，也必须求之英文报章杂志。虽是中国的领土，而中国人却不理会，无怪帝国主义者得从容侵略夺取了。

当内蒙要求自治、中央视为重大问题去处理的时候，而国人又才注意到内蒙——对内蒙开始了希求理解。

二

提到蒙古，便自然的联想到荒凉的漠野。但实际上蒙古并不是单纯的不毛之地，除了中贯的大沙漠之外，都是可耕的牧地，这绵延数千里的牧地，便是蒙古的宝藏。蒙古人为游牧民族，牧畜是唯一的职业，据俄国人统计，内外蒙古共有牲畜一千五百余万头，最多的为绵羊、山羊，其次为马、牛（及犁〔牦〕牛）、骆驼。农产品，如豆、麦、高梁〔粱〕、油菜俱富，所产的胡麻，用途也很广。蒙古又多盐湖，出盐很多，并可推销东三省及华北各地。矿产已开采的有大青山一带的煤矿，固阳、东胜的纬炭，惟因用土法开采，所获尚微。其他无量富厚的矿产，从来没有过详确的调查。关于内外蒙古与内地通商关系之主要进出口货，据俄人调查统计如下：

（1）出口量

牛羊肉	六〇，〇〇〇担	羊　皮	七〇〇，〇〇〇张
羊　毛	一二〇，〇〇〇担	牛　皮	八四，〇〇〇张
骆驼毛	一三，〇〇〇担	马　皮	七〇，〇〇〇张
马尾毛	一三，〇〇〇担	乳　类	一，三二三（百万磅）
羊　皮	五〇〇，〇〇〇担	毛　皮	一二（百万元）

（2）进口量

砖　茶	二四〇,〇〇〇〇箱	布　匹	一三,六〇〇,〇〇〇码
面　粉	六一二,〇〇〇,〇〇〇磅	绸　缎	七二五,〇〇〇码
小米与麦	五四七,二〇〇,〇〇〇磅	呢　绒	三四五,〇〇〇码
烟　草	二,五九二,〇〇〇磅	杂　货	三〇〇,〇〇〇元
糖	四六〇,〇〇〇磅	家　具	一,二〇〇,〇〇〇元
酒	二,一七七,〇〇〇磅	寺院用品	七五〇,〇〇〇元

　　蒙古牲畜生产量的丰富，据上表所列当可知其梗概。且主要的生产都是原料品，今后将必然的成为内地工业发展的生命线。

　　自东北三省及热河沦陷后，东北的边疆乃退缩到察哈尔、河北省。外蒙古自民国十年宣布独立，成立外蒙古共和政府后，中国北方的边疆，已退缩到漠南的内蒙、甘肃。所以当前中国的陆地边疆，实际上就是新疆、甘肃、内蒙古、河北。尤其内蒙古，是整个华北的最后屏障，如内蒙有失，整个华北也势必或急或缓的同归于尽了。

　　在经济上，在国防上，这广大的处女地，不仅是华北并且是整个中国在最后一线生机中的最大生命线。而硕果仅存的内蒙古，又处于赤白势力的夹攻中。"从政治上说，可以把蒙古人居住的区域分为三大部：外蒙古、内蒙古，和现在'满洲国'的一部分。所以现在的情势是，一部分蒙古人是心向着莫斯科，并且受他们的领导；另一部分仍旧爱戴中国；还有一部分则在亲日态度中仍踌躇着。目前全世界中，蒙古人约有四百万。"（见《国际译报》五卷七期《英人目光中的蒙古问题》）正因为外蒙已处于苏俄的护翼下，热河已归入"满洲国"，仅存的内蒙的一部，遂陷于"危如累卵"的形势了。

三

　　日本帝国主义的"满蒙政策"，是企图将满洲和蒙古吞并。"九一八"事变的发生，便是为实现这种政策的积极的表示。东北三省既经夺得后，乃开始第二步计划。去春的夺取热河，即是具体的开展了第二步计划。当一九一五年日帝国主义所提出的"二十一条"里，第二组把东部内蒙古视为一个经济区域，日本在这个区域内有建造铁道、公共借款以及政治势力的独占权利。在一九一九年到一九二〇年间，日本更进而要求把满洲和内蒙古视为日本的势力范围。日人石井子爵，曾对美国这样声明过："在我们看来，日本在中国全国的权利，尤其是接壤的区域（譬如蒙古），比任何列强在中国的权利为甚，这情形正像你们美国在西半球，尤其是在墨西哥和中美各国的情形一样。"

　　日帝国主义的积极侵略内蒙，已是日紧一日。据一月八日伦敦塔斯社电称："伦敦《每日导报》外交记者评论李维诺夫演说时，指出'当李氏发表演说之际，适日本军队开始对中部蒙古（指察哈尔言）向西举行新进攻之时。日本正准备某项举动，乃一无疑之事。日本军事预算中主要部分，系用于其已征服之满洲各省与毗邻区域之军队与军事力量之扩充。日本总参谋部刻正注目于西向发展，其目的系在内蒙古及新疆建树日本政权，内蒙古已成为日本囊中物，在实际上彼已全部统治察东半壁，而此即引日本入于新疆之道路也'云。"

　　在日本企图占内蒙以侵入新疆的更大的阴谋中，内蒙古也无疑的更加重了危急的严重成分。

四

就在这"内蒙古已成为日本囊中物","实际上彼已全部统治察东半壁"的当头,于锡盟德王等领导下,发动了内蒙自治运动,无论这事实本身的利害关系如何,自是当前极堪注意的一件大事。

据蒙藏萎〔委〕员会蒙事办事处长巴文俊赴蒙宣慰后的谈话谓:"此次运动之动机,业已阅时数月,倡导最力之锡盟副盟长德穆楚克栋鲁布(即德王),曾于本年(二十二年)六月二十八日,召开第一次会议,据德王在召开会议的初意,原在请准中央由仅存未亡之'锡'、'乌'、'伊'等盟旗,实行组织一自治筹备委员会,以精诚实行团结,俾各盟旗可以联络一气,充实国家边防力量。实缘前清之世,一味分化蒙族实力,务使散漫,及至民国二十年来,沿袭未改,故各盟旗本身,除仅足维持其秩序安宁外,恒感无相当力量以抗御外来侵侮,而每至情势危急时,中央往往鞭长莫及,长此以往,此硕果仅存之各盟旗,其不为外蒙、东蒙之续者,盖亦难已!……"

内蒙古各盟旗请求自治,上中央的呈文,兹再择要录下:"呈。为边疆危急,情势日渐可虑,为期符合蒙众愿望,组织内蒙自治政府,实行自治,以救危亡而固国防,据情呈报事……吾蒙古拥护中国之热忱,从不少衰,并曾希望中央政府善自思量,以建设新蒙古矣;无如苏俄之播痛若〔苦〕于外蒙者十年,日本兹又为贯彻其传统侵略之大陆政策,度必以统一满蒙为其先决,是利害之分,祸福业已迫于眉睫,倘仍苟且偷安,则危亡可以立待。蒙古一亡,则中原北方门户洞开,河北各省必为东北之续,光华禹甸,将任异族横行,实我中华民国之奇耻大辱也。缅维及此,不禁涕零。我中央政府,动阻内乱,弗遑兼顾,抑以我蒙古为无用之物，视为痛痒无关，亦不可知？十余年来，于外蒙尚无收复之策，此不能不置虑也。强邻压境，在中央政府放任之下，哲里木、昭乌达、卓索图及呼伦贝尔等盟、旗、部，转瞬非复我有矣！西部各盟旗，势蹙力弱，将更何以御强敌也耶?!（下略）"

这样，可以明晓内蒙要求自治，动机是由于在日俄夹攻中，边疆危急，情势日紧；其目的是为了"救危亡"、"固国防"。这意义的纯正，与事实的必要，在原则上是不能提出任何异词的，抵御外侮必先充实国力，而国力的充实，必先以充实民力为基础。日本帝国主义的对华侵略，到目前，内蒙古已是首当其冲，内蒙王公、民众，肩起抗日先锋的任务，已是责无旁贷的负担。史〔事〕实上课赋给内蒙王公、民众以这不可或却的重任，于是内蒙自治运动应史〔事〕实的需要而产生，但也必须应史〔事〕实的需要而一贯的向这正确的路线上迈进。

五

随着内蒙危机的深刻化，与内蒙自治运动的发生，才重新引起国人对内蒙问题的注意。的确，内蒙在当前的国防上，与今后中国经济发展的前途上，都俱〔具〕有非常的重要性。紧随着日本帝国主义对内蒙侵略的积极推进而开展了的内蒙自治运动，其动机与目的也同样的俱〔具〕有非常重大的意义。

内蒙自治运动的前途如何，须视如下的三个基本条件，能否坚强的、正确的把握：

1. 坚定反帝立场——日本帝国主义对内蒙盟旗各王公，企图威迫利诱的阴谋，已层见迭出。日人田中义一对满蒙积极政策的奏章中，曾谓："内蒙既以王公旧制为治，其主权明明在王公手中，我如欲进出内外蒙，可以蒙古王公为对手，而缔结权利，便可有绰绰机会，而增我国力于内外蒙古也。"其对内蒙王公的企图威迫利诱，已是彰彰明甚。内蒙自治运动，既以巩固边疆、抗御外侮为主旨，则必须坚强的把握住反帝国主义的立场。对日本帝国主义，决不屈服，不妥协。对日帝国主义计划将东蒙与西蒙连结一体，树立所谓"蒙古大源共和国"的阴谋，要随时揭穿，并处处给这阴谋以有力的打击。

2. 竭诚拥护中央——内蒙王公的发动自治，自不仅是为了内蒙民众的安居乐业，而同时也是为了保全整个中国的领土。当此日本帝国主义对华的所谓"多边外交"的分化政策正在积极运用，如果内蒙自治，表现出对中央有离心运动的倾向，那势必为日帝国主义造机会，甚或沦为日帝国主义的工具而不自觉。诚如冷亮君所说："内蒙与中原分离，则两败俱衰，合作则共存共荣，故内蒙与中央乃相依为命……"（见《新中华》第一卷第二十二期《内蒙现状及其自治问题》）且实际上所有内蒙兵力，只三万人，当不能单独抵抗"劲敌压境"。内蒙古的御外侮，固防，必须在中央整个抗日计划下，协助中央，齐〔齐〕一步伐，共同奋斗，才能收效，否则充其量势必徒托空言而已。所以竭诚拥护中央，自是绝对必要的。

3. 唤起蒙众参加——如果自治运动的主持与参加者，仅为少数的王公，则是空洞的，虚伪的，有名无实的自治，一块自治的招牌，终是无补于实际的。倡导的虽为少数先觉分子的王公，而这一运动如谋有实效，有发展，有远大的前途，则必须由此少数先觉分子，唤起广大的内蒙民众普遍的参加。这才是真实的自治，也惟有真实的自治，才能发生真实的御侮图存的强大力量。

判断内蒙自治运动的是非如何，预测其前途如何，这三个基本条件的能否俱备，是最正确的标准。至究竟如何，那要看今后事实的表现来答覆了。

中央关于边疆政策的确定，是不能再延缓了。自然中山先生在"三民主义"的"民族主义"中早经昭示我们，国内各民族要一律平等，并须谋共同的解放，则中央便须本着这种基本观念，如重视内地一样的重视边疆，不得稍有歧视，内蒙当然也不能例外。

中央对内蒙自治运动，便应有正确的指导与扶持。在行政设施上，便应力谋内蒙匪患的肃清，以促地方的安定；改善吏治，以增大行政效率；普遍发展教育事业，以提高蒙民文化程度；移民实边，为有计划的改进内蒙生产事业。

目前的内蒙，千钧一发已不足示其危了。自治运动，与中央边防政府〔策〕的推进，此刻已是最后的时机，稍纵即逝，看我们如何去迅速坚实的把握罢！？

《新蒙古》（月刊）
北平新蒙古月刊社
1934 年创刊号
（李红权　整理）

北平蒙古同乡会为内蒙自治问题上黄绍雄、赵丕廉书（十月二十六日）

作者不详

民国肇造，庶政革新，而蒙古以落后之民族，在过去二十二年中，一切兴革，莫不惟中央是赖。而中央因频年内争，不遑顾及蒙事，故二十余年来蒙古之政治未能革新，蒙古之教育未能发展，蒙古之文化未能提高，蒙古之生活未能改善。中央既无暇顾及而放弃蒙古矣，是中央无以对蒙古，蒙古复从而自弃之，何以对地方，何以对民族。是以西盟官民，鉴于蒙政之腐败，外侮之侵凌，不谋自拔，无以图存，不有组织，无以御敌，故组织蒙古自治政府之酝酿，因而甚嚣尘上。国人不察，竟信边远省府及章嘉等之捏报，以为蒙古自治运动有某国背景操纵其间。为此言者，实欲颠倒是非，垄断蒙古耳。谨将本会所见条陈于左：（一）蒙古要求自治，系在中央扶助之下，纯出于"民族自决"、"自救救国"及辅助中央鞭长莫及之虞之运动。中央应放弃"放任蒙古政策"，诚意指导，使之自治，臻于完善。（二）边陲省县官吏，压迫蒙民事件，不时发生，以致全体蒙人，非常激愤。且既抱成见处理蒙事，对于自治消息，当然利用反宣传，阻碍蒙古自治。倘中央不察事实，不顾蒙古民意，听信一方谣言，则蒙汉感情，更当恶劣矣。（三）锡盟德王，系根据全蒙民意而要求自治，绝非其一人操纵把持，更无其他背景。倘该王果受外人利用，不特中央予以处分，即蒙民必将群起声讨，中央应将蒙古自治与德王嫌疑作两事，勿以个人行动影响于全体民意，则处理蒙事，庶乎得当。（四）章嘉入蒙宣化，蒙古极端反对，而该氏复对于自治，如〔加〕以阻碍，尤为蒙民所愤懑。倘其仍本以往主张，恐必激起意外事件，希望中央以福利蒙民为前题，勿再听信谗言，不但蒙族幸甚，实亦党国幸甚。

《新蒙古》（月刊）

北平新蒙古月刊社

1934 年创刊号

（李红权　整理）

参加百灵庙会议蒙古王公及代表名单

作者不详

乌盟盟长亲王云端旺楚克，喀尔喀旗扎萨克郡王根敦扎布，贝子协理台吉沙拉布多尔济，协理台吉色林敦鲁布，前管旗章京那孙鄂齐尔，管旗章京朝克德勒格尔，委管旗章京林沁多尔齐，梅伦章京宝达希利，委梅伦拉布色楞、宁如克多布珠尔、阿迪雅。

乌盟副盟长贝子巴布多尔济，中央旗扎萨克贝子林沁僧格，协理台吉那孙瓦齐尔，协理台吉包彦巴达尔呼，管齐旗〔旗章〕京拉希、根敦朝克，前旗代表梅伦章京骚德那木、陶呼齐，后旗代表梅伦章京朝伊如克、杜特格尔勒。

四子部旗扎萨克多罗达尔罕卓里克图霍硕亲王潘迪公扎布，协理台吉扎玛巴拉，梅伦章京拉希多尔济，茂明安旗扎萨克贝齐米特林沁高尔罗，协理台吉龚孙荣扎布，管旗章京阿迪雅、沙克达尔，乌珠穆沁右旗代表台吉都布敦呢玛、米达嘎。

锡林果勒盟引〔代〕盟长苏尼特右旗扎萨克和硕杜棱亲王德穆楚克栋鲁普，梅伦章京齐未德，扎兰章京阿拉垣格尔勒、忽克拔都尔、赛吉尔呼、乌勒吉博彦、赛伊巴嘎图尔、朝克巴达尔呼、朝克巴图尔、布林巴雅尔、翁呼尔多尔济、扎拉嘎木济、巴拉沁多尔济、帕凌粟，苏尼特右旗代表达尔罕郡王郭尔卓尔扎布，梅输〔伦〕章京沁板、敦尔扎布。

阿巴嘎右族〔旗〕扎萨克多卓里克图郡王雄诸郭都布，管旗章京旺济勒、贺齐业勒图、色登札布、巴嘎图尔，阿巴噶左旗代表协理台吉贡桑、敏珠尔，乌珠穆沁左旗代表扎兰章京伊庆阿，阿巴噶那尔左旗扎萨克贝勒巴勒恭苏荣，协理台吉巴济尔高尔达，记名协理台吉马尔棍济木毕，梅伦章京巴拉精尼玛，司仪长史讷钦、拉达孙润，阿巴噶右旗代表协理巴〔台〕吉尔高尔达、拉达玛孙润，浩齐特左旗代表协理台吉黎克登、连苏尔。

　　察哈尔部十二旗代表商都牧群总管特穆尔博鲁特、布呼巴图尔，十二旗绩〔续〕派代表哈斯瓦齐尔，锡林果勒盟驻张办事处处长补英达赖，察哈尔部正黄旗代表棍布扎布，平〔东〕土默特旗代表苏鲁岱、巴鸦尔、萨木腾，内蒙各盟旗驻平代表会代表荫彦巴鸦尔，蒙古救济委员会代表赵那萨图、吉尔格郎，内外蒙古旅平同乡会代表贺什格图、马星南，蒙古留平学生会代表墨勒赓巴图尔，拉希，蒙古旅平同乡会代集〔表〕赛巴图尔、巴图。

《新蒙古》（月刊）

北平新蒙古月刊社

1934 年创刊号

（朱宪　整理）

黄部长与德王所商定之内蒙自治方案

作者不详

一、蒙古自治组织

（甲）名称：定为蒙古第一自治区政府、蒙古第二自治区政府，以下类推。

（乙）区域：锡林郭勒盟暨察哈尔部各旗编为蒙古第一自治区，乌、伊两盟暨土默特、阿拉善、额济纳各旗，编为内蒙古第二自治区，其他盟、部、旗比照此例编区。

（丙）隶属：蒙古各自治区政府，直隶于行政院，遇有关涉省之事件，与省政府会同办理。

（丁）权限：蒙古各自治区政府管理各本区内各盟、部、旗一切政务。

（戊）经费：蒙古各自治区政府经费由中央按月拨给。

（己）联络：蒙古各自治区间，设一联席会议，商决各自治区间共同事宜。

（附注）商定本案时，黄部长曾向内蒙自治会议、主席团言："联席会议不能常设，如欲要常设机关，可成立一联合办事处。"该主席团当即表示接受。

二、蒙古各盟、部、旗之管辖治理权，一律照旧。

三、蒙古各盟、部、旗境内，以后不得再设县或设治局，其现有之县或设治局不及设治成分者，一律取消。

四、蒙古现有荒地，一律划为蒙古牧区，永远不得开垦。其现有突入牧区以内之零星垦地，一律恢复为牧区。

五、凡蒙古牧区以内各项税收，均由蒙古自治区政府详定统一办法征收之，其由省、县设在牧区以内之各项税收局卡，一律取消。

六、蒙古已垦土地，另订妥善办法整理之，以所得临时收益及每年租税，以蒙古自治区政府与各关系省政府平分为原则。

七、蒙古已垦土地，在未整理以前，按照左列各项办法整理：

（甲）蒙旗对于境内之土地、矿产、山林、川泽等固有权，一律照旧。其向有征收者，照旧征收。

（乙）蒙旗境内所设之各省县局征收土地、矿产、山林、川泽等租税时，由蒙古自治区政府派员会同征收之，所收款项，一律即时平分。

（丙）蒙古官厅及蒙民之原有私租，一律予以保障。

（丁）蒙民除对于本旗应有负担外，省、县不得再加以任何负担。

八、凡在蒙旗境内，关于土地以外，由省、县所设之各项税收机关，一律由蒙古自治区政府派员会同征收，其所收款项一律即时平分。

九、凡在蒙旗境内已设之各级司法机关，均由蒙古自治区政府选派专员，对于汉蒙诉讼事件，实行陪审制度。

十、蒙古自治区政府各项收入，均作为卫生、教育、实业、交通等各项事业费。

十一、蒙古自治区政府在各关系省政府所在地，各设一办事处，以资联络。

《新蒙古》（月刊）

北平新蒙古月刊社

1934 年创刊号

（丁冉　整理）

内蒙自治运动经过述略

转录二十三年《世界日报·新年特刊》

作者不详

在西陲多事之际，内蒙亦以动摇闻，即所谓高度自治运动是已。当去年四月间，内蒙即有要求自治之拟议，惟因长城战事正亟，未向中央提出。至七月二十六日，德王（即德穆楚克栋鲁普）召集各王公，在乌兰察布盟百灵庙开会，决定实行高度自治，组织内蒙自治政府。即由各盟长、扎萨克等联名电向中央请愿，并通告京、平各地蒙人，参加九月二十八日在百灵庙召开之自治会议。嗣经一度延期，至十月九日，自治会议，正式开幕，九日、十五日、十九日、二十二日、二十四日，共举行会议五次，由乌盟盟长云端旺楚克主席，通过《内蒙自治政府组织大纲》三十六条、《内蒙自治会议组织大纲》八条，并推定云端旺楚克为自治政府委员长，索那木拉布垣、沙克都尔扎布为副委员长，并推德穆楚克栋鲁普等十一人为自治政府委员，及政务厅长等职。当自治会议举行中，行政院会议于十月十七日通过，特派黄绍雄巡视内蒙各盟旗，赵丕廉襄助巡视，即日由国府明令发表。二十一日黄、赵离京北上，翌日到平，二十七日离平赴张垣，二十八日到绥远。三十一日黄先派李松风代表赴百灵庙，与云、德两王预事接洽，双方意见接近。十一月十日，黄、赵及徐庭瑶等离绥，十一日到百灵庙。十四日至十七日，由黄、赵正式与各王公磋商自治问题，

德王首向黄、赵提出十一条，经黄阅后，即予退还。云王复提出
让步案十一条，内容与中央方案，距离太远，黄等不能采纳，几
经交涉，至十七日夜内二时，始决定最后原则六项。以旧察、绥
两省未设县各盟旗，分设两自治区政府，锡林果勒盟及察哈尔部，
编为蒙古第一自治区政府。乌兰察布、伊克昭两盟及阿拉善、土
默特两旗，为第二自治区政府，直隶于行政院，并在各自治区上
组一联络机关。决定后，十八日晨，黄、赵离庙返绥，云王、德
王等，并于十九日通电，对中央维护蒙疆之至意，表示感戴。蒙
汉联欢大会，则于二十八日在绥开幕，二十九日闭幕。黄绍雄于
十二月三日离绥，当晚抵大同一宿，四日晨换乘汽车赴并，即晚
到达，访晤阎锡山，代表中央，商谈时局。七日晨离并，八日到
平，晤何应钦、黄郛及蒙古王公，十四日晨离平，当晚抵济，下
车晤韩复榘，传达中央意旨，翌晚南返，十六日下午三时到京，
谒汪兆铭报告赴蒙经过。其巡视报告书，则于二十五日始行草竣，
分呈行政院及中政会，内蒙自治问题，至是始告一段落。此外关
于改革蒙古地方行政问题，十月十七日，行政院会议时，汪兆铭
即提出，变更蒙藏会组织，改革蒙古地方行政系统，及蒙古行政、
用人标准等方案，当经通过送中政会。翌日，中政会续加讨论，
原则通过。闻中央决将蒙藏会改为边政部，部长人选，各方属意
汪兆铭自兼，约在四中全会后，此事即可实现。

《新蒙古》（月刊）

北平新蒙古月刊社

1934 年创刊号

（丁冉　整理）

口北的新民歌

补庵　撰

舍弟次青与家人来信，内有自叹数百言，取而观之，似歌似谣。略为改其误字，以为可作《哭皇天》嗣音。其体略似《卖马》戏中店主东之"书板"，惟板槽不准，不没其本色，姑仍之。一家人都惯于"贫嘴胡聊"，亦可谓难兄难弟，一门风雅也。函如下。

补庵

小老儿一无所能，就会种地，种地赔不起了，改了行，开一座招军大店，便作了店主东了，买卖倒亦不错，听我道来：

种地是祖传，年头赶的，不能吃饭，赶紧改行，开了一处招军大店（不招商）。唱《卖马》，接待了十几年英雄好汉，买卖客商，一位不见。来来往往，都是司令军长，够多体面。不来不来，一来就是无边无沿（去声）。大门外炮车四架，机关枪队，把街道占了一多半，卫队几百，站了一院。上房住师长旅长，厢房至小亦是个营长，还有护兵马弁。南房东房，都是参谋副官，进门就大声催饭，赶紧雇人担水买柴。西房权作厨房，小老儿便伺候开饭，还得带作自备资斧的跑城买办。不吃小米，要吃大米白面，杀鸡宰羊全不算，还要掏我心爱的鸽子蛋。别的不敢说了，且说说临行时候□□□□，□□□□□□，□□□□□□□□卖，写几句给你看，你教我怎办，怎办。

　　这是舍弟写给别人的笑话，我略加修改，钞来登报，和上次的代《口北人告哀》是同一意思。读者要知道，抚宁临榆，更说不起了，专说口北，舍下还是在三十三天顶上天的天堂住着，一则舍下人少房多；二则舍下好歹比别家还能应付几文；三则舍弟这些年，是一个光杆，没有女眷，亦无女仆，用得都是长工、短工男子汉，这是最省心的一件事。舍弟所经危险，说大的十几次，把个又粗又高一个壮汉（比我健壮得多），这几年眼亦快瞎了，腿亦伤了，成了个半废人，好在还活着。我家在一村中，乃是天上人，老乡们到了什么天地就可想了。

　　舍下好歹暂时还有得卖，所以种田还有可赔。种一亩田，今年至少赔两元多，还是好年成。那无可赔的人家，惟有拼着"皮肉"、"脖子"、"屁股"、"大腿"带"性命"，尽力得受，受不起只有最后一条大路。写到此处，写不下去了（舍弟还有一年收支报告，不说了）。

《广智馆星期报》
广智馆星期报社
1934 年广字 255
（丁冉　整理）

一年来之蒙古

作者不详

　　蒙古本有内蒙外蒙之分，外蒙自宣布独立后，消息隔绝，内部详情难以尽悉，中央政令亦难行使，故不赘述。而内蒙之于东北四省境内者，曰呼伦贝尔、哲里木、卓索图、昭乌达等四盟部，九一八事变后，亦为日人暴力所占据，现在在察、绥两省境内之锡林果勒、察哈尔、乌兰察布、伊克昭等四盟部，亦以内感危迫，外受诱挟，向中央要求自治，虽经中央特派大员前往宣慰巡视，稍〔幸〕告无事，然追忆此一年中因中国整个国力之疲弱，而蒙古适当其冲，受害尤剧。兹谨将蒙古一年来之创痕，略述如后，使吾全国同胞知边事之日急，不容再事放任，倘能因此引起全民注意，集中人力、财力以图挽救，则幸甚矣。

一　东蒙之失陷

　　东北事件之爆发原有其历史背景，观夫日本田中内阁奏章所言，明治大帝遗策第一期征服台湾，第二期征服朝鲜，第三期灭亡满蒙，以及征服中国全土数语，即可知矣。彼积虑之已久，我备御之无方，于是于民国二十〔一〕年我国大水灾降临，全国上下正竭全力以图救济之际，而暴日环顾内外，认为千载一时之良机，乃毅然于一九三一年九月十八日袭击沈阳，东三省重要地区一时放弃，东蒙哲里木盟及呼伦贝尔部即于此不幸情况之下，同告沦陷。历时年余，至本年二月二十四日日本大军复开始进攻热河，而东蒙卓、昭两盟亦在东北军不抵抗之情形下，宣告陷落。日本既尽占东蒙各地，乃于长春设置兴安总署，以哲里木盟盟长齐默特散披勒为兴安总长，并将蒙旗地区划为四省，以东西布特哈旗为兴安东分省，省长鄂伦春，以呼伦贝尔部为兴安北分省，省长凌陞，以哲里木盟为兴安南分省，省长业喜海顺，以昭乌达盟为兴安西分省，省长札噶尔。此种办法乃日人用以羁縻〔縻〕蒙古王公，一面并以蒙人治蒙之口号向外宣传，其实兴安总署及兴安分省中，重要职员均系日人充任，一切进行事务均须先取决于日人，方能实行，蒙古王公不过处于日人暴力之下，供其驱策而已，殊为痛心。日本为欲贯彻其文化侵略起见，复于占领东蒙各地后，强迫蒙民子弟学习日文，对于蒙藏委员会翻译之蒙汉合璧教科书禁止阅读，并把持各新闻机关，所有各报消息概由日人供给，完全为日人张目，其用心之毒辣，实堪发指。最近满洲伪国于日人指使之下，制定所谓十家连坐法，迫令居民十家连保，如十家中有一涉及抗日与反伪政府情事者，十家同罪，其他种种苛政不一而足，蒙汉同胞深盼国内人士前往拯救，出诸水火。闻负边务之责之某机关已派员积极调查东蒙一切现状，并将根据调查报告，拟具规复东蒙整个方案，呈请中央采择云。

二　西蒙自治问题之解决

西蒙锡、察、乌、伊四盟部所联名发出召集各地蒙古王公、旅外蒙人赴贝勒庙举行自治会议之文告，初见于平、津各报，其大意谓"蒙古北有赤祸嚣张，东有暴日侵略，加以中央政府因我远处边陲，其政力之保护极难周到，本盟长等为谋地方、种族之维护与生存，用特决定九月二十八日在乌兰察布盟达尔罕王旗贝勒庙地方成立正式大会，除通知内蒙各盟旗外，特此邀请旅外王公、札萨克、族众贤达务必一律亲自前往参加，将我濒于危亡之蒙古民族共图挽救，以尽蒙人之责"等语，观于彼等文告上之理由，要不外"赤祸"、日寇表里为患，交相煎迫，为图存谋自卫而出此。倘此事之内幕诚如是其纯洁，吾人固深表同情，必当尽力以扶助之，因为地方自治为总理手订《建国大纲》中之主要项目，且为目下要政之一。查锡、察、乌、伊四盟部以人口论，不过三十万，仅等内地一中等县，且多数蒙民均以劳动为生之游牧民众，对于自治问题，尚多不能明了，以地位而论，且界于日俄两强国占领地之间，对于国防设备之空疏，尤当力图挽救。其他如经济生活之改善，教育之普及，交通之发展，垦牧之改良，政治效能之推进，均当以全国力量以赴之，以免心余力短之弊。故中央为明了实情，便于就近商洽起见，特派内政部黄部长、蒙藏委员会赵副委员长为内蒙巡视专员，并由中央预定解决原则数项，交黄、赵携往，就近商酌办理。所幸各王公深明大义，以国家为重，于黄部长等抵蒙宣布中央德意后，均能推诚相与，往返磋商，于十一月十七日作最后一次书面交换意见，各王公允放弃组织内蒙自治政府原议，依照中央决定原则，参酌蒙人公意，将锡盟及察哈尔部各旗编为蒙古第一自治区，乌、伊两盟及土默特、阿拉善、额济纳各旗编为蒙古第二自治区，各设区政府，其余盟旗，亦比照办理。并在各自治区间，设一联合办事机关，对于当地省县行政概不妨碍，对于停放牧地及划分地方税收，亦准酌量办理。双方均觉满意，蒙古王公于十一月二十一日电谢中央德意，至此惊动全国之内蒙自治问题，可算告一段落。吾人痛定思痛，应一致努力循〔寻〕求处理蒙事最合理之途径，力革因循敷衍漠视边情之积弊，主管蒙事机关，对于历来所拟关于蒙古行政、教育、军事、财政、交通、垦牧、宗教、司法等等改革方案，应重新为有计划之估量，制成整个方案，以供中央采择，中央方面亦应予以人力、财力上最大之援助，庶几坐而言，起而行，蒙古之幸，亦国家之幸也。

三　外蒙来归民众之抚辑

查外蒙自被苏俄煽惑宣布独立以来，一切政权完全操于少数青年党员之手，其倒行逆施、惨毒荒谬之行为，不一而足，蒙民不堪痛苦，冒险越关，逃入内蒙各旗者，时有所闻。迨东北事变发生，库伦当局征兵派饷，较前愈急，于是蒙众内附之心亦愈切，自去冬至今，统计各方报告来归民众，已达七千余人，且均待赈甚急，沿边蒙旗当局，难以应付。经蒙藏委员会拟具安抚办法四项，并派定该会委员李凤冈为调查安抚专员，并由财政部筹拨赈款二万元，赈务委员会拨发急赈三千元，复经分向上海、北平各慈善机关募集捐款约二万余元，统交李专员携往，赈济困苦，灾黎暂赖昭苏。至逃驻阿拉善、额济纳、马鬃山等处之外蒙民众，因情形特殊，经蒙藏委员会会同参谋本部，根据甘肃省政府及外蒙迪鲁瓦呼图克呼〔图〕等各方意见，另行核拟处理办法八条，并由蒙藏委员会派迪鲁瓦呼图克图为安抚专员，另请追加安抚经费一万元，旅费五千元，惟以中央方面经费竭蹶，迄今年余，延未动放，以致忍饥待赈之蒙众，时生怨望，殊非怀柔远人所应宜尔。

《时事大观》（半年刊）

上海时事新报馆

1934 年下

（朱宪　整理）

内蒙问题之检讨

易 敌 无　撰

内蒙自九一八事变后，不仅成为蒙族同胞单独要求解决之问题，亦中国整个民族迫切要求建设之边境。内蒙位于大沙漠之南，东界辽宁、吉林二省，南界陕西、山西、河北三省，西接宁夏，北连大漠，全部共分六盟，二十四部，四十九旗；其附于内蒙古者，有内属蒙古二部十二旗，各盟今已过半编入辽、吉、黑、热、察、绥等省版图中，故舆图上已无内蒙古之名称，殆以此也。兹将历史上盟旗分布之情形，列表于下：

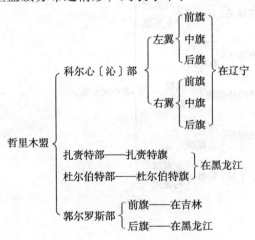

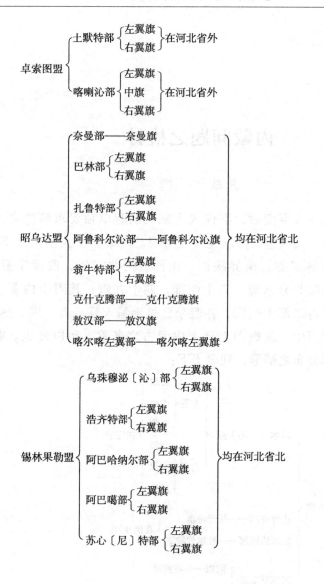

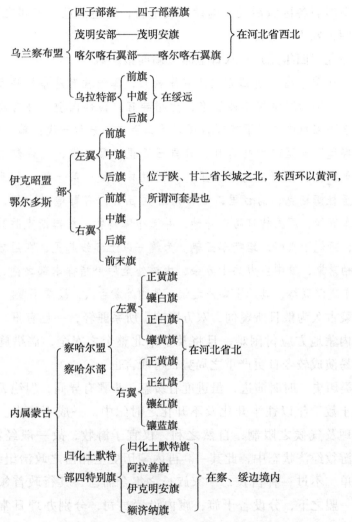

痛自九一八以来，龙江不守，辽、吉沦没，热河失陷，遂使东北四盟中之哲里木盟、卓索图盟、昭乌达盟等，沦为异域。现在属于我国者，仅锡林郭〔果〕勒一盟，惟锡盟在东四盟中，地方较广，形势重要，倭奴贪厌无已，时有由热省西侵之企图。近闻倭奴已在伪满组织内蒙蒙旗联合办事处，并派军事侦探及多数浪人在内蒙所属各区域活动，遍设无线电台，传递消息，东邻之祸，迫在眉睫，殊不可漠视。

据一九三四年元月一八日上海《新闻报》载：

外蒙军备，有四万之正式军骑兵，库伦驻有总指挥哈齐乌上校以下赤军将校千四百名，为指导官。西部国境，驻有总指挥洛资基拉中校以下赤军指挥官千二百名，分为三线：第一线，由粤莲萨普至硅西吐鲁牙，日里三百里；第二线，从哥尔富巴音至鹤伦特尔斯，约二百里，其间驻兵十处；第三线，从亚哥姆至杜姆斯克，约百里，亚哥姆驻兵五百，有野炮二十门，坦克车五辆，周围构筑防御阵地，并满布障碍物；杜姆斯克驻兵五百，野炮十八门，坦克车三辆。为统一以上各线起见，在后方之山柏落斯，集中主力兵十万余，由该处至库伦指挥本部之间，以汽车道路联络，其严密警戒之状，使内外蒙古人，战栗不置。

内蒙古久为俄日所窥伺，双方影响，所系匪轻，一旦有事，匪特足令内蒙地方应付困难，且将及于华北整个之安全，倘措施失当，最易演成较今日更严重之局势，可断言也。

人类历史，时时演进，虽进度有缓急，步骤有异同，但绝无永久停滞于数千年以往半开化及不开化之时纪中，一成不变者。内蒙因地理及气候之限制，自然之利，仅宜于游牧，故一般经济，恒居于游牧经济状态中，此其一。再内蒙历史上相沿之政治组织，殊形简单，不过一种酋长、一家族长之集合而已，其行政首领为盟长，一盟之下，分设若干旗，旗内设置员司，分别办理日常事务，列表于下：

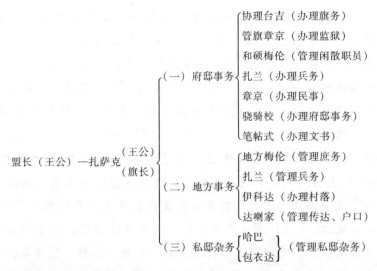

数千年封建势力，掌之于王公、扎萨克等，至今不变，一般蒙旗平民，咸屈服于酋长命令之下，任其颐指气使，随意宰割，欲平民享有政治上一切平等自由之权利，殆不可能，此其二。内蒙自元太祖利用宗教势力，牢笼庶众，致养成蒙民愚懦不振之习俗，一切委诸自然，此其三。因此三者，内蒙政治不能改进，人口不能繁殖，文化日渐衰落，此匪特内蒙蒙族同胞之隐忧，亦中国整个民族所当栗栗危惧者也。

前者满洲沦亡，外蒙离贰，我国东北原有第一道之国防线已在敌人掌握中矣，内蒙适成为我国目前之第一道国防线，当此太平洋大战将临之时，内蒙地位在我国防上极关重要。为今之计，我非以整个中国之力量及中央统筹一定之决策，积极于内蒙从事救助及建设，使成为自足自给之社会及全〔金〕城汤池之坚垒不可。幸内蒙蒙族同胞，亦早见及于此，要求自治，将外交、国防之权，付诸中央整个筹划，此为远识者之明见也。倘欲以区区一域最小限度之自治，救济全内蒙危迫之现状，识者尚以为非根本保全内蒙之策。

据近日报载，内蒙提出未经中央批准十一条原文：

（一）内蒙设一统一最高自治机关，定名为内蒙自治政府，直隶于国民政治〔府〕行政院，总揽内蒙各盟、部、旗治权，其经费由中央补助之。（二）蒙古之各盟、部、旗之管辖治理权，一律照旧。（三）内蒙各盟、部、旗境内，以后不得再设县或设治局，其现有之县或设治局，不及设治成分者，一律取消。（四）蒙古现有荒地，一律划为蒙古牧区，永远不得开垦，其既有突入牧区之零星垦地，一律恢复为牧区。（五）凡蒙古牧区以内各项税收，均由内蒙统一最高自治机关详定统一办法征收之，其由各县设在牧区内之各项税收局卡，一律取消。（六）蒙古已垦土地，在未整理以前，按下列各项办理之：甲、蒙旗对于境内之土地、矿产、山林、川泽等，蒙旗所有权一律照旧，其向有征收者，照旧征收。乙、蒙旗境内所设各省、县、局，征收土地、矿产、山林、川泽等租税时，由内蒙统一最高自治机关派员会同征收之，所收款项，一律同时平分。丙、蒙古官厅及蒙民之原私租，一律予以保障。丁、蒙人除对于本旗应有负担外，省县不得再加以任何负担。（八）①凡蒙旗境内，关于土地以外由省县所设立各项税收机关，一律由内蒙统一最高自治机关派员会同征收，其所收款项，一律即时平分。（九）凡在蒙旗境内已设之各级司法机关，均由内蒙统一最高自治机关，选派等〔专〕员，对于满蒙诉讼事件，实行会审制度。（十）内蒙统一最高自治机关各项收入，均作为卫生、教育、实业、交通等事各项事业费。（十一）内蒙统一最高自治机关，在各关系省政府所在地，各设一办事处，以资联络。

按原文各条所载，大半空洞广泛。（一）缺少具体扶植内蒙改

---

①　原文如此，无“（七）”。——整理者注

进之方案。（二）偏重于消积〔极〕方面，攫取税收之争执及限于
局部少数人权利之把持，殊少大众经济发展之计划。（三）三、四
两条，似具体暴露部落思想高度之发展，借图巩固封建势力之存
在，与时代殊相违背。既非当今全蒙族同胞同意之要求，更非彻
底救济内蒙之良策，识者殊以为不可。中央第三九二次政治会议，
通过《内蒙自治办法》十一条，载在各地报章，海内人士，想已
鉴及，关于内蒙自治之范围，规定明晰，组织及隶属各条，厘定
适当，因地制宜，经济问题解决之方法，更为目前救济与改进内
蒙荒落之唯一善策，教育、司法各项问题，同时另定具体办法，
从事实行，殊切实际，扶济内蒙，端在如此。内蒙同胞如能诚心
接受，埋头实行，匪但中国整个民族之所欣望，亦内蒙同胞自救
善策，望其三复思之。

　　内蒙因过去封建之恶势力及宗教之锢制，以至目前蒙族一般平
民，咸有一种不能自存之危状，分晰言之：内蒙民生凋敝，民智
荒落，实危迫症结之所在，蒙族同胞，应开诚布公，自谋解放，
以达到公共平等、自由、安乐之境地，否则噬脐之祸，蒙族同胞，
首先感受之矣。

　　目前救济内蒙之方案有三，条述于下：

　　（一）改善蒙族同胞之生计　蒙族同胞自古以游牧为唯一生
活，民众逐水草而居，无固定居留之住宅，无固定作业之范围，
无固定生产之区域，故经常经济之发展，悉受自然环境之支配，
不能以人力及科学之方法自求改善。即以畜牧事业论，亦安于数
千年以往之成法，凡卫生病疫之检查，血清之制造，兽类之选种
等各项有利于畜牧事业之工作，概不知设置讲究，宜乎目前整个
蒙族同胞生计之荒落几不能自存，乃至如此，唯〔为〕今之计，
应从事科学方法及人事上能力能尽之处，积极改良，以收实验。
再则内蒙除沙漠外，其余可耕可垦之地，为数不少，蒙族同胞，

应全力从事垦殖事业，定其住所，尽其地利，竭其人力，以图最短期间人口之繁殖，生活之稳定，换言之，即变畜牧经济为农业经济，否则改善大众生活，别无善荣〔策〕。

（二）培养蒙族同胞之智识　蒙族同胞因游牧生活，民众之纵〔踪〕迹，飘流无定，终日孜孜营营，无非为延长生命而挣扎，焉有余力顾及文化上与精神上之享乐？谓之为不开化与将开化之民族，亦无不可。目前蒙族同胞智识荒落之救济，厥为兴办教育一途，而低级教育及识字运动，更宜于最短期间设法完成，辅助之社会教育如话剧、幻灯等，亦宜普遍开设，使数千年来不开化之民族，一旦薰陶于欢娱教化之中，蚩蚩者氓，当感觉兴趣而乐于接受，救助蒙族同胞，此为不可缓之图也。

（三）开发内蒙之交通　内蒙在目前为吾国东北国防最重要之地域，建筑要塞及战略上交通运输之便利，均宜积极设置。再山林、矿产之开拓，垦殖、畜牧之改进，均宜有方便简捷之道路为之运输，因此内蒙交通之开发，刻不容缓。倘有具体之计划，能于最短期间内，将内蒙全部交通网，布置完善，匪但国防及战略上增加最大之价值，且蒙族同胞过去黑暗之生活，从此自有光明实现之可能，蒙族同胞文明之发达永无涯深〔涘〕，乃事实上自然之趋势也。

总之内蒙蒙族同胞之救助，乃在普遍蒙族群众之解放，共享自由、平等、安乐之福利，故过去封建势力之毁灭，宗教制度之改善，实为当前救济广大蒙民之重要问题。否则局部之解放与自治，徒增少数人之便利，无异再行稳定垂危之封建势力，实非整个蒙族同胞所望于当道者，更非中国整个民族救助内蒙之愿望也。

《边铎》（半月刊）

南京边铎月刊社

1934 年 1 卷 1 期

（朱宪　整理）

蒙古之过去及其将来

靖寰　撰

内外蒙古胥为成吉思汗之后裔，原本一家，有伟大之版图、光荣之历史者也。曾几何时，外蒙竟由赤俄煽惑，脱离祖国，于民十实行独立矣！横亘南北之蒙古大沙漠，竟成内外蒙之天然交界线，此我蒙疆第一次之缩小也。迨民二十，九一八事变，日人突占辽、吉、黑三省，而我哲里木盟十旗，及伊克明安、呼伦贝尔等部旗，复连带被日人占去，此我蒙疆第二次之缩小也。至去年三月四日，日人占领热河，而我卓索图盟七旗、昭乌达盟十三旗亦随之而去，此又我蒙疆第三次之缩小也。环顾东邻日本、北鄙赤俄，其蚕食鲸吞之欲壑无穷，而我蒙疆待人宰割之土地有限，能不令人警惕悚惧耶！现我蒙古仅存之土地，罄其所有，不过锡林郭勒盟、伊克昭盟、乌兰察布盟，及察哈尔八旗与青海两盟二十九旗、新疆之数盟旗而已。以此有限之蒙地，吾侪蒙人，如再不知振奋，彼鹰瞵虎视之东日北俄，讵能令我优度岁月，环境之危险诚有令人不堪思忆者。加以蒙地教育未兴，民智未开，政治仍守其旧，思想异常落伍，更益以地尽荒芜，不事耕种，工商各业，又非蒙人所能尽习，由此可知蒙人实无经济之可言。即以牧业言之，虽为蒙人之特长，而故步自封，改进毫无，现在蒙地所有牧畜，不过仅供蒙人生活而已。夫经济之于地方，譬诸血液之于人身，血液为养身之要素，经济乃立国之根本，凡百建设，莫不仰赖于此，不可须臾离也。然人身之血液，必循环无已，望〔其〕人始能生存。蒙地因经济困难，以致数百年来，建设毫无，又乌能期其进步！我蒙之险象如此望〔其〕极，隐忧如此其甚，尚每自夸为世界伟人成吉思汉〔汗〕之后裔，其不见讥于人者几希！我蒙古之先祖成吉思汗，威镇欧亚两洲，丰功伟业，炳耀简册，诚有令人足资崇拜者。但其子孙，仅夸先祖已往陈迹，而不思如何继承其后，宁非自甘暴弃乎！所以凡自夸者，并不足以为荣，不知振奋者，适足以为羞。现在蒙古识见宏远之王公，及头脑新颖之青年，皆知蒙古已臻最危险最困难之境域，必由刷新政治入手，方足以资改进而挽颓局。是以今日要求在蒙地设立区政府，中央已派大员查明，诚有设立之必要，相互征询意见，区政府之成立，或为期不远焉。惟王公与青年既有如此决心，力挽恶运，政权获得之后，首宜如何使之民智开通，如何使之地利开辟，原有之牧畜，又如何使之繁殖，不可不详切研究也。愚以为人民经济既裕，则凡百建设，可由以兴，切勿只顾个人权利，不以全般蒙事为重，此攘彼夺，自循覆亡之途。况日人现在方积极、消极两方面，对我国进攻不已，而对俄尤具剑拔弓张之势，世界二次大战，恐难幸免。尤宜注意如何应付此等环境，始可避免蹂躏，万不可如前之睡狮，酣睡不已也！一得之见，概见于此，质之蒙古先达，以为然否？幸垂教焉！

《新蒙古》（月刊）

北平新蒙古月刊社

1934 年 1 卷 1 期

（丁冉　整理）

日人所述之内蒙自治运动

石轩　陈华　合译

一　内蒙古的组成

所谓内蒙古，就是蒙古王公领土内，东四盟、西二盟的总称，由二十四部落五十三旗所合成的。唯满洲事变后，哲里木盟、卓索图盟、昭乌达盟等之三盟十四部落二十六旗，已为"满洲国"之版图，东四盟内只一盟——锡林郭勒盟——仅五部落十旗尚残留于中国版图内，在察哈尔省之治下。

锡林郭勒盟之东北部，与热河省相邻接，此次内蒙古建立自治政府，欲要求高度自治蹶起的德王——德木楚克栋鲁布——实乃此盟之副盟长也。被其引诱而参加自治会议者，有绥远省内之乌兰察布盟与伊克昭盟两盟。其高度的自治要求，无论是对于"满洲国"或是对于国民政府，都是重大的问题，做为中国边境问题之发展，是值得吾人注目的一大问题。

二　内蒙自治会议之经过

锡林郭勒盟之副盟长德王，本年虽仅三十三岁，对汉、蒙、英各国〔种〕语言无不精通，乃一熟习内外情势之英才也。夙以内蒙古之发展为志愿，鉴于被"满洲国"所编入的东三盟的状态，一九三二年春，由日本顾问之介绍，率卓王等七名乘日本军用飞机赴长春谒见执政溥仪，举行会议，其要点为左列三项：

1. 西蒙古宣言独立。

2. 东蒙古（即热河北部）之各盟，归德王管辖，不属于"满洲国"之管理。

3. "满洲国"由于友邦关系，给与充分的物资之援助。

德王于会议完毕后，即返滂江，乞教于班禅，招集要人会议，咸以事体重大，非持慎重的态度不可，故会议无何等之结果。其后同年冬，德王、卓王等赴南京，其计画（后述）终于失败啦！德王遂联合绥远省内之乌兰察布及伊克昭等二盟，组织内蒙自治政府，而主张实施高度之自治，就开始了自治运动。可是他今年仅三十三岁，在尊敬年长者的蒙古，他的声望对于号令全部王公自是不充分的。并且其正盟长索王——和硕车臣汉亲王索诺木喇布坦——其年龄已经是过了七十的老人了，是保守的，对德王之运动虽不反对，可是不欲借之以权力，故求援助于乌兰察布盟之达王，于是三盟之提携因之实现，于一九三三年七月廿六日在绥远省百灵庙，招集了内蒙古全体长官会议，都赞同采用高度自治，建设内蒙自治政府，急速的促进其团结。其结果关于自治政府之组织，德王等之左右是在考究中，渐渐得为成案，招集内蒙自治会议，还预定召开会议于百灵庙。绥远省主席傅作义以兵力配置于百灵庙之附近，有专为解散会议的样子，于是改在滂江召开会议，为避免与傅作义之冲突，可是因地方僻远，于是又在百灵庙召开会议了。最初日期是十月十四日，可是伊克昭盟一人也不曾参加，乌兰察布盟仅一二旗之代表参加了，那也是为了欢迎班禅而来的，锡林郭勒盟参加了十余名代表。他们都不是正式代表，而是随从德王来的人。因此会议即行延期，直至十月九日始匆匆集会。最先德王发言，宣布开会宗旨，提议应于适宜地点组织自治机关，各旗也没有发言的，接着，德王提议应即选举自治政府组织条例起草委员会的事，又无人附议，德王不得已，遂自行起草了。此次会议，达王虽亦出席，然颇慎重，不多发言，只谓蒙古人之生活必须改善，不宜与中央分离，应与地方政府一致，必须排斥由外人的利用。但自此后，由各地而来的代表也多数集聚于百灵庙，由十月十五日至二十四日，在百灵庙连召集四次内蒙自治会议，今将四次会议之要点列举如后。

第一次会议为十月十五日开，乌兰察布盟正盟长云王为议长，各地出席代表百二十七名，报告自治会议召集之经过后，次由德王提出在预备会议讨论过的《内蒙自治政府组织法草案》，经讨论之结果，该法案即通过。

第二次会议为十月十九日，出席者百三十四名，举行如次之决议：

（一）关于第一年度预算及调查方法之事件：

第一年度预算为三十二万元，由各盟、旗、部分担之，但须先备办半年度的十六万元，后半年度视政务之繁简，由立法委员会决议其增减。

（二）关于内蒙自治政府建筑事件：

于办事地建筑天幕百二十所，此由各盟、旗、部各别提供。

第三次会议定四子部落之天池为首都（归化北约五百华里）。

（三）关于自治政府之警卫事件：

由各盟、旗、部选拔精锐骑兵千名，组织政府警卫队。

（四）关于职员之薪俸事件：

自委员长以下都不给与薪俸，但视职员家庭情形由政府给与津贴，每年由各盟、旗、部贡纳羊若干头，充职员之食粮。

第三次会议为十月二十一日开，出席者百七十余名，举行职员之选举，决定如次：

委员长	云王
副委员长	索王、阿王
政务厅长	德王
立法委员会委员长	东大公王
参议厅长	乌兰察布盟副盟长

第四次会议为十月二十四日开，专讨论关于国民政府所派遣之内政部长黄绍雄氏的欢迎方法，云王、索王、德王及重要代表百名，齐集于百灵庙以待，并以包悦卿为总代表，派往北平，迎黄、赵二氏。闭会后，各代表分返盟旗，将第二次会议的议案，请求各盟旗加以研究。

三　《内蒙自治政府组织法》

第一次会议所决议之《内蒙自治政府组织法》，可以说是新树立之内蒙自治政府的宪法，又由此足以窥见内蒙所要求的自治之高度，实属重要的文献，今详载如次（见本刊专载栏①）。

由此组织法我们明白的看到的有两点：

1. 国防、军事及外交属于中央政府。

2. 其他一切行政全然不受国民政府的干涉，自行处理。

这真可以说是高度的自治了。

四　南京政府对蒙政策

内蒙古自治运动在起初是秘密举行的，十月之初，由绥远省政

---

① 略。——整理者注

府主席傅作义报告于中央，在满洲问题未解决之先，可有了内蒙古的独立，实为中国国防上的一大事件。中央政治会议、内政部、外交部以及参谋本部，凡各关系机关无不突然紧张，连日重行决议，决定了下述的大体的原则：现在内蒙古官民使其在自治要求上，在可能范围内，与以辅助，不外树立地方自治的基础，虽在地方自治实现之后，凡军事、外交、财政等问题，均由中央统一的管理，在中央指导之下，决定使之进行地方建设。根据这大体原则，当中央尚在考究改革案中，汪精卫十月十七日之行政院会议中，即提出如次议决案并说明之（见本刊专载栏①）：

1. 蒙藏委员会组织法变更案。

2. 蒙古地方行政系统改革案。

3. 蒙古行政人员采用标准案。

讨论结果各案都通过，即向中央请求其实施，其要点如次：

（一）蒙藏委员会组织法变更案

废止从来之蒙藏委员会，设边务部或蒙藏部，使之直属于行政院，为蒙藏行政之最高机关，设部长一人、次长二人。边务部于一定时间，召集各边区行政责任者之首领及有德望的人物，于南京开会。

（二）蒙古地方行政系统改革案

1. 已实施省县制之地方，不得变更其行政区域。

2. 在蒙古人群居的省份中，设置蒙古地方政务委员会，做为地方行政机关，应设委员若干人，互选委员长、副委员长各一人，以蒙古人有德望及政治的学识经验者充任之。

3. 设有地方政务委员会之省份，军事、外交以〈及〉其他的国家行政由中央处理之，属于蒙古人群居区域之其他地方行政，

---

① 略。——整理者注

应由政务委员会负责处理之，并受边务部之指挥监督。

4. 地方政务委员会处理各科建设事业。

5. 地方政务委员会在不与国家区〔命〕令抵触之范围内，得制定地方单行法规，并发布命令。

6. 地方政务委员会设蒙古代表会议，为蒙古人之民意代表机关，须于每年定期召集会议一次。

（三）蒙古行政人员采用标准案

关于蒙古行政人员之采用标准，为中央、地方之蒙古行政计，应尽量采用蒙古人，中央政府于适当地点设立中央军事政治学校。

中央方针决定之后，因自治问题为内政部所主管，蒙古问题为蒙藏委员会所主管，故令内政部长黄绍雄与蒙藏委员会副委员长赵丕廉北上，两人北上后除与北平何应钦、山西阎锡山、绥遭〔远〕傅作义氏等协议外，并派遣其随员赴百灵庙会晤蒙古代表等，竭力欲获得自治运动的真相。大略的获得了真相之后，两人即于十一月九日由北平出发，十日即到达百灵庙，勾留三日后，即返绥远，在此又和各王公举行过会议。

五　内蒙要求自治的原因

内蒙古要求高度自治的原因很多，今试举其主要者如次。

（甲）远因

一、汉族之经济的侵略

满清威势强固时，尚能防止汉族对蒙古之经济的侵略，至其威势失坠后，汉人潮也似的流入于蒙古，开发蒙人的土地，兼并其土地，以商业高利贷资本榨取蒙古人民，使蒙古人民之生活状态趋于恶化。

二、与中央之关系不密切

蒙古之语言、风俗、文学、宗教等均与本部不同，即各盟各族间亦如〔各〕有其特征，中央当局采纳一二蒙古要人之言，实行蒙古行政，实有隔靴搔痒之嫌。所以蒙古各盟接受中央政令亦不公布，虽公布亦不实行，蒙古各盟虽有请愿，中央对此亦不与解决。其他，如南京之蒙藏委员会及蒙古王公之驻京代表办事处等机关，只拿月薪，对蒙古行政是毫无知识，只是无为而已。在南京有代表团，北平有代表会，中央有一二个蒙古出身的中央委员，虽然无论哪位都以代表蒙古盟旗的民意自称，可是到底谁是由蒙古所选举？谁代表了蒙古民意而建议于中央？谁又代表中央指导蒙古盟旗呢？这全是疑问！于是中央与蒙古的关系，就非常的疏远了。蒙古民众对于中央不满意，尤其是对于接近中央的蒙古人怀了不满。

三、蒙古王公之待遇的恶化

在满清时代，蒙古贵族的王公，由清朝领支巨额之年俸，继续其豪奢之生活。然自民国以来其年俸被停止了，因为过惯了从来之奢侈豪华的生活，其不甘于贫苦自不用说了。一部分的人跑进了中国本部，得到中央委员、司令等等的荣位，那末来在他们后头的呢，受其排斥，得不到他们的地位，并且在苏维埃俄罗斯指导之下的外蒙古，及"满洲国"内之呼伦贝尔、齐各〔齐〕哈尔、郭尔罗斯、布特哈等部，哲里木、卓索图、昭乌达等王公之待遇是非常的良好的。对于蒙地呢，课税又以免除闻，这个不满之来，非无故也。

四、蒙古知识阶级之抬头

蒙古王公之子弟及富裕者之子弟，卒业于黄埔军官学校、中央军事政治学校、日本士官学校，以及南京、北平各学校者日多，但因与蒙古有关系之委员或职员，多为四川、云南、贵州诸省之汉人所把持，设〔没〕有他们插足的余地，所以他们大部分回到蒙古，协助王公，从事于练兵及其他的事务，各王公也发生了政治的野心。这些青年都是怀着民族自决的希望的。

五、蒙古军事势力之增加

现在主张高度自治、从事自治运动的首领的德王，是蒙古王公中之杰出的人物，精通汉文、蒙文、英文，学识卓绝，是能理解世界大势，以及国内政局的青年。被任为乌滂警备司令，努力于基本骑兵队五六百名的训练，并设立中央军事政治学校内蒙分校筹备处于滂江，请求中央的许可，热河事变时，收容之数已达七十余名，以日本士官学校卒业之云继贤（蒙人）为总队长，黄埔军官学校卒业之韩凤林（蒙人）为分队长。由中央所派遣之教官，方到达张家口时，热河事变即起，遂返回南京。目下把班禅卫队、乌滂警备队及军事政治学校等合并为一，在进行训练，并且各盟旗有应准备全蒙皆兵的命令。现在军队凡服从德王之指挥的，达三四千人，如把德王自身之军队加算起来的话，约达六七千人以上，这雄厚的军事势力，就是使其发生高度自治要求的一个重要的原因。

六、内蒙连结的中心发生了动摇

在内蒙古，是以锡林郭勒盟为其中心的，一九二五年杨盟长因年老辞职了，现在之索王即为盟长，所以很发生了分离的倾向。尤以副盟长德王，年少而居高位，信任前牛羊群协领布英达赖（中国名叫赵福海），布英达赖因为十二旗民众所忌避，遂向德王献策，理应连络各王公宣言自治，并援助之。

（乙）近因（此节衔〔从〕略）

六　蒙古人对于内蒙自治之态度

蒙古人方面对于内蒙自治问题的态度，很不明白，黄绍雄等也看识透了这一点，所以久留北平，从各方面竭力探听其真相，然而蒙古人方面的态度，未必一致，这大概算明白了。

德王及接近他的王公与青年，是听从德王的命令的，属于这一派的蒙古同乡会及蒙古救济会，对于内蒙自治问题的意见如下（参看本刊专载栏）：

一、蒙古同乡会之意见：

（1）蒙古之自治要求是立于中央的援助之下，是援助民族自决、自救救国以及中央之不足的运动，中央放弃蒙古放任政策，诚心诚意与以指导，使之能完成自治。

（2）边省县官吏屡次压迫蒙古人，蒙古人非常愤激，而县官吏于自治运动作恶宣传，中央不应迷于县官吏之恶宣传，应判明其真相。

（3）德王乃是基于蒙古全民众之意志而要求自治的，决非以一人独占的把持，又不是有其他的背景者。德王如为外人所利用，中央应处分之，即蒙古人自身亦起而反对之。中央不应以个人行动与大众之意志相混同。

（4）对章嘉（活佛而为中央派）之入蒙宣化则极力反对，因为他阻碍自治。

二、蒙古救济会之意见：

（1）蒙古民众鉴于外蒙、东蒙之状态，又不堪省县官吏之压迫，不得已而有自救救国及自治要求之运动。

（2）蒙古全体民众遵奉总理遗教，根据民族主义所规定"中国境内各民族一律平等，扶助弱小民族，使能民族自决"

之主张，完全在中央指导之下，要求自治。

（3）蒙古自治乃全蒙古民众之要求，决非少数者之主张，德王一人独占的运动这种宣传实非事实，更无其他背景。

（4）蒙古民众从来设〔没〕有发表意见之机会，自治机关倘使成立起来的话，得向中央陈述关于蒙古民族之复兴，以及边防之巩固等意见，中央应从速援助其组织成立，而期易于统辖。

（5）喇嘛之责任，只是念经奉佛而不宜干涉政治，并且他在蒙古大众中已失去信仰，章嘉阻害自治，更招惹全体大众之愤激，如采纳他意见，必要发生意外的事件的。其他一般青年之动向，分为二派，稳健派若不是有某国之背景，便应参加自治运动，然而他们是有不参加的意见的，保守派呢，是什么意见没有的。

一般蒙古民众对于自治是无条件的赞成，可是他们的自治，是含有不受汉族干涉的意思，关于谁来指导，应该怎样的自治，他们没有何等的理解！

接近中央政府的蒙古人也分二派，白云梯、吴鹤龄等是反对德王的，对自治运动并不发表言论，即使发言也无效果！包悦卿等为主张蒙古自治者，有应该绝对地在中央指导下进行的意见。

总之，内蒙自治是蒙古民众的意志，王公等及一部分青年改革派，代表这些民众的意志，是欲求得政治的出路的，若使王公制度存续下去，则政治革命不能发展。

七　内蒙自治问题的要点

内蒙自治，在中央政府，只有承认；中央政府若用武力压迫，则形势将更恶化。最好双方都互相让步，以求问题之圆满解决，其让步之点，系于下述三点：

1. 自治之程度。

2. 与中央政府之政治系统。

3. 自治施行地域之范围。

就（一）与（二）看，在自治政府组织法上，军事、外交等为中央之管辖，自然不成大的问题。说到自治施行地域之范围，倒是很重要的问题了。

照蒙古人的主张，以旗为单位，联合之而组织政府时，从来之政治系统为其破坏，外蒙古与中国本部之间，出现了广大的内蒙自治政府，差不多成脱离中国而半独立的形式，职是之故，中央政府当汪精卫提出内蒙地方行政系统改革案时，对此点加以考虑："内蒙地方制度改革，对于已设立省治、县治之地方，以不破坏其旧有行政区域及其行政系统为原则。"

在中央边务部指挥监督之下，在省行政区及省行政系统之下，设立地方政务委员会，提倡应举行之蒙古地方行政事宜，这几点是今后应如何解决的问题。

其他侨住北平之蒙古要人，关于当前第一步的解决策略，表示有下列诸点：

1. 决不宜用武力，如用武力则招蒙古人之叛乱。

2. 改革蒙藏委员会，使该会为纯粹的蒙古人之机关。

3. 对于王公在中央及地方，应按其实力，与以位置。

4. 调查蒙古出身之青年，与以适当之职业。

5. 将蒙古青年派遣于各盟，使为自治之准备。

6. 发展教育，使蒙古人之知识增高。

7. 中央应将以上各点布告于蒙古之各盟。

总之，蒙古人欲改革其在中央及地方上的政治地位，若不同时注意其经济之改革，必无大的效果，也许更发生动摇。吾人对这问题今后之发展，必须与以注意。

八　黄、赵二氏视察内蒙

南京政府代表黄绍雄、赵丕廉二氏，于十一月十日由归化到达百灵庙，颇受德王等诸王公之欢迎。自十四日起，双方开始进行种种协议。惟德王方面，对于彼等所谓"高度自治"之要求，不肯轻易放弃。且认定之自治范围，除内蒙古三监〔盟〕以外，并包拖〔括〕察哈尔、绥远、宁夏三省内之特别旗。察哈尔及绥远二省省治废除，其统治权移归蒙古自治政府。所有自治区域范围以内土地，蒙人保有耕作权。南京政府代表黄绍雄氏认为条件过苛，不能容纳，协议遂至决裂，此十一月十六日事也。黄氏随员准备十七日回归，交涉至此，殆已无转圜之望。恰于是时，班禅出而调停，德王放弃高度自治要求之原议，听从南京政府方针。十七日双方再度会见、会果颇称圆满。代表一行于十一月十九日回归归化，二十八日在归化开联欢大会，以联络双方感情，此会除南京代表内蒙王公，及其代表外，绥内〔远〕、察哈尔两省官民，亦列席焉。

京方代表随行员杨君励、孔庆宗等八人，分成两组视察内蒙社会经济状况，一担任锡林郭勒盟各旗，一则担任乌兰察布盟各旗，以备南京政府对各盟旗建设事业之参考。

九　内蒙古〈自〉治问题解决要点

中央政府代表向德王提出甲、乙二种方案，请其任选一种，德王经过召集各王公会议讨论结果，决定采取甲种方法，即《内蒙自治解决大纲》是也。内容共分六项，兹揭示如次：

一　名称

蒙古第一自治区政府，蒙古第二自治区政府。

二　区域

乌兰察布盟、伊克昭监〔盟〕及土默特、阿拉善、额济纳各旗属于蒙古第一自治区，锡林郭勒监〔盟〕及察哈尔部各旗属于蒙古第二自治区。

三　县属

蒙古各自治区政府直隶于行政院，至关于与省交涉事项，应与省政府协议处理之。

四　权限

蒙古各自治区政府，管理各本区内各盟旗一切政务。

五　经费

蒙古各自治区政府经费，由中央政府按月支给。

六　联络

蒙古各自治区间设一联席会议，俾协议决定自治区间之共通事项。

以上大纲，提出行政院，经会议通过后，发生效力。

此后情报：黄绍雄随员一行，于十一月三十日到达张家口，同日在该处视察政情。黄氏本人由归化直赴大同，会见阎锡山，当有种种事项，互相协商。

十　德王等电谢中央

上述蒙古自治要求，经过行政院予以多少让步，乃得圆满解决。二自治区出现后，绥远、察哈尔、宁夏三省之管辖区域缩小，收入亦受相当影响。就蒙古方面言，亦未能满足原来要求，实现之自治，仅达某种程度而已。

以上问题解决后，云王、德王等曾发出以下通电："黄、赵二氏一面遂照中央原则，一面参酌蒙人之意，认定设立两自治区政府，并允许设置牧地，区分税收。云王等对于中央扶持之法，深致感谢。今后应努力国家防卫。"云云，其意颇为满足。中央政府对于自治区政府组织法之公布及官之任命，为时尚须有待。惟二自治区政府出现后，上述察、绥、宁三省政府之蒙籍委员，当必免职。蒙藉〔籍〕委员，共为四人，计：

察哈尔　德穆楚克栋鲁布（德王）

绥　远　沙克都尔扎布　苏栋旺楚克

宁　夏　达理札亚

十一　改组蒙藏委员会

原有之蒙藏委员会，范围狭小，其管辖事项仅为蒙古、西藏，满洲、回教二民族不与焉。内蒙自治区政府将实现，边境问题又日趋重大化，于是中央政府乃有将蒙藏委员会与参谋本部边务组合并，设置边务部之议。该部组织法，现正由蒙藏委员会起草中，脱稿后上呈中央政治会议，原则当可通过。将来内蒙自治区政务，即归边务部管辖，闻部内设总务、蒙古、西藏、满州〔洲〕、回族等五组。该部未能即时实现者，其迟滞原因，约有四端：

1. 从来蒙藏委员会经费系三万二千元，改组后须增至六万元，值兹财政窘乏之时，殊无此余裕。

2. 蒙藏委员会委员多至十六人，改组后仅设部长一人，次长二人，其他诸委，无法安置。而十六名委员中张继、班禅、赵丕廉、唐柯三、白云梯、克兴额、李培天、诚久河旺贤赞、格桑泽仁、罗那呼图克图等十一名，均与蒙藏有关，急切更换，殊多不便。

3. 蒙藏委员会之改组，原为蒙古人所要求，惟改组后，范围扩大，关于边务之处理，不能不由各方面人物共同负责。

4. 改部后选用人员必受限制，飞〔非〕如蒙藏委员会，可随时派遣与边疆有关人员处理边务。

中央政府因对于上述四点须慎重考虑，故边政部一时未能出现。

十二　内蒙自治运动之余波

此次内蒙自治问题，最初要求之范围极大，包括绥远、察哈尔三〔二〕省及宁夏之阿拉善旗。各王公齐集百灵庙时，复乘机要求散在青海、新疆之蒙古王旗，亦援例准予设立自治政府，故自治范围有更加扩大之趋势。云王通电中有谓"其他盟旗亦得援例处理"，即暗示组织第三自治区政府之意。

以上系最近情报，今后如何，须待事实之发展演变也。

　　福建新政权之树立，足使中国全土愈趋分离破碎，同时，边环形势亦更加紧急。据十二月二日军部情报，横处满州〔洲〕国、苏维埃、外蒙之间之内蒙古喇嘛、德王、阿王等改进派，独立运动之进行，日益炽烈，满州〔洲〕国溥仪氏，已内定推举德王为内蒙执政。——一九三三，一二，三，《亚莫特新闻》

观此，可知一九三四年之中国，必陷于鼎沸纷乱之势，殆无疑义。

——译自日文《东亚杂志》一九三三年十一月号及一九三四年一月号

　　编者按：此篇一至七节为石轩君译，八至十二节为陈华君译。

《新蒙古》（月刊）
北平新蒙古月刊社
1934 年 1 卷 1 期
（李红权　整理）

美人眼中的蒙、新问题

〔美〕William C. WhiTE 撰　　郭家英 译

本文原名《一九四三年的标题》（Headline for 1943），载于一九三三年三月《北美洲评论》（North American Review）中，详论蒙古、新疆的前途，对于日人之暴行，亦未稍假辞色，允称严正之言。其所论列，洞烛底蕴，行文尤严警精刻，微带讥讽风趣，然又无伤大雅。对远东未来的危机，分析尤为详尽，用移译之，借觇外人对于我国边事见解的一斑。

——

多年来的东京，老是在梦想着统治东三省，一九三一年秋天的一个雾夜，日本伸出了他的魔手，在莫须有的"铁路事件"的疑雾中，揭起了东方历史的新页，第二天她的军队四出攻掠，囊括了所有的利益，以迅速的手段，实现了〔她〕多年的梦境。

自从那个雾夜以后，远东的局势交到一个急转直下的阶段，在暗无天日中，跟着发生了许多问题。东三省本来是中国的行省，此后就从中国割裂出来，戴上了独立的帽子——"满洲国"。像这次紧急事变中的各种步骤，在在显出"日本创造"的痕迹。利用她的新式的军队，应用她的迷离恍惚的伪善外交手段，在西人的浅狭的眼光底下，日本把她的政治的、经济的控制力量伸展到这一个幅员广大的富源上去，现在她的军队向南移动，已经将热河占领，在这个空前的事变当前，全世界的外交家，想到将来，都寝不安席起来了。

过去许多月中，日本在满洲的行动，翻开了亚洲历史的新页。日本在亚洲大陆的发展，最重要的一件事，是和俄国的冲突。俄国在远东的利益，凌驾东三省，散布于太平洋的沿边一带，这是无可讳言的事，然而，在西方人士中，很少知道苏俄在某一方面的利益，在未来的事变上，将使日俄的关系益增复杂，并且，和英国的远东政策有致命的冲突。

在东三省之西，苏俄早将其经济的、文化的，甚至于在某限度内的纯政治的控制力量伸张到中国领土上去。俄国势力所控制的区域，包括中国的一部和昔日曾隶属于中国的各部，其幅员三倍于今日从中国割裂出来的"满洲国"，那一个区域，在军事战略上的地位，虽不若东三省，然而，它有一种更大的经济潜势力，在未来的经济立场上，较之东三省还要重要。

在东三省之西，位置着中国两个很少人注意的省份——外蒙古、新疆——它的幅员直伸到亚洲的中心，在地图上，染着混杂的彩色，似乎无关重要。世人对于这方面，大都很少知道。蒙古是一片不毛的荒土，它的谥〔诨〕号是"穷乡僻野的小孩"，它的东南部是戈壁沙漠，数年前，美国于〔的〕探险队揭开了它的历史的第一页，那儿满储着古代生物的遗体。至于新疆，人家都知道它是出产宝玉的资源地，世界上最珍贵的宝石都是从那儿产出的。

关于这样辽远的区域的著述，现在是很少见到。因为世人对于那方面所知道的极少，直接的材料更不容易得到。这两个区域，对于欧洲人，多少都有点隔阂，英属印度的长官和守边的警察，都是以监视的眼光，望着喜马拉雅山以北的新疆，然而印度去新疆还很辽远，中间横着一个无从测度的距离。至于日本的外交家，都是眼睁睁地怒视着苏俄在蒙古和新疆的行动。

就大体论，蒙古、新疆对于世人的隔阂，简直较之地球的两极尤甚，虽然过去的几月，这两个区域在亚洲事变中，已经站在间接重要的地位，不过世人对于它的认识，依然非常薄弱。日俄两国为的想化干戈为玉帛，消弭他们年来的一部分的仇恨，缓和彼此间形将开展的战争，曾于过去数月间企图在这一方面成立一种利益交换的契约。再远一点，到了一九四三年，外蒙古将要正式成为苏联的一部，同时要积极进行开发新疆的煤油、铜矿，并利用其在这几个区域内的地位，长驱深入中国的领土的时候，世人将要认识了满洲以西的危机了，到那时，世人将要惊问俄人是什么时候侵进来的，他的回答是在一九二〇——一九三二年间。

在历史上，中国曾以武力征服这两个省份，外蒙古曾一度为鞑靼民族所盘据，到了十七世纪才丧失它的独立。新疆的被征服，是一八七七年后的事，最近各朝代以来，这两个边疆区域与中央政府的关系，颇感疏淡，中国人对于这两个省份，远不若其对于东三省的重视，东三省原为满人所居，然自近来，其对中国之意义，无异波士顿或新英格兰之对于美国。这两个省份自隶属中国以来，除同享有高度的自治权外，尚有其他的共通之点，两地人口稀薄，且为不同的民族所杂处，汉人也是其中的一部，境内大部为沙漠所占，在新疆和外蒙古的西部，高山耸峙，形成天然与世隔绝的形状。在新疆的高山峻岭底下，蕴藏着无限丰富的矿产。在外蒙古的沃原之上，出产大量的健壮生畜，造成当地居民一种天赋的职业。

从经济上观察，两省都曾与中国发生异常密切的关系，骆驼商队和成群的毛发蓬松的褐色牦牛，运载着货物到远道的中国市场上去，栈道古渡，从邃古以来，便已交通各部。这些省份和西北邻边俄国的界线，自来就未划分清楚，一千年来，游牧民族逍遥于边境之上，往来无定，有时附属苏俄的统辖，有时回复中国的主权，他们对于两方的统治，均未加以特别的注意，不过他们觉得与中国的风俗习惯及统治权力，具有更密切的关系，他们怀疑外族，因而一致效忠于中国。

　　新疆的政府，政治的名义上是隶属中国，但在经济上，他已经全部西向，受俄国的影响和控制。蒙古在名义上保有一个独立的共和政府，实则无论政治上、经济上，都是在苏俄的操纵之下，所以，外人甚至于中国人民要进入这一个区城，都要得到苏维埃的护照。像在这样的省份，在赤俄侵略之下，中国早已失去了她的主权。

　　苏俄在满洲以西一带的侵略方式，因省份而有不同，在苏俄的侵略路线之下，蒙古的共和政府之成立，不过是他日亚洲其他的民族独立政府成立之序幕而已。

<h2 style="text-align:center">二</h2>

　　俄国和日本至少有一个共通之点，她们都曾在人家不承认之下，制造一个人家所不愿承认的国家。蒙古人民政府的外交团，只能在莫斯科活动，其他各国的外交官，很少和他〈们〉接触，他们只是一种官场的表面傀儡，除在舞台上表演以外，他们所干的是什么，我们局外人无从知道。

　　苏俄官场在接待这个独立共和国的代表的时候，用尽种种欺骗愚民的政策去买好他们，莫斯科传说一件趣闻，和其他莫斯科所流传的不同，这趣闻是叙述一九二四年蒙古代表第一次到莫斯科的一幕谐剧。在这些代表们未曾觐见苏俄主席加里宁以前，他们要求给与几天假期，在这几天里，苏俄外部替加里宁预备了一套蒙古式的服装，欲借此使这些东方人不生异族统治之感，他穿着蒙古短套，戴着头巾，昂然出席接见蒙古代表的盛典，传说那些衣服，是从人种博物馆取来的。代表们所穿的礼服，是用自己带来的布料，在几天假期内作于莫斯科，样式是欧洲最守旧的晨服。

一九一一年，中国的革命发难的时候，外蒙古的佛教寺院的教徒都欢欣若狂，几世纪来，佛教在蒙古养成一种精神上的势力，三分之一的人民，都拿来充当僧尼，视为一种职业，僧尼都是依人而生活的，所以一般人民负担很重。现在随着中国的革命，是他们取得政权的时候，活佛握有绝对的权力，住在库伦（Urga）地方。

蒙古的完全独立是最近几年的事，一九一五年中、俄、蒙会议，决定蒙古在中俄两国的主权之下，是一个自治区域。帝俄时代对满洲以西的区域，早有莫大的野心，俄国革命的发动，使那方面的俄国势力大形减退，革命之后，积极忙着应付国内的问题，故未暇顾及蒙事。直至一九二〇年蒙古尚在中国统治之下。虽然蒙古人民，特别是活佛感到他们于灵界的势力受了威胁，然而，他们和莫斯科的布尔札维克保存密切的关系，踏着同一的步伐。

一九二〇年，发生一种在历史上最令人惊奇的事变，奥大利人翁格（Baron Unyein）在大战中，也是西伯利亚监狱中的囚犯，后乘隙从西伯利亚逃至库伦，他领来约二千以上的囚犯，梦想造成一远东的世界帝国，占据库伦，同时恢复了活佛固有的权力，并充任活佛神圣顾问，翁氏希望库伦为俄国逃犯的势力中心，在那儿，调遣军队，俾长驱直入西伯利亚。

翁氏闯入蒙境的结果，激起喇嘛们的内讧，他们中有的在筹划打破这种外人侵入的势力，有许多蒙古的政治家便与莫斯科合作，莫斯科对于这种登门献鼎的事，自然非常欢迎，布尔札维克无论如何，不能坐视那反动的潜力集结在他的沿边附近上有所作为。

一九二一年，俄国的军队混合蒙古的爱国志士，向库伦进发，夺回城市，当夜，在寺院中即有盛大的庆祝，翁氏被俘，后终为俄国警察所处决，此后活佛便完全为俄国顾问所包围，直至一九二四年活佛圆寂时止，活佛圆寂后，蒙古人民共和国成立，俄国的优越势力便在这个领域中公开行使。

在名义和外观上，蒙古除唐努乌连海一区外，是一个蒙古人的共和国，克剌斯诺雅，是唐努乌连海的首府，俄国的意义是"赤"。虽保有半独立的主权，但同样未为人所承认。蒙古共和国企图在中国承认其独立自主的条件之下，和中国发生关系，中国的回答，是认为苏俄的无上权力的羼入蒙古，已经使蒙古误用了独立自主的意义，不能加以承认。

所谓人民政府者，压服了一切的障碍，逐渐握有统治的力量，他完全是依照共产党的方式建立的，与第三国际联成一气。蒙古人民党是建立在农民阶级之上，农民依其国藉〔籍〕取得昔日蒙古贵族所领有的大部草地，然而，不幸的是蒙古全部的知识阶级，都是贵族和喇嘛中人，深入在他们心目中的观念，殊与苏维埃精神不能相容，贵族和喇嘛都可入党，且允许喇嘛入党的结果，无形中，将宗教信仰完全改变，把一部分的党纲插入到教义中去，他们的党义，特别富有伸缩性，用以适合地方的环境，因为这一个区域的环境，究非俄国本土可比，其他的政党都在禁止之列，这一集团内的人民程度很低，益使俄国可以从容地伸展他的权势，满足他无餍的欲望。

苏俄在这一方面，虽极尽侵略之能事，但对改变其他民族采用俄国的语言文字以及接受赤俄的风俗习惯，似尚未具野心。沙皇时代，曾有这样的野心，现在适得其反，他们激励文化的自治，这种政策，俄国曾用以对付其沿边一带的民族，而大告成功。然而，蒙古的文化自治有他一定的限度，其初，蒙古的顾问压迫全蒙的官场都应用蒙古的语言文字，后来，他们改用俄文，蒙古人中，能写能算，都是很少的。

　　苏俄在蒙古握有经济上的控制力，控制全蒙经济命脉，蒙古宪法中，有一条是直接抄袭苏俄的，就是规定一切土地、矿产、森林之利益概为国家所有，人民对于这种财富不能专私，国际贸易是完全的在苏维埃官员的控制之下，蒙古的银钞，以五十万美币为基金。

　　许多和苏维埃的形式相似的制度，现在都正在蒙古萌芽发育，蒙古青年团已经成立，和他处共产党中的青年团并驾驰驱，蒙古首府的名字，已经由库伦（Urga）改成 Ulan Bator，他的意义是赤色英雄的城市，国旗是红色的，以国内的山峰为徽号，这儿有蒙古的神秘警察，四出侦察背叛行为和反动分子，这些组织，都是苏联的产物。

　　在蒙古，苏维埃共和国是在萌芽期中，把苏维埃的模型，带到远东来。这个国家的经济状况依然非常落后，然而在五百万方里的幅员中的生活程度，已经抬高得非常利害，骆驼商队虽是依然运载货物经过沙漠，然而美国式的汽车已经在蒙古出现，政府中间的喇嘛所用的祈祷车辆，已经改用汽车了。国内铁路是没有的，居民依然反对在国里敷设铁路，不过库伦和西伯利亚铁路的伊尔库次克站内，已经开设飞航线，以四小时的飞航代替十天的荒野路程。然而，无论如何，外人要过访蒙古，苏维埃的许可证是需要的。

　　在这样的情形之下，中国的蒙古，便慢慢地走上莫斯科的道路，苏俄在满洲以西的势力，已经根深蒂固了。

三

　　苏联在新疆所采的政策，完全和在蒙古的政策不同。新疆的政治舞台中的人物，大多都是汉族的血胤，他们独自把持新疆的权力，对所有的外人都存戒心，他们的统治者，因地域辽远的关系，和南京或昔日的北京的中央政府，颇形隔阂。然而，苏俄的势力，直接指挥全部的经济的和文化的路向，迈步猛进着。

大多数的新疆居民，都是回教徒，他们与住居于印度北部和俄属土尔其斯垣〔坦〕的那些人种相近。中俄边界上，同样亦有许多游牧民族寄居其间。迪化和疏勒是他们的重要都市。西部和南部的崇山峻岭，以至于东部的沙漠，都是本省的天险所在，本省之不至为强邻所吞并吸收，有赖于这些自然险阻之力。在这一区域中，曾有种种阻止外人侵入的方法，然不时尚有英、德等国人出入其间。省中设有无线电台，关于苏俄的举措的消息，随时宣达中央亚细亚，渗透新疆全省的人民。

三十年前吉卜林（Kinling）（译者按：吉氏为英人，生于一八六五年，出生于印度之孟买，为有名之新疆问题专家，且为学者兼著作家）著 The Gam 和 The Bear that Walks Like a Man 二书，表明英、俄两国在这一方面冲突的严重，深怕俄国自西北方威胁英领印度。当时，他说道："当俄人折起他的汗衣时，我们才可相信他。"他的意思是说假如俄人向欧洲以外发展，英人的印度便无时无刻不在危险中。英、俄的冲突是露骨的。俄国的测量队不时出没于疆省的乱山中。现在，俄国在新省的势力确有惊人的进展。他已经在那方面采取亚细亚的侵略方式。苏俄的势力，足以威胁印度而有余，英人正在严密的监视着。虽然俄国在新疆的行动非常狡猾，英人也无可如何，只是敢怒而不敢言。

从迪化向东行横过一个寥阔的荒原，直达中国本部的市场和港口，这一条通路，是几百年来的传统路线。由于这一条路的交通，新疆和中国的关系便密切起来。然而，从新省至中国海口，要费三百日的骆驼行程，每磅货物的运费要五角之多，这是贸易上的重大亏累。其次一条省时而易于通行的路线，是越过南部大山，直达印度，每磅货物的运费只要一角五分。

三年前，苏俄完成了土西铁路，从土尔其斯坦出发，平行中国那高山耸峙的绵长的边界，直贯西伯利亚干线，与迪化相去不过四百里之遥，且有汽车路连贯其间，每磅货物的运价不过三分而已，因为在运费上相去如此之远，苏俄在那方面的经营占在绝对有利的地位。这样，苏俄便控制了全部的新疆市场，其他各国的商务便只好全部破产。中国自己的〔的〕商人，也不能与之竞争。

为着要造成苏俄是新疆唯一通路，苏俄对那方面的商务特别用心，每年总有大批货物买〔卖〕出和卖〔买〕入。苏俄在这方面的势力，已经达到帝俄时代所不能想像的程度，虽然有些地方还未下探查的工作，而大部的油、铜矿都已发现，只在等着那新省应自行设置的交通路线的完成而已。然而，在未来的一个长时期中，交通设备的完成是不可能的。即使将来有完成的一天，也必是在苏俄的控制之下。

然而，在别一方面的苏维埃的势力已经在发动了。苏俄对于那些在他边境上的少数民族的文化侵略的设施，已经发生很大的作用。

鞑族自来是散处于中央亚细亚一带，莫斯科的一个委员会中，曾有一个鞑族的代表，有一次他说："在革命以前，除我的闾里之外，我对世界简直一无所知；现在，我可以用我的语言纵论世界大事……我们的人民已经得到一个新的领域。"喀族是新省沿边的一个大游牧民族，在莫斯科也有一个代表，在决定国策方面，他似乎没有多大的作用，他自己以为是一个委员就够了，他又何求。然而，他是有重大的作用的，他可以把他的见闻带回他自己的乡土去，传布给那些游牧人民。

他们把在莫斯科的见闻传布到东方来，那便是革命文化的酵母。

在这样的经济的和文化的侵略之下，中国的另一个省份——新疆，又缓缓地移到苏俄的掌握中去。

四

当全世界上正局蹐于各人自己的切身烦恼中的时候，有什么办法可使人们去注意这一个不关紧要的辽远的区域的未来的危机！？

日本认满洲是他的生命线，然而，东铁的一部分利益是苏俄的。日俄在东省的利益相去无几。现在，苏俄尽量纵容日本在东省为所欲为，好像他们中间已成立什么谅解，虽然几月来的事变已经使谅解的成立为不可能，依然各处对于这种谅解还在流传着。不问如何，苏俄保有蒙古和新疆的利益，日本保有东三省的利益，依然是彼此和解的基础。

假如，像这样的分割协定不能成立，那吗〔么〕，苏俄在亚洲的东侵和日本势力的西向终不免有接触的一天，他们的争夺将把他们带到爆炸点上去。他们都采相同的政策，那便是制造私生的独立国。日本以武力达到他的目的，苏俄却以文化和经济的手段遂行他的心愿。有一天，苏俄的文化势力可以伸那趣剧的谐角的"满洲国"上去，到那时，独立的"满洲国"的代表和人民的共和国的蒙古外交人员可以在莫斯科聚首一堂，比比看谁是世界上最孤独的国家，谁可以在莫斯科戴上那最孤独的国家的代表的帽子。

日本在满洲的统治激动了全世界，在十年之后——一九四三年，全世界将集中视线于苏俄在亚洲的暴行。在那东三省以西的辽远的地平线上，那些红色的影子，是将来的事变的预兆。

《边铎》（半月刊）

南京边铎月刊社

1934 年 1 卷 2 期

（李红权　整理）

伪国改制与蒙古

王钟羽　撰

题前话

现在所说的伪国，无疑的是任人皆知为日人所扮演的伪满洲傀儡国了。日本为实行其大陆政策，为解决其本身受世界经济恐慌的困厄起见，不惜冒天下之大不韪，用武力占我东北宝藏最富的四省区，同时成立其所谓伪满洲国，袭亡韩的故智，东北整个的河山，盖完全入于日本囊括之中。最近更有进一步的计划——迫令傀儡溥仪称帝。是则东北的问题，乃愈趋愈严重，而于蒙古的关系及影响，也益觉迫切而不容忽视了。作者本一得之愚，略述伪国酝酿改制的事实与经过，并揭出日本侵略蒙古的野心与今后蒙古的危险性。非敢危言耸听，事实上强横不可理喻的邻人，已经不是磨刀霍霍，怒目相向的时候，她们业经排扉而入，侵及堂奥。我们——室宅内的主人翁，尚可安枕高卧而不急图抗御吗!？屏藩尽撤，边事益危，国内贤达，当速作曲突移薪之谋，勿贻焦头烂额之痛，曷胜切祷！

一

九一八之夜，日本挟持其世界第一等国之兵力，假口莫须有之铁路问题，用兵强占沈、吉各大城市，其后事件益形扩大。阅五月，日本军部一手扮演之伪满洲傀儡国，组织成立，旧有的中国行政权遂完全为所摧毁无余。此时之中国方求助于国际联盟会，以为神圣的联盟条约，当足以制彼侵略者已伸出之魔手。讵以凶顽的日本军人，非誓无视于历次大会的决议案，其在东北的行动，转趋积极，最后更脱退联盟会，以表示其必占东北的决心。自伪国建立，迄于现在，为时差及二载，在此期内，虽内有中国政府无数次严重的抗议，爱国志士前仆后继的热烈抗争，外有国际上主张公道的名流学者冷讥热嘲的批评，美国政府与联盟会员国不承认的表示，而日本始终一贯的行其所是，利用伪国为掩护其豺狼的羊皮，期以一手掩尽天下目。其行为固无异于掩耳盗铃，但在日本仍认为计已得售。是以日本在东北之各种举措，有时则讳莫如深，有时则明目张胆。第一次《日伪议定书》之内容，委日本以国防权，盖公然认伪国为其所保护，为其所孕育的国家。然于其对苏俄之各种交涉，又极尽其趋避之能事。前者坦率，后者模棱，狡猾的日本，盖无由为衡定也。近者伪国改制的呼声，已渐由宣传而将成为事实的表现。日本玩弄傀儡的把戏，又将变更新花样，而僵持中的中日问题，亦益增其解决的暗礁，事态之严重化实与时以俱进。吾人固已认清伪国一切的政治、经济之权，皆在日本掌握中，根本上没有独立机能的国家，执政是傀儡，皇帝不也是一样的供人作傀儡？所以溥仪改称或者伪国改制这件事，任使日本说得如何的好听，但是全世界的人恐怕谁也不能认否〔否认〕东北的土地现为日本所占领。更有一个史实来证明，日本侵略满蒙的计划，是明治维新以来一脉相传的遗策。所谓大陆政策、满蒙集中政策、国防线延长政策等等，哪一个不是直接对于中国——尤其是对于满蒙有关。已故去的田中义一，他所为关于满藏〔蒙〕积极政策之密秘奏折，所主张之各点，又哪一个不是现在日本在东北所施行的实际写照。盖日本人的心目中，老早就认为满洲、蒙古，不是中国的领土，所以她们用尽了智虑，昕夕在图谋，如何可以使之与中国本部分化。不幸九一八变后，中国无力来反抗日本的强暴，遂使东北的全部完全沦陷于日本的手中，使其分化的政策，乃得实现。此在日本觉得满洲一切的问题，总算如愿以偿，可是蒙古呢？虽然有些从前曾属于蒙古的地方如呼伦贝尔、洮南、兴安区及最近占领之热河等处，皆划归伪国范围内，然而西蒙的大部，仍然与中国发生很密切的关系，同时外蒙古现尚受苏俄的羁縻。日本一贯的满蒙政策，这岂不是仅行其半？所以处心积虑，一方在稳定其满洲的既得权益，一方更在图谋蒙古的占有。目前伪国改制的企图，可以说有十分之九，是为这种目的而进行的。现在略将酝酿伪国改制的事实与经过简述之。

二

伪国的创立，差不多已经二年。她没有独立自主的机能，除了她的保姆——日本，她没有彼〔被〕世界上任何一个国家与以正式或非正式的承认。固然一个国家的成立，不必专靠他国的承认，以为存在的要件。但是组织国家的要素，土地、人民、主权，三者缺一则不可。试问现在伪国的主权在哪里？伪国的执政完全是傀儡，伪国的主权者是日籍的官吏。请看《大公报》廿二年九月廿八日社评上所载的一段话：

> 伪国有所谓"参议府"者，等于日本之枢密院，地位最高，参议共有八人，而日人占其三，除张景惠为昏庸无耻不足齿数外，他如袁金铠、贵福、张海鹏、增韫四人，皆不过挂名而已，实权全在日人筑紫熊一之手，故该府秘书局局长以下完全为日本人。伪国务院除伪总理郑孝胥、秘书郑禹父子两人

外，顾问、秘书与夫总务厅、秘书处、人事处、主计处、需用处、法制局、总计处之厅长、局长、处长、科长，无一不为日本人，科长以下，亦以日人为多，华人仅占其三十分之一耳。民政部最重要之总务、警务两司司长皆为日人，而土地局则顾问及总务处处长悉以日人充之。外交部次长为大桥忠一，政务、宣化两司司长并为日籍。财政部共分总务、税务、理财三司，司长无一华人，科长以下，亦以日人占大多数。实业部有三司，而日籍司长居其二。交通部有总务、铁道、邮务、水运四司，全部以日人任司长，科长以下，华人亦绝无仅有，甚至哈尔滨、奉天电政局，亦完全为日籍人员。司法部设三司，日籍司长亦占其二。尤堪发指者，掌司教育之伪文教部，总务、学务两司，并皆以日人主持。此外辽、吉、黑三省及新设之兴安南、北两省，并皆以日人长总务厅，而兴安两〔西〕省尤多日籍人员，为便于执行日本之蒙古政策也。其各县地方，则各有日籍参事官一人，更有所谓属官者一二人不等，专从事下层工作。由此观之，中国之东北三省，从上彻下，政务、事务，今已无一不操诸日本人之手，试问何处可以见"满洲国"之存在？

似此等组织的国家，根本上靡有独立自主的能力，遑论改制不改制！不过此仅系就伪国或傀儡溥仪的本身立论，若以操纵其后的日本来说，因为事实上的可能，则不但改制，再进一步合并之亦在意中，是以吾人今日只认为伪国的改制是日本所玩的一种新把戏，其于伪国及一般的傀儡，盖无丝毫的关系，若辈亦不过奉行其主人的意旨，供其驱策而已。日本自占得东北全境以后，即依其一贯之大陆政策，实行统制东北的一切，举凡政治、经济、军事的各种权益，悉被剥夺。假手其傀儡国，作为侵略的工具，如国防权、铁路权、土地商租权等等，皆公然由伪国让与日本，其成立伪国二年的成绩，无非如此。据各方可靠的消息，日本对于傀儡的执政，不久就要黄袍加身，使为皇帝，这已经不是宣传，事实的到来，即在三月一日。日本——伪国实际的主人翁，目前正在发纵指示其傀儡工具，从事于民意之制造。据《申报》二月十九日所载之长春通讯，谓伪新京市长金璧东与伪哈尔滨市长吕荣寰已向伪总理郑孝胥提出帝政建白书，黑龙江、吉林、奉天、热河及兴安总署亦在日人制造民意之下，陆续请愿实行帝制，同时伪总理郑孝胥并受任为所谓"三千万民众请愿运动之代表"，向傀儡溥仪劝进。是则伪组织变为帝国的续〔序〕幕，已于此时正式揭开。而在不久的将来——"三月一日建国纪念日"，傀儡溥仪届时将登所谓"确固不摇之满洲国"的帝位。此种举动，已为千真万确的事实。但日本为掩饰其主动的阴谋，尚思预为脱卸责任的地步，试看如左的电讯：

一月廿日东京路透电："外相广田发表宣言，对于溥仪为'满洲国'皇帝事，代表日本全国，表示欣幸满意，相信君主政体之成立，将可进一步巩固'满洲国'为独立国家之基础云。"

又东京电："外务省发言人，对于溥仪改称之宣言，发表意见，注重'满洲国'当局之声明，谓溥仪之即位，其意义，并非恢复满清，且国疆亦将不变更，华北无论如何不受影响，其被侵之忧虑，可以消灭云。"

依据上述日本当局的声明，足可以觇知其意向的所在。第一，对于事实的酝酿与制造，日本已不惮与以公然的表示其承认，然决无半点承认日本为主动，第二，对于伪国改制后，华北一时或能不受其波动，因为日本一方顾忌国际的孤立，不容再轻举妄动，一方在满洲获得的权利，亦需要时间来融〔消〕化，同时于《塘沽协定》上且已得事实的优势，但于西蒙等地方能保持其不别有所图，此则尚未明言。故依日本历来对于亚洲大陆所持的政策，而来推论此次日本决心使伪国改制的企图，约不外以下的数端：（一）为决定割裂东北四省进一步的表示；（二）为解除国际间疑心日本必吞并满洲的忧虑；（三）为迎合当地一部分人的封建观念；（四）为成立与日本同样国体的国家，使集权于皇帝一人的身上，以便于统制及将来的合并；（五）为欲进而联合内蒙各盟之王公，作吞并蒙古的一种准备。上述各点，固皆为日本使伪国改制的因素，但吾人以目前情势论，则勿宁谓日本仅趋重于最后的一点，请申论之：日本向来所持之大陆政策，满蒙并提，虽在策略上容有先后缓急之分，但在实际施行上则无轻重主从之别。日本一贯的积极政策的归宿，是灭韩、吞满、并蒙及统治亚洲。现在朝鲜是早被灭掉，满洲又新被统属，而全亚洲的征服势须在统括蒙古的以后，所以当前对于蒙古的问题，似乎正为现实的一个阶段。由于过去日本在东北所为的几个实例来说，蒙古终免不了为日本所吞没。但是现在内蒙虽有大部分的土地已沦入伪国的版图，虽有若干的蒙古王公甘心受日本的笼络，然在日本固仍不认为满足，故日本煽惑西蒙各王公，诱其独立的消息，日有所闻。不过以最近我国政府对蒙事的注意，加以蒙古贤明的地方当局对中央的向化，颇与日本侵略蒙古的政策以相当的打击。是以日本现又不得不改变方针，另作打算。现在使伪国改制的计划，实在是日本认为当前最稳妥最巧妙的一种对蒙策略。吾人姑就过去的事实，简略述之。

<h1 style="text-align:center">三</h1>

日本帝国主义者自从其决定西进政策而后，即无时无刻不在着眼于亚洲大陆，朝鲜的攫得，是其大陆政策成功的第一步，现在

满洲事件的发动，是日本的大陆政策，又入一个新阶段。依据历史的昭示，日本为争朝鲜，曾经与中国火拼了一次，继争满洲，又曾与帝俄作孤注的一掷，可见日本对于满蒙的重视，及奉行其一贯政策的精神，实为颠扑不破。经过这两次的战役，日本在亚洲得有朝鲜及南满作为侵略的根据地，后此乃步步进逼，直至二年前之九一八，更囊括亚〔满〕洲，置东北全境于保护之下，日本此时固犹未足，但以东北全般社会一时陷于大混乱，一切急待于安定，同时对于各项获得权益的消化，亦需相当的时间，故在此期内尚无从注意到满洲以外的问题。迨至最近以来，满洲内部大体可以统制，社会秩序，亦较为安定，遂于早在计划中的蒙古，乃开始其侵略。兴安分省的设立，与夫不久热河的攻得，都是为获得此种目的的一种表示。至于使伪国改制的企图，乃是实施侵蒙的一种最现实的策略。

日本侵略蒙古的野心，说来很早，但见于事实者，实从现在起。所谓民四廿一条之提出，固曾以东蒙划入日本势力范围内，然犹仅限于经济事项，不关政治，且地域亦只限于东蒙之一小部，非指全蒙。当时日本在蒙古各部之活动，亦只能认作私人的行为，并无条约或法律的依据。泊至满洲被占，伪国成立以后，如洮南、索伦、呼伦贝尔及热河等蒙古旧属的地方，均先后为日本划归伪国的版图，其各地之蒙古王公等亦被迫加入伪组织，于是日本乃直接与蒙古发生关系，而遂入于政治的侵略时期。此盖由政治方面而言者，我们再就地势来说，蒙古与满洲因为壤地相接的关系，早已形成不可分离的情势，热河可以说是满洲天然的屏障，而察、绥乃是热河西方的门户。过去东北的地方当局，对于内蒙地方如热、察两省，皆为在所必争的地方，此种趋势，勿宁谓为环境所造成，现在的日本，又岂能例外。是以日本已占三省，必图热河，既占热河，当然不能遂忘察、绥，现在多伦的占据，与夫对沽源的进攻，都足以证明日本野心的所在。总而言之，当前蒙古的危机四伏，诚然不容再为乐观了。

吾人再就最近日本对蒙古所施行的几种事实来证明：日本于占得黑龙江省以后，即积极经营呼伦贝尔，筹设兴安分省，并以五十万金建筑大喇嘛庙，借以吸收蒙众，盖欲利用其宗教上的势力，以为统治的工具，此其一。图占热河，更努力构煽内蒙，在林西地方设立"内蒙各旗联合办事处"，以为联络西蒙各旗之机关，俾作未来建立"大满蒙王国"的准备，此其二。对于旧有盟旗之各王公，更极力拉拢，崇以高位，锡以厚禄，如过去之于达尔罕王之胁迫，最近以飞机载巴林王等至长春，皆为公开的事实，此其三。凡此皆为日本利用宗教、勾串王公所施行的方法，固未必遂收如何的效果，但以其日夕的图谋，究竟甚为可畏。且以蒙古民众的愚昧，蒙古王公的自私，日本于使伪国改制以后，必有更严重的表示与威胁，定将利用亡清早年在蒙古的威望，以使忠顺的蒙古人民加入"满洲国"以成立所谓"满蒙帝国"而占领其土地，此种企图，决当实现，盖无疑者。

抑尤有进者，当此全世界战机迫切待发，苏日关系日形恶化的今日，在日本固无一时一刻不在准备对国际及对苏俄的战事。是故军事资源的取给，与夫最优势阵地的攫得，实在是日本当前两件待决的大事。虽然东北的四省，已入日本的囊括，一切可以予取予求，但究不足以应付未来的大战，尤其是对于苏俄的战争，更无必胜的把握，故必须将全蒙置于统治之下，一者军事资源如蒙古的牲畜、皮毛及其他出产，堪供日本的大量需求，一者于地势上亦将画一大弧形以包围西比利亚，同时对于中国内地亦成一大包围形势，如此庶几可操胜算。日本使伪国改制及积极图占蒙古的真实目的如此而已。

四

　　日本使伪国改制，志在图蒙，既如上述，然吾国将取如何的态度？一言以蔽之，对伪国改制，只能听其所为，因一时既不能规复失地，则一切都谈不到，对蒙古则当为最大的注意与最善的努力，不可任其自为消长，致使贪而无餍的日本，益启其封豕长蛇的觊觎。我们所说最大的注意与最善的努力，非只说说而已，必须采用实地而有效的办法，若亡清的提倡宗教、优待王公等陈规，这种以宗教作羁縻，以爵位作抚绥的方法，早成过去，不适用矣。当前的急务，一切须开诚布公，对蒙古王公与民众，务宜以利害相动，以感情相结，为之规划自治，指挥国防，使与内地立于共同的战线，以抵御日本的侵略。现在中央对于酝酿甚久之蒙古自治案，业由中央政治会议通过，并由行政院令知蒙古来京代表遵行，自治政府且将着手组织，于此吾人可见政府对蒙事的注意了。但是这不过仅能抵制日本的侵略之一种消极的方法而已。至于积极的方面，仍当努力者数事：

　　（一）当健全中央蒙藏机关，并慎选蒙古的真正地方代表，以沟通地方与中央的意见，而建立密切的关系，庶可上情下达，下情上达，一切问题，当易解决，否则虽任蒙古自治，究恐以内外隔阂，终造成各异其趋的形势，此其一。

　　（二）当再派员前往蒙古各盟旗，宣达中央的意旨，并揭破日本的侵略政策：年来蒙事之环〔坏〕，实与日本以可乘的机会，欲救此弊，必须妥派德望兼备、熟习蒙情之人员，再赴蒙疆，从事宣慰，一方晓以中央的德意，一方暴露日本的阴谋，切实与蒙古人士接近，促成民治基础，则日本纵有狡计，亦不易逞，此其二。

　　（三）扶助蒙古自治政府，促进文化，发达经济：蒙古文化，本甚幼稚，中央政府当尽力为之提携，辅佐并匡助其文化上各种的缺陷，同时蒙古尚大部未脱其游牧的生活，其经济状况至为落后，中央亦当竭力助之开发，为之规画，以使教育、实业，次第进步，俾不致为日本所诱惑所摇动，此其三。

（四）宜广事延聘蒙古有志与有识的青年，使之参加中央政权或介绍于各盟旗：蒙古青年，近颇多自俄日等国留学归国者，其思想志趣，咸高于侪辈，革新的情绪，尤为激越，民国十七年呼伦贝尔的独立运动，即为此辈青年所主持。政府为延揽人才计，似已应当尽量引用，况复有种族的意味，尤不可使此辈青年觖望，同时亦当介绍于各盟旗，使与王公以下的官吏切实合作，以处理自治与自卫的事宜，俾制日本于机先，此其四。

以上四点，不过略举其切要者而已，他如与蒙有关系的外交、国防、交通等等，亦不可不因时制宜，妥为计画。总之，东北现已名实俱亡，日本帝国主义者使傀儡称帝，盖益坚其把持之决心。东北一日不收复，则蒙古之危险性，即一日不能消除，而傀儡的伪组织一时不解体，则蒙古亦即随时有被煽惑的可能。是以吾人所陈各点要不过为无办法中之办法，如欲切实巩固蒙古，则第一要义仍在收复东北已失的土地，语有云"唇亡齿寒，辅车相依"，东北与蒙古的关系，恰有如此，国内的同胞，幸祈急起图之！

二三，二，二六

按：本文脱稿后之三日，伪国果以改制闻，傀儡溥仪且粉墨登场矣。其兴安大署总长，且以蒙人齐點〔默〕特色木丕勒充任，显为积极侵略蒙古的先声，作者的推测，竟不幸而言中，凡我国人，当如何自惕自励！

作者附识

《边铎》（半月刊）

南京边铎月刊社

1934 年 1 卷 2 期

（李红权　整理）

伊盟晋京代表呈中央政治会议声明书

一月十七日

僧格林沁　等撰

呈。为郑重声明事：顷闻钧会审查蒙古自治办法时，已将原案根本变更，其理由闻系绥远省府向中央报称，本盟盟长、副盟长曾表示愿以一盟为一自治区等语。窃查百灵庙召集内蒙自治会议时，绥远省府一再派员，分赴本盟各旗，强行阻止派遣代表前往与会，事实俱在，人所共知。幸蒙黄部长洞察蒙古公意之所在，毅然商定蒙古自治办法十一条，本盟长官以为天日可睹，极端欢迎，遂派代表等与其他盟旗代表，会同来京，申谢中央德意，并请将原案早日核定施行。行政院、军事委员会、蒙藏委员会、内政部，均有本盟正式印文可查。本盟长官既派代表等来京于前，万无表示异议于后之理。惟前数日接绥远友人密电，内有"绥省府对自治迄在破坏，并未因中央已允之故，略有转变。现又派刘澄赴乌盟副盟长处，李春秀赴伊盟两盟长处，送礼及枪，务离间与云王合作；对伊盟忽又派代表入都，并有责意。似此鬼祟涌惑，恐生不佳影响"等语，可知绥远省府之报告，显为该府所制造，绝非本盟长官之本意。且本案为各盟旗公意之所在，尤未可以一二人借口变更。理合郑重声明，务乞俯察实情，赐予维持原案，以昭大信而利边局，是所盼祷。谨呈中央政治会议。伊克昭盟晋京代表僧格林沁、布林托克托琥、那森德勒格尔、白音仓、阿育勒札那。

《边疆通讯》（月刊）
南京蒙藏委员会边疆政教制度研究会
1934 年 1 卷 2 期
（朱宪　整理）

实施蒙古自治的管见

苏宝丰　撰

苏君系额济纳旗驻京代表，毕业于北平农大，今见惠斯文，以蒙人言蒙事，当更切贴〔贴切〕，值得一读焉。

——编者

蒙古自有清以来，即视为边陬荒漠之区，所有政治、军事等权，皆操于王公之手，既无生聚教养之可言，又无相当之组织，蒙民只知游牧为生，择水草而居，政府亦不以蒙民之利害祸福为念，因循苟安，祸胎早结。外蒙独立，前车可鉴，国防日危，言之痛心，于内蒙之事设不及早图救，前途更何堪设想，且日本节节进迫，大有囊括之势，事急势迫，间不容发。去年八月间，蒙民为救己救国，而有自治之运动，在当时社会上之舆论，间有疑为蒙民此次之自治运动，是有背景，而表遗憾。当轴关怀国防之日趋于严重，俯念蒙民不得已而自治之苦衷，非唯不为舆论所惑，且极力赞助，为数百年来散涣无组织之蒙民，谋永久之幸福，当派大员黄绍竑、赵丕廉二氏前往巡视。

值兹国事多艰、外患日迫之际，一旦事有所变，祸生眉睫，中央恐有鞭长莫及之势，而蒙民将何以自处之，东北之失，岂非明证乎？况无组织无兵力之内蒙而能幸免乎？试观十余年来外蒙陷于苏俄势力之下，哲盟、呼伦贝尔被日本占据，卓、昭等盟，近又相继而失，国土日亡，门户洞开，蚕食鲸吞，为祸不远。现仅存之半部西蒙，尤位于日、俄势力之间，虎视眈眈，朝不保夕，蒙民抵抗无力，固守无方，又不忍半部残山剩水，断送于外人之手，此内蒙王公、志士之所以呼吁中央，要求自治。幸中央体情度势，立准所请，内蒙自治，当可实现。惟蒙民相沿习惯、风俗、民情，大非内地可比，施政过激，易得蒙民之怨，施之不及，又失中央威信，故予不揣冒昧，本因俗设教之例，草成自治政府之大纲，以为设施进行之步骤，兹择重要者分述于后。

一　人选　选择人材，固无庸议，当由中央遴选博彦硕士，德高望重之先进者，前往筹备办理，领导蒙民，切实工作，促成内蒙之自治。惟蒙人之特性，诚实而多疑，且因崇尚宗教及受过去专制之毒，凡蒙民心目中，只有一扎萨克（蒙民领袖长官），生之死之，不敢有违。设于自治政府人员中，统由中央委任，恐蒙民因疑而一时不能就范，反生许多枝节。盖过去之政府，对于蒙事，诸多敷衍，所谓议而不决，决而不行，大失蒙民之信仰及希望，而政府亦失其威信矣。若此次于人选中，而不以其扎萨克及蒙民之有贤能者为其主要人材，非惟失去自治之本意，且蒙人又借过去之事实，将谓中央敷衍而不求实，不然何不以自治之权，而交于蒙人之手哉？故人选问题，所关甚巨，似宜除委员长、副委员长及常务、专门各委员由蒙人充任外，再由中央另委二三指导员，以资襄助。如此则蒙民之疑可解，而自治之前途，当可乐观矣。且各扎萨克因时势之所趋，环境之支配，顿悟部落式之组织，决不能生存，欲求自救、救国之策，舍拥护中央，要求自治，再无第二途径。今中央准如所请，假以自治之权，方努力图报之不暇，何敢有意外之变乎？不然，内蒙自治，不误于人选，而误于上下相疑，事关国防得失，恳乞当局者深加注意焉。

二　组织

1. 委员长一人。

2. 副委员长二人。

3. 常务委员五人。

（说明）自治区政府，除委员长、副委员长外，常务委员为自治区政府中最关重要者。区政府委员，大半为每旗之旗务所牵，致不能常川住区〈政〉府，故区政府一切事宜，统由常务委员主持之。其人选尤宜注意，拟由特别旗扎萨克及各盟长中选任之，以资郑重而专责成。因特别旗与盟均直属于中央，故特别旗之扎萨克与属于盟之普通旗不能视为同一之待遇，其职责亦宜分其轻重而稍事区别。

4. 专门委员七人至十一人。

专门委员，专任自治之实际工作，如教育、畜牧、农林等，与蒙民常有直接接近之机会，今为易于着手、利于进行起见，应以蒙古专门人材为标准。

5. 每区政府之委员，由每区之盟长、扎萨克兼任之，每年于春秋二季，定期召集，开大会两次，若常川逗留区政府，则各盟旗之事务，必限于停顿状态，故于开会后，即回各盟旗，至于经费，因事搏节起见，由区政府仅供给其往返川资及招待等费可也。

6. 区政府之下分设财政委员会及民政、教育、畜牧、交通、农林、卫生、工商、保安、秘书九处。

（说明）财政委员会之组织，以区政府之常务委员，为当然委员，其他各处与财政有关系者，如民政、农林、畜牧、交通、工商五处之主任兼充之。

7. 窃查内蒙地处西北边陲，一片荒漠，然依山带河之处，不无平畴膏沃之地，且物产丰富，森林茂盛，惟为过去政府所误，以致民顽地废，形成今日之局面，言之殊为可叹。反观内地之进化，日新月异，而蒙古之生活，仍事游牧，择草而居，觅水而食，朝东暮西，殆无宁日，既无安全之生活，又无适宜之居处，蒙民以如是之程度，如是之境遇，安能谈及自治乎。故宜首先改其游牧而为定牧，使散涣飘泊之蒙民，而有一定之居处，守望相助，以度团体之生活。辟地耕种，从事农业，杜绝外人投机售物，而保利权，教以育种、兽医等法，以防传染病之流行，而保畜类之健康，广造森林，调和气候，盖地多沙漠，时起大风，飞砂走石，向东南而吹，年来西北荒旱，均受此害，将来波及内地，亦意中事耳，内蒙森林，岂可忽视。前谓蒙民特性，诚实而多疑，历来汉蒙之隔阂及时有冲突者，其衅多起于汉商，高抬市价，鱼目混珠，以愚弄欺诈之手段，而要挟蒙民，蒙民之不信仰汉人者，即由此耳。如设立工商处，提倡工商业，就本地之物产，加人工之制造，组织合作社，以供日常之所需，奸商不得投机而入，亦可以增加收入，减轻政府之担负。再者蒙地交通之不便，亦须广辟公路，便利车行，交通之发达，于社会组织之促进，有莫大之效力。以上诸端，仅就其治标而言，凡此皆有赖于民政、教育、牧畜、交通、农林、商工、保安之设施也。至于根本切肤之害，莫大于人口之减少。蒙古自逊清入关以后，即演成崇尚喇嘛之制度，其喇嘛之数，常超过蒙民男性三分之一，而女性除应婚嫁外，所余之女性，其守身如玉者，能有几人？多为性欲冲动，发生暗昧苟且之事，既无约束，又无节制，于是花柳毒症，传染日盛。而蒙民习惯，凡有疾病者，又不以医药疗治，专恃喇嘛诵咒书符，且日常饮食起居，又不适合卫生，是以死于疾病者有之，死于喇嘛之手者亦有之，夫如是人口安得不减少哉？若不设法救济，则蒙民前途，不寒而栗！故设立卫生处，从事救济，以免将来无穷之隐忧。

　　以上各处，均设处长一人，至于详细组织，当依每处事物之繁简而分科。

　　8. 参议厅。

该厅之参议，由该区之各旗民众选举之，其任务，专事巡察佐理一切事宜。

9. 自治区政府之经费，由中央酌量补助之。

三　自治区之实际工作　今蒙民之生活，尚在游牧，而无一定之居处，如每旗即事建设，兴办实业，势必难能。故拟先由区政府着手，集中专门人材，办理一大规模之实业学校，内设工艺厂及农林畜牧场，实事求是，切实办理，既有事半功倍之效，又可以作为学生之实习地，一俟学生毕业后，分发各旗，推行此法，步步推广，数年之后，必变部落游牧，而为有组织之社会矣。

A普通教育　蒙民自受专制愚民政策之后，只知诵经拜佛，即为终身事业，而不知教育为何物，对于国计民生，固不相关，即个人之安危，亦以诵经拜佛为转移，故易受外人之愚弄诱惑，而走入歧途，今始知时势之趋向，而有所悟。现内蒙除土默特、察哈尔等处有相当之学校设立外，其他在蒙古内地各处，大半仍无学校之设立，各旗扎萨克及民众，虽欲设立学校，又感经济困难，束手无策，以致有志青年，苦无求学之地，急宜于每旗最低限度，设立小学一处，以便普及国民教育，各盟设中学一所，以期提高蒙地文化。

办法　召集蒙人曾经受过相当教育而品学端方、有守有为者，由区政府教育处，加以相当训练，然后分派各旗，负责办理地方教育。

B实业教育　吾国近年来，灾祸频仍，民不堪命，对于生产事业，无暇顾及，而人民之日用所需，皆仰舶来品之倾销，利权外溢，每况愈下，财政安得不破产乎？去年汪院长有鉴于斯，曾提倡"建设救国"之政策，盖建设救国，即是物质救国。今以内蒙有用之物质，而不开发，以救国民之贫病，且生产者日少，而消耗者日多，恐供不应需，而酿成将来不可收拾之局势，是开发内蒙实业，岂敢再事因循苟延，而一误再误乎？故除各旗设立普通教育之小学校外，急宜派专门人材，详细考查各旗产物之情形，设立实业学校，养成实业实施人材，从事于物质的建设，不独能改良蒙民生活而增加国家收入，亦可以调和西北各省之金融也。

　　办法　实业教育，非厉行强迫教育不可，每旗以百分之三或二人为准，不论其曾经受过教育与有无学识，但以年青力壮，精敏诚实者，为收录之标准。详查各旗所出之物产如何，分科教授。如某旗产生麻黄、甘草，即以该旗学生专学药材制造，提炼甘草、麻黄精，如某旗富于森林，即以该旗学生，专学林学，改不法正林为法正林，如牛、羊、马、驼，各旗皆产，均教以兽医之常识、品种之改良、牧草之研究，使畜牧日益发达，其副产物如皮、酪、油脂，用科学制造法，制成适合现代人生日用品。要之，实事求是，养成实业实施之人材，使内蒙人人皆成社会上自食其力而不依人之生产分子，以培边陲元气，而增国家收入，至于课程之规定，除实业教授外，可分为体育、训育二科。

　　（一）体育　寓兵于农，为吾国民兵制度之先声，强国之道，莫善于此。后以时势之转移，致废此法而不行。今也国是日艰，祸乱频仍，兵多则财不足，兵少又不能以弭乱御侮。且国防空虚，任人窥视，若不设法巩固，边事将无宁日。欲求巩固之法，徒恃中央兵力，恐有鞭长莫及之势，不若使蒙民人人皆有军事学识，用之即成劲旅，散之则为良民，实行总理征兵之制，非惟能节财力，且可以巩固国防，以减中央西北之顾虑。故于内蒙自治创始之际，所有教育上一切设施，皆宜军事化，即每日应加军事严格训练，养成健全之体魄，不畏之精神，为巩固国防之健儿，亦可谓巩固国防之根本办法。

　　（二）训育　内蒙地处边陲，交通梗塞，既无新文化之灌输，以开民智，又无相当之教育以培人材，人民所事者，拜佛诵经，所见者，蒙包酪浆，以谈文化，惊骇而不知为何物，日出而作，日入而息，以度其原始生活，言之殊为可叹。今于自治之际，首宜注重教育，故有普通教育，普及国民知识，实业教育，以事生产，而实业教育，除实习与体育外，宜以简而易知之世界潮流之演进、国家大势之趋向及国民党之真义、边防之重要，时时灌输，使蒙民人人知国际之现势，民族、国家之安危，知三民主义为解决国际民生之第一途径，不然愚而多疑之蒙民，将无进化之一日，恐被外人利诱智惑，构成祸胎，外蒙、东蒙，前车可鉴！

　　夫如是，生聚教养兼而施之，凡内蒙之民，皆是自食其力之生产家，亦是边防上之武装健儿，何患内蒙之不治，国防之不固乎！更何患赤俄之惑诱，日本之侵略乎！惟以自治伊始，经费困难之秋，促进蒙古社会之组织，非有缓急，与审时度势之计画，不能收实在完善之效果，今据拙见，拟组织案一，列表于后，以供参考。

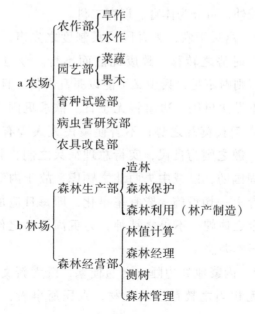

```
          ┌ 农作部 ┌ 旱作
          │        └ 水作
          │ 园艺部 ┌ 菜蔬
a 农场 ┤        └ 果木
          │ 育种试验部
          │ 病虫害研究部
          └ 农具改良部

          ┌ 森林生产部 ┌ 造林
          │            │ 森林保护
          │            └ 森林利用（林产制造）
b 林场 ┤ 森林经营部 ┌ 林值计算
          │            │ 森林经理
          └            │ 测树
                       └ 森林管理
```

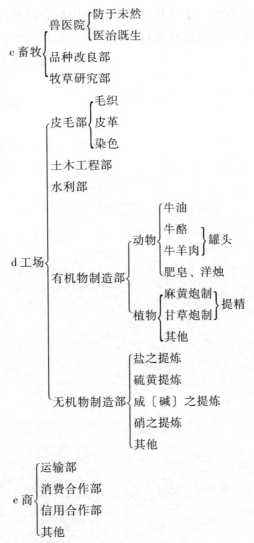

以上各表，仅即其组织之大概而言，至于详细之处，俟自治区政府成立后，由教育处、农林处、畜牧〈处〉、工商处四处合作，再行详细讨论，以期完密。

总之，蒙古自治之实施，在于如何实际做去，使蒙古改进也。

　　查内蒙自治方案，于元月十七日已经中政会议通过，奈所决不能尽满人意，今当中央已允重付讨论之际，敢陈管见，质诸贤明。

写于南京蒙古办事处

《开发西北》（月刊）

南京开发西北协会

1934 年 1 卷 2 期

（李红菊　整理）

共同努力于今后之蒙古

马　撰

蒙古之与中国内地，在血统上、经济上，发生密切关系，已数千年。然因与内地交通之不便，生活习惯之差异，以致于今尚未能完全无隔阂也。

以满清言，蒙古既归统治之下，应对于蒙地，谋交通之便利，富源之开发，对于蒙族，谋生活之改善，文化之增进，以期一切平等，无分彼此。不此之图，乃禁止汉蒙交通与蒙地开垦，以防汉蒙势力之联合与扩大。利用虚荣与宗教，笼络王公、喇嘛，以消灭蒙人刚勇之血性，与奋斗之精神。于是蒙古人口日益减少，文化日益退步，与汉族隔绝，亦日益远，其不若现今中央之对蒙者明甚。

最近内蒙要求自治，中央决定八项原则，吾人庆贺之余，认为蒙汉感情，从此永固。并认为八项原则其优点有四：

（一）蒙人最初希望有整个组织，此次原则第一项，规定设立蒙古地方自治政务委员会，直隶于行政院，总理各盟旗政务，可符蒙人之初意。

（二）中央与蒙古，又蒙古与地方政府，向来均不免颇有隔阂，此次规定，中央另派大员驻在该委员会所在地指导之，并就近调解盟旗省县之争议，则过去隔阂之弊，可以减免。

（三）蒙古各盟旗，分治已久，情形各异，强行联合，障碍反多。故前拟分区设立政府办法，伊盟即不愿与乌盟合组区政府，曾于本年一月，以正式公文向绥远省政府声明，请转呈中央，专设自治政府，可知分区非各盟所同愿。此次盟旗仍旧，则可免无谓之纷更。

（四）一般蒙人，固要求停止放垦，不再设县，但游牧进为农垦，乃人类生活进化必经之阶段，且繁荣地方，增收租税，发展地方经济，均非发展农工业不可。将来蒙古王公，必有自动放垦者，如伊盟盟长阿王即有此远见，该盟公地，多已计口授之人民。蒙古地方平广，固宜于畜牧，然亦大部宜于农垦，将来随文化之进步与交通之便利，必自行感觉农垦之需要。此次五、八两条，加以但书，有伸缩之余地，既符蒙人一时之希望，又不至阻止蒙古之进化与蒙人将来之需要。

但今后之蒙古问题，虽有解决办法原则之决定，而能否真正解决？能否于蒙人真正有益？于国家真正有利？尚须中央与蒙人及国内人士特别之注意，与加倍之努力。兹将希望于中央及蒙人者，分述如左：

一、已往蒙古问题之发生，既由于中央之漠视与双方之隔阂，今后应责成自治指导公署，调查蒙古情形，随时将蒙民意见、蒙民痛苦，与蒙地应兴革之事项，报告中央。中央时时注意研究，指示方针。

二、蒙古地方自治，应根据《建国大纲》及《地方自治实施法》，首先注意人口调查，与交通、教育等事之完成，以及民权行使之训练。且须有曾经训练之人员，指导进行。今后指导长官公署，应尽派员指导之责，中央应负极力扶植之任。

三、蒙古政治，向操于王公，蒙民绝少参与。今既进为自治，则应设立民意机关，如《蒙古盟部旗组织法》中所规定之"盟民代表会议"、"旗民代表会议"，早日成立，经相当之筹备与训练，使蒙民得共同参与政治。

四、实施自治，实非易易。今后蒙古地方自治政务委员会，应欢迎中央各机关之指导，而各种自治事项，如教育、交通、实业等等，尤应欢迎有知识与有志开发西北者之共同负担。

五、向日盟旗省县之争执，固省县不免有压迫或偏袒之事实，但亦多因隔阂误会。现盟旗虽自治，而省县仍旧，且自治办法，原则虽定，而细则尚缺。今后蒙古自治政务委员会诸公，应抱与边疆省府合作之精神，如财政之劈分成数，应按人口与事实，公平分配。在省县方面，亦应特别尊重蒙人意见，顾虑蒙人利益，以符中央允许蒙古地方自治之原意。相争必至俱伤，互让始能互助。

六、蒙族人口日益减少，此为蒙古民族最大之危机，今后自治委员会，应特别设法防止。如生活之改善、卫生之注意、种痘之提倡、医术之研究、花柳之防止、汉蒙之通婚、信仰宗教者之不必定作喇嘛等，均为增殖人口，强固种族之方法，宜一一计划实施，以恢复昔日繁庶之民族与强壮之体格。

七、蒙民财产，全恃畜牧，今日世界对于毛革之用途，亦日益加多，但墨守旧法，不加改良，不足以应世界之需要，且传染病之蔓延，亦足促蒙人之生计。今后应按办法原则第五项之规定，从速改良畜牧，提倡兽医，并兴办制革、毛织等工业。

八、畜牧进为农垦，乃当然之阶段，前因主持垦务者，不顾及蒙民利益，而蒙民亦狃于故习，致垦地愈多，蒙民生计日蹙。今后应由盟旗自动放垦，先尽蒙民承领，或计口授田，有余再招汉民领种，以期地方渐臻繁荣。

九、蒙古文化落后，人民无政治知识，且向不与闻政事，今施自治，应努力于教育之普及，且宜仿苏俄革命后教育办法，不求高深，先求需要，在短时期内，免除文盲，训练人民有政治常识，了解政府方针。故一方在各旗设立小学，谋蒙人根本教育之普及，一方普设平民补习学校、训练班、讲习所等，以期速成，而应目前之急需。

十、蒙古地方自治，军事权既归中央，今后蒙古盟旗原有军队，应改为保安队，或留一部为蒙民骑兵，利用其强悍之性，与壮健之马，以为国防之劲旅。但须由中央派员训练，其各级长官，汉蒙并用，以免隔阂。

十一、蒙古地方自治，外交权既在中央，今后一切对外交涉事项，无论政务委员会或各盟旗，均应不理。如有外人无故访问，亦应谢绝，以免有受诱惑或鼓动之嫌。

总之内蒙自治，为蒙古入一新时代之时机，如善用此机，可以开发蒙古地方，繁荣蒙古民族，可以巩固国防，抵御外患，可以免除中央与边地之隔阂，联络汉蒙民族之情感。所谓开发西北，民族平等，共御外侮等目的，不难次第达到。否则不免阻隔蒙古开发之机，便日人侵略之谋，增加蒙古与中央之隔阂与疏远，甚至使内蒙为伪满洲之续，或蹈外蒙之覆辙。我蒙古同胞其慎之。

《蒙藏月报》
南京蒙藏委员会
1934 年 1 卷 2 期
（朱宪　整理）

日本由"满"到"蒙"之政治阴谋

卞宗孟　撰

自九一八事变以后，暴日在我东北制造的伪国，虽然名之曰"满洲"，但是同时对于他向所标榜的"满蒙"之"蒙"，固未尝一日忘怀！本来，暴日平时常把"满蒙"二字连用起来，已竟〔经〕可以充分表出暴日侵略野心的所在；况且更就他所谓"满蒙政策"运用的范围看去，不尤可想见暴日的由"满"到"蒙"，是他必至的政治阴谋？然而这种阴谋，在九一八后已竟〔经〕完全暴露无遗了！

暴日既然以武力占据我东三省，打算实行傀儡政治的阴谋，所以首先利用"满人"做他的傀儡，制造了一个伪国，起个名字叫做"满洲"。可是后来又想到"蒙人"方面了，所以又利用蒙人为傀儡，制造了一个伪省，又起个名字叫做"兴安"。伪省和伪国的范围大小，虽不一样，可是他的傀儡政策的运用和政治阴谋的暴露是一般无二的。然而，伪国这套把戏，早为世人看穿，所以不但国人深恶痛绝，誓死否认，就是世界任何国家，也不能予以承认。不过对于伪国中的伪省那套把戏，却少有人注意。实在说，东北的所谓"蒙人"，本来比较冒牌的"满人"最〔更〕易利用，割裂旧有政治区划，更觉便于统治。所以这所谓"兴安省"的设置，他的重要性决不减于所谓"满洲国"的制造。因此，本文愿就所谓"兴安省"设置的里面，加以分析，以揭出暴日由"满"

到"蒙"的政治阴谋所在。

先就暴日关于"兴安省"设置的傀儡机关说。所谓"满洲国"政府的实权，本来操诸伪国务院，伪国务院的组织，除了在太上政府总务厅下分设几个伪部外，并有"局"的设置，如伪法制局、伪资政局等是。与这几个"局"平列的机关，则更有所谓"兴安总署"，这全是在各伪部以上的机关。惟就伪政府公布的各"局"官制观之，各"局"皆设局长，伪兴安总署则设总次长，内置总务、政务、劝业三处，实较各"局"的组织为复杂。规定伪总署的职掌是这样："掌管关于兴安省之一般行政事宜，并关于在另定地域内蒙古旗务，辅佐总理。"所以这个伪总署，是在伪部、局外的一种特殊组织，就是以上所说"兴安四分省"的一个中央统治机关。

所谓"兴安省"，起初分为三部分，叫做"三分省"。就是北部为"兴安北分省"，东部为"兴安东分省"，南部为"兴安南分省"。自热河失陷以后，才又添了一个"兴安西分省"。所以现在已竟〔经〕有"四分省"了。处理这"四分省"的傀儡机关，也有伪官制的规定（伪兴安局官制及兴安三分省令皆去岁三月公布，惟至七月间伪兴安局又改称兴安总署，伪官制则仍旧。同时并颁布一种"旗制"），就是各伪分省各置伪分省公署，伪省公署置伪分省长，"承兴安总署总长指挥监督执行法令，管理分省内行政事务，并指挥监督所属官吏"。又"分省长依职权或特别委任指挥监督旗长"，"分省公署置左开二厅：总务厅、民政厅"，皆在伪兴安省公署官制明白规定。在伪兴安局则说"掌管关于……蒙古旗务"，在伪分省长则说"依职权或特别委任……旗长"，从这一点已竟〔经〕可以看出所谓"兴安总署"，所谓"兴安分省"的设置，实在是统治东北各蒙旗的傀儡机关了。

次述旧行政区域的割裂——即伪兴安分省的区划。

按"兴安"命名的由来，或即本于旧日的"兴安屯垦区"，但一按其名实，实大相刺谬。因为民国十七年邹作华的倡议屯垦，原所以实行裁兵殖边，对于各蒙旗本无丝毫政治作用。最初计划兴安区的范围，虽然包有辽宁省的洮南、洮安、镇东、突泉、安广等五县，黑省的景星、大赉、泰来、索伦等四县之地，但翌年经东北政委会缩小规定，仅以洮安、索伦两县为主，是其范围亦仅限于辽、黑交界，所谓洮索铁路沿线一带而已。可是到了所谓"兴安省"的范围，实已将东北四省的各蒙旗悉直接统治于傀儡机关的兴安总署，不啻与伪满洲国分庭抗礼，而另制一小型的伪蒙古国，特具体而微耳！

这个小型的"蒙古国"的区划，分为四部，即所谓"四分省"是。所谓"北分省"与"东分省"皆在黑龙江省西部，即南起于长春边堡，北接嫩江上游以西之地，中以大兴安岭为界，岭以西为"北分省"，岭以东为"东分省"。其"南分省"则为辽宁省旧洮昌道地之大部，北更包有黑省一小部分之地。至所谓"西分省"则为热河北部之地。如就旧蒙旗的地域言之，则"北分省"当为呼伦贝尔八旗地之索伦左右翼旗、新巴尔虎左右翼旗、陈巴尔虎旗、额尔克〔古〕纳左右翼旗等地。"东分省"为黑龙江散旗，如布特哈旗、阿荣旗、莫力达瓦旗、巴彦旗等地。"南分省"为哲里木盟之科尔沁左右前中后六旗、扎赉特旗等地。"西分省"为昭乌达盟之巴林左右翼旗、扎鲁特左右翼旗、克什克腾旗、阿鲁特〔科〕尔沁旗等地，而开鲁、林西亦划在境内（下附《兴安省行政区划表》，请参阅《行健月刊》第三卷第三期）。

次言其傀儡官吏。

所谓"兴安总署"的总长，是齐默特色木丕勒，所谓"兴安北分省"省长是凌陞，"东分省"省长是额勒春，"南分省"省长是业喜海顺。此一班傀儡官吏，固然全是蒙人，然此一班傀儡的登台出演，要各有其背景在，试分述之。

齐默特色木丕勒是吉林郭尔罗斯前旗扎萨克多罗亲王，兼为哲里木盟的盟长，所以人每简称为齐王，或齐盟长。其本旗拥有长春农安、长岭等县的肥膏沃壤，在哲盟各县中最为富有，所以他的地位，也最占优势。惟齐的为人，昏愚无知，酷好佛法，尤尊崇满清皇帝，对于溥仪既仍抱臣事之心，对于日人遂亦甘为傀儡而不惜。日人亦以其昏愚可操纵，地位足号召，所以喜利用之。但所谓"兴安总署"的实权，固仍操诸次长日人菊竹实龙，齐的傀儡总长，正与傀儡执政的溥仪同一可怜！

凌陞是呼伦贝尔副都统贵福的长子，其人有机变权谋之才，在呼伦贝尔旗中是个杰出的人物，民国初元，呼伦贝尔的独立，凌实主之。自此遂威服全部，握有实权，其父贵福仅尸位而已。但凌志不在小，尤倾心帝制，故当日人制造伪国运动之时，凌即大出风头。迨受日方嗾使赴旅顺欢迎溥仪，凌更大卖力气。其竭诚效忠，固然出于不忘满清的奴婢心理，可是日人正利用他这种心理以奴视之了。

额勒春是黑省东布特哈人。黑省东西两布特哈皆是满清蒙古八旗旗籍住区，清代设总管治其地。入民国后，其制不变，额充总管，亦颇有威权，足以号召。惟额之为人，不失为谨厚长者，非若凌陞辈喜为政治活动。但其所以出任傀儡的缘故，有人说是两种原因：一种是因为额自身与溥仪的关系。东布特哈是溥仪妻的故乡（荣源本是布特哈人），额与荣族亦有姻娅关系。二是因为额侄德某与日人的关系。德某为留东学生，故利额以为虎作伥。因虽不同，而皆足以为日人制造傀儡的因素，额遂不免为傀儡了。

业喜海顺是科尔沁右翼中旗扎萨克和硕图什业图亲王（人简呼图王），曾充国会蒙古议员。在日本田中奏章中，业曾被田中认为与日本有关系之一人，且突泉县长某对东北最高当局亦尝有此密报。有此一段公案，已足证明业与日人的接近，一旦出任傀儡，自属当然。

"兴安西分省"的设置未久，傀儡的伪省长闻系巴林旗一扎萨克某。至林东、林西一带地的放垦设县，皆在巴林旗境，久为蒙旗所反对（如民国十四年林东设治之初，设治委员为辽籍王某，迨奉军东退后，王某竟为蒙人禁死大坂），故日人易于乘机利用，不待承德失守，热北已非复我有矣。

至各伪省的伪旗、县、市的所在地及伪旗长姓名，有已定者，有未定者，为便参考起见，概举于次——首伪旗、县、市，次所在地，次伪旗、县、市长姓名：

伪兴安北分省

索伦旗	南屯	未定
新巴尔虎左翼旗	阿穆古朗	额尔钦巴图
同上右翼旗	阿尔坦	喇巴尔巴迪
陈巴尔虎旗	乌珠尔和硕	楚克
额尔克纳左翼旗	奈勒穆图	未定
同上右翼旗	古勒穆图	未定
海拉尔市	海拉尔	未定

伪兴安东分省

热扎陶尔旗	索伦	布彦和什克图
布特哈旗	扎兰屯	额尔登
阿荣旗	黄花岭	尔恒巴图
莫力达瓦旗	布西	郭尔德蒙格
巴彦旗	和礼屯	卓仁扎布

伪兴安南分省

科尔沁左翼前旗	西扎哈齐	纳青额
同上左翼后旗	塔木格勒	额尔德尼毕勒格

同上左翼中旗	巴彦塔拉	阳仓扎布
同上右翼前旗	乌兰哈达	拉哈穆扎布
同上右翼后旗	代钦塔拉	巴彦木尔
同上右翼中旗	察尔森	根不勒扎木苏
扎赉特旗	巴彦吟喇	图们满部呼
伪兴安西分省		
扎鲁特左翼旗	鲁北	未定
同上右翼旗	桃两山	未定
阿鲁科尔沁旗	昆仑	未定
巴林左翼旗	林东	未定
巴林右翼旗	大坂上	未定
克什克腾旗	经棚	未定
开鲁县	开鲁	未定
林西县	林西	未定

　　狡哉日人！对此一班愚昧的傀儡，既动之以"报效皇帝"的信念，复诱之以"蒙人治蒙"的钓饵，遂皆入其彀中，俾得贯彻与利用满人同样作用的傀儡政策。而此一班傀儡又皆系有号召蒙民的势力者，纵所谓"兴安分省"在实际上不必有统治效力，然以之扰我东北边防，则固优为之，如呼伦贝尔的历来事变，可为先例。况由此逐渐西进，即可侵入察、绥，如卓索图、昭乌达以及锡林郭勒各盟旗，皆不难如法泡〔炮〕制，使之隶属于伪兴安总署之下，亦即悉使隶属于日人直接统治的范围。至此则南可威胁华北，北可控制苏俄，此其关系的重大，真是不容忽视！

　　虽然，所谓"兴安"的置署设省，不过暴日羁縻蒙人的一种策略而已，实则东蒙各地如哲盟、昭盟及呼伦贝尔等地，同为暴日铁蹄所蹂躏，一班蒙民亦同遭宰割的运命，区区三数叛逆的蒙古王公，早为蒙人所共弃，宁有代表断送的资格？犹忆去岁五月初，内蒙各地王公（东蒙王公亦有署名者）联电吁恳设置蒙古宣抚使，其电文有言："去岁辽宁事变，东蒙复成多事，国防前途，何堪设想。兹者，我国边藩，仅余察、锡、乌、伊各盟部，方今日俄冲突，日形紧张，利用蒙古，势所必然。……若不先行设法，结其内向之心，势必蹈外蒙覆辙。……"语多扼要，可谓有见，而出诸各王公之口，更值重视。况观于年来各王公亦不时有对日的激昂表示，彼暴日利用蒙人为傀儡，行见其心劳而日拙耳！

——转载《行健月刊》第三卷第三号

《新蒙古》（月刊）

北平新蒙古月刊社

1934 年 1 卷 2 期

（李红权　整理）

苏维埃化之外蒙

际亨 译

（上）外蒙苏联化之发展

当清朝末叶一九一一年，外蒙受帝俄武器弹药及其他军费之援助，将驻于库伦之中国外蒙总督并军队驱去，建立外蒙自治国，从此帝俄在外蒙更拼命扶植其政治、经济势力，自不待言。一九一七年俄国革命勃发，中国遂乘机将帝俄在外蒙建筑之各种势力，完全夺回，且将外蒙合并于中国，反华、排华之声遂起，此种运动可分下列三派：

（1）乞援白俄反苏之军队，而谋外蒙古脱离中国独立者；

（2）乞援苏联以图实现外蒙独立者；

（3）乞援日本以谋外蒙独立者。

右列三派中日本派不成功以终，无可言述。第一派与败走外蒙的塞米岳敔夫将军之部将巴伦昆盖尔特结合，取得中国北边政治、经济上之势力，建立外蒙自治国，定都库伦，但外蒙自治之实权，事实上与蒙古人政客之预期相反，竟入于巴伦昆盖尔特掌中。与第一派对立之苏联派，达到派遣代表入俄之目的，即于一九二○年于恰克图组织外蒙古革命党，翌年一九二一年更组织临时外蒙古政府。同年六月末临时蒙古政府与库伦之巴伦盖尔特交战，占领库伦，发表外蒙人民共和国之建国宣言，苏联势力之侵入，此为第一时期。

一九二四年表面上君临全外蒙之活佛死后，外蒙遂成名实兼备之人民共和国。一九二八年外蒙古国民革命党定有左列两个不相容的政纲，即：一方党内订立泛蒙古运动及建设蒙古共和国之政纲，他方又有成为俄国共产党代办机关之倾向，在此两个矛盾的政纲中，遂使掌握外蒙人民共和国大权的外蒙国民革命党于一九二八年受俄共之煽动而化分为左右翼两派。

苏联赤色势力侵入外蒙之第二期以后，外蒙国民革命党内左翼派占绝对之势力，自是外蒙国民革命党采取共产主义的动向，放弃从前蒙古民族主义的运动，而施行：

（1）外蒙人民共和国将来与苏联同盟；

（2）社会主义建设不经过资本主义的发展阶段。

外蒙国民革命党，日趋于苏联共产党外蒙古支部化，外蒙国民革命党掌中之外蒙人民共和国政府，从此完全受莫斯科共产党之支配。外蒙社会主义建设，自一九二九年益积极着手进行，兹将其主要者摘记如左：

（1）无产阶级独裁；

（2）新宪及法律之制定；

（3）贵族、喇嘛等非无产阶级之选举权及被选举权之否定；

（4）"阔尔保兹"、"果斯郝兹"、"阔闵"及"阿尔台利"之建设；

（5）私商之禁绝；

（6）私有财产之否定，资产阶级私有财产之没收；

（7）仿千九百二十九年苏联产业五年计画，实施外蒙产业五年计画；

（8）仅与苏联保持外交、通商关系；

（9）外蒙各机关自苏俄招聘顾问及指导员；

（10）与苏联改订条约。

外蒙国民革命党既日趋苏联共产党外蒙支部化，外蒙各机关更自苏联聘用顾问及指导员，结果：

（1）外蒙政权移入苏联掌中，如左述之通商关系，除苏联外，其他任何国家不能发生，因而物资缺乏，物价亦暴腾。

（2）与苏联通商，免除国税，国库关税收入由住民负担，住民之担税额激增。

（3）外蒙股份公司（运送公司）之资本金，苏联与外蒙折半担负，实权则操于苏联。

（4）外蒙银行资本金，外蒙及苏联折半担负，实权握于苏联。

（5）大"夫拉尔丹"相当苏联之苏维埃大会，每年一次，出席者为十三"艾玛克"，数都市及外蒙赤卫军之代表约百名（二百名以下）。

（6）小"夫拉尔丹"与苏联之中央执行委员会相当，约二十名之代表组成之。

（7）G. P. U. 为俗称，正译为"国内保安厅"。

（8）"政治部"掌理党务及政治工作。

（下）外蒙文化之现状

外蒙之蒙古人文化，迄一九二一年之革命前，犹远逊于呼伦贝尔及内蒙古之蒙古人，其主要原因可约略言之如次：

（1）外蒙之地理的位置及交通之不发达；

（2）外蒙住民之游牧生活；

（3）宗教。

外蒙之住民与其谓彼等不努力于文化之向上发达，毋宁谓彼等不知文化为何物，较与事实切合。成为外蒙之知识阶级、特权阶级，又寄生阶级之喇嘛僧，约占全人口十分之三，即外蒙全人口八十万人中，二十四万人过各庙之团体生活，"人多出韩信"，"矮人群中亦有将军"，此等喇嘛僧较一般游民知识为高，不能否认，但其中真正理解宗教之真髓者，莫能寻得一名，即努力于理解宗教者，亦无其人也。彼等亦尝学习西藏及其他各国文字而考究其文化，结果亦徒消耗莫大之时间，而无益于文化向上，只知享乐和平生活而已。

近时外蒙住民经过多次之政治变化及外国人之来临，渐知世间有海底电线、电灯、无线电、汽车等文化之利器存在，亦自此时得悉有文化存在及外蒙文化之地位焉。尤以一九二一年外蒙革命以来，民众启蒙运动甚有起色，外蒙人民共和国建国，亦设有教育部、学士院等，其后更开设师范学校、商业学校、兽医学校、党务学校、法律传习所及小学校多处。兹将其学校数目列左：

高等程度（相当文明国之中等程度）	五
中等程度	一
初等程度	约二〇〇

他如目下更有数百名［及］官费派遣各国留学生，留学国名及学生数目约略如此：

德意志	二十名至四十名
法兰西	五名至六名
中国	三名
苏联	数百名

自一九二一年至一九二八年以蒙古民族主义为立脚点之启蒙运动，官民一致热烈倡导，于库伦创设印刷所，发行新闻杂志及教科书等，诚为外蒙文化向上之自觉。后革命青年同盟组织更继续从事于启蒙运动及政治工作及事务等，且军队中亦一律在兵营内

施以初等教育，近时外蒙住民之知识程度，盖蒸蒸日上也。

总之，外蒙虽积极的且普遍的施行其苏维埃化，实则并无成绩可言也。官方自发号施令，百姓自袖手旁观，其主要原〈因〉为政府放弃蒙古民族主义采用社会主义后，而无适当之社会主义的领导者。又据最近之情报，一九二〇年立案着手之"阔尔保兹"、"果斯郝兹"、"阔闵"及"阿尔台利"之建设，已昭昭然为不可能，势必一朝中止或放弃也。

——译自大连《满洲日报》

《新蒙古》（月刊）

北平新蒙古月刊社

1934 年 1 卷 2 期

（朱宪　整理）

外蒙人民之真意向

海拉尔通信

王树瀑　译

在各报纸上关于外蒙古各种消息的登载，常是彼此差异，互相矛盾的，故对这苏维埃管理下底领土——外蒙古——现在是如何地向前推动地那种种确实消息，局外人颇不易明了其真像。现在哈尔滨白俄主办底某报上，披露一件关于外蒙古的新闻，说蒙古人不满意苏维埃的顾问们用那很严厉底方法来统治他们的国家，故反抗之事，时有所闻，现正设法将他们逐之出境。此项消息，不无惹人怀疑之点。

此项消息是作者得自新从蒙俄边境逃来此地的一个蒙古人的述说，他的同行者还有几个其他部落中的人们。他的名字不能被宣布出来，因为他有亲属住在外蒙古，当局者要知道他把这种秘密情况揭破出来，则必加害于其亲属。此人曾在俄国大革命以前受过俄国教育，更因其时时努力读书，使其所受教育至今大有进益，他有确定底、合理底感想，他关于外蒙古最近情况底述说，对于普通读者饶有趣味。

他说："我们的宗教和政治的首领达赖喇嘛，死去已有九年的工夫，那半苏维埃式的政府成立后，对于一切行政，未有惹人注目底进步。"他说外蒙古的行政制度完全是脱胎于苏维埃俄罗斯的行政法规。俄罗斯被共产党统治，外蒙古的大权，亦落在共产党手中，外蒙古的一切大权，除共产党外，他人不得问津。这个政党在名义上是私人的组织，事实上是全国之专政者。约在五年前，有一些人想组织其他政党，但未及成形，即行流产。

这个政党由国会入手来把持政权，这国会被称为高级哈罗尔旦，国会里议员悉为人民革命党的党员。每年举行选举一次，这种选举只可当作笑柄资料；在外蒙古又无其他政党与之竞选，而人民对选举事又漠不关心，则共产党员垄断哈罗尔旦国会里一切事务。高级哈罗尔旦照例在每年十一月一日召集会议，参加此会议的人数，约为一百三十人至一百五十人的数额，经过两三礼拜会议后即行散会，其议决案即交村〔付〕初级哈罗尔旦及各部执行。

外蒙古的傀儡政府

高级哈罗尔旦之主要会议事项，为各部长之委任；一切所讨论的事项，开会前早被共党里的领袖们预先决定，故每年开会一次，只可当作表面文章而已；实际上政府之阁员悉为此党中有力分子盘据着，更动之机会特少。在外蒙古，知识阶级人数寥少，所有喇嘛数额占全国男子人数百分之三十，他们没有资格充任政府官吏。现在知识阶级悉为青年人，年龄约在二十岁左右，大多数出身于俄国学校或在库伦的学校。近来外蒙古各地社会上的趋向，显出一种反对宗教、反对教堂的举动，此种过激底现像，在苏维埃本国早就表演过了；因此知识阶级与喇嘛阶级的关系，颇显紧张，所有喇嘛大有受压迫的趋势。

在外蒙古，那真正权柄是操在住〔驻〕库伦的第三国际代表及苏维埃的住〔驻〕蒙大使，此二人的权限在人民革命党及政府内并不发生冲突，所有一切重要事件完全受此二人支配，这种情形与"满洲国"无异，"满洲国"的实权全由日本的关东军司令长官及日本的"驻满大使"掌握着。由此可知外蒙古的政府及"满洲国"的政府的命运，实在是站在那狂风怒涛底海洋中的一只小船上。第三国际的特派代表住〔驻〕在库伦的是阿玛格法莫格（M. S. Amagaeff-Auga），他是一个来自西比利亚的伊尔库次克省（Irkutsk Province）那种同化于俄国之蒙古族人，他任此职已经多年，近来已经谢职他去。现在继任的仍是一个半同化于俄国之蒙古族人，名叫比克洛夫（Beekuloff），他是绝对人物中的一个，严〔俨〕然像斯塔林（Stalin）在苏维埃俄罗斯的样子。

　　外蒙古的政治方面大概如此。若说到经济方面，似乎是没有可以自豪的。从太古以来蒙古即以游牧民族著名于世，大概将来或者亦是如此。现在有一些试验家，目的想在广大陆地内，培植农业，此种计划始自革命时期，至今也未达到令人满意的结果。虽有政府的热心提倡农业，如供给农人那价值极低廉底五谷种子，及在俄国特别聘来的农业专家，从事指导工作等，而蒙古人仍是不易离开他们的牲畜，去做农业工作。现在科布多（Kobdo）附近有几处可供常久居住底区域，农业略为发达，是因此处土壤肥沃，较他处为宜于农业故也。

　　因为饲养牲畜为一般人民的主要职业，故政府创设中央兽医饲料行政部以求牲畜之改良及蕃殖，此部中任职者概属俄国人。此部所管之主要工作为防止及消灭牲畜的传染病，但尚未得到显著的功效，传染病加害于牲畜之惨酷，几乎令人不可思议。蒙古面积辽阔，交通滞塞，人民懒惰，此皆为进步之障碍物，故谋各种事务的进步，不易奏效；中央兽医饲料行政部的未得良好成绩，此亦为其原因中的一种。此部仅有三十七个外科兽医生，当牲畜的传染病流行时，则他们所得底功效极为微小。兽医助手学校于数年前曾被创设在库伦，迄今尚未造成良好医药人材，外科兽医生们把大部分时间全用在拣治药料工作，对于其他任务，则无暇顾及。其他任务为使异种牲畜的杂配而生之混合种是即改良牲畜种子的一种方法，这类似底重要工作则完全被忽视了。

外蒙古的财政权亦操在苏维埃俄罗斯人手中，因为他们在人民经济委员会及蒙古中央银行这些财政机关内占有重要位置。在外蒙古流行的国家货币——吐义克（Tuhrik）——是与苏维埃的通货相辅而行的，十个吐义克换一个沙尔纲奈兹（Chervonetz）。五年前，当新货币方兴之时，则在莫斯科的苏维埃造币厂所铸成底那价值一个吐义克的银币，流通于市面者还甚多。现在因为通货澎涨及在俄罗斯与蒙古生活程度的降低，那种银币完全不复流行于市场。在苏维埃俄罗斯所印之纸币在外蒙古代银币为通货。在财政方面则"满洲国"与外蒙古亦完全相同。

禁止私人经营企业

在外蒙古不许私人经营企业，和在俄罗斯一样。在外蒙古有特权经营商业者为两个大机关——一为司特芒（Stormong）公司，是苏维埃国家营业机关，一为芒司靠波（Moncencop）公司，是蒙古人公共组织的公司。司特芒公司办理由俄国运到蒙古的一切制造品，及垄断由蒙古运到俄国的一切出口货。芒司靠波公司是办理由中国察哈尔省及绥远省入蒙古的一切进口货，及由蒙古入中国的一切出口货。在国内贸易，则这两个机关就起了商业竞争，但因司特芒公司的资本雄厚，在竞争场里，较占优胜地位。

外蒙古自此新政体降生后，则国家管理一切规模较大一点底实业，略可称述者为在伊罗河岸之木业公司，在库伦的制毛工厂、砖窑，及麦酒、肥皂、糖食等各种制造所。此外还有奥尔吞·布拉克（Alton Bulak）素常称誉地制革工厂。在和李河岸有面粉公司及酿酒店。其实业的概况如是而已。

最近在"满洲国"有一种流言嚣传甚盛，说蒙古军队集中"满"蒙边境，甚至说蒙古人随意越境侵入"满洲国"领土内，大加抢掠，已有数次之多。因此有作这样推想之人，谓蒙古人对"满洲边防军"做这挑战行为，真有可怕底危机。对此推想，给我述说蒙古情形的那个人解答说蒙古的军队为数甚少，仅有七千个未经训练底战士；虽由红俄军官率领，然军械无几，实不足称为军队。他结尾说"军队当具备军队的一定条件"。

在哈尔滨的俄国报纸上最近登载一件很惹人注意的报告，说蒙古人正设法将现在政府推翻，极愿将本国领土与"满洲国"合并，已有几个蒙古人到海拉尔，自称为外蒙古一部分民众的代表，去进谒驻在此城里的日本军事长官，说明来意，并请求日人帮助，脱离苏维埃之羁绊。然外蒙古人是否有这种举动，不能确定，但蒙古这位否认此项消息，并声明蒙古民众对于国家政治毫不关心，政体如何变更，不加闻问。他说："蒙古人向来无所谓蒙古国家主义之说，故不思国家政体应当如何变更。假若有脱离苏维埃，加入满洲国之企图，主动人当然要出自青年知识阶级分子中。但这些青年人概皆受过俄国的最新教育，早已被俄国的政治思想所同化，构成他们自己的革命观念。我决不信他们愿欲把本国的领土及人民放在日本帝国主义的羽翼下面，因为他们十分明了满洲国的确实真情，决不愿将外蒙古列在与满洲国同一地位；然而他们亦不愿欲常久地与苏维埃做这受支配地位底联盟，他们努力设法建设真正独立国家；为此目的，他们对于将来底亚洲战争，抱有绝大希望；谓经过战争的结果，外蒙古可以得到真实底独立。"

由此可知日本的阴谋想把外蒙古合并在"满洲国"内，如此则可完成其亚洲大帝国的主张，日本各政党虽无正式底作此声明，然他们想在亚洲大陆上把外蒙古合并于"满洲国"的行政势力范

围内的几种事实，颇为显明。日本吞并外蒙先从蒙古军队入手，
日本人在海拉尔专为蒙古青年人创办速成军官学校，其中已有十
人于毕业此校后，即到东京再学习军事知识。这些青年人虽说是
内蒙古人，但他们与外蒙古人语言相同、文化相同、种族相同，
他们将来真可谓为日本完成吞并外蒙古的政策那极有效力底工具，
特别是在作战的时候。可是现在这个国家已完全落在苏维埃俄罗
斯人的掌握内，则将来俄日交兵时，此地大概要作为剧烈底战场，
这是为任何人所推想到的。

　　　　　　——译自上海《密勒氏评论报》第六十六卷第三期

　　　　　　　　　　　　　　　　　　《新蒙古》（月刊）
　　　　　　　　　　　　　　　　　北平新蒙古月刊社
　　　　　　　　　　　　　　　　1934 年 1 卷 2 期
　　　　　　　　　　　　　　　　　（朱宪　整理）

关于蒙古各方面之管见

姚敬斋　撰

前在蒙校时，常与蒙古各旗人士，从容谈议，又以年岁稽迟，前之毕业学生，今皆服务各界，不时往来款洽。故对于过去中央与蒙古联系中诸多病征，测及将来蒙古在中央提携下或生变态。兼之北有俄，东有日，威逼利诱，形势尤恶。外蒙早经独立，国人不知深省，九一八事变后，国人犹不知深省，今且热河失守，溥仪行将称帝，察、绥风云，随时可发。国之人，果血尚未凉，心犹不死，当于此危机四伏之顷，急谋所以改善救正之方。汉、蒙既是一家，尤当人人有昨非今是之想。具体办法，在自治问题中，言之详矣。吾以为心情之改善与救正，各方面尤宜有深切之觉察，下一以前种种譬如昨日死、以后种种譬如今日生之决心。兹试即吾所感到者一一言之。

中央方面　数年来，对于蒙古所用政策，似不出前清羁縻之窝〔窠〕臼。优礼王公，笼络几个好出风头的人物，位置几个小有才的青年。此项机关，如蒙藏院、蒙藏委员会、蒙会驻平办公处、蒙藏招待处、活佛驻京办公处、北平蒙藏学校、南京蒙藏学校、中央大学蒙藏班，各校优待蒙藏学生办法，送往迎来，岁縻巨款，以为如此，当可维系蒙古永久不变矣。殊不知所优待者只少数个人之身家，谁是代中央顾虑到多数愁苦之民众。某也中委，某也监委，某也处长，某也科长，才具未见有何表现，一声就职，尽室偕行，离冷落之乡，入繁华之窟，距中央愈近，去民众愈远。且粥锅所在，持碗者麇集，得者不以为恩，不得者反以为怨，于是互相倾轧，互为畛域，飞短流长，兴风作浪，此拒彼迎，乙弛甲张，即此已足使中央穷于应付，何言其他。尝闻外人之应付属地也，先畏之以威，继怀之以德，兴学育才，以丕变其风气，垦荒挖矿，以浚发其富源，筑路试航，以便利其交通，计日课功，款不虚费，数年之后，斐然改观。今处列强环伺之下，行此不工而赈之两损政策，以巧让人，而自居于拙，其不为三省之续者，时间问题耳，他何望哉。

王公方面　因习于三百年来受人豢善〔养〕传统之思想，颐指气使，锦衣玉食，左拥右抱，恶死爱生，皆视为固然。一旦降堂阶之尊，与黎庶为伍，于是昼夜思维，不顾手段之卑劣，只思保固之有方。须知当今之世界，尚智斗力之世界也，强存弱亡之世界也，名分不能维系人心，头衔不足慑服群众。始皇之强，耕夫可起而覆之；前清之盛，革党可扑而灭之。不谋变计，任人拨弄，是自杀也。急宜借固有之威势，联合有为之青年，接近穷苦之同种，明了世界大势潮流之所趋，因机应付，鉴于中央处置之困难，随时提醒。非我族类，其心必异，言甘币重，绝蕴祸机。谋大众之安全，即己身之幸福，有精诚之团结，方功效之可期，质之贤达，当不易吾言。

青年有力的方面　奔走革命，或因依王公、喇嘛，在中央取得重要位置，日常可与中央要人，直通款曲者，每月收入不菲。真是一人得第，鸡犬皆仙，沉溺富贵之乐园，忘却乡邦之苦海，染官僚习气，抱金钱主义。乐不思蜀，人之情也，但是人须远虑，始免近忧，且人生不过百年，宁教马革裹尸，不为后主长乐，宁为铮铮之死，不求庸庸之生，成吉斯汗之子系，必有如此骨干。况当此有强权无公理之时代，不努力则无饭吃，不奋斗则陷绝境，中央所以优容我者，以我背后有数百万民众，数千万方里土地耳。中央所以既为两损政策，我辈拿定得过且过主义，将来不得过时且奈何。易曰："眇能视，跛能履，履虎尾，咥人，凶。"兹言殊可味也。急宜提振精神，领导后进，谋地方之利益，作一致之行动，官可以不作，正义不可以不伸，身可以不顾，志气不可以不坚。人特患不公不明耳，果真能公正廉明，抛却利害，一以国家、地方为前提，人同此心，有感斯应，仇我者亦且愿与为友，从我者自更一致欢呼，得道者多助，风云有不变色，豚鱼有不可格，吾不信也。试取古今中外名人传记读之，有一不从作苦起家者乎，有一不因骄惰致败者乎，惩前毖后，可发深省。

青年无力的方面　初毕业之学生，才出门之少年，不甘雌伏，糊口四方，不陪侍王公，即追随喇嘛，或亦附合革命，奔走于中央同乡要人之间，揣摩风气，伺候颜色，先意承志，献小殷勤，知私而不知公，图小而不图大，为吃饭，为虚荣；无事时，投机乱撞，日也可抗，左也可倾，假公济私，无所不用其极；一旦小有活动，辄谓某要人器重我，某委长赏识我，某省主席某总司命〔令〕函电约我。事骗到手，钱赆到腰，便忙着组小家庭，贷房购物，衣锦食鲜，志得意满，他皆不过问矣。此类人，各分各派，入主出奴，为犬为鹰，悉所不惜。在当局立意，或本无他，只是位尊而骄，今又被冀沾我余沥者所包围，信口雌黄，看朱成碧，恩怨日益分明，义利日加淆惑，常此鬼混，希图苟安，社会既无此许多位置，供其食息，时时有不少无业青年，来相搀扰，无事生非，花样百出，党争未已，首领成擒，内战方酣，地图变色，渔人本无心得利，实鱼蚌本身自招其祸耳。须知处此时期，人心越诡诈，越是诚实人占便宜，世情越变幻，越是穷苦人有办法。恩我者，须爱之以德，莫使因我而归于失败；仇我者，须报之以直，莫使因我而增其声价。同此方舆，同此种类，人皆得死，我亦不能得生，人皆得生，我亦不能独死。天地间最是作好人的不吃亏，何必贪眼前醉饱，贻误一生发展之阶梯哉。

学生方面　普通说话，皆谓今之学生，即将来之主人翁，吾谓蒙古学生，虽谓为现在之主人翁，亦无不可。奚言之也？地方风气，蔽塞太深，即此出外求学之精神，已属凤毛麟角，所得知识，更觉难能可贵。故在写封家信，也要用启发口吻，见个同乡，必须有公正表示。同学间要有整个团体，遇公益事，要尽全力去赞助。学校小小自治会，即预备将来地方自治之模型，慎勿忌才妒能，勿争权夺利。馒头主义，只可敷衍一时，普利计画，始能维持永久。要忍气，要耐苦，要用功，要坚持到底，要不贪小便宜受人分化，要联合同志，作有效的举动，制止鬼祟的萌芽。有完整体格，健全精神，在校时可以领袖同学，树民治之先声，出校后即可扩大范围，谋地方之福。始基不立，求善其终，学识未充，欲神于用，均无望也。

民众方面　当今之世，最有势力者，厥惟民众，最感受痛苦者，亦惟民众。既有势力，又受痛苦，语似不经，实则有势力不会运用，感受苦痛，亦固其宜。如到处受当局之轧札，遭兵匪之蹂躏，闻者伤心，见之落泪。然在身当其境者，不思设法摆脱，视为固然，一误于听天由命之真经，再误于安分守己之格言。入地升天，注意冥报，主奴明分，何敢抗衡，王公必要服从，喇嘛终须信仰，革命巨子，都认为吃洋药的怪桀，神鬼见之，且避三舍，何论凡人。如此种种，不胜枚举，要皆陷蒙古于万劫不复之主要原因。今愿我蒙古民众，鉴于古代过去之光荣历史，振起将来伟大之精神，将相无种，人当自强，先必设法谋地方之自卫，尽力供给子弟受相当之教育，齐家即可治国，一乡之治安，推而作全境之幸福。实事求是，何恤人言，因塞求通，神皆佑之。果真有坚强民众之团体，运以不屈不挠之精神，当道虽不欲尽力民事，其又安得已哉。

　　蜗居野人，未经世故，书生之见，迹近管窥。总以蒙古问题，终须蒙人自谋解决，解决之道，亦多端矣。徒言打倒帝国主义，要研究如何打法；徒言一致对外，要研究如何才能一致。礼堂上的狂呼，皆无用处，茶饭馆之联欢，亦属虚文。认识几个外国人，当场说几句客气话，谁真帮忙，谁真可靠，更是幻想虚花，徒滋纷扰。就我自心所感到者，以为希望革新，必先革心，果能革心，即办法不尽完善，尽可徐图改良。徒言革新，即一切设施，与欧美无二，亦且无补于事，或益速其亡。现在蒙古人士，最使人失望者，不在人才之太少，而在人才之太多，不在人才之太多，而在太多的人才，各是其是，各非其非，用其才于结党营私，只顾眼前虚荣，不用其才于同舟共济，忘却险恶风波。常此各怀私心，不顾大体，只有坐待宰割，难望发展。故言当今目前之急务，只有各方面得到良心觉悟，一致忏悔。首由各领袖派，互效廉颇之负荆，对赔不是，各出肝胆，互求谅解。领袖既归一家，各派青年，自趋一致，各出所长，分工合作，心无滥用，款无虚糜，所谓涓滴归公者，固合精神、智力言之也。天道积聚众精以为先，圣人积聚众善以为功，三人同心，其利断金。以蒙地之辽阔，蒙民之强毅，物藏之丰富，形势之险要，何至受人卵翼，听人指挥，任人支配，不能自作丝毫主张耶。先之一鸣惊人，造恐怖世界者，非此族耶，非此族耶。今敢为我蒙古同人正告之曰，不能化零为整，无论如何钩心斗角，必无一幸。果能同力合作，即使从容协议，必可改观。岁将暮矣，猎人集矣，睡狮可以醒矣。

《新蒙古》（月刊）

北平新蒙古月刊社

1934 年 1 卷 2 期

（訾茹　整理）

蒙古请求自治晋京代表声明书（一月二十日）

作者不详

为郑重声明事：代表等于一月十六日下午，闻中央政治会议法制组再度审查蒙古自治案之结果，将黄部长在百灵庙商定之办法十一条，完全变更，惊惶之余，彻夜未眠。十七日为中政会开会之期，乃于早七时会同各盟旗驻京代表，前往中政会，具文呈请维持百灵庙商定原案，并将照印之呈文，于各委员到会时，一一迎门面呈，请予主张。又于中政会唐秘书长接见时，口头详陈情由，务请维持原案，最低限度，亦乞暂留回旋余地。当承允予转达，并坚嘱先归，适至傍午，遂回寓待命。不料中政会当日仍照审查结果决定，十八日见诸报端。循诵再三，惊骇万状。伏查中政会决定办法，亦为十一条，惟与百灵庙商定之十一条，完全相反。代表等奉派来京，系为请求早日实行百灵庙商定原案，并申谢中央德意。现在中政会决定办法，既与原案完全相反，代表等绝对不敢接受，此其一。再查中政会决定办法，如果实行，则仅"设县地方，完全属于省行政区域"，及"设县地方一切蒙旗行政，由省政府处理"数语，即可使我固有之盟旗，无形消灭；其他剥削盟旗地位、区域权益之处，尚不具论。代表等原为实现蒙古自治而来，反得盟旗自灭之结果，尤万万不敢接受，此其二。近年中央每以重视蒙人公意及福利相标榜，乃于蒙古朝不保夕之今日，对于全蒙渴望之要案，又于代表等叩阍泣请之中，竟将百灵庙原案根本推翻，而不肯稍留考量之余地，不知所谓重视蒙人公意及福利者，作何解释；中央特派大员赴蒙商洽，有何意义。代表等边陬愚昧，实百思不得其解。除将中政会决定办法未合蒙情之处，另文缕陈，并将以上情形，呈明政府，一面报告各盟旗官民外，谨将绝对不能接受一月十七日中政会决定之《蒙古自治办法》十一条各缘由，先行郑重声明，愿我国人，赐予明察。（列名者与前呈中政会文同。）

《新蒙古》（月刊）

北平新蒙古月刊社

1934 年 1 卷 2 期

（朱宪　整理）

蒙古自治的回顾与展望

夏益赞 撰

一

蒙古居于我国的北部，地域辽阔，中有沙漠连贯其间，故有漠南、漠北的区分，在沙漠以南的地方，就叫着内蒙，在沙漠以北的地方，就叫着外蒙；外蒙早已脱离中央而"赤化"于苏俄了，此地暂不论及。今兹所述者乃以内蒙为范围，这是要加以说明第一点。

内蒙为历史上的一个名词，在地理上已不存在，因为它所属的各盟、部、旗，早已编入辽宁、黑龙江、吉林、热河、绥远、察哈尔、宁夏等省内去了，为明了起见，仍将内蒙的分布状况略志如下：

内蒙各盟旗分布概况：

1. 哲里木盟四部十旗——在黑龙江、吉林、辽宁三省境内；
2. 卓索图盟三部六旗——在热河省境内；
3. 昭乌达盟八部十二部〔旗〕——在热河省境内；
4. 锡林郭勒盟五部十旗——在察哈尔省境内；
5. 乌兰察布盟四部六旗——在绥远省境内；
6. 伊〈克〉昭盟一部七旗——在绥远省境内；

7. 呼伦贝尔四部［四旗］十七旗——在黑龙江省境内；

8. 布特哈打牲四部十八旗——在黑龙江省境内；

9. 察哈尔九部八旗——在察哈尔省境内；

10. 归化土默特一部二旗——在绥远省境内；

11. 阿拉善及额济纳二旗——在宁夏省境内。

此外青海的蒙古民众，也要求参加自治组织，已得中央准许而入蒙古自治的范围了，这是应当说明的第二点。

自"九一八"事变发生以来，东北四省中的哲里木盟、卓索图盟、乌昭达盟、呼伦贝尔及布特哈打牲等盟旗，遂陷入日本的铁蹄蹂躏下，其中蒙古同胞能否脱离日本的压迫，实行自治，还须看蒙古同胞能否认识日本帝国主义者亡人种族的毒恶政策和强毅奋斗的精神如何，才能决定，这是应当说明第三点。

二

蒙古的自治虽由少数王公发动，但卒由酝酿以底于完成，其间原因颇为复杂，兹将其重大者详为分析如后。

我以为"九一八"事变是蒙古自治发动的重要因素之一，其中的关系，可分两方面去说：第一，自沈变以来，不数月而三省沦亡，不期年而热河又行失掉，中央政府军事力量的薄弱，已被少数具有野心的蒙古王公和青年看透，因此他们遂利用这种机会，唱高度的自治，以相要胁。第二，日人自占领黑龙江后，即于海拉尔地方，先后设置兴安南、北、东三省，省长俱以蒙古人充当，并成立兴安总署，以齐默色木丕勒为总长。同时编练蒙军，由日人统治，其待遇则较伪军为优，并教以日文，竭力鼓吹日、"满"、鲜、蒙合作，为收买蒙古民心起见，在伪国境内蒙古的各族，不但免其杂项捐税，并每族给以金票十二万元或六万元以为救济蒙民的贷金，利率六厘，此种"钓〔钓〕饵"政策的小惠，伪国境外的蒙古王公和民众见着了，哪有不为之心动！

蒙古政制与内地政制不同，它的组织有盟、部、旗及特别旗四种，旗直属于盟或部，合若干旗为一盟或一部，与内地合若干县为一省的情形相同，不属于盟部的旗，就称她为特别旗，各盟、部及特别旗均隶属于中央。盟旗中的人民，均归盟、部、旗管理。但到满清晚年的时候，内地人民多有迁到蒙古地方去开垦的，此后人口日繁，垦地日多，遂于内地人民繁盛的处所，设理事官去管理她。到民国后，又将理事所辖的地方，改设县治，且于各县之上，分置蒙边今日的各省，此蒙古地方盟旗与省县二制同时并存的情形；至于他们施政范围，则彼此因人而异，县则专管内地移居的人民，省则专管各县，至于原有的盟、部、旗的设置及权限则完全仍旧；而旗县的设置，又彼此互相错综，毫无疆界可言，且因此发生了不少的纠纷。它的大概情形，由黄部长绍雄与蒙古王公谈内蒙自治问题，见十一月二十五日《大公报》及民国二十三年一月二十七日蒙古晋京代表呈国府的文中，就可明了，兹节录二段如下："……蒙古盟旗与省府之冲突，完全由于制度的不良。现在蒙古是一地二主，所以即使双方有良好之感情，因为权利的关系必会发生冲突……""……在同一地方，旗县并存，分人而治，并未因设县而废旗，不过县愈多，则侵蚀盟旗权益者愈多，故蒙人对于县治，莫不痛心疾首……"由上看来，我们知道由蒙古地方省盟政制的并存中，蒙民反对省县制情绪的激越了！起而作自治的运动，也无怪其然了！

就经济方面说，蒙古民族还是停滞在游牧时代，他们的日常生〈活〉，完全依赖牲畜，而牧场是牲畜所依为滋生的地方，在从前土旷人稀的时候，生活自然容易，故无何种问题发生。及后内地的人民前往自由开垦或该地方省县政府之强制放垦的事情日多，牧场面积自随之缩小。此种情势，在中国整个的国民经济上讲，自然是很好的事情，但就蒙古民族方面说，则与其本身的利益确是冲突的，盖因牧地益狭，是所依赖以为生计的牧畜事业的牧场，就益觉不足，他们的生计前途，自愈感其危险。且蒙古民族因知识和环境的关系，保守性极其强固，马上颇难改业，因此所生的困苦愈形重大；此外蒙古的商业，大都操诸汉人的手中，他们利用蒙民不善于营商的弱点，往往用不正当的营业方法，骗取重利。有此种种的原因，故不免引起蒙民对于汉人的反感，一有机会，哪有不起〔企〕图解脱的道理？

以上都是引起此次内蒙自治运动的重要原因，至于民族间的隔阂，少数蒙古王公的领袖欲望及地方税捐的繁重等，都不过是引起此次自治运动中的附作用，所以用不着详细叙述了！

三

蒙古自治运动于辛亥年曾因反对满清一度独立，但旋即取消，民国十七年复因察哈尔、绥远等特别区改省计划，察哈尔蒙旗代表杭锦寿、尼玛鄂特索尔、纪伦等即来南京作自治的请愿，请愿的要点：（一）察哈尔各旗、群、翼与各县离脱统治及与都统同等之混合委员制；（二）察哈尔内蒙须联合各旗、群、翼，成立察哈尔内蒙自治委员分会，直接中央，不受其他高级委员会支配；（三）察哈尔内蒙自治委员会，设于各旗、群、翼适中地点，以现任总管为委员，推举资望较深者为主席，遇有缺席，即由各该旗另选补充，不再放总管。此次自治运动，卒以中央政府的忽视而被打消，去年四月间锡林郭勒〔林〕盟副盟长德穆楚克栋鲁普曾来京，向政府贡献改革在京蒙古有关的各种机关如蒙古驻京办事处、蒙藏委员会等，并图把握此等机关以为治理蒙古政务，此种计划，又因种种的原因，致未能实现。旋于同年七月间召集锡盟各王公会商自治意见，在此预备期间已草定《自治政府组织大纲》，并电中央请求准许，复定九月在百灵庙召集内蒙自治会议，因故又改期为十月九日，届时始得正式会议，连开大会五次，于十月十五日第二次会议中，曾通过内蒙《自治政府组织法案》，共计十三条，兹将其重要的条款，列举如后：

　　第一条　　内蒙自治政府总揽内蒙各盟旗之治权。

　　第二条　　内蒙自治政府以原有之内蒙各盟、部、旗之领域为统辖范围。

　　第三条　　内蒙自治政府除国际军事及外交事项，由中央处理外，内蒙一切行政，俱依本自治政府法律、命令行之。

　　此百灵庙内蒙自治会议的大概情形，同时内地蒙古王公及青年亦奔走呼吁遥为声援，形势甚盛，中央政府亦鉴于此事的不容忽视，故特派内政部长黄绍雄及蒙藏委员会副委员长赵丕廉巡视内蒙，并对自治问题，加以讨论。其间因黄部长与内蒙王公等开诚相见，遂将自治问题商得一较妥方案呈请中央政府核夺，共计十一条，兹列举如后：

　　第一条　　蒙古自治组织：（甲）名称：定为蒙古第一自治区政府、蒙古第二自治区政府，以下类推。（乙）区域：锡林郭勒盟暨察哈尔各旗编为蒙古第一自治区，乌、伊两盟暨土默特、阿拉善、额济纳各旗，编为蒙古第二自治区。其他盟、部、旗会〔遵〕照此比例编区。（丙）隶属：蒙古各自治区政府，直隶于行政院，遇有关涉省之事件，与省政府会商办理。（丁）权限：蒙古各自治区政府管理各本区内各盟、部、旗一切政务。（戊）经费：蒙古各自治区政府经费由中央按月拨给。（己）联络：蒙古各自治区间，设一联席会议商决各自治区间共同事宜。（附注：商定本案时，黄部长曾向内蒙自治会议主席团言，联席会议不能常设，如欲常设机关，可成立一联合办事处，该主席团当即表示接受。）

第二条　蒙古各盟旗之管辖治理权，一律照旧。

第三条　蒙古各盟、部、旗境内以后不得再设县或设治局，其现有之县或设治局不及设治成分者，一律取消。

第四条　蒙古现有荒地，一律划为蒙古牧畜，永远不得开垦，其现有突入收〔牧〕区以内之零星垦地，一律恢复为牧区。

第五条　凡蒙古牧区以内各项税收，均由蒙古自治区政府详定统一征收办法征收之，其由省县设在牧区以内之各项税收局卡，一律取消。

第六条　蒙古已垦土地，另订妥善办法整理之，其所得临时收益及每年租税，以蒙古自治区政府与各关系省政府平分为原则。

第七条　蒙古已垦土地，在未整理以前，按照左列各项办法办理之：（甲）蒙旗对于境内之土地、矿产、山林、川泽等固有权，一律照旧，其向有征收者，照旧征收。（乙）蒙旗境内所设之各县局征收土地矿产、山林、川泽等租税时，由蒙古自治区政府派员会同征收之，所收款项，一律予以保障。（丁〔丙〕）蒙民除对于本旗应有负担外，省县不得再加以任何负担。

第八条　凡在蒙旗境内，关于土地以外，由省县所设之各项税收机关，一律由蒙古自治区政府派员会同征收，其所收款项，一律即时平分。

第九条　凡在蒙旗境内已设之各级司法机关，均由蒙古自治区政府选派专员对于汉蒙诉讼事件，实行陪审制度。

第十条　蒙古自治区政府各项收入，均作为卫生、教育、实业、交通等各项事业费。

第十一条　蒙古自治区政府在各关系省政府所在地，各设一办事处，以资联络。

注：以上十一条上海《时事新报》二十三年一月十二日所载。

以上方案，曾经中央政府再三考虑，认为犹有未臻完善之处，复由中央政治会议于民国二十三年一月十七日第三九二次会议，决议通过另一《蒙古自治办法十一条》，以资救济。宣布后，蒙古晋京代表等认为此种自治方案与黄部长在百灵庙所决的方案不符，要求予以补救，并提出三项请求：（一）请将盟、部、旗原有之地位、区域、权益，一律予以保障；（二）请予各盟、部、旗以实行自治，共御外侮之统一组织；（三）请使各盟、部、旗，永远免除省县之侵蚀压迫。且同时附有重要的声明六点，兹将其重要者列举如后：（一）蒙古请求自治，系欲集合各盟、部、旗之力量，共御外侮，绝非分离运动；（二）蒙古请求自治，系为全体蒙众谋共同之安全及进步，并非为少数人谋利益；（四）蒙古请求自治，系对盟旗、省县之二重组织，求平允之解决，并非反对省县现当局。此蒙古自治运动中的又一波动，中央政府为尊重蒙古民众的意见，对于此种请求，当予以采纳和修正，曾于二月二十八日第三九七次的中央政治会议席上，通过内蒙自治原则，共计八项如后：

一　在蒙古适宜地点，设一蒙古地方自治政务委员会，直隶于行政院，并受中央主管机关之指导，总理各盟旗政务。其委员长、委员，以用蒙古人为原则，经费由中央发给，中央另派大员驻在该委员会所在地指导之，并就近调解盟旗、省县之争议。

二　各盟旗公署改称为盟政府，旗公署改称为旗政府，其组织不变更，盟政府经费由中央补助之。

三　察哈尔部改为盟，以昭一律，其系统照旧。

四　各盟旗管辖治理权，一律照旧。

五　各盟旗现有牧地停止放垦，以后从改良牧畜中兴办附带工业方面，发展地方经济（但盟旗自愿垦殖者听）。

六　盟旗原有租税，及蒙民原有私租，一律予以保障。

七　省县在盟旗地方所征之各项税收，须劈给盟旗若干成，以为各项建设费，其劈税办法另定之。

八　盟旗地方以后不再增设县治或设治局（但遇必要设置时，亦须征得关系盟旗之同意）。

自八项原则通过后，蒙古全体代表认为满意，当即接受，并开会庆祝，此蒙古自治运动经过的大概情形。在此经过中，中央政府与蒙古人士，始终以诚恳的态度，和平的方法，进行此种问题的解决，卒底于成，这是吾人所视为非常庆幸的事情。致〔至〕于八项原则的规定，其本身固有其优点与缺点，然均系实际环境所造成，用不着吾人加以赞赏和批评。

四

由上看来，蒙古自治问题，可说已经得着了完满的解决，是今后蒙古的自治已达到实施的阶段，致〔至〕如何去施行，方能使蒙古自治走上健全的程途，是诚为当前亟待解决的问题；这种问题的解决，固然是中央政府和蒙古地方自治政委员〔会〕诸公所策划的重要工作，即全国的人士也应当加以考虑和研究的，因此不揣浅陋，愿贡数点意见，以备中央政府和蒙古自治政委会诸公的参考。

今后蒙古自治的能否成功，我以为应由中央政府和蒙古自治政委会两方面对于自治工作进程中不断的注意和努力的程度如何才能决定。

在自治的进程，自治政委会的诸公应站在中华民族的立场上，去谋蒙古民族的利益，换一句话说，即凡有利于中华民族前途的工作，纵与蒙古同胞稍有不利的处所，也应当加以容忍的。须知国家乃是一个有机体，如果她失却机能时，则无论其中的哪一部，是不能单独存在的。蒙古民族是中华民族的一部，中华民族的健全，蒙古民族亦是不难繁荣的，中华民族的共存共荣就是此种道理，这是蒙古地方自治政委员〔会〕诸公所应当注意的第一点。凡做一事，必须认清本身内外的情势，然后拟具妥当的计划和推进的步骤，实施起来，方可免中途颠覆的危险。内蒙现在外受帝国主义者的威胁和利诱，内遭交通闭塞和人民知识幼稚的阻碍，自治的推行，自属格外的困难，是知今后蒙古自治的工作，不是"唱高调"、"蹈虚玄"所能奏效的，而是脚踏实地，埋头苦干，方可日图有功，这是蒙古地方自治政委会诸公所应当注意的第二点。个人不是唯物史观的崇拜者，但对于人类所依赖以为生活的物质方面，决不能加以漠视，如果某国中全体或最大部分民众最低生活的物质欲求无法获得时，则该国中社会秩序一定会发生重大的扰乱，国际间自无她存在的余地，在物质文明进化到二十世纪的时代，尤其是如此。蒙古民族还是停留在游牧生活的状态下，其不能适应现代的经济生活，自不待言，所受经济上的压迫也是非常严重的，故改进蒙民的经济生活方式，确是自治进行中不容缓的工作。蒙古自治政委会对于蒙古民众的游牧生活，因迫于目前的事实，固有维护的必要，但在可能的范围内，对于农工业的开发，也是应该努力提倡的，这是蒙古自治政委会诸公所应当注意的第三点。蒙古经济和文化的落后，这是谁也不能否认的事实，如图经济上的开发，文化上的进展，需要内地的人力和物力的协助，也是无可置疑的，如何的去利用内地的物力和人力，这是蒙古自治政委会诸公所应当注意的第四点。

满清统治蒙古的方法，不外一方面对于蒙古的喇嘛极力拉拢，故意的表示推崇，他一方面对于蒙古的王公许以权利，借事收揽，民国以后，亦不过"萧规曹随"罢了，以致蒙古逐渐陷入衰落的景象。现在中央政府知道那些方法的不对，似已改变了态度，此可于三月十五日行政院令蒙古自治政委会文内所指示的四点〈见之〉：（一）该会成立后，应拟具各项建设方案，并造具预算；（二）任用人员可委用蒙人，惟须选任过去有益地方者、为蒙古人所器重者任用；（三）财政须公开、撙节；（四）教育须积极提倡。然政府不过是处在从旁督促的地位，以现在蒙古的物力［或］和人力去观察，她单独的不能完成自治，也是明显的事，欲图其健全的发展，则非中央政府持积极的态度不可。

在自治的进行中，中央政府应与该自治政委会共同负担经济建〈设〉的责任，其中如牧畜模范场的筹办，肉类罐头和皮毛等工厂的设立，生产和消费合作的组织等，俱宜于蒙古重要的地方尽量建置；所需的经费，除自治政委会财政能力许可的范围内，中央政府应勉力筹拨款项从速完成。以上各办法，如能切实做去，不但在积极方面，可使蒙古经济逐渐进于繁荣的境地，在消极方面，也可使蒙古民众免掉中间商人的剥削。

自东北四省沦入日本统治后，内蒙就成了我国北方国防的第一线，而日本又无日不在取得西蒙的企图中，如多伦飞机场的开辟、蒙古经济调查团的组织以及浪人、汉奸等之奔走于蒙古王公间等行动，都不过是她阴谋鬼计一部的具体表现！为巩固国防和促进蒙古自治计，自非充实蒙古的自卫力量不可，它的方法是：由中央政府在绥远或包头的地方设一中央骑兵分校，利用多伦及沽源一带所产的名马，就近训练骑兵，同时仿"寓兵于农"的方法，利用蒙古民族骑兵的特长，以骑兵分校为中心，去编练蒙民成为保卫地方的良好骑士，并效广西民团训练的方法，更番为之，使全体的蒙民俱为国防的干城，对于国族的意识和国际的情势也应同时加以培养和启发。

　　蒙古处赤、白两帝国主义者虎视眈眈的环伺中，她的外交事件，自然是极其繁重的，为便利处决起见，暂宜由自治指导长官或外交部特派员负责办理，以免因些小事故，引起意外的争端，这也是政府应当注意的一点。以上不过是就原则方面说，至于详细的计划，自应另行规定，此地恕不具述了。

五

　　总之，现在内蒙情势是非常险恶的，如能善用自治机会，照上面所说的各节，努力作去，则或是以为开发蒙古的经济，繁荣蒙古的民族，以为我国边防的坚强堡垒，亦未可知；否则，为求福而得病，亦是意中的事；到底如何，还是在蒙古人士和中央政府的"好自为之"。

《边铎》（半月刊）

南京边铎月刊社

1934 年 1 卷 3 期

（李红权　整理）

今后之蒙古问题

马鹤天　撰

　　蒙古与中国，关系已数千年，在血统上、经济上，早发生密切关系。即清季隶入版图，亦数百年，政治上关系益切。然因与内地交通之不便，两民族保守性之俱富，以及生活习惯之差异，执政当局之漠视，遂致双方隔阂，鸿沟未泯，问题之生，有由来也。

　　以满清言，蒙古既归统治之下，应对于蒙地，谋交通之便利，富源之开发，对于蒙族，谋生活之改善，文化之增进，以期一切平等，无分彼此。乃不此之图，惟用羁縻〔縻〕政策，愚民主义，禁止汉蒙交通与蒙地开垦，以防汉蒙势力之联合与扩大。利用虚荣与宗教，笼络王公、喇嘛，以消灭蒙人刚勇之性，与奋斗之精神。于是蒙古人口日益减少，文化日益退步，与汉族隔绝，亦日益远甚。惟因有觐见、驻京等种种方法，王公、喇嘛与皇室中央，尚少隔阂，故终清之世，蒙古未发生重大问题。然久之中央几视同化外，王公日流于安逸，而代表中央之地方军民长官，又认为蒙人可欺，不免压迫苛索，蒙古与中央，遂隔阂日甚，最后有外蒙独立问题之发生。

　　民国成立，中山先生提倡五族共和，主张国内各民族一律平等，以期结合成一大中华民族，共御帝国主义之侵略。不意军阀执政，既不实行总理之主义，又无前清联络之方法，改县放垦，不先顾及蒙民利益，且每失信蒙人，致蒙汉之恶感日深，中央与蒙古之隔阂益甚。

国民政府成立以来，虽设有蒙藏委员会，时招待蒙古代表团，成立王公驻京代表办事处，似乎注意蒙事，力求免除隔阂。然蒙藏委员会重要人员，多非蒙人，且或为不明了蒙古情形之汉人，即有少数蒙人，或久居北平，对蒙古实际情况，仍不明了，或只知一隅，对蒙古全部实况，尚多隔阂。至所谓王公代表或蒙民代表，亦多久居内地，仅能代表一部分与少数蒙民，故意见往往分歧。中央处理蒙事，遂不免隔靴搔痒。蒙古多数王公与人民的真正意见，既无由转达中央，中央对蒙民虽有德意，亦不能达于蒙地。于是一般蒙人，认中央为漠视蒙族，而对边地政府之种种设施，亦认为中央歧视蒙人。至王公与新进青年，中央又未能注意联络，满足其相当之希望。于是一部分新进青年与少壮派王公，亦多怀怨望，且受民族思想与外患压迫之刺激，遂有内蒙高度自治之运动。

自治问题发生后，中央对蒙古始由漠视而特别重视，行政院研究办法，中政会议决原则，并派赵、黄二氏亲赴蒙地巡视。黄氏至绥远后，始知蒙古实情，与自治运动真况，又觉解决甚易。虽始有争执，最后数时之间，得告结束。各种问题并未详加讨论，不免由特别重视而复过于轻视。于是中政会决定办法十一条，蒙古代表，又表示不满，且认为与百灵庙黄氏所承认者不同，宣言请愿，争之甚力。政府又特别重视，而有最后第三百九十七次中政会，《解决蒙古自治问题办法原则》八项之通过。蒙古人士，始表示满意，内蒙问题，可谓已入一新阶段矣。

如上所述，已往蒙古问题之发生，完全由于漠视与隔阂。今后之蒙古问题如何？是在中央主持者与蒙古有识有力者之觉悟与努力。

中政会最后决定之原则八项为：（一）在蒙古适宜地点，设一蒙古地方自治政务委员会，直隶于行政院，并受中央主管机关之指导，总理各盟旗政务。其委员长、委员，以用蒙古人员为原则，经费由中央发给。中央另派大员，驻在该委员会所在地指导之，并就近调解盟旗、省县之争议。（二）各盟公署改称为盟政府，旗公署改称为旗政府，其组织不变更，盟政府经费，由中央补助之。（三）察哈尔部改称为盟，以照一律，其系统组织照旧。（四）各盟旗管辖治理权，一律照旧。（五）各盟旗现有牧地，停止放垦，以后从改良牧畜，并兴办附带工业方面，发展地方经济。但盟旗自愿垦殖者听。（六）盟旗原有租税，及蒙民原有私租，一律予以保障。（七）省县在盟旗地方所征之各项地方税收，须劈给盟旗若干成，以为各项建设费。其劈税办法另定之。（八）盟旗地方，以后不再增设县治或设治局。但遇必须设置时，亦须征得关系盟旗之同意。此次原则，吾人认为比较适当，其较优之点，可举如下：

（一）蒙人最初希望有整个组织，此次原则第一项，规定设立蒙古地方自治政务委员会，直隶于行政院，总理各盟旗政务，可符蒙人有力者之初意。

（二）中央对蒙古，向多隔阂，虽有蒙藏委员会，距离较远，蒙地情形，与边省政治，均不免隔阂，此次规定中央另派大员驻在该委员会所在地指导之，并就近调解盟旗、省县之争议，可少免中央向日之隔阂。

（三）蒙古各盟旗，分治已久，情形各异，强行联合，障碍反多。故前拟分区设立政府办法，伊盟即不愿与乌盟合组区政府，曾于本年一月，以正式公文向绥远省政府声明，请转呈中央，专设自治政府，可知分区非各盟所同愿。此次盟旗仍旧，免无谓之纷更。

（四）一般蒙人，固要求停止放垦，不再设县，但游牧进为农垦，乃人类生活进化必经之阶段，且繁荣地方，增收租税，发展地方经济，均非发展农工业不可。将来蒙古王公，必有自动放垦者，如伊盟盟长阿王即有此远见，该盟公地，多已计口授之人民。蒙古地方平广，固宜于畜牧，然亦大部宜于农垦，将来随文化之进步，与交通之便利，必自行感觉农垦之需要。此次五、八两条，加以但书，有伸缩之余地，既符蒙人一时之希望，又不至阻止蒙古之进化与蒙人将来之需要。

但一方不免有可虑之点，略举如下：

（一）此次原则规定，盟旗组织仍旧，牧地停止放垦，盟旗内不再增县，一切维持现状。蒙人素为守旧，经此规定，恐更无改进之望，故《时事新报》谓："封建性质，以逆转而增加，开发机会，以自治而堵塞。"

（二）蒙古政治，盟自为政，向少联合，此次自治政务委员会，聚各盟代表于一堂，不免党派分歧，意见争执，如自治委员发表后，闻某盟因东部数旗得委员数人，西部各旗无一人，即发生不平之鸣，一盟内尚且无〔如〕此，各盟之争，恐更未免。

（三）盟旗、省县同时并立，权限难分，向有争执。现在盟旗一切管辖权仍旧，财政须劈给若干成，在在与省县发生问题，而对于省政府权限，一字未及，将来不免冲突日多，恐指导公署，亦未能调解也。

（四）上次办法十一项，规定森林、矿产，由实业部筹划开发；由财政部在该区设立中央银行分行，以为活动金融机关；变通蒙人教育制度，及补助蒙人教育问题，由教育部会同蒙委会通盘筹划，拟具办法；司法问题，交司法行政部会同蒙委会拟具办法。是中央各部，全体动员，蒙古实业、财政、教育、司法等事，可望同时改进。此次一字未及，全由自治政务委员会筹划，将来不免一切仍旧，即欲改进，而能力恐亦有未逮也。

故今后之蒙古问题，虽有解决办法原则之决定，而能否真正解决？能否与蒙人真正有益？与国家真正有利？尚须中央与蒙人特别之注意，与加倍之努力。兹将希望于中央及蒙人者，分述如左：

一、已往蒙古问题之发生，既由中央之漠视与双方之隔阂，今后应责成自治指导公署，调查蒙古情形，随时将蒙民意见，蒙民痛苦，与蒙地应兴革之事项，报告中央。中央时时注意研究，指示方针，毋因蒙古自治政务委员会与指导长官公署之成立，而对蒙事即可不闻不问。

二、蒙古地方自治，应根据《建国大纲》及《地方自治实施法》，首先注意人口调查与交通、教育等事之完成，以及民权行使之训练。且须有曾经训练之人员，指导进行。今后指导长官公署，固应尽派员指导之责，而中央亦应负极力扶植之任。

三、蒙古政治，向为王公专制，蒙民毫未参加，往往意见不同。今后既进而自治，应设立民意机关，如《蒙古盟部旗组织法》中所规定之"盟民代表会议"、"旗民代表会议"，早日成立。以免变为少数王公或知识分子之自治，但须经过相当之筹备与训练。

四、内地各省，实施训政，尚无一自治完成之县，蒙古盟旗自治，更非易易。今后蒙古地方自治政务委员会，应欢迎中央各机关之指导，而各种自治事项，如教育、交通、实业等等，尤应欢迎汉人有知识与有志开发西北者之共同负担。毋因自治而拒绝助力，则《时事新报》之过虑者，将不幸而言中，而真正自治，恐终无实现之望。

五、向日盟旗、省县之争执，固省县不免有压迫或偏袒之事实，但亦多因隔阂误会。现盟旗虽自治，而省县仍旧，且自治办法，原则虽定，而细则尚悬。今后蒙古自治政务委员会诸公，应抱与边疆省府合作之精神，如财政之劈分成数，应按人口等等事实，公平分配，毋仅凭理论而必欲劈给半数。其他一切，均应协商妥议，以免于事无益而感情有损。在省县方面，亦应特别尊重蒙人意见，顾虑蒙人利益，以符中央允许蒙古地方自治之原意。互让始可互助，相争必至俱伤，愿盟旗、省县人士，共注意之。

六、蒙族人口日益减少，此为蒙古民族最大之危机。今后自治委员会，应特别设法防止。如生活之改善、卫生之注意、种痘之提倡、医术之研究、花柳病之防止、汉蒙之通婚、信仰黄教者之不必全作喇嘛等，均为增殖人口强固种族之方法。宜一一计划实施，以恢复昔日繁庶之民族与强壮之体格。

七、蒙民财产，全恃畜牧，今日世界对于毛革之用途，亦日益加多，但墨守旧法，不加改良，不足以应世界之需要，且传染病之蔓延，亦足促蒙人之生计。今后应按办法原则第五项之规定，速改良畜牧，提倡兽医，并兴办制革、毛织等工业。

八、畜牧进为农垦，乃当然之阶段，前因主持垦务者不顾及蒙民利益，而蒙民亦狃于故习，致垦地愈多，蒙民生计日戚〔慼〕。今后应由盟旗自动放垦，先尽蒙民承领或计口授田，有余再招汉民领种，以期地方渐臻繁荣。据边闻社息：最近云王、德王等电请三项中，有垦殖牧地，非经自治政务委员会通过不可，盟旗无自愿垦殖权，未免阻止蒙地开发，与蒙人之进化。

九、蒙古文化落后，人民无政治知识，且向不与闻政事，骤令自治，绝无效果。今后应努力于教育之普及，且宜仿苏俄革命后教育办法，不求高深，先求需要，在短时期内，免除文盲，训练人民有政治常识，了解政府方针。故一方在各旗设立小学，谋蒙人根本教育之普及，一方普设平民补习学校、训练班、讲习所等，以期速成，而应目前之急需。

十、蒙古地方自治，军事权既归中央，今后蒙古盟旗原有军队，应改为保安队。或留一部为蒙民骑兵，利用其强悍之性，与壮健之马，以为国防之劲旅。但须由中央派员训练，其各级长官，汉蒙并用，以免隔阂。

十一、蒙古地方自治，外交权既在中央，今后一切对外交涉事项，无论政务委员会或各盟旗，均应不理。如有外人无故访问，亦应谢绝。以免受日人之诱惑，或苏俄、外蒙之鼓动。

总之，内蒙自治，使蒙古入一新时代，如善用此机，可以开发蒙古地方，繁荣蒙古民族，可以巩固国防，抵御外患，可以免除中央与边地之隔阂，联络汉蒙民族之情感。所谓开发西北、民族平等、共御外侮等目的，不难次第达到。否则不免阻蒙古开发之机，便日人侵略之谋，增加蒙古与中央之与隔阂与疏远，甚至使内蒙为伪满洲国之续，或蹈外蒙之覆辙。以抵御外患图谋蒙民利益而要求自治者，将不免因自治而增加外患，遗祸蒙民，恐亦非蒙人有识者之本意也。上述十一项，管见所及，如能一一注意，或足以免祸而得福，今后之蒙古问题，究生如何之结果，惟在中央与蒙古人士，共同图之。

《开发西北》（月刊）

南京开发西北协会

1934 年 1 卷 3 期

（朱宪　整理）

外蒙古独立现状

德辅　撰

一　外蒙独立运动始末

外蒙古之区域，南界内蒙，西南界新疆，北界西伯利亚，东北界黑龙江；其位置原与中国本部，有鞭长莫及之势。其民族均属喀尔喀一系，而共戴哲布尊丹巴胡图克图为其归向之中心，故能自成为一体，较他处蒙古颇有团结力。自满清末年，备受疆吏之苛待，人心离散已达极点。乃于一九一一年冬，由喀尔喀各汗、王公、啦〔喇〕嘛等秘密会议，共推哲布尊丹巴胡图克图为君主，乘武昌革命之机会，驱逐满清官吏，宣告独立，而设为蒙古帝国，建共戴元年为纪元。

蒙古共戴五年即一九一五年，中、俄、蒙在恰克图开三方会议之结果，外蒙古被承认为完全自治区域，与中华民国只有领土一部之关系，仍戴哲布尊丹巴胡图克图为博克多汗，自设自治政府以统治之。一九一九年，北京政府特任徐树铮为西北筹边使，旋将外蒙古之自治权完全取消之。一九二〇年冬，俄国白党之败将巴龙恩琴率领部下，侵犯库伦，乃于一九二一年春攻破库伦之后，驱逐中国军队，仍利用哲布尊丹巴胡图克图，恢复其君主之名义，而自操纵其主权，俨然僭为外蒙之皇帝矣。

　　自美国威尔逊总统提倡"国际联盟"、"民族自决"主义以来，蒙古民族亦受其影响。于一九一九年，俄国之白党谢米诺夫利用蒙人之归附，遂招集布里雅特、内蒙古等处之蒙古代表，准其在达乌里地方组织蒙古全体中央政府，暂设内务、财政、陆军、外交四部，而统之以国务总理，以便号召。后因不受其指挥之故，又自行摧残之。同时外蒙自治政府亦被取消，遂引起组织蒙古国民党之机缘。凡外蒙所有之青年志士与布里雅特蒙古之志士等，互相联为一体，在恰克图组织国民党，招集蒙古军队。于一九二一年春攻破恰克图，建设蒙古国民临时政府，与巴龙恩琴所恢复之专制政府相对立。旋即知照苏俄，双方合力会剿，遂于蒙古共戴十一年即一九二一年夏，进取库伦，尽灭巴龙恩琴之党羽。

　　蒙古共戴十一年蒙历六月初六日，组织正式蒙古国民政府，仍承认哲布尊丹巴胡图克图为其君主，惟限制其权力几等于无，不过徒留其虚名，以收拾各级蒙人之归附而已。设内务、陆军、财政、司法、外交五部，组成国务院，置国务总理以统率之。各部设总长各一人，主事员各一人，秘书各一人，书记员各若干人。其内分司、科者，特设主事员以专理之。至于特别自成为机关直接属于国务院者，一曰蒙古国民党中央委员会；一曰蒙古青年党中央委员会；一曰学术馆；一曰审查司；一曰国民合作公司中央委员会。其他如教育司则兼设于内政部，税务司则附属于财政部，警察司则亦属于内务部。此外尚有统治全境军事机密之机关而操大权者，蒙古全军参谋部是也。设元帅一人，参谋长一人以统率之。其下又特设内防处，以防内乱之发生焉。

二　外蒙国民政府之最高机关

现在外蒙之国家主权，握于三大机关：一曰国务议会，系由各部之总长及其主事员或秘书以至各机关之代表等组成之，凡关于对内对外临时发生之重大问题，均由该议会议决施行之，即所谓外蒙国民政府之国务院是也。一曰临时国会，系由喀尔喀四部及科布多、达里干阿、沙毕等处选派之代表组成之，凡关于立法问题均由该会议决之，此即外蒙国民政府之立法机关也。一曰蒙古国民党中央委员会，系为外蒙古国民党之总机关，凡关于对内对外政治上之方针，及关于随时发生之各种重大问题，均由该会讨论指导之，虽经国务议会议决之问题，并有否认之实权。且国务总理及各部总长当任之人选，亦由该会提出之，即观现任所有委员七人，及其他参议之分子，均系各机关之重要人物。故外蒙国民政府之最高机关虽有三处，其实操纵一切者，惟有蒙古国民党之中央委员会而已。

库伦国民大会之蒙古群众

库伦国民大会之讲台

三　内治之改革

　　内外蒙古之蒙人，自归附满清政府以来，即被编为札萨克王公贵族之奴隶，凡其生命、财产及政治之一切自由权，完全剥夺之。迫至中华民国，虽能推倒满清之专制，而以保障民权为宗旨，然对于蒙古民族，则仍优待其王公贵族，而准其享受满清时代所赐之专制特权；故蒙古民族虽列于中华民国五族共和政体之下，然于民权则并文字上之准许尚未得之。至于外蒙古，则虽于民国四年得有完全自治权，然对于内治，乃施行帝王贵族专制制度，蒙人受黑暗奴隶之痛苦亦自若也。

　　自民国十年，蒙古国民党建设国民政府之后，凡对于各机关均定有规章不容徇私外，即对于民权问题，亦能具体讨论，乃于民国十二年正月十五日，即蒙古共戴十二年冬十一月二十八日，经临时国会及国务议会议决之后，由内务部呈请博克多汗，公布关于限制札萨克王公及非札萨克王公之条件十四条，关于各部及沙毕等处之地方制度五十八条。其结果只留贵族之爵位、俸禄，其实权则完全划归地方自治议会范围之内，将其数百年生杀予夺，惟我所欲之黑暗空气，始能一扫而澄清之。至于地方制度之组织，则采取选举委员制，虽王公贵族亦必一律服从其条例焉。

四　军政状况

外蒙国民政府之军政，除由其陆军部管辖一切外，尚有参谋部为其最高机关，凡军事上之所有计画及其训练调度之实权，均由该部操纵。

现在外蒙所属境内所有骑兵常备军，约一万五千余人。其在库伦一带者，约有四千余人，以为保卫中央政府之用。其在达里干阿驻防者七百余人，乌得一带驻防者七百余人，此其南路之国防军也。其在散贝子旗内驻防者一千余人，塔木斯克寺驻防者一千余人，此其东路之国防军也。其在乌里雅苏台者约有五百余人，其在科布多南境驻防者七百余人，此其西路之国防军也。其在恰克图一带驻防者二百余人，此其北路之国防军也。其他散于各部落及各旗、佐者，约有七千余人。此外已经六个月之训练以为预备军者，尚有三万余人。

外蒙国民政府自一九二一年成立以来，即注重训练国民军。在库伦设立蒙古军官学校，选入常备军所有之连排长一百五十余人以教练之。至一九二三年夏，举行卒业者一百余人。现已重薪由莫斯科聘来骑兵、炮兵及机关枪各科之教练官二十余人，组织三百余人之正式军官学校，于一九二三年秋季业已开办矣。

外蒙国民政府之军队，完全为骑兵，并酌设炮队、机关枪队、汽车队以辅之。现有常备军一万五千余人之军马、军衣、军粮均归为官备，并每兵每月发给津贴白银二两作为杂费之用。凡征入队伍训练六个月后，即令其解回本旗，另征入其他新兵以训练之。凡军队之口令及其军乐、军歌，均用蒙语、蒙音教练之。

国民政府因防止内乱起见，又设立内防处。其总机关在库伦，凡出入外蒙边界及居住其境内者，未领护照之前，必先报知内防处，具出证人、取得执照后，始能由其相当机关领出护照，以资旅居。至于出入关卡之时，亦必先经内防处所派人员检查之后始能放行。倘有形迹可疑，图谋不轨，一经查获者，即按照军事机密手续处治之。

五　经济状况

外蒙国民政府之财政，以税务为大宗。现库伦税务总司，每日收入，平均约计白银一万余两。乌里雅苏台、科布多、恰克图等二十余处税务司，每日收入，平均约计白银一万余两。此外牲畜捐，每年收入约计二百余万两。并将其他杂项所入合计之，每年收入约有一千余万元。

现在外蒙境内金融界上流行者，为中国之白银、银元及俄国之金洋、银元四种。凡纸币钞票之类，一概无之。闻外蒙国民政府有组织国家银行，发行纸币之计画，目下尚未举办。查外蒙自独立迄至取消自治为止，凡其政府各机关之人员既多，而各部总、次长之薪俸，每月均为二三百两之优，并且外国商人向不纳税，故其收入常不敷出。

现因国民政府各机关之人员既少，而各部总长之薪俸，每月只为百二十两之谱，并且外国商人均照章纳税，故其收入足能维持其军政各项经费外，去岁尚余百余万元云。

外蒙国民政府为发展国民经济起见，设立国民合作商业公司，其资本为一百万元。总公司设在库伦，其他如乌里雅苏台、科布多、恰克图等二十余处，均设有分公司。其重要分子及其指导人员，均为国民党及青年党之人物，故其实权亦操纵于国民政府。

其关于牲畜之改良者，设有预防牛疫药水制造厂，由内务部承办之。关于库伦、恰克图间之公有农业，由国民合作商业公司承办之。

六　政府之赏罚

外蒙国民政府，自成立以来，对于刑赏异常严明。即如一九二二年，国民党首领博多，乃第一任国务总理兼外交总长者也，因操持过急，与本党大起冲突，又有联络旧派推倒国民政府之嫌疑，乃被逮捕，卒赐枪毙。同时被杀者，尚有十五人。一九二三年春，旧派人物八名，因图谋不轨之案，亦被枪毙。此为国民政府施行国法之一证。一九二三年由外蒙国民政府，赏给建设国家时尽力之布里雅特同志四人，各白银一千两，此为国民政府施行国赏之一证。

国民政府为防各机关人员之舞弊起见，设有审查司。随时用明暗两法，查考各机关所办之大小事务，并有提交查办之权。若一经查出，置诸不理，或明知情弊，徇私不问者，又有国民党及青年党之各机关从中督察代行弹劾之义务；故国民政府之人员，上自汗王、总长，下至书记、兵士，莫不兢兢业业，惟恐溺职，大有只有国法不知私交之气象。

七　交通状况

自外蒙之库伦，南达张家口，相距二千四百余里。现有中外商人之汽车一百余辆，往来通行，颇为便利。其速者三四日可达，迟者六七日可达。此外载货之牛车，运货之驼队，亦常绎络于道。自乌得抵库伦，又有国民政府所设之官驿。自库伦北至恰克图七百余里，现亦时有汽车通行，并有国民政府所设之官驿。一九二三年夏，国民政府特在哈拉河筑桥以通之，名曰革命第一桥，运货之牛车载人之马车，时常过之。自恰克图北达布里雅特蒙古共和国之新都上乌金斯克城四百余里，夏秋二季，有轮船通行。故自库伦达到西伯利亚铁路，相距一千一百余里，具有舟车之便，其对于输入欧化，亦颇有关系。

电报乃以库伦为中心，其南线自乌得与中国电线相联，其北线自恰克图与苏俄相联，东线通车臣汗部之汗府，其西线则现已从事设立。并在库伦、恰克图、乌得、车臣汗府之间安置电话，以便接谈。其间距离，皆有千里之遥，在亚洲中可谓最长线之电话矣。又有徐树铮镇守库伦时代所立之无线电台，凡世界各处之消息，亦常得之。至于公文信件，则均由官驿递送。

八　教育状况

外蒙国民政府尚未专设教育部，就其内务部特设教育司兼行其事。现在库伦设立速成国民大学一处，人数约四十余名，中学校一处，人数约六十余名，其制服均为官备，小学校三处，人数约二百余名。其设于各旗者，亦有十八处，人数约八百余名。以上各学校，皆自一九二一年国民政府成立以来所倡办者也。

国民政府之教育行政机关，除设教育司于内政部之外，又设有国家学术馆，直接为政府之一部分。其作用一面搜集各种蒙古之古书、古物等品，以为国家图书馆之筹备处，一面编纂各种蒙文图书印行之，以为将来国家印书馆。凡关于蒙古之新旧学术文化之事业，均由该馆主持之。

外蒙国民政府设立之学校，由小学以至国民大学，均用蒙文、蒙语教授之。其各种教科书，亦皆用蒙文编成，所用教员，亦皆系蒙古人。凡体操所用之口令，学生所唱之歌曲，亦系蒙古语蒙古音。其学生制服之形式，参酌西洋式而自定之。

九　宗教之衰微

蒙古民族，本为信仰喇嘛教最诚笃之民族。满清时代，利用其弱点，视为愚弱蒙古民族之一种政策，故特崇其喇嘛教，尊哲布尊丹巴等胡图克图为国师，并规定蒙古人有兄弟二人者，其一必为喇嘛，而归胡图克图等管辖之。自一九一一年外蒙古独立以后，哲布尊丹巴胡图克图俨然为其皇帝，凡政府之一切设施，均由喇嘛操纵，以致政教合一，其黑暗情形，较前尤甚。

一九二一年外蒙国民政府成立以后，既规定哲布尊丹巴胡图克图为虚名君主，其原有之商卓特巴衙门，只能管理喇嘛教所属之庙寺事务，与政治完全脱离关系。至于蒙人对于活佛及其他喇嘛之关系，则听其自由信仰，不加禁止。惟活佛对于沙毕之关系，则根据政府公布地方制度之条例，已非其奴隶，而为国民政府之国民矣。

外蒙古之喇嘛教，现因失去政治之势力，又因屡经外侮之蹂躏及国民党、青年党大声急呼，输入国民常识之结果，喇嘛等一面感生活艰难之压迫，一面受破除迷信之影响，自行散回各旗谋生，而为负义务之国民者渐多。此亦国民政府取消喇嘛教势力之一种手段也。

十　党派之内容

外蒙古国民政府之建设，既为蒙古国民党之大功，故其唯一的政党，亦自属于国民党。该党不隶属于共产党，亦不称为社会党，只名为蒙古国民党。其党纲大意，以民族、民权、民生为宗旨，其贯彻目的之方法，即组织强有力之国民政府，以从事建设为方针，此其对内之关系也。若有主义相同、意见相合之党派，则不论其为中国、俄国，皆希望互通声息，互相扶助。至于对于中华民国政治上之关系，则视中华民国之如何待遇而定。若中华民国范围以内之各省及各民族，苟能根据民族自决之义，采取自由联邦制度，则外蒙国民政府，毫不反对加入其联邦。此等见解，亦用明文订于党纲条文之内，此其对外之关系也。

该党之组织法，采取委员制度。在库伦设立国民党中央委员会，干与国政；凡于各部落、各旗佐，皆设有分会，以督促各部落及各旗佐之政治设施。中央委员会每年召集全体大会一次，议决各项关于本党内部及政治上之问题。该中央委员会之委员，即由大会中推任之。凡入该党如有不遵其党章，并有恶劣行迹者，一经查出，即由本党逐出，并声明剥夺其公民权。

蒙古国民党之外，又有蒙古青年党。其党纲大概与国民党相同，惟其分子之年龄，以不过二十五岁者为限。并且不能直接干与国政，专注重开通蒙古青年之知识学问，以完成民族、民权、民生之教育为目的，即国民党之后盾也。其组织法，完全与国民党相同。视〔现〕因该党之势力颇为发展，亦有直接参加政治之趋向，如青年党中央委员会之领袖，亦加入为国民党中央委员会之一分子，即为明证。现该党之在外蒙各处分子，已达三千余人。

外蒙古除国民党及青年党之外，并无第三党派。从前虽发生喇嘛派与贵族派合力破坏国民党之举动，后经一九二二年夏及一九二三年春二次之捕获淘〔淘〕汰，又因各部总长及各机关内均礼用汗王及旧派人物之故，乃能融洽为一体。前所谓汗王旧派者，现亦自命为国民党党员矣。

十一　外交之胜利

外蒙古国民政府建设后，其对于外交上第一次之胜利，即其劝告苏俄红军，撤退蒙古境内是也。苏俄红军之撤退，虽出其不欲侵略之主张，然当时国民政府之内部，业已设置坚固，确能担保维持地方秩序之故耳。其第二次外交上之胜利，则与苏俄订立平等待遇之国际条约，一面被苏俄政府承认为独立国家，一面国民政府亦承认苏俄为独立国家，派正式全权代表驻于俄京莫斯科，而苏俄政府亦派代表驻于外蒙古之库伦，其护卫队有二百余人。

国民政府自成立以来，其对外发生国际关系者只有苏俄；而苏俄政府，既以国际平等待遇蒙古，故将其帝国政府时代所订立之各种不平等条约，一概取消之。凡旅蒙古境内之俄商，皆服从国民政府之法律，照章交纳税捐，不敢违抗。即其他英、美、法、德诸国之商人亦如之。且于一九二二年曾有俄人二名，犯人命案，即由外蒙国民政府捕获后，照章判决死刑，照会苏俄代表枪毙之。此外蒙古国民政府不受外人领事裁判权之胜利也。

外蒙古国民政府之财政，既能维持其经费，亦无须借用外债，故其矿产、森林、路权、税关、邮电等项，均无抵押外人之事。并因未设铁路及其金融机关，尚未与外人发生关系之故，其经济界既不受外人之操纵，亦不蒙其影响。此外蒙古国民政府，不受外交上干涉内政之胜利也。

十二　社会文化之设施

自外蒙国民政府成立以来，即发行《蒙文周刊》，现已日渐发达；凡其所施之方针及政治上、社会上、国内、国外之重要消息，均由该报纸传播之，亦系为外蒙古社会上唯一舆论之代表，颇有左右之势力，即国民党之机关报也。现有印刷机关两处，一为国民政府之印刷所，一为俄蒙印字馆，足供印行书报之用。

自国民政府成立以来，常借内外各种纪念日，在广场演台上，举行国民演讲大会，演述世界大事，以开通民智。其演讲员均为各机关之重要人物，蒙古人民之环集而听者，数可万人，上自王公、喇嘛，下至妇孺、兵卒，莫不有之。每逢一员演〈讲〉完之后，蒙人群众之欢呼声与蒙古军乐队之奏乐音，振动远近，发人深省焉。

自国民政府成立以来，最受蒙人群众之欢迎者，厥为青年党员所组织之新剧。该青年党一面为提倡社会教育，一面为募集经费起见，用蒙文蒙语编成新剧，选练本党会员为演剧员，时常举行之。其宗旨乃以描现社会上各种黑暗情形，而指其改良维新之方针为暗示。其戏剧中如成吉斯汗之睡醒及卖国贼之报应等，则与民族自决主义有关系矣。

现在外蒙古国民政府之都城库伦中，物质文化如电话、电灯等均有之，凡各机关内任事之蒙人宅舍，皆以安置。又如打电报、接电话、开汽车等职务，亦均由蒙人自为之。

一九二三年夏，由莫斯科运到科学用品，如望远镜、显微镜、地球仪及物理、化学试验品多种，又有关于科学及工业之各样影戏片，以备学校教育及社会教育之用。此虽无关紧要，亦系输入物质文化之一端也。其他如中西旅馆、澡塘、饭庄、戏园等亦均有之。

十三　民气之澎涨

从前满清时代，将内外蒙古之人民分为贵族、喇嘛、奴隶三大阶级；凡奴隶人民遇见王公，则必跪而迎之，王公之视奴隶，则亦视同牛马；即各机关中之人员，对于各上级官长，亦犹奴隶之对于王公焉。自外蒙古国民政府成立以来，一切政治组织，既皆尊重民权，凡各机关中之人员，均以尽职为贵，不以阶级为别。且由平民为总长及主事员者，亦多有其人；故向来贵贱悬隔之风气，平民为奴之制度，业已破除。即如出入各机关及求见各机关之人员，亦颇为简易。

蒙古民族自归附满清以后，既享太平日久，又为贵族压制之故，凡关于地方之治乱、政治之善恶，早已淡忘之。

自一九一一年屡经兵燹之涂炭，渐启其自觉心。迨至国民政府成立以来，凡政治主权，均由平民主持；又因国民党、青年党之大声急〔疾〕呼提倡民权之故，蒙人群众，现已引起政治上之注意，对于国家大事及国民大会之演讲，均为异常热心。

外蒙人民自十年以来，屡经外族军队之蹂躏，已不堪命，加以中国安福派军队，被白党击退之时，将蒙人之老幼，迫入蒙古庐内，炬火焚之；于蒙古妇女则轮流奸死之。故现在外蒙之人民，无论其为贵族、平民、老弱妇女，痛恨中国军队深入骨髓，仇视之心，人皆同之。一旦果有派遣军队，压迫外蒙边境之时，必不免发生冲突焉。

此文及国民大会二图，均由内蒙古德辅君持赠本报，特此致谢。又原稿系用文言，本报不便尽改，一仍其旧，并此附志。记者。

《前锋》（月刊）

广州平民杂志社

1934 年 1 卷 3 期

（朱宪　整理）

蒙古与俄日冲突

Harry Paxton Howard　著　　贾丽南　译

日本之注意蒙古，由辽、黑、热三省的蒙古地方之组成一大的蒙古省份（伪兴安省），西部内蒙自治运动之发展，苏俄势力之仍支配外蒙——所有这些情形使蒙古在今日具有特别的意义。长春方面确曾讨论现在这新的"满洲帝国"是否应当改成"满蒙帝国"，也许这事情现在还未确定。无论这事情怎样决定，蒙古在过去数年间已得到一新的意义，它之为俄日斗争的场地这地位也不是不关重要的。

游牧的蒙古人在过去三十年间虽被中国的殖民者排挤得逐渐向北向西去，然而他们现在还占有一广大的地域，共有一百万方哩以上，人口约在二百万人以上。然而却有一自然的分界线——戈壁沙漠——将"内""外"蒙分开。北部之外蒙在地理上与经济上与西比利亚有密切的关系。南部之内蒙是倾向中国的，日本活动之主要地区乃是内蒙。

早年的侵掠者与帝国之建立者

过去数千年间北方平原之游牧的骑士就是中国之不断的威胁。长城就是在二千年以前为防御他们而建立起来的，但是侵入长城者还是相继而来，其更彻底者更由抢劫洗掠进而较长期的征服中国并建立帝国。七世纪前的蒙古帝国是古往今来世界上最大的帝国。在成吉思汗治下几乎包括亚洲全部,欧洲的一半,虽然在面积上,在财富上,在文明上,没有一个其他被征服的国家比得上中国。在中国忽必烈可汗,成吉斯〔思〕汗的孙子,建立元朝,建都于现在之北平。

蒙古人之所以皈依喇嘛佛教,乃是因为忽必烈的好学,基督教之怯懦或漠视,与佛教之热心。忽必烈可汗于多方考虑以后,对于基督教的教义非常赞成,于是他派人向罗马教皇请求派遣一百名教士来以基督教义教导他的人民。然而因为当时基督教方在忙于内争,所以无暇顾及感化这最广大的帝国。两个教士终于被派遣去作这巨大的工作,但是这两个教士甚至没有完成这旅程的勇气,他们在未达到中央亚细亚以前便折回去了。结果,忽必烈转向西藏之佛教的喇嘛。佛教的喇嘛马上而且很热心的答应了,于是蒙古人皈依了喇嘛佛教——这件事情在后来是有历史上的意义的。

内蒙与外蒙

这些游牧人的征服者缺乏将他们的大帝国团结在一起的能力,他们在各被征服国家的政治窳败,不久使他们有被替换的可能。最初在中国,接着在俄国,后来在南亚细亚,他们被推翻了。当时还有数百万蒙古人带着他们的牛羊漂游于中国以北之大平原上,但是他们以前之伟大的帝国所遗留下的只是一种传说了。并且佛教的喇嘛将蒙古的权力握在手中。

蒙古帝国瓦解以后,由戈壁沙漠所分割的“内”与“外”蒙的裂痕日益显著。南部的蒙古人以往曾不断为中国的征服者所支配,但是到一四二二年中国的势力才达到沙漠以北的蒙古人,明朝皇帝永乐于是年征服北部的蒙古人。他维持他的征服不久，他们不久恢复了他们的独立。在十七世纪初年间，很多东南部的蒙古人与当时方在兴起的满洲人携手，并参加满、汉各旗征服再往南的地方，与他们分享政治上的特权。然而沙漠以北的蒙古人当时并未受到影响。

北部蒙古人依附佛教的帝国

然而到十七世纪末蒙古人为卡尔玛克（Kalmuck）各部落所败，而有完全屈服于该部落的危险，于是在危难之中求援于邻近的两大帝国。他们不求援于位于戈壁之南与东的大清帝国（我们已经说过大清帝国包有蒙古的旗），就得求援于在当时已越过西比利亚并已达到太平洋的俄罗斯帝国。蒙古人现在既是成了佛教徒，于是决定求援于清朝，并且为保护的交换条件成了清朝的属国，每年向北京进贡，清朝派一大臣常驻库伦，另有将军两人驻其他地方。汉人的垦殖，与汉蒙通婚是被禁止的。北部蒙古保持实际上的自治，而东部内蒙却与北京政府发生密切的关系而且受它的支配。中国的殖民者向北移殖进入内蒙古的草地，特别是当十九世纪，将游牧的蒙古人排挤到更往北边的沙漠地方去。当现在这一世纪，中国的垦殖又在北部蒙古开始，因为禁令已经取消。

这种中国人的侵占在蒙古人间惹起很多的反感。牧地被移入的中国人占去，而且进入蒙地的商人与放债者更肆无忌惮的牺牲这头脑简单的游牧人。而且，在满清未倒以前之数年间，清朝更在外蒙施行更完备的权威，派军队到外蒙，增税，行政上的统治也严厉起来。

俄国与蒙古

这种办法是一种新政策的结果，在这帝国别的僻远的藩属也曾试行，因为属邦之一再的丧失，从高丽到安南，大部分是因为北京统治力之薄弱。蒙古的威胁是俄国，俄国在很多年以前早就将长城以北的全部地区，连蒙古与满洲各省在内，划作她的特别势力范围，曾为英国于一八九九年所承认。

穿越蒙古的大道数百年来就是中俄贸易的交通要道。在一八八一年北京予俄国人以在蒙古设领事并自由通商的权利，并得在蒙古购买土地及建造房舍以为营商或居住之用。然而后来中东铁路之修成使俄国的注意再向东移，以辽东与一不冻港为目标，同时这新铁路也将中国通蒙古大道之重要性大为减低。所以只是于俄国被日本逐出南满以后她才又特别注意蒙古。

然而在那时候她的势力范围只限于外蒙古（当然还有北满）。日本于其一九〇七年与法国互助的谅解中（这谅解使俄国在远东陷于孤立），已经求得法国承认蒙古为日本有"特殊权益"的地区之一。所以在日本与俄国于一九〇七年所订的密约中，日本只承认俄国于"外"蒙有"特殊权益"。五年以后俄国承认日本在东部内蒙的"特殊权益"，向西到北京的经线——这经线在一九三三年成了"满洲国"的西部疆界。

在一九一〇年俄日两国讨论吞并满洲，满洲之肥沃的土地较蒙古重要得多，但是当时一无所成，因为日本不肯参加而只吞并了高丽。俄国当时正在计拟（并照会美国关于）敷设一由西比利亚铁路穿越蒙古，经由库伦与恰克图直达北京的铁路，但是这计划未曾实现，不然就将俄国与北京很密切的联系起来了。然而俄国决定关于蒙古要以强力"压迫中国"，以此就商于英国，问英国肯在何种条件下帮助俄国。俄国承认英国"在西藏之自由行动与其有特权的地位",同时英国承认俄国"以北满、蒙古,与西部中国(喀什噶尔在外)为其特殊势力范围"。日本,较为慎重,宣称彼愿"于每一个别事件上"帮助俄国,只要俄国"将每一个别事件之详情就商于她"。

日本的慎重是因为她想逐渐扩展她自己的"范围",减削俄国的势力,然后再同意共同瓜分,因为一瓜分了就使日本难于在满洲再向北发展,在蒙古再向西发展了。在一九一二年,如前边所已说过,俄国同意承认并帮助日本在东部内蒙的特殊地位。同年春间,关于满清之退位以及在民国未承认所有外国的特权以前不肯承认民国政府,俄国宣称她在"北满、蒙古与西部中国保有特殊的利益与权利",并保留"为情势所迫时有采取保获〔护〕的特权",同时日本也宣布她"关于东部内蒙(与南满毗连者)必须有所保留"。关于同年之"善后借款",日本对于这一地区还又声明有所保留。

外蒙脱离中国

在外蒙古,俄国政府尽量利用蒙古人之不满意中国侵略的心理。在一九一一年蒙古人因为深切痛恨二百一十年前的决定,派一代表团请求沙皇为蒙古干涉满清政府的行动。俄国向北京致送通牒,指出中国在外蒙所采行之新方策违犯外蒙归附中国之协定,并宣称俄国,蒙古的邻邦,对于外蒙"既成状态之任何剧烈的改变"不能坐视不顾。

汉〔满〕清政府之坍台使事情趋于简单。蒙古人驱逐了中国的驻库大臣,宣布外蒙独立,并拥戴库伦的活佛为"大可汗"。他们原已抗议满清政府最近之侵夺蒙古旧有的权利,现在他们又宣称随民国之成立他们已不隶属中国，因为他们原来是隶属清朝的，清朝一倒隶属关系当然断绝。

俄日势力"范围"的划分现在有了意义了。俄国在资助"独立的"蒙古以枪械时，特别训令这些枪械"非用为内蒙之军备"，而是为"喀尔喀以及邻近的西蒙之各地区，为此目的俄国可予蒙古人以帮助"。蒙古的军队组织起来了，有俄国的军事顾问，并在一九一二年帝俄承认蒙古的自治并允予以协助，扩展俄国之商业的，邮政的，与别的特权与便利，并承认蒙古驱逐中国军队与侨民的权利。

一年以后中俄在北京缔成中俄协定，承认中国在外蒙的宗主权，同时中国承认外蒙的自治并同意在外蒙之政治与领土事情上与俄国协商。蒙古人的目的本在完全的独立，对于此种规定当然不满，但终于于一九一五年承认这种规定，这样外蒙变成一种被两国保获〔护〕的国家，中俄两国都同意不干涉外蒙之内部行政或驻军队于其境内。

"内蒙古"之扩展

在一九一二年俄日密约时，日本认为其势力范围的地域似乎是很不足轻重的，只是一块大部分是沙漠的土地，在戈壁沙漠与沙拉木伦之间，在长城二百〈哩〉之外。在沙拉木伦与长城之间是直隶省的北部，有四万方哩左右的土地，大部分是肥沃的，中国在其间的住民有数百万。

然而自此以后"内蒙"忽然神秘的扩展了。日本在一九一二年与俄国的密约并没有特别规"东部内蒙"之南部的疆界，而只承认"日本在以上所示经线以东之内蒙地方的特权"。但是此后不久，北京政府将长城以北之直隶的广大领域置上两个省份，热河与察哈尔，大体上是沿着北京的经线分的。由于这种变动，日本就要求这直到长城的"内蒙"两省区为其势力范围——较以前所称为"东部内蒙"的地域大得多，人口也多得多（日本怎样将这行政的区域改变，显然是利于他们的，我们一点也不知道）。

然而同时日本并不急于吞并这地方。有一部分日本人的确计拟以内蒙为由日本帮助恢复清室之很好的根据地。后藤男爵在他现在有名的《论日本在满蒙之活动》的小册子中，将这讲得很清楚，并提及日本之武装"内蒙"王公以促进这种运动。然而当时并未得到什么结果，只是在二十年以后日本才将满清恢复。

对外蒙之争取

自治的外蒙古占有一百万方哩之优良的部分，居民有六十万。蒙古地方从前向东达到兴安岭以外，但是中东铁路经过这东部蒙古的地域（呼伦贝尔），并且当地的蒙古人如他们西部的同胞也脱离中国，但是在一九一五由俄国调解签订一种协定，予呼伦贝尔区以一特别自治的地位，以一本地的王公为行政首长，军队由他统辖，中国未与俄国商酌不得派军至其境内。中国人得在此地租种土地，但不得干涉蒙古的牧人。予俄国与中东铁路以修筑铁路的优先权。

库伦政府大受俄国一九一七年革命之影响。中国驻库大臣于此时以前在中俄保获〔护〕之下已返回库伦，并已与库伦的活佛及一部分蒙古王公进行秘密谈判，据传彼等愿以五百万元之代价放弃其自治。然而北京未及将此款付到，帝俄政府即行坍台。北京政府不顾其条约上的诺言，强行在外蒙树立其政权，日本资助之安福系政府派兵到库伦（声称是进攻西比利亚之红军），并且徐树铮（小徐）于一九一九年亲自前往，强迫蒙古人放弃其自治并遣散其军队，并以蒙古之矿产与农业富源为担保与中日汇业银行进行一千五百万元的借款。同时他的军队以抢劫蒙古人为生。中国历史家魏更生（译音）说："徐树铮之饥军屠杀抢掠无辜之蒙人，致失其内向之心。"

日本之统治外蒙

　　日本现在假其安福系仆从之手将外蒙握在手中了。（魏博士关于此时期说"日本之征服中国未借其军队，乃假北京之安福系工具之手"，并指明日本"深信将蒙古夺出于中国之手乃易如反掌之事——然若蒙古与俄国携手则此事殊不易为。故日本欢迎蒙古重归中国管辖，如此乃恰入日本彀中"。）安福系被驱逐于北京，但中国军队仍在外蒙，日本资助之白俄亦入其境内。一九一九年间著名之谢米诺夫即被命为"大蒙古国"之首领，此大蒙古之领域由东部西比利亚（当时为外国及白俄军队所占领）至西藏，此种计划魏博士谓为"实置蒙古于日本保获〔护〕之下，并为日本统治蒙古称霸亚洲之远〔速〕进一步"。日本派赴库伦之密使怂恿活佛派遣代表至一"大蒙古"会议，但是此项计划寿命甚短，红军不久占领东部西比利亚。

　　然而又有一日本的工具，"疯狂男爵"斯特恩堡（Ungern von Sternberg）于白俄在西比利亚挫败以后逃入蒙古，以日本之援助组织一白俄、蒙古与布里雅特之混合军队，于一九二一年二月占领库伦，大肆屠杀汉人、犹太人与"非正教"的俄人。（一部分逃溃的中国军队到了俄国边疆上之恰克图，并屠杀三百以上之苏俄人民。）斯特恩堡现在想建立"大蒙古国"———一独立的佛教国家，其自身任最高军事首领，以库伦之活佛为"皇帝"——数月之间肆行屠杀。对于不幸的蒙古人，中国统治之缺陷若与此恶魔的疯狂政府比起来似乎不算什么了，于是此活佛"皇帝"派代表赴北京请求恢复中国的统治，同时有一部分蒙古青年集会于恰克图，宣布成立"蒙古人民革命政府"，也请求援助驱逐此疯人。

　　然而在六月间，斯特恩堡竟不自量力进攻恰克图，为红军所惨败，其自己之军队也反戈相向。苏联军队乘胜进侵库伦，此新蒙古政府遂建立于此地。日本之统治外蒙，无论是假白俄或中国人之手，从此算告一段落。

外蒙与苏联

　　库伦之新的"蒙古人民革命政府"请求苏联政府将红军留置外蒙"迄无共同敌人之威胁时止"。苏联政府答应这种请求，并于十一月五日库伦政府与苏联政府签订一条约，终止中国在外蒙之统治权，蒙古实际上变成一苏联的保护国，有一些俄国及其他苏联的顾问。在其内政上，此政府之组成乃是一党政府，有一中央集权的议会组织，剥夺蒙古王公对其部落人民之绝对的权力，并取消活佛与喇嘛之治世的权力。

　　此新政府通知北京彼对中国"并不怀不友谊之情感……并不采取任何敌视之行动"，并设法建立友谊的关系，但北京对此种表示置诸不理。后来，北京与苏联代表谈判时要求苏联撤退其在外蒙的驻军，越飞对此回答说："俄国军队之留驻蒙古其关系于中国之利益不少于关系于俄国者……人人都知道这情形……若对此问题加以仔细与实质之研究，则要求撤退苏联驻军只有利于我们的敌人，中俄两国以及蒙古自身的敌人。"孙中山博士承认了这个，并宣称彼不认俄国军队之由外蒙立即撤退"为急要或实有利于中国；因目前北京政府之不能于驻军撤退后防止白俄卫军对俄国阴谋与敌视活动之复活，与造成一较现存者尤为严重之局势，此种情形尤为如此"。

　　当中俄协定于一九二四年订立于北京时，苏联政府承认"外蒙为中华民国完整之一部"，申述其尊重中国在外蒙之宗主权，并应允当边疆于以后会议认为已经安全时即撤退所有苏联驻军。中国对于取得此项安全在过去似乎尚一无所为，但是据传苏联军队已于数年前撤退，因为俄国所训练的蒙古军队已［能］十分能负起国防的通常责任。外蒙古理论上仍在中国主权之下，但无任何之中国统治。

外蒙在军事上之重要

　　外蒙若驻有敌国的军队，俄国在远东的地位显然是很危险的。若用宾斯太得（Binstead）数年前在《中国年鉴》中所说的话，这种敌国的军力"一定是她与远东之长的交通线的威胁，并且太平洋沿岸若再发生战争，中国军队若企图猛扑西比利亚铁路，则俄国必须留下相当兵力加以防止"。现在日本方利用其傀儡"满洲国"的蒙汉军企图进攻全部西比利亚，这种威胁当然是更大了。

　　库伦地方以东及以西两地区的发展情形是不一样的。关于以东之呼伦贝尔区域，北京之安福系政府于一九二〇年一月单方取消一九一五年与俄缔结之协定。呼伦贝尔成了黑龙江省的一部分，在张作霖统治之下，后在其子张学良治下。当张学良于一九二九年夺取中东路时，苏联军队进入此区域，当占领期间据传有一部分"蒙古青年"进入海拉尔，并于一九三〇年谈商承认其自治。然而苏联军队不帮助这般蒙古人而撤退，奉天军队又在此地恢复其统治，后来当然是日本人与他们"满洲国"的朋友占领了该地。

　　库伦以西，在苏联土耳其斯坦边界与新疆北部之塔尔巴卡台，蒙古人仍在中国治下，虽然在此地与新疆〔疆〕政府的关系更深。

新疆政府对苏联政府不表示敌意，苏联政府也没有改变现状的意愿。

大部分蒙古人现在"满洲国"治下

现在的情形是，大部分蒙古人在"满洲国"治下。大概总有一百万以上蒙古人在兴安岭区域，包括呼伦贝尔以及黑龙江与奉天西部与热河北部的地方。西部内蒙"自治"运动之所以有意义，乃在其与这些事实的关连。日本人久已在蒙古人间工作，已教育训练其一部分人当领袖，并当然与其王公及别的保守分子合作。

再向西去，在青海与新疆，蒙古王公与中国当局合作。然而在青海中国当局多为回人。在新疆如上所述当局为汉人。在实际的数目上，这些西部的蒙古人较东部内蒙的蒙古人少得多。如果全部蒙古人都在"满洲国"与日本之下团结到一起，则对外蒙就成了一新月形的包围形势，从东边之呼伦贝尔到西边之塔尔巴卡台，这对于库伦区域就是一严重的威胁。日本的目的在造成这样一种形势，这是一点怀疑也没有的。

——译自上海《弥勒氏评论报》第六十七卷第二期

《新蒙古》（月刊）
北平新蒙古月刊社
1934 年 1 卷 3 期
（李红权 整理）

内蒙自治运动之成败与中国

笑仙　撰

内蒙自治运动,自去岁七月间发生以来,迄今已有半载。内蒙远处漠北,实为中国北部之屏藩,内蒙之安危,实关系中国之存亡,现在之蒙事,尤非昔日之蒙事可比。窥中国现今之局势,及外敌之侵逼,内蒙与中国,不惟唇齿相关,且有朝不保夕之势!故内蒙自治运动之成败,其于国防之关系,较东北之失为尤甚!

自治运动之原因

此次内蒙自治运动发生之原因,或谓因汉族之经济侵略、蒙古与中央之关系不密切、蒙古王公之待遇恶化、蒙古青年之失业等等……然此皆非内蒙自治运动发生之真确原因。自九一八东北失陷后,日帝国主义,为贯彻其满蒙政策,第二步必须进犯西蒙古。其进犯蒙古之计划,概言之分三步。第一步骤侵占热河(现已实现);第二步骤即进而侵占西蒙(察、绥);第三步骤更进而侵占新疆,以完成其满蒙大陆政策及控制中国,以备日俄大战时之根据地。此为国人所深知,无待详言。惟内蒙早鉴及于此,恐西蒙为东北之续,及中国北部屏藩之丧失,不得不于万难中,实行自治,以救危亡,而固边陲。是以西蒙王公索王、德王、云王等,于去岁九月间招集各盟、部、旗长官,会议于百灵庙,与中央互商妥善办法，组织内蒙自治政府，以阻暴日之西侵而保边疆之完整。

此次内蒙发生自治运动，非因汉蒙民族间之感情隔阂而发生，乃因日本帝国主义侵略无已，更进而有侵犯西蒙模样，同时中国北部边疆，势如累卵，日趋危急，倘不共同团结，实行自治，将不堪设想！而中央又因辽远之边陲，无暇顾及。如果蒙古各盟、部、旗民众，一致团会〔结〕，与中央同心协力，共起抗敌时，则敌之侵略，将受一种重大打击，庶几可免边疆之丧失，及为东北之续。于此可知，内蒙之自治运动，非因汉蒙民族间，感情之隔阂，亦非立意脱离中国独立。如果立意脱离中国独立时，亦无须倡自治，请求中央予以援助，及欢迎赵、黄二氏赴蒙，共商自治问题之必要。凡熟知蒙情者，皆了如指掌，无待详解。

黄、赵二氏于百灵庙自治问题暂告一段落之结束后，即首途返绥，于绥省之"汉蒙联欢大会"开幕后，即返京报告处理百灵庙自治会议之经过。未几，西蒙各盟、部、旗，皆派代表赴京，向中央请求对于自治问题，早日解决和实现。于此可见蒙古对于中央之态度如何。如果蒙古对于中央稍有隔阂时，则此次之代表必不能如此之恳切。

现据可靠者谈：日方已和伪国，订立密约，将组织所谓"中华联邦帝国"，其对中国侵略之步骤，概分三点：第一，占据华北，以北平为国都。第二，仿英、法帮助波兰、土耳其独立之办法。第三，用正式海陆空军，攻取黄河以北各地，以作基础。又以中国两广及其他各地各省，有特别情形者，允许其独立及特别之组织。由是观之，内蒙自治问题之解决，非仅派一二大员宣慰所能济事。即如封活佛入蒙宣化，亦为过去之故策，于事无补。故中央对蒙事，宜改变过去之态度，有深刻之认识，及以虚心诚意处理之。

内蒙自治成败之影响

内蒙自治运动之动机及其严重性既如上述，故吾人由此可知此次内蒙之自治运动，非因汉蒙民族间感情之隔阂而起，尤非蒙古立意脱离中国独立，是纯由中央不暇顾及，不忍坐视边疆之丧失，束手以待毙，不得不实行自治，以救危亡于万一。

现在溥仪已于今日（三月一日）僭号称帝，并向各国派遣经济代表，以经济关系，促成各国承认伪组织云……由此可见所谓组织联邦帝国之阴谋，已露一般〔斑〕。如果中央对蒙事，犹以以前之态度应付时，不惟蒙古之前途暗淡，中国全部亦将有同样不堪设想之虞！

溯外蒙古于民国元年建立独立政府之际，脱离中国而实行独立，内蒙古所以未步其后尘者，因内蒙古仰慕孙中山先生所倡之三民主义，主张国内各弱小民族自决自治并扶助之宗旨。民国二十余年来，蒙古以是希望于中央者，未尝断绝，惟中央对蒙事，只见宣之于报章杂志，未见稍有实施，此殊令人失望！近来暴日西侵不已，内蒙危在旦夕之际，尤宜速有决定，不容稍迟，此为国人所深知，不容讳言。现在以诚恳之态度建议于中央者，对内蒙宜有明确之认识，不可顾一方面之利害，而忽于大局。内蒙既为中国北部之屏藩，其安危恒关系中国全部。不惟唇齿相依，且有切肤之痛，内蒙一去，华北全部难安，完整之土地，势同瓦解。尤其现在新疆南部事变，组织独立政府，藏方亦进犯不已，在在都与敌方造可乘之机会。如果中央对于此次内蒙自治运动犹不能以诚意速为处理时，恐不久内蒙亦难免步新、藏及东北之后尘，为敌人所利用，如是则中国北部之屏藩不存，华北全部，亦将难保！如果中央意在保存边疆，对于此次自治问题，应熟审其重要性，而速予以相当之解决，以却未来之隐忧，实为蒙内〔内蒙〕之幸，亦即中国之幸！

一九三四，三月一日，于北平

《新蒙古》（月刊）
北平新蒙古月刊社
1934 年 1 卷 3 期
（朱宪　整理）

敬告蒙古前后毕业同学

姚敬斋　撰

诸君漂泊四方，或在军界，或在政界，或在学界，大氐皆离开乡土，各借枝栖，在自身获得些食而不饱之薪金，在国家占一个无足重轻之位置。消磨岁月，一事无成，作寄生之虫，类处裈之虱。当年诸君，读书如何矢志，桑梓如何关心，国家如何期待，非甚健忘，应复记忆。请内看今日之乡土，外观世界之潮流，自审本身之责任，近察人情之幻诈，清夜扪心，作何感想。时不我待，尚望急起图之，不然殆矣。

三数年来，内战频仍，强邻日迫，大局摇动，举国痛心。尤其自奉军进关，东北健儿，只知在中土谋势力之伸张，致令倭寇生心，用迅雷不及掩耳之手段，攘攫我四省疆土入其掌中。举国同仇，中外共愤。沪滨之杀敌，喜峰口之冲锋，虽是聊表我中华民族之精神，终以实力未充，牺牲太大，含泪忍痛，改变方针，作十年生聚之谋，忍背城一战之气。《塘沽协定》，华北粗安。闽变既短期敉平，"剿匪"又克日进展。中央巩固，百政维新。凡我国人，皆宜兴起，化散沙为赤埴，变雌伏为雄飞，此其时矣。

况在蒙古，地界边隅，危亟情形，十倍中土，欲国奋发，端赖革新。不有极健全之精神，不足以起衰而振靡。不有大规模之计画，不足以荡秽而涤瑕。斯盖尽人知之矣。但兹事体大，不先集中人才，则担负无力。不经过艰苦奋斗，则无以除旧染而发新机。

诸君须知吾人不幸而生今世，必不得徒为享乐而能生存。因为今世大势，享乐是死路，受苦是生路，人知乐死不如恶生，当然要去乐而就苦。在欧美强大国家，其人民亦各竭精疲神，不敢稍懈。况在中国，无论文化，无论武力，皆不逮人，尤须卧薪尝胆，挽救危亡。更不必谈我蒙古，一切风俗习惯，犹远在十五世纪以前，莫说欧美，即中国内地仅足称次殖民地之文明，亦尚瞠目落后。此时此际，果尽昏愚无知，则亦已耳，甘心当亡国奴，可不问矣。诸君皆受相当教育，志气素甚发扬，不应该作一自了之夫，只吃碗现成之饭，趁各方招待之便，偷瞬息苟且之安。贾子曰：厝火于积薪之下，而寝其上，自谓为安。此真可为痛哭而长太息者也。

近者自治问题，闻在南京请愿代表，已得到圆满结果矣。入手组织，为期当不在远。将来无论是否云王主席，或德王主席，总之皆非一手一足之烈所能成功，必借群策群力之助，始能有效。诸君果能于此时，翻然变计，早赋西来，舍人田而耕己田，练武经文，各效其力，劳身尽智，共献所长，众志成城，何图不遂。忍却一时之外诱，当留千古之美名。想蒙古先代哲王，考其成功，孰非筚路蓝缕，披荆棘，伐山林，艰苦数十年，始得以名满全球，昭如日月。不谋根本，徒艳虚花，王猛虽才，史册终无美谥〔谥〕；展禽不去柳惠自是褒嫠。人特患不之思耳。夙〔凤〕志丰林，鹗〔鹗〕甘腐鼠，为龙为猪，全在此一念之转移间定之，诸君勉乎哉。

且诸君既不为国谋，亦须为子孙谋。乡土生活，实是教养子孙的好场所。勤苦事业尤是作家的好模形。徒在内地徬徨，不论二十元书记，事同鸡肋，即千元部长，有何作为。得些傥来之钱，供我苟活之用，少尚毛病小，多更造孽大。老太太、少奶奶、大小姐、二少爷，甘食美衣，逸居无教，尚望得元宗之子，克盖前人之怨，势不可能，理亦不计。以吾在校经验，凡官大钱多之子弟，十八九意志薄弱，不肯用功。来自乡间者，往往貌蠢心秀，特别要强。或谓此为天道之循环，吾谓实人谋之不藏〔臧〕，可弗戒哉。

是非之心，人皆有之，孰公孰私，不难知也。惟蔽于虚荣者多昧，遇大利之所在，更易颠倒其初心。譬之汉奸，贪一时富贵，有何可乐。舆论之指责，虽亲者不能为讳。权其得失，殊觉益少害多。然在身当其境者，往往为地位之坚牢，不惜勾结地痞，献媚要人，坏里党整个之要图，博一己片息之得意。诸君皆甚高明，料必不至有些鬼祟。惟怕热心贵仕，又遇政敌，争强赌胜，不肖之念，生于不自知。吾尝读史，注意贰臣佞幸诸传，其初为人均甚光明，终于不免失足者，意气害之也。果能平心静气，熟虑深思，与其在外竞无味之升沉，何如归去图根本之大计。百姓艰与虑始，可与乐成。一人倡之于先，必有起而应之于后者。以今日蒙古颓废之势，不从下层作起，欲于安乐喧哓中，望其盛治之渐臻，必无幸也。

更有进者，诸君在中央政府，虽受同等之待遇，然入校求学，何以独得官费，机关设立，何以独别蒙藏。甚望诸君万不可以此为幸遇，最好视此为无上之愧辱。同列五族，同此圆颅，人任其劳，我安其养，此中奥秘，显然认我等为低能。我有土地，我有富源，我有人民，我有才性，真能同力合作，万众一心，坚强奋勉，三数年后，虽独力与日俄争强，亦意中事。何必在国府优待之下，夸多较少，自起党争，徒令旁观者齿冷也。

怀恋乡土，人有同情，从苦得甘，其味弥永。客居广厦万间，不如自营土窟。自种园蔬，清香适口，常过于海陆珍奇。江南虽好，非我故居，塞北苦寒，祖宗庐墓存焉，幸今尚属我有，亡羊补牢，犹未为晚。倘再角逐于外，自乐逍遥，一旦反主为宾，鹊巢鸠占，异乡游子，归不得也哥哥。心所谓危，不敢自秘，诸君明达，或不河汉斯言。

《新蒙古》（月刊）
北平新蒙古月刊社
1934 年 1 卷 3 期
（朱宪　整理）

内蒙自治问题之解决与今后的期望

张炳钧　撰

牵延多日未决的内蒙自治问题，到二月二十八日中政会通过自治原则八项，在京各王公代表声明接受后，可称告一段落。这于整个中国民族的前途上着想，是足资庆幸，而历史上也是应该大书特书的。事实上是很明显的展开了：中国内部各民族将益趋于团结；今后内蒙的经济、政治、文化将有积极的改进；内蒙加紧了对中央的向心运动，日本帝国主义离间利用的离心运动，自必无所施其技了。

内蒙自治运动的酝酿，虽为时已久，而至去年十二月间内政部长黄绍雄，与赵丕廉两氏赴百灵庙与内蒙王公正式会商，内蒙自治问题，乃得完全揭开。黄、赵返京覆命后，中政会曾于一月十七日通过办法十一条，其中规定内蒙自治的限度，反较小于黄、赵在百灵庙与内蒙王公所议定的办法，内蒙王公及驻京代表，均极力反对，并请求中央覆议，以期贯彻蒙众要求自治的初衷。经过了四旬余的几度磋商，至二月二十八日中政会又通过了八项新的自治原则，内蒙王公驻京代表，认为"甚合蒙情"，表示接受。三月七日行政院通过《蒙古地方自治政委会组织法》、《办法》，及《办事细则》等。七日中政会更根据行政院的决议，通过蒙古地方自治政务委员会的《暂行组织大纲》，及《蒙古地方自治指导长官公署暂行组织条例》，并决定委员及指导长官等的人选。到此，内蒙自治问题乃走向了新的阶段，这新阶段便是遵照中央所定原则及各项办法，如何力谋内蒙自治的推行。

二月二十八日所通过的八项原则，和一月十七日所通过的十一条办法，大致有如下几项的不同：一、关于自治实施的程序，照一月十七日的决议，自治区政府设立前，尚须有筹备处的设立，就是在筹备未完成前，无自治可言。但照新近的决议，则自治政务委员会是须即日成立，而自治推行亦当立即随之开始。二、关于自治区政府之组织，照一月十七日的决议，每盟各成一自治区，故察、绥境内共有四区。照现在的办法，则内蒙成为一区。依照一月的决议，内蒙自治采两级制，即自治区及各旗，区则直隶中央。但今为三级制，自治政委会之下有盟政府，而盟政府之下则有旗政府。三、关于省政府及自治区政府之关系，照一月的决议，省可受中央的委托而管理蒙旗，但今则管理内蒙行政之权悉在中央。四、在一月十七日所通过的第九条办法中，中华民国人民居住蒙区满一年者，"均得享有游牧垦种之权利"，令则有"各盟旗现有牧地停止放垦"之规定，以保护蒙民经济利益。五、一月十七日所通过的办法，未限止在盟旗设治，新通过的第八项原则，则明禁于盟旗增设县治或设治局，即有设立必要，亦须先征关系旗盟的同意，以期内蒙自治得有一贯的发展。

总观二月底所通过的八项原则，三月七日所通过的《自治政委会组织大纲》，及决定的人选，中央用意的所在，为泯除蒙旗与察、绥省府间的意见，维持现有的制度及现有的当局，并予蒙民经济利益以法律的保障；以清扫民族间的隔膜，力促内蒙自治的推行，并予改进蒙民经济生活以诸多的方便。这纯然是本着中山先生的遗教，力谋国内各民族一律平等，并扶植其发展之热烈伟大的诚意，而决定了各项原则与具体办法。从这一方面看，内蒙自治的前途，是有着无限的希望。

内蒙自治今后的问题，是内蒙王公与蒙众在中央扶植领导之下，如何努力推行内蒙自治。笔者在本刊创刊号《内蒙自治运动的检讨》一文中，曾指出内蒙自治运动的前途如何，须视能否坚强正确的把握三个基本条件，即：一、坚定反帝（帝国主义）立场；二、竭诚拥护中央；三、唤起蒙众参加。现在内蒙自治问题，虽称告一段落，而这三个基本条件，更须坚强正确的把握，为切实有效的实践。同时，并须认清下述的三点，去正确切实的把握实践：

一、所处特殊环境——自日本占领东北后，属于辽宁与热河的各盟，实际上已为日本所操纵指使，而硕果仅存者只有属于察哈尔、绥远两省的锡林郭勒、乌兰察布、伊克昭三盟。锡林郭勒盟在察哈尔的中部与北部，乌兰察布盟在绥远省之北，伊克昭盟则在其南。而察哈尔与绥远北部毗邻于外蒙。外蒙于一九二二年宣布脱离中国加入苏俄联邦，中国已无一官之设，一兵之守，中国虽为外蒙的宗主国，但外蒙已成苏联之藩篱，倘苏联与日本一旦正式宣战，则苏联即可一路沿西比利亚铁道进攻黑龙江，一路由外蒙进攻察哈尔、热河而捣辽宁。这种情势，不仅足以动摇伪国，并足以震撼日本三岛。故日本占领辽、吉、黑、热后，更进而企图西侵察、绥。于沐猴而冠的溥仪称帝后，这个阴谋益趋积极。不仅〈要〉占领察、绥，以完成所谓"满蒙帝国"的计划，并策动华北一般封建余孽、失意军阀，企图树立所谓"华北国"。整个华北既已处于风雨飘摇之中，内蒙的危机当更趋严重了。故内蒙自治，不是单纯的中国的政治问题与国防问题，且含有极严重的，极复杂的国际性。对于这种特殊的环境，深切的认清后，则为了"救危亡"、"固边防"，坚定反帝立场，自是绝对必要的。

二、发展经济、文化——内蒙经济阶段，大致尚处于牧畜时代，生产落后，而文化当亦随之落后。内蒙自治，为内蒙大多数民众之自治，而大多数民众的自治，又有赖乎经济与文化的发达。故为唤起蒙众参加，发展经济、文化，是必要的条件。中政会通过的八项原则的第五项："各盟旗现有牧地停止放垦，以后从改良牧畜并兴办附带工业方面发展地方经济（但盟旗自愿垦植者听）。"而我们的愚见，欲谋内蒙经济的发达，必使其由牧畜经济，进而为农业经济，更进而为工业经济。政府应以国家力量，促进蒙人的生产力，改革蒙人的生产方式，使蒙人自身由牧畜民族，一变而为农业民族，乃至工业民族，在经济上不为汉人所压迫。同时，促进生产教育与政治教育，以期经济发展与培养政治能力，蒙古自治自将随经济发达与文化提高而增进。

三、力谋蒙汉团结——国际帝国主义瓜分中国，已开始于边疆的侵据，日帝国主义之于东北四省，英帝国主义之于新强〔疆〕、西藏，法帝国主义之于云南；或为军事的占领，扶植伪组织，或为政治的操纵，或为经济命脉的垄断，事态日明显，形势日严重，而内蒙也陷于同样的危机。为今之计，惟有与汉族精诚团结，共御外侮。分则两败，合则共存共荣。中央既能本中山先生的遗教，力谋国内各民族的平等与团结，内蒙自应不负这热烈的诚意，也开诚布公，力促蒙汉协作，共谋内蒙经济的发达，政治的改进，文化的提高，以巩固边防，挽救危亡。

当此内蒙自治问题告一段落的时节，谨提供上述三大要项，为内蒙自治的前途，致莫大的殷挚的期望。

《新蒙古》（月刊）

北平新蒙古月刊社

1934 年 1 卷 3 期

（丁冉　整理）

察绥蒙古底社会关系分析

叶民　撰

一　旗地垦殖面积的扩大和地主阶层的起兴

察、绥两省，除察哈尔的口北十县外，原来都属于内蒙古的范围。它包括锡林郭勒盟十旗、乌兰察布盟六旗、伊克昭盟七旗、察哈尔部八旗四牧群（现在察哈尔部，已经改成了察哈尔盟；四牧群也已经都改成了旗）和土默特一特别旗。它原是一广漠的牧场，分属于各盟旗的王公贵族。散处着的蒙古牧人对于他们本旗的土地都可以自由使用；但不能有一尺一寸的私土。所有蒙古牧人都是蒙古王公贵族的奴才。蒙古牧人的每一个家庭，至少须要有一个人在各自的王公贵族家里终身服役。王公贵族家有什么临时事情，更可以另外向牧人家庭征取男女短差。牧人们所有的牲畜，王公贵族可以按照一定的比例向他们抽取一部分；并且可以另照一定的比例向他们征取乳油、乳酒、谷米和毛毡。当时察、绥蒙古纯粹是一个以牧畜为主要生产的奴隶社会。

随后关内的贫农逐渐冒险地向察、绥蒙古移殖，察哈尔部南部和土默特特别旗的牧场逐渐变为农田。当时垦地大多都由汉人农民直接向王公贵族租种，或者由于王公贵族想开垦一部分旗地，招汉人农民前往耕种。前者租期普通都有一定，过了十年、二十年、三十年租期满限，农田仍归还王公贵族。后者王公贵族对于农田只有收租权，不能把田收回，因此，汉人农民可以把他的耕种权自由移转卖买，到后来往往弄得王公贵族不知道往什么地方去收租籽〔子〕，耕地也就归汉人农民所有。

但是察、绥蒙古的农田一直要到二十世纪初年，才大大的增加。当时满清政府在那里正式设立放垦机关，同时蒙古王公贵族因筹款还庚子赔款关系，也被迫着把大批的旗地报垦丈放，河套一带才逐渐开垦起来。从此经过三十多年继续不断的放垦，直到现在，差不多所有察、绥蒙古的南部和中部都已经变成农垦区域，纯粹的游牧区域现在只剩了极北的锡林郭勒一盟。

可是从二十世纪初年以后，领垦旗地必须先把荒价缴清。这在一般的贫农当然都很难办得到。并且放垦机关也喜欢把荒地放给富户，他们一领就是三五万亩。因此，所有新放的垦地差不多全部分都落入于商人、地主的手里，再由商人、地主零星地分租给实际需要土地耕种的农民。

所以开垦愈后的地方，集中在地主手里的土地也愈多。例如在绥西临河，全县已垦地共有九十万亩，而全县地主有地三十万亩的有两家，一万亩以上的有四家，二千亩以上的有九家，另天主教堂有地十四万亩，这十六个大地主所有的耕地就占全县已垦地的十分之九。在五原全县有地十万亩的地主有二：一是私家，一是水利管理局。有地二千至六万亩的地主有二十八家，共有地二十九万亩。这三十个大地主所有的耕地也占全县已垦地八十万亩的十分之六（根据绥远省政府一九三三年的调查）。

然而察、绥蒙古大地主的势力，一般地都比华北、华中各省来得大。即是在垦殖已久的归绥县，大地主所有的耕地，也至少占全县耕地的百分之三十以上（根据高苗《妇〔归〕化的农民生活》，见一九三六年二月七日天津《大公报》）。大多数的农民都是仰仗他们鼻息的佃户。在临河、五原一带，固然百分之八十至九十的农民都是他们的佃农，就是在安北、包头、托克托、武川、商都、张北、沽源等县，农民中租种他们田地的，也要在百分之五十至七十以上，地主阶层的势力，随着垦地面积的扩张而愈益增大。

二　蒙古王公贵族的统治区域的缩小

蒙古的王公贵族对于这新兴的地主阶层，完全失去了他们的统治的力量。

凡是垦区很大，农民人数极多的地方，政府就在那里设立县治，同时就入于军阀、地主的统治范围。军阀、地主互为表里，侵占蒙古王公贵族的土地，吞吃蒙古王公贵族们的荒价，和图赖蒙古王公贵族们的"岁租"。放垦旗地所得的荒价，在绥远，最初原规定百分之三十五归王公贵族，百分之六十五归县治；在察哈尔，则大多数规定百分之四十归王公贵族，百分之六十归县治。县治所得的荒价后来自然全数都归军阀们拿去；那蒙古王公贵族的荒价部分，后来也往往被军阀们借端移用。蒙古王公贵族把旗地放垦后，除荒价外，原规定每年可向领垦的人收取一定的"岁租"，但因领垦的人许多都是商人、大地主，或者军阀，他们互相勾结着，对于岁租的缴纳，往往不是拖欠，就是少缴。蒙古王公贵族只是叫苦连天，没有办法。这实际就是近年来纷扰不已的蒙古王公贵族所揭橥的内蒙自治运动的主要原因。

至于对于外国天主教堂所管辖的区域，蒙古王公更加无权过问。外国天主教堂在察、绥蒙古，都是极大的大地主。单单临城天主教堂一所，就占有二十万零九千五百亩，其中良好田地有十四万亩。这地原因一九〇〇年有天主教徒在那里被杀，罗马教皇要求赔偿三十七万两，当时付了十万两现款，十万两牲畜，再缺十七万两便把这地作抵。后来这十七万两虽则已在《辛丑条约》中规定在海关银项下支付，而这个地区仍一直到现在都被临城天主教堂所占居。察、绥的外国天主教堂，尤其在绥西一带，对于他们的教徒（同时就是佃户）的生命财产，都有任意支配的权力。所有教区的行政、教育的权力，完全在教堂外国神父手里。入教的蒙古人，对本旗王公贵族的差役，大都拒绝不肯再做；本旗的王公贵族也无法加以制裁。

因此，以前为蒙古王公独占的禁脔的察、绥蒙古，一入二十世纪以后，便成了蒙古王公贵族与汉人地主、军阀，外国教堂地主所三分天下的局面。蒙古王公贵族的统治，只局限于极北的锡林郭勒盟等纯粹畜牧区域。

三　农民在军阀地主和外国教堂统治下的生活

外国天主教堂在察哈尔较少，在绥远共有三百零五所，绥远全省天主教堂所管辖的教徒和非教徒的农民，约有十五万人。在天主教堂管辖下的农民，差不多全部分都是教堂的佃农和雇工。他们冬天穿着破羊皮，夏天穿着破蓝布，终年替教堂耕地、服役。他们租种教堂田地，自己负担全部分农本，到收获时，教堂坐收十分之三以至十分之五的收成。同时一切村公所经费，修筑堡垒费和各种杂捐等，都要他们负担。所以他们一年劳动所得到的收入，除了田租和税捐外，普通都很难抵偿得过他们耕种时所费的成本。虽则绥西一带是全国有名的产粮区域，可是绥西一带的农民，普通都得不到好粮食吃。他们住的普通也只是黑暗窄小的土窑，比诸教堂神父的生活，那真有天壤之别。教堂神父们吃着西式大菜，住着洋楼，沙发、地毯、钢琴、无线电，凡是近代生活的奢侈品，无不应有尽有。他们只是坐着玩着，什么生产事业都不做，所有教区的农民一切都得听他们驱使，不准稍有违拗。这些农民，因自小受天主教的宣传，大部分只是妄想死后的天堂，对于现世外国神父们的种种虐待，只是忍痛承受；就是有些头脑较清楚的农民，也在伟大的外国势力压迫之下，只是敢怒而不敢言。

察、绥蒙古的农民全体约二百十万人，这样受外国神父管辖的，约占百分之七，其余百分之九十三的农民，都另外受地主、军阀的管辖。地主和军阀连成一个统治系统。军阀是地主的政府代表，地主是军阀的地方基础。所有大地主们都住在城镇，过着舒服的绅士生活。一切田地的事情都另外请人料理。例如在绥西，普通都于田地的中心建筑一院落，设立"公中"，管理田地事务。"掌柜的"主持"公中"的一切事务，"先生"们分管账目、文书等事，另有工头专管发放田地。"公中"对于佃户们不但有收地、放地，收租、放债的权力，并且可以随时处理佃户们一切民刑的纠纷。中小地主住在乡村，普通都亲自料理收租、放债和考察佃户、债户好坏的事情。他们——大中小地主——同时并管着城镇乡村的地方政治。

他们的收租方法大多彼此相仿。佃户自备牛具、籽种的，普通主三佃七或主四佃六分租。地主供给牛具、籽种的，则先除去地主的草料和籽种后再平分。烟田普通是钱租，依照田地的好坏，每亩租价一元至三元不等，而佃户负缴纳烟税之责。

至于普通差款和田税——即对县政府的官租，对蒙古王公贵族的岁租——名义上前者由主佃平均分担，后者由田主负担，实际上大多全部都由佃户和其它自耕小农负担。这里最主要的征税机关是村政府。差款不必说自然都由村政府摊派，就是一村的粮赋也多半由村政府总缴，不足的粮赋由村政府负责摊派。可是所有的村政府，差不多都在地主手里，他们自然可以把他们所应出的部分，随便分摊到其它中农、贫农身上。在绥西一带，粮赋、差款和一切税捐的征收，并不依据固定的田亩数，而是依据年年丈量的青苗亩数的。但这里所依据的"丈青"亩数，又并不是实际栽种青苗的亩数；"丈青"亩数比诸实际栽种青苗亩数，向例都有折扣，农民谁也不知道他自己所种的田禾本年应作多少亩缴税。所有丈青员完全是地主方面的人，他们自然更可以把他们所应出的都随便分摊到一般农民身上。

他们并且可以任意从中渔利。这里的征税系统是由省政府而县政府而区政府而乡村政府。省政府由军阀直接管理，而其他县、区、乡、村政府实际都在他们手里，省政府派款一千元，他们收二千元，军队派粮一百石，他们收二百石或二百五十石。这是各地地方政府一般的办法。例如和林县东区郭区长曾"亲率区警，在该区后坝等村擅自附加烟亩罚款并勒索烟土。计后坝村县派四百一十元，附加六十元，勒索土五十两；石门子村县派入十五元，附加三十元，勒索土十六两；炕板申村原派二百零二元，附加十元，勒索土六十两；寨子坡村县派十二元，附加十元，勒索洋一元；丰路甲沟麻湾县派二百一十元，附加四十元；大汗沟村县派三百四十元，附加十五元，勒索土六十两；榆树瓺县派九十七元，勒索土十一两"（见一九三三年九月十八日《绥远民国日报》）。县、区、乡、村各级政府主持的地主们，都可以分头各自在摊派的差款粮草上，附加和勒索他们所愿得的利益。

一九三三年察哈尔蒙古各县，每顷地，依地质的好坏，农民应缴赋税差捐三十六元至一百元（据李延墀、杨实《察哈尔经济调查录》页十八）。一九三四年绥远临河每顷地，农民应缴官租三元，款租三元，岁租一元一角，水租十二元，差徭行政费十五元，乡公所十一元，乡村学校费二元，共四十七元一角；五原农民每顷地应缴官租四元三角，岁租一元二角，水租十一元，官粮二石，囤粮五斗，官草五百斤，差徭行政费十四元二角，村公所摊款三十元有余，共六十余元；安北农民每顷地应缴官租六元一角，岁租一元四角四分，水租十二元，差徭行政费二十元，粮一石，村费二十元，粮二石，共六十余元（见一九三五年一月二十七日《绥远民国日报》）。一九三五年归绥农民每顷下地应缴官租一元，地方附加一元，岁租一元五角，区公所费八角，乡公所费六元五角，保卫团费四元四角，招待官人费五元，军草差车费二元二角，神社费十元，屠宰费八角，印花税一角，看田费三元二角，共三十六元五角；中地加一倍，共七十三元；上地加两倍，共一百另九元五角（据前引高苗文）。察、绥蒙古天气原极寒冷，最主要的农作物只是那不值钱的筱〔莜〕麦和糜子。每年一季所收无几，而重重叠叠的税捐差徭，却如此之多且重！所以现在河套地方有一句最流行的歌谣说："头一日娶老婆二一日卖，工家问我们要官害（那里俗话一切税捐差徭都称官害）。"许多贫苦农民都被"官害"田租所迫，不得不卖妻鬻子，逃亡流离。

就是没有穷到卖妻鬻子、逃亡流离的农民，他们的生活也已经够苦。《察哈尔经济调查录》的作者，实地考察了一个离张家口才十里，可以代表察哈尔蒙古各县一般情形的农村过后，曾说："该屯人家大都阖户拥居一小屋内。火炕一，占全室面积之大半。炕洞内，冰冷似终年未能举火者。室内昏黑低隘，空气恶浊，至可窒息。炕上铺席，破败已不堪。周视全屯，无有一整张者。夜间无被褥垫盖，仅老羊皮一袭，裹之而卧，日则披之外出御寒。视其饮食，则一盂稀粥，如浆糊然，盖为糠秕菜根，和以少许小米及筱〔莜〕面，渗水杂煮而成者。每日所食皆属此物，目无怪其鸠首菜色，枯槁几如将死之人也。"（该调查录页二一）

四 蒙古王公贵族的加紧剥削牧人

至于蒙古牧人，仍旧完全归蒙古王公贵族管辖。可是王公贵族与一般牧人的主奴关系比诸从前更加恶化。一般王公贵族因受近代文明的影响，物质生活的欲望愈提愈高，对于固有的生活环境逐渐表示厌弃。例如西蒙的王公贵族，每年大多都要到包头、归绥、张家口或北平、天津过一两个时季的城市繁华生活，尝尝洋房、汽车、戏院、舞场的乐趣。但是他们经常的收入却极有限。他们个人的私产主要的只是些牲口。一般比较有钱的贝子或者札萨克，普通也只有马三四百匹，羊一二千头，牛四五十头，骆驼二三十只。这一点家产，在蒙古人看来似乎已极富者，但用之于近代城市的奢侈生活，却真不够一化。因此许多蒙古王公贵族都债台高筑，差人多陷于破产的地步。

他们为维持他们的安适尊荣的生活计，只有竭力从增加收入方面着想。他们在前清时代，最主要的一大注收入，是从满清朝廷的优厚的俸给和不时的赏赐得来的。虽则那时他们须按着一定的时期对满清皇帝进贡，但进贡所费的还远不及进贡所得的多，进贡，在蒙古王公贵族，反是一个获得进益的机会。到了民国初年，不时的赏赐虽然没有，照例的俸给却还按时颁发。待至南京政府成立以后，便所有蒙古王公贵族的俸给都完全停发。这对于蒙古王公贵族经济上给予一大打击。同时蒙古王公贵族放垦旗地所应得的荒价和岁租，又从民国以来常常被军阀、地主所拖欠或赖去。虽见蒙古王公贵族所应得的荒价和岁租，当地的军阀、地主都早已一个钱不少地转移农民身上，统由农民身上收到，但是军阀、地主并不依时照数地给他们。

所以他们增加收入唯一的办法，只有打破以前相习的规律，加紧向蒙民身上剥削。一方面更加大批地夺取蒙民共同使用的旗地，丈放给汉人耕种，以取得更多的荒价和岁租，一方面增高抽取蒙民牛羊的比率，在达拉特旗竟增加到十头抽一头的高度，一方面减低应差蒙民的待遇。以前蒙民到王公贵族家应差，虽则什么报酬都没有，但是饮食衣服都照例由王公贵族家供给，现在则许多蒙民须带了粮食去应差，不然在王公贵族家从清早到黑晚，白做了一天工，还得饿肚子。

王公贵族的生活愈奢侈，牧人的生活也愈困难。曾有某蒙古王公为要在北平、天津游玩，购买汽车兜风起见，特别把他所属的旗地丈放了好几十万亩给予汉人，谁还管得旗地的减缩会使依游牧为生的蒙民生活上受到怎样的打击！

所以素以驯良见称的蒙古牧人，对于王公贵族也渐起反抗。一九三三年在绥远达拉特旗，曾掀起了一个"督贵"运动，反抗当地蒙古王公的虐政。他们所提出来的最低要求是：（一）所有蒙民每人须分予土地两百亩；（二）所有屯垦军的军官不得压蒙民。他们和汉人农民一样，很多都时时要受蒙古王公贵族和汉人地主、军阀两方面的压迫。他们除开缴纳蒙古王公贵族的税捐差款外，往往也要受汉人军阀、地主的征派差款。同时汉人农民除开缴纳汉人军阀、地主的租税差款外，也往往要应蒙古王公贵族的差役。

五　"友邦"军队的侵入和农民、牧人痛苦的加深

但是这样，还没有能够把察、绥蒙古的农民们、牧人们所遭受的压迫说尽，我们这里不说那地主、军阀，和外国教堂所兼营的商业高利贷事业，所给予农民、牧人们的痛苦，我们只再一说从最近"友邦"军队侵入了内蒙古以后，怎样地使蒙汉双方的税捐差款更加大大地加重，怎样使农民们、牧人们的生活更加痛上加

痛，雪上加霜。

满蒙政策，素来是"友邦"军阀政客们所主张的大陆政策的基础。"友邦"的军阀政客从一九三一——一九三三年，先后占领了东四省后，即时就把东四省的旧属内蒙古的哲里木盟、卓索图盟、昭乌达盟和伊克明安特别旗地方，组织成四个兴安分省，在"满州〔洲〕政府"下特设了一个兴安总署，用蒙古王公贵族做名义上的首领。"友邦"的军阀政客不断地到察、绥蒙古的王公贵族那里送礼，"友邦"的飞机不断地到察、绥蒙古侦察。同时察、绥蒙古的王公贵族，正苦于经济上没有办法，正痛恨汉人的军阀、地主夺了他们素来独占的内蒙剥削权，而又没有办法能够把汉人军阀、地主赶跑，他们自然很容易接交"友邦"军阀政客的哄吓。"友邦"的军阀政客，先以武力占领多伦、沽源，威胁察哈尔蒙古的王公贵族，再要李守信和卓什海的满蒙军队占领其余察北各地，最后要锡林郭勒盟的副盟长德王宣布独立，继续溥仪、殷汝耕而成为第三号傀儡。于是整个察哈尔蒙古锡林郭勒盟和察哈尔部东四旗和四牧群，完全为"友邦"所占领，绥远蒙古的东北部也渐入于它的势力范围。最近"友邦"的军阀政客，居然又在说要在绥远东南部防〔放〕置他们的"国防"了。

"友邦"势力的侵入察、绥蒙古，在一部分蒙古王公贵族自然得到了不少的金钱的收入，在汉人军阀们也没有怎样吃亏，汤玉麟将军和他手下的将领大多都带其细软财物，不等到"友邦"军队到达，早已安然进入了天津、北平当寓公，在汉人地主们更没有吃什么亏，而且有一部分地主居然大走鸿运，升做了县长。察北六县的县长"统由土豪担任，大权则操于日籍顾问官之手。……该六县县长，均于非常情形下，吸取人民膏血，捐税比前增加数倍。"（见一九三六年三月二十九日上海《申报》）

所吃亏的当然又是那里的蒙汉老百姓。上述的"比前增加数倍”的捐税，自然由当地农民、牧人负担。而且“友邦”的军阀政客始终采取“以汉制汉，以蒙制蒙”的政策。当“友邦”军队一占领了东三省，他们即在兴安岭设立军官学校着手训练蒙古青年。李守信部占领了察北六县后，更家家户户抽拔丁男。年壮力强的编制成地方保安队和正式军队，比较老弱的驱使筑路、掘壕和运送粮秣。弄得许多农田都荒着没有人耕作，许多牛羊没有人看管。农家的车辆都大半征作军用。牧人的牲畜都禁止出售。所有牛、羊、马匹都须一一登记缴纳税捐。所有盐池出产都全归“满洲国”的财政部专卖，人民不得自由卖买。蒙古王公贵族和汉人地主，固然狐假虎威，对于农民、牧人，更加加紧其剥削工作，同时汉人的军阀虽去，满蒙和“友邦”的军阀却一批一批地前来，新来军阀的面目比诸旧有的军阀更不知道要凶狞到若干倍！

《中国农村》（月刊）

中国农村经济研究会

1934 年 1 卷 3 期

（程静　整理）

外蒙之回顾与前瞻

刘寿祥 撰

一 引言

外蒙自受苏俄之诱惑，倡独立以来，倾向布尔雪维克主义，对内铲除宗教势力，组织苏维埃式的政府，努力建设，独立运动似告成功。但究其实际，一切政治、经济、军事、教育，莫不操诸苏俄之手，徒为傀儡，惟苏俄之声息是仰，无异为苏俄之殖民地也。考外蒙为我国西北藩屏，失之则察、绥、平、津有唇亡齿寒之感，曩左文襄公曾论：保新疆所以保蒙古，保蒙古即所以保平津也，诚哉斯言！今吾屏篱尽撤，无从言国防，外蒙之存亡，实关系西北全局，际此国难，外蒙问题，实堪研讨焉。

二 俄国图占外蒙之回顾

（一）侵占外蒙边境

外蒙之原有境域，于无形中失之于俄者甚多，兹分述于左：

（1）《尼布楚条约》所失　十三世纪时，蒙古族西征俄罗斯，使其臣服者二百余年，及十五世纪末叶，俄渐强盛，蒙古族统治乃告终止。一六一九年（明万历四十七年），俄派可萨克兵顺东南下，使经略叶尼塞河流域。一六三四年（明崇祯十六年）俄更命波雅尔古率兵探测我国边境，此后俄兵屡次侵占土地，边疆多事。清廷与俄互遣代表谈判划界，当时清廷使臣本力持收回尼布楚、塞楞格诸城之议，圣祖诏至，始退以额尔古纳河为界，而俄遂于此设后贝加尔省，此为最初之失地。

　　（2）《塔城条约》所失　同治三年，清廷命令勘办西北边界大臣明谊，与俄国大臣在新疆塔城议定界约十条，自外蒙之沙宾达巴哈起至新疆浩罕之中俄交界勘定。今将专关于外蒙疆界之第一条，摘录于下：

　　　　自沙宾达巴哈界牌起，先往西，后往南。顺萨彦山岭，至唐鄂拉达巴哈西边末处。转往西南，顺赛留格木山岭，至奎屯鄂拉。即往西行，顺大阿勒台山，至斋桑淖尔。北面至海留图两河中间之山，转往西南。顺此山直至斋桑淖尔北边之察奇勒莫斯鄂拉，即转往东南。沿淖尔顺喀喇额尔齐斯河岸，至玛尔图噶图勒干卡伦为界。此间分别两国交界，即以水流为凭。

　　（按奎屯鄂拉以西之地，今皆编入新疆省矣。）

　　自此约定大纲后，于同治八年之《科布多界约》及同治九年之《乌里雅苏台界约》，实行划界，旧有定边将军所属之乌梁海，及科布多所属阿尔泰诺尔乌梁海二旗，包有阿巴堪河、毕雅河、喀屯河、额尔齐斯河、齐〔斋〕桑泊诸沿流区域，遂沦入俄之多木叶尼塞等省。

（二）无约所失

　　乌梁海北乌素地方，为肯本次克旗所有，同治八年，尚在图中，后出之图，无形中竟划入俄国，盖俄人暗移界碑，遂使外蒙边土日蹙，实可慨焉！

（三）　诱惑外蒙独立

一六九七年，清平外蒙古，并于库伦置办事大臣，于乌里雅苏台置将军，科布多置参赞大臣，晚清复添置阿尔泰办事大臣，划科布多十旗隶之。因地窎远，所谓天高皇帝远，历任大臣且多贪污庸懦，抚驭失宜，蒙情日涣，此皆由用人失宜之故。当光绪三十三年，清孝钦后因西藏达赖喇嘛阴附外人，潜图不臣，降旨革去名号，并命驻藏大臣严密查拿。当阁抄到库时，外蒙活佛哲布尊丹布〔巴〕辈，莫不自危，自是益疑朝廷，而思抗离，俄人乘之，笼络活佛，复利用布里雅特人，引诱勾结，俄国在蒙势力，益得增长。一九一一年，武昌起义，外蒙在俄人保护之下，倡言独立，于是由外蒙喀尔喀四盟，公推哲布尊丹布〔巴〕呼图克图为蒙古皇帝，是年十二月，举行即位典礼，称"大蒙帝国"。先一月，即是年十一月内，俄国诱惑外蒙，缔结《俄蒙协约》，以外蒙为俄国的保护国。

（四）　承认外蒙自治

当《俄蒙协约》签订之消息传出后，我国正式提出抗议，因俄方态度顽强，交涉甚久，不得解决。至民国三年九月，中、俄、蒙三方各遣代表，会议于恰克图，历时九阅月，至四年六月，始签定《中俄蒙协约》，兹录其要者于次：

第二条　外蒙承认中国宗主权。中俄承认外蒙自治，为中国领土之一部。

第五条　中俄承认外蒙自治政府有办理一切内政之权，且外蒙有与各外国订立工商条约、国际条约及协约之专权。

第七条　中国驻库伦大员之卫队，其数目不得过二百名。该大员之佐理专员，分驻乌里雅苏台、科布多、恰克图各处卫队，不得过五十名，如与外蒙自治政府同意，在外蒙别处添设佐理专员时，每处卫队亦不得过五十名。

第十二条　中国商民运货入外蒙，无论何种出产，不设关税，但须按照自治外蒙人民所纳已设及将来添设之各项内地货捐，一律交纳。外蒙商民运入中国内地各货，亦应按照中国商民一律交纳已设及将来添设之各项货捐，但洋货之由外蒙运入中国内地者，应按照光绪七年《陆路商务条约》所定之关税交纳（即运入内地者，按税则交一子税，即正税之半）。

第十七条　因恰克图、库伦、张家口电线之一段，经过自治外蒙境内，故议定将该段电线，作为外蒙自治政府之完全产业。凡关于在内外蒙交界，设立中蒙派员管理之转电局，详细办法，并递电收费章程，及分派进款等问题，另由中、俄、蒙所派代表组织之特别专门委员会商定。

缔此约后，外蒙虽取消独立之名义，而复为中国之领土，而内政则完全自主，中国仅有抽象的宗主权，所谓自治，实为独立之变相耳。

至民国八年，徐树铮经营外蒙，自治撤消，但分析原因：（A）由于财政之困难——民国六年，俄国起革命，外蒙流通之俄国纸币，价值暴落，财政陷于穷困；（B）由于俄国白党之包藏祸心——俄国白党，在国内为赤党所败，意图外蒙为归宿地，风声所播，一夕数惊；（C）由于布里雅特人及日本浪人之威胁；（D）由于中国兵力运输之迅速——当俄国白党首领谢米诺夫率其残余，受日本之接济，意图扰蒙时，中国积极筹谋抵御，兵力以汽车运输，甚为迅速，蒙人见之，以为非倚中央，不实〔实不〕足以自立。因有上述四种原因，哲布尊丹巴乃召集全蒙王公会议，决定于八年十一月，呈请撤消自治。

（五）外蒙"赤化"

一九二一年（民国十年），苏俄革命成功，赤党基础渐固，于一九二一年七月，借口驱逐窜蒙白俄，会同远东政府，由赤塔派遣之赤军，攻陷库伦，击溃白党，乘机蒙矇〔骗〕蒙古青年，成立正式蒙古国民政府。于一九二一年十月五日缔结《俄蒙条约》后，即向蒙政府提出七项要求，其内容如次：

（A）外蒙古之森林、土地、矿产皆归国营；

（B）分配外蒙古之公有土地于贫困的劳动者；

（C）外蒙古之天然富源，〈不〉得变为私有财产；

（D）外蒙古之矿产，由蒙古劳动者与俄国企业家共同开发之；

（E）外蒙古之金矿，由苏俄劳动组合管理之；

（F）土地之分配，须按照苏俄之陈例；

（G）保留为私有财产之日用品之制造自由，但专利事业及特别权利事业除外。

外蒙国民政府如承认上列七项，则苏俄政府愿依照下列各款，实行援助外蒙政府：

（A）地方行政，由国民政府的执权者统辖之，废止前此活佛、王公之尊称；

（B）负重大责任者，须由蒙古人民中推荐任命，但贵族除外；

（C）促成蒙古宪法会议，完成下列任务：（甲）宪法起草；（乙）劳动阶级利益之拥护；（丙）外蒙古苏维埃式之国家之最高执权者之确定；

（D）组织正式陆军，派苏俄之代表训练之；

（E）协助蒙古政府，阻止反共产党的宣传；

（F）苏俄政府特派人员，设立军事革命委员会，宣传军事共产主义；

（G）保护贫民，不使受贵族之欺诈；

（H）官吏依照选举法任命之；

（I）苏维埃式教育之励行；

（J）促蒙人注意卫生，官立医院，免费治疗；

（K）药店及卫生机关，由苏俄政府助成之，为苏俄政府之独占事业。

此时外蒙之国民党内部分化，势渐衰，崇奉共产主议〔义〕的外蒙青年革命党势力渐增，加以苏俄政府及第三国际蒙古支部的阴谋策动于内，赤卫军又大举示威于外，青年革命党，势焰日张，蒙古政府卒于一九二二年一月完全屈服，接受苏俄之要求，外蒙"赤化"，规模已具。一九二四年，青年革命党乘徒拥外蒙君王名义之活佛哲布尊丹氏逝世之机，将活佛印玺收归政府保存，宣言实行苏维埃式的共和政治，至此外蒙完全"赤化"矣。

三　苏俄对于外蒙所采取之政策

（一）屠杀政策

民国十三年，蒙古政府成立，建伪都于库伦。俄人一方面利用回自苏俄之蒙古留学生，仇杀汉人，他方面，俄人操纵有宪法、司法及警察三种执行权力的"内防处"，任意滥用职权，对反革命行为者，予以极惨毒的杀戮。哲布尊丹活佛、呼吐克图扎音活佛、加汗活佛、策楞多尔济旦、曾达旦巴尔济等，皆被害。其余如前革命政府总理巴图、内务总长本古图鲁基、司法总长图夫图合，及国民党首创者，蒙古国民军总司令当藏之辈，悉以反革命罪遭枪决。本年六月十二日《益世报》载察哈尔快讯："据交通方面确讯，外蒙青年党政府，对于赤化侵略内蒙之野心，近益变本加厉，威逼利诱，无所不用其极，边境各地，屡受滋扰，幸而内蒙各旗王公，深明主义，竭诚内向，积极防止，匪未得逞。最近复有外蒙赤匪多名，潜入内蒙东宿尼旗王府，声言奉外蒙政府命令，来请东宿尼王公赴库伦会议，并于府中大索该王，意图架绑，当时该王府警卫人员，因事起仓猝，无力抵抗，幸值该王外出，未在府中，得免于难，该赤匪等遂将府中之重要职员绑缚五人而去。事后，该府报由驻守该地之内蒙军队派队四出追缉，追至乌得地方，已入外蒙境界，查无匪人音讯，不得已率队而回。复派员各处探访，迄今尚无下落云。"我们看了这段纪载，可知苏俄不但在外蒙施行杀戳〔戮〕，且在内蒙实行绑架呢。

（二）文化侵略政策

外蒙之学校教科书，皆以俄文为主，蒙文副之，其言语、出版著作、宣传等刊物，均系苏俄"赤化"学说，使其数典忘祖。

（三）经济侵略政策

外蒙之蒙古银行，名义上虽由蒙古商股集成，实权操于有该银行资本之大半的苏俄，该行根本目的，在乎操纵外蒙之金融。又有俄蒙合办之农商银行，发行纸币，名为俄蒙合作，实权均由俄人操纵，蒙人仅处被驱策之地位。外蒙所用之卢布，每元重量约五钱，中国银元使用时，须打八九折，意在排斥华币。至印铸钞币，俱由俄国监制，更由苏俄之远东银行办理汇兑，垄断对外金融，华商均不得自由。外蒙设有极大之国用贸易公司，一为史德尔孟喀公司（Stormong），完全由赤俄经营，一为协和公司，虽由蒙民集股组织，其实亦为赤俄所操纵。外蒙自被"赤化"以后，苏俄对蒙，乃准备十年之大计划，设立皮革厂、石碱厂、化学及其他工厂，将蒙古主要出产之皮毛，完全向俄输送，不得运往中国，其对于在蒙贸易之汉商，尤极尽压迫之能事。民国初年，在蒙汉商，有二三十万之多，今则仅有二三千人矣。因此，中国在蒙商业，渐趋衰落，而俄则日进繁盛。兹述中俄二国在外蒙商务的百分比如次：

年份	中国	苏俄
一九二四	八五 · 七	一四 · 三
一九二五	七八 · 三	二一 · 七
一九二六	六八 · 七	三一 · 三
一九二七	六三 · 六	三六 · 四

（四）横征暴敛政策

外蒙受苏俄之驱策，对于华商捐税奇重，例如资本万元之商号，每月所纳各种捐项，不下六七百元。所有运往库伦之货物，经过乌得等处三道卡，百般留难。

兹将外蒙捐税种类，略志于下：

（1）丝织品、烟类、化妆品，值百抽三十；

（2）皮革类、磁、木器类，值百抽五十；

（3）钢、铁、锡类，值百抽十六；

（4）棉织品、纸张及一切粗笨货物，值百抽六；

（5）出境皮货、细皮类，值百抽三十；

（6）粗皮类，值百抽十五；

（7）报税联单费，每张洋一元零五分；

（8）税局过秤捐，每百斤三分；

（9）税局看护费，每百斤每日一角二分；

（10）出入税局门件捐，每件五角；

（11）税局拆包费，每件二角；

（12）转运车费，每百斤一元四角；

（13）护照每人一张，期限一年者，照费八十元；

（14）附加警捐五元；

（15）旅行路照，每人一张，期限一月，照费九元；

（16）薪金捐，商号执事人，每年一百二十元；

（17）伙友每年三十元；

（18）营业照捐分八等：

　　（A）特等不限人数多寡，每年九千元；

　　（B）头等不限人数，每年四千五百元；

　　（C）二等不限人数，每年二千五百元；

　　（D）三等十二人，每年一千五百元；

　　（E）四等限八人，每年一千元；

　　（F）五等限六人，每年二百五十元；

　　（G）六等限四人，每年二百元；

　　（H）七等限二人，每年一百五十元；

（19）资本捐每千元抽二十五元；

（20）流水捐每年抽百分之十二；

（21）任由捐局估加红利捐，每年抽百分之五十；

（22）门牌捐分八等：

　　（A）特等每年一千二百元；

　　（B）头等每年八百元；

　　（C）二等每年四百元；

　　（D）三等每年三百元；

　　（E）四等每年二百元；

　　（F）五等每年一百五十元；

　　（G）六等每年一百元；

（H）七等每年八十元；

（23）地基捐分三等：

    （A）头等每年每步一角八分；

    （B）二等每年每步一角四分；

    （C）三等每年每步一角；

（24）房院捐按实价估算，每千元每年六十元；

（25）捐住人之房，每年每间十五元；

（26）存货房每年每间三十元；

（27）厨房每年每间十五元；

（28）度量衡捐：

    （A）尺子每杆每年捐洋三元；

    （B）大秤一杆每年捐洋三十元；

    （C）小秤一杆每年捐洋八元。

（29）烟牌照捐不论何种烟，凡整售者，每年一百二十元，零售者每年八十元。

（五）铁道政策

俄又迫令蒙政府订立七铁路协约，即：

（1）一由上乌丁斯支〔克〕至赤塔；

（2）一由库伦至乌里雅苏台；

（3）一由乌里雅苏台至比金斯克；

（4）一由乌里雅苏台至科布多；

（5）一由科布多至塞米巴拉丁斯克；

（6）一由塞米巴拉丁斯克至乌鲁木齐；

（7）一由乌鲁木齐至土耳其斯坦之乌尔鲁垒。

计划缜密，其处心积虑，可以窥见一斑。

（六）镇压政策

　　苏俄驻兵于外蒙，以资镇压。在三贝子附近，驻赤卫军三团之众，更有汽车往来于赤塔之间，运输各种军用品。由海拉尔至库伦之大道，有汽车运输军械，存贮于车臣汗部。由车臣汗部迤东十数蒙旗内，为紧急增兵区。其南打岗木场，为内外蒙交界处，驻兵极多。苏俄为组织大规模之蒙军计，实行征兵制，以苏俄教练员训练之，教练员常驻外蒙，担任训练。除常驻之教练员外，时有苏俄高级军官莅临库伦视察，库伦最近，驻兵约四千名，军械齐整，司令为俄人。现在外蒙有军队十余万。战斗飞机有三大队，每队六艘，共十八艘，遇战事发生，即可作攻击、窥探之用。

　　总之，外蒙虚拥其名，甘作傀儡，任苏俄之排布耳。

四　中央恢复外蒙的前瞻

（一）特许外蒙自治

　　苏俄之于外蒙，骄横暴戾，故王公中向以亲俄著称者，亦渐有不满之表示。如车臣汗，于十四年十一月，突辞内务总长职，未几祝发为喇嘛。民国十七年间，外蒙为抵抗苏俄之暴力，乃演成库伦巷战。最近苏俄之对待外蒙，变本加厉，中产之家，任意陷害，不曰秘密通汉，即曰妨害共策，囚之戮之。如蒙政府首领大车载胜，被俄钳制，忧愤以死，临终遗嘱："深悔被俄人所骗，以致引狼入室，徒贻民众痛苦，今如鸡在范，黄鼬吸血，已与死神为邻，纵有悔心，无能为矣，愿诸君好自为之，共同努力，以铲除暴俄，恢复原有之外蒙为是。"前迪鲁瓦呼图克图、嘉木色楞扎布，呈请蒙委会，转呈中央，报告外蒙假手赤俄，摧残黄教，背叛祖国，以遂赤俄吞并之野心。呈文中有云："……盖俄人包藏祸心，欲将倾向中央者一网打尽，以遂其吞并之野心，敝呼图克图质本愚顽，无补时艰，惟稍知大义，不忍外蒙沦于异族，国土分崩。是以冒险，远道来京，输诚内向……"凡此皆足表现外蒙之望救于中央者甚殷，"为今之计，自应揭橥本党扶植弱小民族，使能自决自治之主张，特许外蒙自治，由国民政府规定扶植办法，昭告中外，以示大信。然后本此主旨，从事宣传，则外蒙眷恋祖国之人民，庶可放心归来，而彼已受麻醉之青年，亦必因多数人之趋向，而有觉悟者，如此次第经营，则已缺之金瓯，庶几复归完整，否则养痈待溃，遗患无穷"。所以参与国民会议之蒙疆代表有特许外蒙自治案之提出也。自治权本系一种单方规定的权利，我们为求从速解决外蒙问题，及便于磋商起见，可将此种权利公诸双方，而免隔膜。关于外蒙自治法规，应由中央与外蒙两方推选熟谙蒙情者，妥为厘订，由中央批准，以施行之。统治机关宜设置一自治政府，办理地方行政。其组织应采取委员制，委员之一部分由当地推选，余由中央指派公正忠直之人员，共负行政责任。关于内部行政，除不背国体外，由外蒙政府自行规定施行，唯中央有任免重要官吏之权。关于外交方面，问题之涉及外蒙者，可由外蒙政府参加意见，其他关于国际间的交涉，须由中央处理。

（二）促进外蒙文化

现在"共产邪说"，弥漫漠北，影响所及，蒙古纯洁之青年，多被"诱惑"。前国民会议代表吴鹤龄、春德、荣祥等一百八十二人提出两项办法：（A）由中央指拨专款，按照既定方案，积极兴办蒙古教育；（B）由中央制定奖励办法，奖励蒙人自动兴办教育及各项文化事业。考蒙古教育之施行，亦已二十余年，现在北平、南京皆有蒙藏学校之设立，唯因经费不充及设备不良，未能满足来自数千里外之蒙藏学生之心，此正希望今后竭力设法，加以改善。现在外蒙已设立五百余处平民学校，希望负蒙藏教育之责者，为求教育之有效计，分设汉族小学、蒙族小学及汉蒙混合小学三种，视各地方的情况，酌量设置之。教科书应由当局特聘熟谙蒙情者编辑。教师绝对不能存族别观念。至于教授，除蒙文外，应以汉语为原则。对于小学毕业之学生，设法予以受职业教育及师范教育之机会。关于社会教育，须多多发行出版物，刊载适宜的材料，以启迪一般蒙民。当局应聘请对于蒙文、汉文有研究之学者，编纂汉蒙辞典、辞汇等，以便蒙民之检查生字。他如创办博物馆、电影院、图书馆、报社等等，均属要图。教育与文化事业之发展，于精诚团结，生效至大，愿吾人勿漠视之也。

（三）建设外蒙交通

不论要开发外蒙或规复外蒙，皆有赖于交通之建设。前次蒙古会议，曾通过如下之法案：（A）蒙古交通建设案；（B）敷设电信案。务须竭力设法，促其早日实现。十九年四月三十日《时事新报》载《蒙古交通建设计划》，对于蒙古铁道，拟先敷筑下列各线，分两期完成：

第一期敷筑者：

（A）宁库线——由绥省之集宁达外蒙之库伦

（B）包宁线——由绥省之包头至宁夏

（C）北洮线——由北平经承德、赤峰等处至洮南

第二期敷筑者：

宁迪线——由宁夏经兰州、凉州、哈密至迪化

上述四线，只宁库一线可达外蒙，余均在内蒙境内。然苟能积极筹款进行，将来筑成，则由南京乘津浦、平绥、包宁三线火车而直达宁夏，又可沿津浦、平绥、宁库三线而至外蒙之库伦。此

就中央与蒙古间之交通而言也。若就蒙古本身而论，内外蒙连成一气，蒙古交通将立改旧观。再考苏俄侵略外蒙，对于铁路，极为注意。据最近俄方发表之计划，拟在外蒙建筑铁道三条：（A）由尼布楚至外蒙边疆；（B）由上乌丁斯克至库伦；（C）由伊尔库至恰克图。

"外蒙地方辽阔，建筑铁道，固属重要，然在铁道线外之区域，仍赖乎驶行汽车公路之兴筑。何况现时国家财力不足，所有应筑之铁路，一时不克筑成，当铁道未敷设之前，公路更为重要。"（《新亚细亚》二卷三期《近年来之蒙藏改革之设施与其计划》。）据专家统计，我国铁道建筑费，每公里平均八万五千元乃至九万元，汽车路建筑费平地每公里仅一万六千元，山地一万九千元，相去五倍之多。汽车每小时平均速度十五公里，每天三百六十公里，与铁道相差无几，而运费可减少三倍至四倍。

再考与外蒙古往来，其已有之路线，计：

（A）张家口至库伦共计二千三百四十五里，路程如次：

第一日　兴化城

第二日　滂江

第三日　乌得（内外蒙交界）

第四日　叨林

第五日　下午到库伦

（B）张家口经赛尔乌苏至乌里雅苏台（一，七〇〇公里）

（C）库伦经乌里雅苏台至科布多（一，四〇〇公里）

（D）乌里雅苏台至新疆奇谷（八五〇公里）

（E）科布多至新疆奇谷（六五〇公里）

航空在国防上，至关重要，值此蒙疆多事，航空建设，尤属刻不容缓。库伦是外蒙重镇，应和中央直接连络，建设航空干线。由库伦东向，至满洲里、呼伦贝尔，西迄乌里雅苏台、科布多等处分设支线，如是，则边陲与中央声息相通，实为规复外蒙首要之图。前航空署曾拟就完成全国航空干线十二条，内有一条联络南京与外蒙，就是从南京至库伦，经过徐州、太原、归绥等处，长三千三百里。此线极属重要，一旦告成，则由南京至库伦，仅需十一小时。

综观上述，外蒙人民，对于苏俄，极感压迫，近且时闻外蒙同胞，固〔因〕不堪压迫，切思祖国，而逃归甘、绥等地。外蒙之收复，并非绝望，关键在于政府之决心切实进行耳。犹有言者，愿国人共同亟起研究外蒙，以助政府，斯不致因隔阂而生阻，此吾人应负一部分责任者也。

《开发西北》（月刊）

南京开发西北协会

1934 年 1 卷 4 期

（朱宪　整理）

法人论蒙古问题

由蒙古自治到宣布共和——外人之势力

［法国］Joseph Castagne 著　　杨杏田 译

在远东发生之一切事件，尤其是满洲事件，使世人注意力集中于在历史上具有重要性而现在为列强所分裂之蒙古，该地现正谋得到独立而自由之生存。

吾人当能忆及彼英武之成吉思汗，在十三世纪时代，率其蒙古精兵，从太平洋直攻至亚得里亚海，专凭其一人之智能，以一身而兼军事领袖及行政长官，竟造成偌大面积之广大帝国，此种印象，至今仍萦回于土耳其之游牧民族及蒙古军人之脑海中。成吉思汗确为一领袖人才，彼善于训练其素无联络之各部落、各民族、各小国，使其知团结之效力，并富于爱国心，而乐于受其统治。但在其逝世之后，此老大帝国复归分崩，且蒙古自身亦日渐衰落，不但不能统辖他族，反归其昔日所征服之中国民族之统治。

此种状况，经若干世纪，直至一九一一年中国革命，推倒满清政府，蒙人始渐渐感觉其身受之压迫，并相信其自求解放乃可能之事。从此时起，蒙古人便无时忘却其民族力量，国家观念，及其民族之特殊性。彼辈恒冀创立独立之国家，故其对中国之臣属关系日渐消减，而企图自己有所组织。一九一一年七月，由活佛之提议，在库伦召集王公、喇嘛会议，专以研究蒙古建国之根本办法。彼等鉴于联俄为当时之急务，故决定派使赴俄，使者内有汗达多尔济将军，及齐伦赤米塔喇嘛。彼等携有一九一一年七月十七日，由活佛及车臣汗、土谢图汗、三音诺颜及札萨克图汗四王公签字之公函，以备觐见俄皇时呈递。俄人觊觎蒙古之野心，本早成与日俱进之势，故对此次蒙古之来使，至为欣悦，首由外相诺拉达（Neratoy）先生招待诸使者，后随引入皇宫，觐见俄皇。事后，俄皇曾召集要人会商对此事应采之方略，被召入宫者，为首相斯陶里宾，财相勾勾夫斯才夫，海相哥里果罗维赤，商相底马柴夫及波里瓦诺夫与济兰斯基二将军，结果完全依俄皇之意而议决应付之办法。

是年八月十六日，俄阁议重提旧案，训令其驻华公使交涉此事，换言之，即明白表示协助蒙古代表之请求，而主旨即在外蒙自治。俄方思在该地建立根据地，以便易于监视中国之市场，以六年来恒有敌力在暗中与彼抗争，且此种敌力，将来更不可忽视也。

蒙人既得此助，益以自豪，竟于是年八月十八日末次王公代表会议时，决定脱离中国之保护，而于库伦宣告独立，哲布尊丹巴以活佛之名义兼领外蒙君主之权。

斯时北京政府得悉其领有之一省起而独立，颇为惶恐，一面对此事坚不予以承认，一面各省因此而反省，互释仇见，集中全力以解决蒙古问题，因而终得胜利。

因此，中国已知注意蒙事，派遣军队，驻扎长城以北。但在暗中窥伺之俄国，亦在挂虑此事，正在待机而动。故彼曾与库伦政府订定协约，一九一二年之《俄蒙条约》，即以此协约为根据焉。

更有一事，当注意焉，即于俄蒙共同讨论对外事宜之第一次会议时，蒙古代表对果罗斯多外兹宣称，彼等之意见，在先联络内外蒙古，以该二地早已有密切之关系也。

但外蒙各盟长联络全蒙之意见，暂不能为俄方所赞许，因俄人势力之骤然扩大，颇有招怨之危险。故在未能使库伦政府参加恰克图方面之会议前，果氏之继任者，当注意反对上述蒙人意见之趋向。但结果乌代及当时在库伦之内蒙各有力王公，均曾赴恰克图参加会议（一九一四年八月二十五日——一九一五年五月二十五日），但均未有若何提议。

该会议所订之条约，对蒙古自治组织之持久，有重大关系，而为一九一三年十月二十三日，由克伦斯基所签字之《中俄宣言》之根据，即一九一五年五月二十五日中、俄、蒙所定条约二十二条，亦均与此相吻合。二十二条协约之订立，俄方之出席代表为亚历山大米里。

三国协约之记载，用俄、蒙、法三种文字，按法文原文，该约第一条之意义为，外蒙须承认一九一三年十月二十三日之《中俄宣言》；第二条为，承认中国领有蒙古境土。

另一方面，只有百万人口之外蒙，按该约第十一条之规定，得于库伦、科布多及乌里雅苏台诸地区，实行绝对自治，中国不设督军、省长，而派专使与驻库伦之俄外事大臣共同监督蒙人行政。

而于内蒙，人口之多，约五倍于外蒙，北沿外蒙之南界，西邻新疆，南至长城，亦一极辽阔之地域。因受中国之监视较易，而对中国之关系，亦较密切之故，即直接受中国之管辖；中国并派有重兵，驻扎该地。此外，内外蒙同一民族中，尚另有一异点，即内蒙人民之崇拜活佛，尚不及尊崇拉萨之达赖喇嘛之为甚。但活佛因经俄人灵巧手腕之拉拢，甘愿与西藏之达赖喇嘛相抗争。彼之势力不只实行于外蒙，且渐及于俄属之后贝加尔之蒙人及贝加尔湖畔之布里雅特人。

再者，一九一一年十一月十八日，外蒙独立之宣言，东京方面对之不能毫不惊异。日本政府以谦和之态度向俄政府重申一九〇七与一九〇九年，所订关于蒙古及满洲势力范围之《日俄协约》，并请俄政府说明所谓蒙古者之界限。依上述二条约及一九一二年所订之条约而论，则俄人在内蒙不得享一切权利，同时，日本不能干预外蒙事件。并延东经一一八度划清日俄势力之界线。

此后之数载间，俄国以欧洲方面战争之故，无暇顾及蒙事，中国亦以疲于内战，无力利用此种机会，以恢复其在蒙古已失之势力。在此期间，第三者得以首先参与地方事务之手段，继而显然实施其政治力量。南满主人翁之日本国，渐与蒙人直接发生关系，且其向外展进之势力，毫无阻碍。其在北京之门户布置势力，而以占据内蒙东部，包围北京之无人敢于过问，更不待言。

日本之野心，自一九一五年，即已暴露。彼国曾要求在内蒙驻警之权，盖欲待机而伸张其势力范围，至于中国西部蒙古之边境也。

以上乃一九一七年之初，蒙古地方之概况也。

日本及全蒙会议（一九一七年）

俄国革命所造成之无政府状况，使俄国在远东之势力，受频〔濒〕死之创伤。革命军之与格尔查克、谢米诺夫、恩格尔、波比莱埃夫之白军及西伯利亚之低能军队继续作战，更加速其消减。其内地战区，已甚辽阔，复蔓延而至蒙古与满洲，为日不久，其内战之祸，便布满全西伯利亚。而俄帝国在蒙古之势力，因而消灭殆尽，由毫不弱于俄力之另一种势力所代替，此势力者，日本势力是也。

假威尔逊之主张及扶助弱小民族之名义，日本作联络蒙古各族之试验，而欲建立"蒙古国"。本此目标，日本对于在赤塔指挥反布尔什维克军队之谢米诺夫将军，暗中与以帮助。谢米诺夫宣称，蒙人之联结，完全为谋全蒙之利益。彼并在赤塔召集全蒙会议，被邀者除活佛、库伦之政治人员、各蒙旗长官、各喇嘛庙代表外，尚有清室遗臣，如隐居安东之苏王及青岛之恭王。于此可见此次会议已包有蒙古邻疆之满洲在内。一九一九年三月三十日及四月四、六两日之中国各报，均载有中国政府对日本及谢米诺夫之怨愤，吾人前此不已言及蒙古将于日本庇护之下，组织"蒙古国"，而将以活佛任君主，谢米诺夫任军事首长之事乎？现时之风波及其他小事件，均在证明此事似即将见诸事实，并有谢米诺夫将赴东京一行之传闻。果然，一九一九年四月间，发现谢米诺夫经过满洲之事实，彼曾经中国方面之详细盘查。

谢米诺夫与格尔查克之不睦，有冰释之消息，因此种和解，谢米诺夫当思其赤塔政府与沃姆斯克政府作密切之联络，而放弃其联络蒙人之经营，或至少亦不能如已往之积极也。

一九一九年三月，此事完全底定，库伦中国专使急致平安报告于北京，蒙古王公陈福并向中国政府致其诚恳之敬意。中国政府未能善于利用此种机会，只知加派内蒙驻兵，集中满洲军队以防意外。此举立即招致格尔查克政府古达色夫阁员之抗议，彼根据彼所参与之中、俄、蒙会议，而对此表示不满。

在苏俄方面，则取消以前俄府与蒙古所定之一切条约，完全承认蒙古独立，以期得蒙人之好感，而易于伸张其势力。

经俄人保护之后，蒙人立即觉察毫未得到福利，新统治者似较旧统治者更为苛求。故彼等屡向中国表示亲近，并派代表列席中国国会。布尔什维克使蒙人深为恐惧，竟于一九一九年十一月，蒙古当权宣告俄国既经革命，则以前之《中俄蒙协约》，当即失效，并甘愿放弃自治之权，请求中国仍旧予以保护。于是一九一九年十一月二十二日，中国总统发出通告，允准蒙人之请求，毁弃以前之中俄及俄蒙条约。同时，蒙人要求中国政府保留其已住〔往〕之权利，以使中蒙联结，日臻佳境。

苏俄机关报，发表相反之说明，否认蒙古自动废弃自治。一九二二年六月四日，莫斯科《消息报》谓其放弃自治之权，系由中国政府之压迫而签定条约。

蒙人之惊惧，随俄国革命运动在西伯利亚之进展而增加。当时首有白军大将格尔查克退却，红军进占沃姆斯克之讯，继而有伊尔库次克被攻下，及后贝加尔与蒙边发现布尔什维克军队之消息。

在一九二〇年十月二十三日，赤塔被革命军占领，谢米诺夫逃至中国界内以后，当时西伯利亚东部各地方政府均已允受远东政府之制裁。远东政府者，新由俄革命党人克朗斯诺赤柴可夫组织之苏俄联邦之一也。斯时散在中国及远东各地之白军，尚冀借助于日本，而重行编整。

红军之胜利，一方固使蒙人之国家主义者惶恐，他方则令曾受布尔什维克主义宣传之革命分子，非常欣喜。一九二〇年之初，蒙军人名苏巴多尔者，得有数位同志之拥护，以此数人为基础，竟于四月间，组成蒙古革命党。一九二〇年六月四日莫斯科《消息报》载，该党之目标，对外在取消一切外人之统治，对内在取消喇嘛及王公之压迫。

日本及蒙古各部

但该党及其组成之临时政府，竟被来自西伯利亚之新人物所战败。

一九二〇年六月间，恩格尔复率白军击退红军，进入蒙境，并毕受蒙人之欢迎，而到达库伦，与蒙古各小队相融合。此种混合组织，人数日见增多，一九二一年六月二十五日《消息报》称，其人数已达五万。恩格尔前于一九一六年，曾一度至蒙古边境，但立遭驱逐，此次以有众大之实力，竟能驻于库伦，且思驱逐华人，作建立"大蒙古帝国"之基础。

为达到此目的，恩格尔自命为蒙人之救星，先自表示崇奉蒙古宗教，继而袭取蒙古国祚，又以蒙古王公及国家民主党首领之拥护，彼竟率其军队进而与华军冲突。同时，为防北方布尔什维克派夺取势力，彼则派人在俄蒙边境之人民中，作反布尔什维克之宣传，并在满洲召集党徒，组织白军，且其结果，尚属不恶。

为推测将来之事变，当先明了蒙古之详情。该地乃东临满洲，西界新疆，南为戈壁大沙漠，北为俄属西伯利亚，广阔在二千公里以上之大地带。境北之西伯利亚铁路，从乌拉山直抵太平洋，建立远东共和国之赤塔，即在此路线上贝加尔湖之旁。赤塔与贝加尔间已开始通邮，并能自上乌丁斯克经由恰克图、买卖城直通库伦。

赤塔之布尔什维克政府，受敌军势力之包围，如谢米诺夫、喀白尔、呆德里克及前驻法俄军之指挥官，归附格尔查克后复离去，自在乌苏里组织新队之洛褐裴斯基，更有柴尔巴可夫及郭麻罗渥斯基，在满蒙边疆竭力召集大部被中国缴械之白俄散兵，甚至在中国境内仍有由一俄人军官指挥之一部人马。新疆之杜陶夫亦在暂时休养，为作战之准备。

因此，一九二〇年之终，亦即六越月之期间，恩格尔在蒙古地方权威之大，已臻极点。

苏俄报界对恩格尔之以少数无能之人，而能进占蒙古，且能在库伦维持其地位如此之久，甚为诧异。彼辈称不知中国军队在何所事事？一九二一年六月十二日《消息报》谓，其成功系由日方之帮助，日本曾以大批金钱，运动蒙古当权，对恩格尔之进行，予以赞助。

苏俄报界在蒙古问题中，不仅谓有日本之指使，复归罪于彼辈认为完全为日本驱使之张作霖，谓恩格尔之所以能在蒙古如此作为者，张氏有以致之。裴郎斯基曾发表一文，命题为《日本在蒙古之实力》，著者有云：

北满军政长官张作霖，何以拥有久经训练之二十万健儿，而对蒙古事变毫无表示？但由中国政府之通告，则北京政府固已命令张氏及直隶督军曹锟，共同肃清恩格尔之匪军矣。此种命令之所以未能见诸实行者，盖以张氏与日本间有相当之关系，使张氏不能在蒙古完全自由行动，而日本正与格恩尔〔恩格尔〕谋合作，亦正即其所以能在库伦主持无碍之理由也。

裴郎斯基复解释，日本对蒙古之野心及其在蒙古事务中之地位：日本天皇心中有吞并东亚之计划，欲达到此目的，必先着手二事：（一）离间中俄；（二）在远东苏俄后方，建设实力基础，威吓远东共和国而使其海军之压迫易于成功。

日本之政策乃分化而统辖之政策，彼善用其收买或诱惑汉奸之阴谋，以灭其外表之形迹……蒙古人民渐自醒悟，已有革命党之组织，革命之义旗一举，蒙古独立战争于以开端。

然蒙古革命党之中心人物，只有二十三人，信奉俄人之布尔什维克主义者而组成。于一九二一年三月十三日集合于恰克图，组成临时革命政府，反对外人之篡权。

一九二一年四月初，蒙古各盟旗对恩格尔之高压手段之远甚于受中国统治，甚为忿恨。活佛报告中国政府，蒙人深望解除外人之辖治而重与中国联结，在此点上中俄两国舆论界之论调，颇能一致。

一九二一年六月布尔什维克机关报，发表一文，命题为《恩格尔之计划》，文中论理，反正互陈，令人难悉已自知不能居库伦之恩格尔将逃出此城，抑将求助于日本而与赤塔政府抗争。六月七日《消息报》推断，恩格尔将信赖日本及蒙古王公与中国清室遗臣之帮助，而向离库伦三百公里之后贝加尔进攻，以威吓赤塔。

战败后，复以远东共和国及蒙古革命军人之追击，恩格尔退回蒙古。昔日与彼联络之蒙古王公，见其已经失败，便各将自己之军队转而依附革命政府。

六月初，远东红军与蒙古革命军进至库伦城下，活佛以宗教兼政治首领之资格开城欢迎，并前此即已派人于红军经过之地，对蒙民宣传，红军可为蒙民携来独立之光，于红军经过时，当予以有礼之招待。

此后，恩格尔之残余兵士，便散居于蒙古各地。据苏维埃机关报称，红军于扶助蒙古革命政府能施行其职权时，当即退出蒙境。当时临时政府，曾电莫斯科，请示对于住蒙红军之维持办法。

事变之解决颇速，《真理报》发表诺渥尼勾拉斐斯克之通信，谓恩格尔及其参谋长均已被捕。

《真理报》以苏俄又少去一硬敌，自甚欣悦。该报谓恩格尔将与格尔查克得同样之结果。

在外国办理之俄报发表此项消息，谓恩格尔被西伯利亚革命政府之法厅判死刑，并将于一九二一年九月十八日在诺渥尼勾拉裴〔斐〕斯克行刑。

苏维埃于承认蒙古政府之后，复竭力拉拢诸喇嘛以为自己之党徒，以当时喇嘛在地方上仍甚有势力也。一九二一年十月蒙古政府派代表赴莫斯科，举行俄蒙会议，该会议于十一月五日闭会，签定俄蒙邦交之协约。

新政府甫经成立，即作各方面之剧烈改革，以致各地均感不安。首因谋叛新政府而被牺牲者，即新任蒙古军统指挥之苏峨巴都尔之被毒死。然此种不安，系暂时之状态，以有莫斯科方面之强大之帮助，绝不致使蒙古新政府受重大之影响也。

似此，则吾人敢谓自一九二一年红军越境追击反革命首领恩格尔之日起，即准备在库伦建立人民革命政府，而外蒙显然被引入苏维埃势力范围以内也。中俄间之不确定之关系，卒被撞毁，而苏俄之政权及科学之输入，得在蒙古作长足之进展。此后，蒙方之派代表团赴俄，即表示苏俄政治力量之成功。

蒙古外交团首由苏俄外交委员兼东事组长杜何瓦斯基接待，继由外交委员长招待，于见加拉罕时，呈递正式公文，以邀苏俄政府之信任。

此种消息，既经传出，同时，日本方面在黑龙江及太平洋沿岸屡有撤兵之讯传至莫斯科。苏俄报界以日本此种政治策略之变更，系由美方之压迫。此新角色虽不直接对蒙古问题发生关系，但其将来在国际政治上总难免不施其全力以对付亚洲大陆上之远东题问〔问题〕。四国之势力虽不均等，但将尽力作其勾心斗角之竞争，此四国者，俄、日、中、美是也。日美间之竞争，足以使俄国之计划及其对蒙古之野心，易于实行。中国方面，则以内战频仍，无暇顾此，完全交付张作霖氏任意处理。张氏以得日本之助得保持其地位，故甘愿作日本利益之保障。美国则似借力于吴佩孚氏以消除日本之势力，而实行其对中国之计划。至蒙古本地，则于一九二二年之终，实已被踏于俄人铁蹄下矣。

在俄国铸造蒙币事，曾经议定，银币定为价值一"赌格立克"，"赌格立克"乃当时流行之单位，银辅币则分值十、十五、二十、五十芒哥之四种；铜币分一、二、五芒哥之三种。

学术团体方面，俄国研究院研究员为文论俄国派考查团赴蒙事，谓为联络苏俄研究院及蒙古科学会会员之感情，而在该地作地质学、人类学及古物学之探讨。

蒙古军队，在苏联红军退出以后，仍归红军军官之编入蒙军者之指挥。据柏林《鲁尔报》载：蒙军计有马队六千，其中五千集中于库伦附近，一千驻于三柏，有事时其实力可增至三万。汽车队有车一百辆，外有飞机十架，有事时上乌丁斯克及后贝加尔之飞机，可立时派来相助。

外蒙之苏维埃化，有极速之进展，为明了其概况，只有回想近二年来之变化：蒙古革命青年人数，由七千增至二万；占蒙古共和国经济成分百分之三十八之五万三千垦户，均有团体组织，由此组织宣传之结果，并有六百蒙古土人加入其中。一切景象，均如苏维埃之组织，在果尔河子及果斯河子人中，并有敢死队之组织。

同时，人民革命党复领导斗争，作打倒地主、小康及教徒之运动，期以打倒活佛，而代以苏维埃政治。

既在外蒙布置妥帖，布尔什维克主义者思有以扩张其势力。吾人当能忆及一九二六年苏俄军事随员曾建议以库伦为军事根据地，以准备进攻内蒙及中国与满洲。故此时红军之实力日渐增厚，盖欲侵略其久已垂涎之呼伦贝尔。该地共十八旗，中东路直贯其间，以呼伦为政治中心。十八旗中，十六旗为蒙人所据，一旗为布里雅特人所据，其余一旗，则为达乌尔人所据。达乌尔人人数最少，但握有政权，在苏俄派员指挥之下组有达乌尔青年团，并于一九二八年七月二十二日召集第一次会议，首领为麦尔则及福满泰及共产主义宣传家齐迪波夫。

遵照其所受之命令，该党团要求呼伦贝尔脱离中国政府而附属于外蒙。

既认呼伦贝尔人已经训练成熟，蒙古边防军遵照库伦政府之命令，侵入呼伦贝尔，掠劫中国商人。

远东各报曾详载：一九二八年八月之呼伦贝尔事变，革命军之进展，六旗区之被占领，中国军队及蒙古马队之到达，革命军之深入而即刻退出，均言之甚详。

苏俄报界，亦曾刊载此事件。莫斯科《真理报》一九二八年八月二十一日刊有一文，题曰《呼伦贝尔之骚动》，其第一页内有一小段谓：此事系白俄受日方之运动而出为此事之酝酿；共产党机关报称：此举之目的，在于北满地方，制成特种干预权之条件；同时，此种工作，可移转中国方面之注意方〔力〕，使其集中于苏维埃或蒙古之危险性，而忘却其他方面之政治问题之急迫。

呼伦贝尔之事变，虽经平息，但一班受主义刺激之革命分子，并不减其激昂态度，且从恰克图至库伦之路上，只有军火及粮糒之运载。在内蒙及呼伦贝尔各有青年敢死队之组织，至其目的，已如上述，在脱离中国政府而归附于苏维埃化之外蒙。此后不久，即有由俄方派来之军官来作有纪律之军事训练，而紧急之预备，似将依三种方向向前进攻：即（一）内蒙；（二）中东路沿线；（三）中东路以北之地带。

当时中国报上大作反布尔什维克之宣传，彼辈称中国永认蒙古为中国之领土；莫斯科方面之报上则大论中国当对蒙古之社会经济状况，加意改善，不应永施其帝国主义之专事榨取蒙民膏脂也。

此后，中俄之恶感渐消，而转移于日本。苏俄则变更策略，竭力向中国宣传其主义。

但蒙古问题之重要性，降低其程度，让位于因中日利害冲突之满洲问题。苏俄在中国及蒙古作主义之宣传，而日本则尽力阻其进行，以保留其瓜分中国利益所当得之一份。

日本发展其势力之目的地，注定于亚洲者，有两种原因：一方因日本之工业产品之过剩，使其不得不寻觅新市场，销售其货品并供给其原料；另一原因，则为日本近年人口之增加，使其每年迁出之侨民以十万计，除中国蒙古及满洲外，日本不能另外找到适合之地点以移植其人民。于一九二七年住满全体日人会议之决议，即可见日人对亚东之野心。其议决之计划为：（一）应使满蒙地方不能发生一切使中国不安之内战行为或匪患；（二）必需攫得铁路、田地、矿产、森林之经营权。以必如此，始能保障住满蒙日人生命及工业建设之安全。

以上述之原因，日本认定蒙古为其目的地，并早已于该地实行其殖民政策。而殖民之目的无非在成立团体，经营内蒙之富源而已。

三千年前由亚洲大陆迁出而生活于海岛上之日本，今日在向大陆发展其政治经济势力之工作中，欲作占据全蒙之尝试。近数月来在日人援助之下而成立之"满洲国"，及其在热、察、绥三省间所得之实力，乃其在俄人及满人手内攫取利益之第一段落，明日或将及于蒙古全境，甚且及于西伯利亚东部焉。

——译自法国《新欧洲》

《新蒙古》（月刊）

北平新蒙古月刊社

1934 年 1 卷 4 期

（訾茹　整理）